Josef F. Justen

Blick hinter die
Schwelle des Todes

**Sterbeerlebnisse, Nahtod-Erfahrungen
und Leben nach dem Tod
aus geisteswissenschaftlicher Sicht**

Allen Sphärenmenschen aus meinem
Schicksalskreis gewidmet

*Ohne heimlichen Unglauben an die Unsterblichkeit
gäbe es weit mehr Mut gegen den Tod
und mehr Zufriedenheit mit dem Leben
und weniger Überschätzung desselben.*

*Die Menschen haben gar nicht das Herz,
sich recht unsterblich zu denken.*

Jean Paul

*Das Nahen des Todes und auch der Tod selbst,
die Auflösung des physischen Körpers,
sind immer eine große Möglichkeit
für spirituelles Erwachen.
Leider wird diese Chance
in den meisten Fällen verpasst,
weil wir in einer Kultur leben,
die vom Tod fast kein Verständnis hat.*

Eckhart Tolle

Josef F. Justen

*In einem unendlichen All
ist der Tod unmöglich;
was wir Sterben nennen,
ist eine Geburt zu einem
neuen Leben.*

Giordano Bruno

Blick hinter die Schwelle des Todes

Sterbeerlebnisse, Nahtod-Erfahrungen und Leben nach dem Tod aus geisteswissenschaftlicher Sicht

Die vorliegende Version wurde im preiswerten »Paperback-Einband« hergestellt. Sie ist **inhaltlich völlig identisch** mit der im Jahre 2023 erschienenen
»Hardcover-Version«.

Bibliografische Information der Deutschen Nationalbibliothek:
Die Deutsche Nationalbibliothek verzeichnet diese Publikation
in der Deutschen Nationalbibliografie; detaillierte bibliografische
Daten sind im Internet über dnb.dnb.de abrufbar.

© 2024 Josef F. Justen

Titelfoto: Foto auf pixabay

Herstellung und Verlag:
BoD – Books on Demand, Norderstedt

ISBN: 978-3-7597-5009-9

Inhaltsverzeichnis

Vorwort

Die Frage, ob es ein Leben nach dem Tod gebe, gehört in unserer Zeit zu den größten Rätselfragen, die sich den Menschen stellt.

Das Meinungsspektrum unserer Zeitgenossen umfasst die gesamte Skala von einem klaren »Nein« bis hin zu einem überzeugten »Ja«.

In ganz alten Zeiten, die bereits einige Jahrtausende zurückliegen, wäre es den Menschen völlig absurd erschienen, wenn jemand an ein Leben nach dem Tod gezweifelt hätte. Damals gehörte es noch zu den ganz *natürlichen* menschlichen Fähigkeiten, hellsichtig in die übersinnlichen Welten schauen zu können. Die geistigen Wesen – etwa die Engel, aber auch die Seelen der Verstorbenen – waren für sie genauso real wie es ihre Mitmenschen waren. Bis vor knapp 2.000 Jahren waren etliche Menschen zumindest noch mit einer mehr instinktiven Hellsichtigkeit begabt. Selbst im Mittelalter war diese Fähigkeit ganz vereinzelt noch vorhanden. Daher wären die Menschen früherer Zeiten gar nicht erst auf die Idee gekommen, den Tod als einen *radikalen* Übergang von einer Daseinsform in eine andere und schon gar nicht als ein Ende ihrer Existenz aufzufassen. Sie hatten noch ein deutliches Bewusstsein, dass sie vor ihrer Geburt aus einer geistigen Welt herabgestiegen waren, in die sie nach dem Tod wieder hinaufsteigen werden. Das vorgeburtliche, das irdische und das nachtodliche Dasein war für sie *ein* großer gemeinsamer Lebensstrom. Diese Fähigkeit und dieses Bewusstsein mussten die Menschen nach und nach verlieren, um sich von der straffen Führung der ›Götter‹, derer sie einstmals bedurften, zu lösen. Nur so konnten sie ihr Erdenleben mehr und mehr ergreifen lernen und zu selbständig denkenden und frei handelnden Wesen werden.

Selbst bis weit in das 20. Jahrhundert hinein war die überwiegende Mehrheit noch davon überzeugt, dass die Seele des Menschen nach dem Tod in einer anderen Welt weiterlebt und unsterblich ist. Diese Gewissheit schöpften sie aus der Heiligen Schrift sowie den darauf fußenden Lehren der Kirchen, deren Autorität man damals noch voll und ganz vertraute. Auch wenn die Kirchen nur sehr dürftige Andeutungen über das nachtodliche Leben machen konnten und bis zum heutigen Tage machen können, waren deren Verheißungen auf ein ewiges Leben für die Gläubigen hinreichend.

Heute leben wir im Zeitalter des Materialismus. In dieser Ideologie ist kein Platz für Geistiges, für Übersinnliches. Materialistisch gesinnte Wissenschaftler sehen in dem Menschen streng genommen nichts anderes als einen hochentwickelten Affen. Das menschliche Wesen glauben sie zur Gänze verstanden zu haben, wenn sie sämtliche Organe und Funktionen des menschlichen Körpers erforscht haben. Für eine Seele oder gar für einen Geist ist in diesen Lehren kein Platz mehr. Die nicht zu übersehenden geistig-seelischen Tätigkeiten des Menschen wie etwa Denken, Fühlen und Wollen führt man auf Funktionen des Gehirns oder des Nervensystems zurück. Viele Zeitgenossen identifizieren sich ganz mit ihrem physisch-materiellen Leib, den sie als ihr einziges Wesensglied betrachten.

Dass es neben unserer physischen Welt, die jeder, der über gesunde Sinnesorgane verfügt, wahrnehmen kann, noch andere, immaterielle bzw. übersinnliche Welten geben könnte, halten sie für Wahnvorstellungen. Somit ist es auch nur folgerichtig, dass Materialisten ein Leben nach dem Tod für Wunschdenken oder Schlimmeres halten. Schließlich erkennen sie weder eine ›Instanz‹ im Menschen, die den Tod überdauern könnte, noch eine Welt oder Sphäre, in der die Verstorbenen weilen könnten, an.

Als eine Folge dieser materialistischen Gesinnung nimmt – namentlich in der westlichen Welt – die Anzahl der Menschen stetig zu, die davon ausgehen, dass die menschliche Existenz mit dem Tode ein unwiderrufliches Ende finde. Gemäß einiger Umfragen aus den letzten Jahren ist ein Drittel der Deutschen davon überzeugt, dass es *kein* Leben nach dem Tod gebe. Ein Drittel hält ein nachtodliches Leben zumindest für möglich, nur ein Drittel glaubt fest daran. Selbst unter den gläubigen Katholiken sind es lediglich etwas mehr als 50 Prozent, die von einem Leben nach dem Tod *überzeugt* sind.

Wenn man einen Menschen, der noch nicht völlig der materialistischen Weltanschauung verfallen ist, fragt, ob er an ein Leben nach dem Tod glaube, so bekommt man oftmals die Antwort: »Ja, eigentlich schon. Aber wissen kann man es nicht. Es ist schließlich noch keiner wiedergekommen.«

Freilich gibt es heute auch etliche Zeitgenossen, die sich nicht mit Floskeln, Theorien und Vermutungen über ein mögliches postmortales Leben begnügen. Sie suchen vielmehr nach Quellen, in denen man zumindest halbwegs Verlässliches über dieses Thema erfahren kann.

Eine Quelle, die vielen als Beweis für ein Leben nach dem Tod gilt, sind die Berichte von sogenannten »Nahtod-Erfahrungen« bzw. »Nahtod-Erlebnissen«.

Was man sich unter diesen Berichten, von denen es mittlerweile Tausende gibt, vorstellen kann, wollen wir in Kapitel 1 schildern. In den Kapiteln 3 bis 7 werden wir zahlreiche dieser Berichte zitieren, ihre Motive ordnen und ausführlich erläutern.

Dann wollen wir der entscheidenden Frage nachgehen, inwieweit die Berichte von Nahtod-Erfahrungen – zumindest in ihrem Kern – mit dem übereinstimmen, was man heute über das Leben des Menschen nach dem tatsächlichen und unumkehrbaren Tod wissen kann. Hierzu werden wir insbesondere dasjenige heranziehen, was man aus der *»anthroposophisch orientierten Geisteswissenschaft«*, kurz *»Anthroposophie«*, die der große Eingeweihte und Geisteslehrer Dr. *Rudolf Steiner* (1861 bis 1925) den Menschen vor rund 100 Jahren geschenkt hat, gewinnen kann. Seine Darstellungen rechnen mit den Seelenkräften des modernen Menschen und können von jedem, der sie vorurteilsfrei aufnimmt, verstanden werden. (Selbstverständlich stellt das, was Rudolf Steiner über das nachtodliche Leben erforschte, nur einen kleinen Bruchteil seiner geistigen Erkenntnisse dar. Die große Fülle seiner Forschungsergebnisse, die über das Thema dieses Buches hinausgeht, ist hier aber nicht von Belang.)

Wir werden sehen, dass die Nahtod-Berichte einem Menschen, der sich für das nachtodliche Leben interessiert und der sich nicht – oder noch nicht – mit anderen Quellen wie etwa der Anthroposophie befassen möchte, durchaus erste stimmige Einblicke und wertvolle Hinweise geben können.

Wie Sie vielleicht wissen, kann man heute viel über ›Mitteilungen‹ oder ›Botschaften‹ aus der geistigen Welt, die von Verstorbenen stammen und von einem sogenannten Medium empfangen werden, hören. Solche Medien verstehen sich als Vermittler zwischen der übersinnlichen und unserer physischen Welt. Wenn diese sich in einen bestimmten Trancezustand versetzen, sind sie in der Lage, Botschaften von Wesen aus der geistigen Welt zu empfangen. Einige, sogenannte »Schreibmedien«, schreiben die empfangenen Botschaften auf. Es ist wirklich so, als wenn ihre Hand beim Schreiben geführt würde. Die meisten bekommen von diesem Aufschreiben, das oft in übernatürlicher Geschwindigkeit verläuft, gar nichts mit und können sich hinterher an nichts mehr erinnern. Die wohl meisten Medien sprechen die Botschaften aus. Die geistigen Wesen benutzen die Sprechwerkzeuge des Mediums; das Medium wird zum Sprachrohr der geistigen Welt. Auch während einer solchen Geistdurchsage bekommt das Medium wenig bis gar nichts von dem mit, was da geschieht.

Diese ›Technik‹ muss aber kritisch betrachtet werden, da ein Medium sich während der ›Durchsagen‹ in einem tranceartigen Zustand befindet, in dem der kritische Verstand schweigen muss, so dass Manipulationen Tür und Tor geöffnet sind.

Wir wollen in diesem Buch dennoch einige Mitteilungen heranziehen, die wir für absolut seriös halten. Sie stammen von dem 1884 geborenen *Botho Sigwart*

August Graf *zu Eulenburg*, den wir der Kürze wegen im Folgenden immer nur »Sigwart« nennen wollen. Sigwart hatte eine große musikalische Begabung. Schon in seiner Kindheit schrieb er Lieder nach dem Gehör auf. Er komponierte selbst und verstand es, am Klavier zu improvisieren, oft auch wenn der Kaiser zu Besuch weilte. Als junger Mann starb er am 2. Juni 1915 drei Wochen nach einer schweren Verwundung, die er sich im 1. Weltkrieg zugezogen hatte.

Mit seinen geliebten Geschwistern blieb er auch nach seinem Tod in enger Verbindung. In der Zeit von Juli 1915 bis Februar 1950 gab er ihnen – anfangs fast täglich – ›Mitteilungen‹ aus der übersinnlichen Welt. Da ihn mit seinen Schwestern ein enges Band der Liebe verband und da insbesondere seine Schwester *Augusta*, genannt *Lycki*, über eine große geistige Wachheit verfügte, konnte sie seine Worte ›hören‹ und gleichzeitig aufschreiben.

Als Sigwart einmal den Gedanken seiner Schwester wahrnehmen konnte, *wie* das funktioniere, sagte er in einer Mitteilung:

»Denke nicht, dass ich deine Hand führe, ich halte sie, aber ich schiebe sie nicht. Ich sage dir jeden Satz vor, den du dann aufschreiben musst, so ist der Vorgang meiner Übermittlung.«[1]

Die Familie zu Eulenburg war mit Rudolf Steiner persönlich bekannt. Sigwart studierte dessen Grundwerke und besuchte einige seiner Vorträge. Die Geschwister legten Sigwarts Mitteilungen Rudolf Steiner vor, der diese mehrere Wochen behielt sowie ernst und gewissenhaft prüfte.

»Er [Rudolf Steiner] erklärte sie als völlig authentisch und von ungewöhnlichem Niveau. Er war selbst so interessiert gewesen, dass er bat, auf dem Laufenden gehalten zu werden.«[2]

Auch nach 1950 sprach Sigwart noch zu besonderen Anlässen mit seinen Schwestern. Mit dem Tod von Lycki und *Tora* sowie seiner Schwägerin *Marie* in den 1960er Jahren endete diese Verbindung, da niemand in der Familie oder im Kreise der Freunde in der Lage war, den Kontakt zu Sigwart aufrecht zu erhalten oder neu aufzubauen.

Erst rund 70 Jahre später wurden diese Aufzeichnungen in Buchform unter dem Titel »*Brücke über den Strom – Sigwarts Mitteilungen aus dem Leben nach dem Tod*« veröffentlicht.

Nachdem Sigwart schon etliche Mitteilungen gemacht hatte, erklärte er seinen Geschwistern, wie er von hohen Geistwesen die Erlaubnis für diesen Verkehr

erhielt und wie sich seine Kundgebungen von den gewöhnlichen Geisterkundgebungen, die über ein Medium vermittelt werden, unterscheiden.

Mitteilung vom 27. März 1916

Ihr müsst wissen, dass ich alle Kundgebungen, die im Allgemeinen von Verstorbenen gegeben werden, für sehr gefährlich halte. Sie bringen oft vom Wege ab,
wenn sie auch echt sind. Denn wie selten ist ein Berufener darunter. Sowie ein
Geist eine gewisse Stufe erreicht hat, wird er nie große Mitteilungen an Menschen geben, außer er hat die Erlaubnis von seinen Meistern bekommen.

Auch ich habe im Anfang über alles geschrieben und nicht erst gefragt.
Dann trat der Augenblick ein, wo meine Mitteilungen normalerweise aufgehört
hätten. Da kam für mich die Prüfzeit, ob man mich für würdig genug hielte, in
eine andere Art Verkehr mit euch zu treten und auch, ob ihr reif dazu wäret.
Das waren schwere Zeiten für mich, als ich das nicht wusste und nun plötzlich
vor der Entscheidung stand.

Als diese nun für beide Teile günstig ausgefallen war, begann der vollkommen andere Verkehr zwischen uns. Ihr werdet es wohl kaum so gemerkt haben, aber es wurde von da an etwas fast Heiliges, Hohes, das wirklich nur
selten stattfindet.

Die ersten Male, als ich unter höherer Kontrolle schrieb, war wie eine Art
Vorführung vor unendlich vielen anderen Geistwesen, meist höherer Stufen. Ihr
könnt euch nicht vorstellen, wie ernst das alles genommen wurde. Mir ist es die
ersten Male sehr schwer geworden, und doch durfte ich den Faden dabei nicht
verlieren. Eine ungeheure Willensanstrengung bedeutete dieses erste höhere,
geistige Mitteilen für mich.

Dann wurde alles für richtig und gut befunden. Ich durfte in dieser Art weiter
mit euch in direkter Verbindung bleiben. Doch von da ab wurden uns strenge
Grenzen gezogen; wenn ich darüber hinausgegangen wäre, hätte ich alles ver-
spielt.

Das musste ich euch doch einmal sagen, damit ihr den Verkehr zwischen
mir und euch nicht mit gewöhnlichen Geisterkundgebungen verwechselt.[3]

Für die Interpretationen, Einordnungen und Beurteilungen der vielen Berichte
von Nahtod-Erfahrungen, die wir in diesem Buch berücksichtigt haben, waren
uns neben den Forschungsergebnissen und Erkenntnissen Rudolf Steiners sowie
einiger heutiger Geistesseher – allen voran Dr. *Iris Paxino* und *Judith von Halle*
– auch die Mitteilungen Sigwarts eine ganz entscheidende Hilfe.

Auch wenn es in diesem Buch in erster Linie um die Einordnung, Analyse und Bewertung von Nahtod-Erfahrungen geht, so können die Darstellungen durchaus auch als eine Einführung in das Thema »Leben nach dem Tod« aufgefasst werden.

<u>Anmerkungen:</u>

Zitat 5.3

> Die zahlreichen *wörtlichen* Zitate von Menschen, die über ihre Nahtod-Erfahrungen schildern, sind eingerückt dargestellt und innerhalb der einzelnen Kapitel durchnumeriert.

»Solche Zitate von Persönlichkeiten, die Nahtod-Erlebnisse hatten, die mehr als Anmerkungen oder Reflexionen ihrer Erlebnisse zu bewerten sind oder Antworten auf Nachfragen darstellen sowie Zitate anderer Persönlichkeiten oder Schriften sind nicht eingerückt gedruckt.«

»Die Zitate Rudolf Steiners sind fett gedruckt, um auf den ersten Blick als solche erkannt zu werden.«

Mitteilung vom 12. April 1916

> Auch die Mitteilungen Sigwarts sind – versehen mit dem Datum der Mitteilung – eingerückt.

Drei Punkte (...) in einem Zitat stellen eine Auslassung dar, die auch so im Originaltext gemacht wurde. Drei Punkte in eckigen Klammern ([...]) stehen für eine Auslassung, die der Verfasser vorgenommen hat.

Alle Zitate in diesem Buch sind an die heute gültige Rechtschreibung angepasst.

Mit diesem Buch wenden wir uns insbesondere an Leser, die sich noch nicht mit der Geisteswissenschaft Rudolf Steiners befasst haben. Die eher wenigen anthroposophischen *Fachbegriffe*, die zum Verständnis unserer Ausführungen notwendig sind, werden in Kapitel 2 in leicht verständlicher Weise erläutert.

Kapitel 1

Nahtod-Erfahrungen
–
Einführung

Von da oben sah ich zu, wie man mich wieder belebte! Klar und deutlich bot sich mir mein Körper dar, wie er da unten ausgestreckt auf dem Bett lag, um das sie alle herumstanden. Eine Krankenschwester hörte ich sagen: »Oh Gott, sie ist tot!«, während eine andere sich hinunterbeugte, um mir Mund-zu-Mund-Beatmung zu geben. Dabei blickte ich auf den Hinterkopf, auf ihr ziemlich kurz geschnittenes Haar. Den Anblick werde ich nie vergessen.

Und dann kamen sie mit ihrer Maschine an, und ich sah, wie sie mir die Elektroden auf die Brust setzten. Als sie mir den Schock gaben, konnte ich sehen, wie mein Körper förmlich vom Bett in die Höhe schnellte, und ich hörte sämtliche Knochen darin knacken und rucken.

Die wohl meisten Menschen der zivilisierten Welt dürften den Begriff »Nahtod-Erfahrungen« bzw. »Nahtod-Erlebnisse« (kurz »NTE«) zumindest schon einmal gehört haben. Bevor wir uns – insbesondere in den Kapiteln 3 bis 7 – zahlreichen konkreten Berichten derartiger Erfahrungen bzw. Erlebnisse zuwenden und diese in eine gewisse Ordnung bringen, analysieren und bewerten werden, wollen wir uns in diesem Kapitel zunächst damit befassen, was man unter diesem Begriff *genau* versteht. Dann werden wir einen Blick darauf werfen, welchen Stellenwert dieses Thema in unserer Gesellschaft hat und wie unsere Mitmenschen darüber denken und urteilen. Schließlich sollen noch mehr *allgemeine* Gesichtspunkte dieser Berichte betrachtet und bewertet werden.

Es gibt mittlerweile viele Millionen Menschen, die allein in den letzten sieben, acht Jahrzehnten aufgrund einer lebensbedrohlichen Krise, eines Unfalls oder eines Unglücks als klinisch tot galten und dann meistens dank der Möglichkeiten, welche die moderne Medizintechnik bietet, reanimiert, also wieder ins Leben zurückgeholt werden konnten. Diese Menschen standen bereits an der Schwelle des Todes und hatten diese – bildlich gesprochen – schon mit einem Bein überschritten. In diesem Zustand zwischen Leben und Tod verweilten sie meistens mehrere, selten länger als zehn bis fünfzehn Minuten. In dieser Zeitspanne haben die sogenannten Vitalfunktionen, also lebenswichtige Vorgänge wie Atmung und Funktion des Herz-Kreislauf-Systems versagt. Ihr Herz hatte aufgehört zu schlagen, und der Körper wurde nicht mehr mit Sauerstoff versorgt. Es kam zu Bewusstlosigkeit, Atem- und Herzstillstand. Die Gehirnfunktionen waren häufig völlig außer Kraft gesetzt.

Eine solche Situation kann verschiedene Ursachen oder Auslöser haben, etwa:

Herzinfarkt oder schwere Herzrhythmusstörungen, Schädel-Hirn-Trauma durch einen Verkehrsunfall oder einen Sturz, Koma (z.B. durch Gehirnschädigung), starker Stromschlag, interzerebrale Blutung, schwerer Allergieschock oder fehlerhafte Narkose.

In eher seltenen Fällen können auch noch folgende Ursachen in Frage kommen:

schwere epileptische Anfälle, Drogenmissbrauch, starke Unterkühlung, missglückter Suizidversuch.

Nun kommt das Spannende! Sehr viele dieser Menschen gaben später an, sich noch sehr gut daran erinnern zu können, was sie in dieser kurzen Zeitspanne, in der sie mehr tot als lebendig waren, wahrgenommen haben, was sie in diesen zumeist nur wenigen Minuten erfahren und erlebt haben. Man spricht hier von *»Nahtod-Erfahrungen«* bzw. *»Nahtod-Erlebnissen«*. Auch die Begriffe *»Todesnähe-Erfahrungen«* oder *»Schwellen-Erlebnisse«* sind für dieses Phänomen gebräuchlich. Hiermit sind also solche Erlebnisse bzw. Erfahrungen gemeint, die ein Mensch haben kann, wenn er dem Tod schon sehr, sehr nahe gekommen ist, wenn er aufgrund einer der oben angeführten Ursachen sogar bereits als »klinisch tot« bezeichnet wird. Etliche dieser Menschen waren anschließend – manchmal erst Jahre später – bereit, ihre Wahrnehmungen und Erlebnisse zu schildern. Diese Berichte sind in vielen Fällen von Wissenschaftlern, namentlich von Ärzten und Psychologen, sorgfältig studiert, analysiert und interpretiert worden. Leider ist letztlich nur ein kleiner Prozentsatz dieser Erinnerungen an die Öffentlichkeit gekommen. Man vermutet, dass bis zum heutigen Tage nur ein paar Tausend Nahtod-Erfahrungen in Buchform oder im Internet publiziert wurden. Dennoch dürfte diese Anzahl für repräsentative Studien hinreichend sein.

Bis weit ins letzte Jahrhundert hinein konnte man nahezu nichts über Menschen, die Nahtod-Erfahrungen hatten, hören oder lesen. Einer der ersten, der durch äußerst ausführliche und höchst beeindruckende Schilderungen seiner *eigenen* Nahtod-Erfahrungen Aufsehen erregte, war der amerikanische Arzt und Psychiater Dr. *George G. Ritchie*. Er erlitt als junger Soldat im Alter von zwanzig Jahren während des 2. Weltkrieges im Jahre 1943 eine schwere Lungenentzündung. Als man ihn röntgen wollte, kollabierte er und wurde kurz darauf für tot erklärt. Während er schon im Sterbezimmer des Lazaretts aufgebahrt wurde, hatte er sehr intensive Nahtod-Erlebnisse, die er dann drei Jahrzehnte später in seinem Buch *»Return from Tomorrow«* veröffentlichte. Der Titel des ins Deutsche übersetzen Buches lautet: *»Rückkehr von morgen«*.

Ritchies Berichte fanden bei einigen amerikanischen Wissenschaftlern großes Interesse, so dass sie sich von nun an sehr intensiv der Sterbeforschung und namentlich der Auswertung und Analyse von Schwellen-Erlebnissen widmeten. Hier sind in erster Linie Dr. *Raymond A. Moody*, Dr. *Michael B. Sabom* und Dr. *Maurice S. Rawlings* zu nennen.

Zu Nahtod-Erfahrungen kann es auch bei Menschen kommen, die im Koma liegen. Im Jahre 2008 fiel der amerikanische Neurochirurg Dr. *Eben Alexander* aufgrund einer sehr seltenen Form von Meningitis sieben Tage lang ins Koma. Wie er in seiner sehr spannenden Biografie *»Proof of Heaven – A Neurosurgeon's Journey into the Afterlife«* (deutsch: *»Blick in die Ewigkeit – Die faszinierende Nahtoderfahrung eines Neurochirurgen«*) schreibt, hatte er in diesen Tagen einen »ganzen Ansturm« solcher Erlebnisse.[1]

Bis zum heutigen Tage gibt es Dutzende von Büchern, in denen von eigenen Nahtod-Erfahrungen oder solchen anderer Menschen erzählt wird. Im Internet findet man ebenfalls zahlreiche Berichte von Todesnähe-Erfahrungen. Zu den Klassikern der einschlägigen Literatur gehören insbesondere die folgenden drei Werke, deren oben bereits erwähnte Autoren man als »Pioniere der Nahtod-Forschung« bezeichnen kann:

In seinem 1975 erschienenen Buch *»Life after Life – The Investigation of Phenomenon – Survival of Bodily Death«*, das in der deutschen Ausgabe den Titel *»Leben nach dem Tod – Die Erforschung einer unerklärlichen Erfahrung«* trägt, wertete der Psychiater, Philosoph und Physiker Dr. Raymond A. Moody im Verlauf einer fünfjährigen Untersuchung 150 Erfahrungsberichte von Menschen, die Nahtod-Erlebnisse hatten, aus.

Der Kardiologe Dr. Michael B. Sabom schreibt in seinem Buch mit dem deutschen Titel *»Erinnerungen an den Tod – Eine medizinische Untersuchung«* über die Nahtod-Erfahrungen von 116 Menschen, die er selbst zu ihren Erlebnissen ausführlich befragte und deren Schilderungen er – soweit das möglich war – überprüfte.

Ebenfalls eine weite Verbreitung fand das Buch des Kardiologen Dr. Maurice S. Rawlings, das in seiner deutschen Ausgabe den Titel *»Zur Hölle und zurück«* trägt.

Die wohl namhafteste und bedeutendste Persönlichkeit, die schon Ende der 1960er Jahre das Tabuthema »Tod« brach, war die in Zürich geborene Ärztin Dr. *Elisabeth Kübler-Ross*. Sie ›wagte‹ es, sich an die Betten unzähliger Sterbender zu setzen, sie mit größter Liebe zu begleiten, mit ihnen zu reden und den Sterbeprozess zu studieren. Daraus entstand im Laufe der Zeit eine Sterbeforschung, die höchsten wissenschaftlichen Anforderungen genügt.

Neben vielem, was sie seitdem auf diesem Gebiet leistete, beschäftigte sie sich auch intensiv mit den Berichten von Nahtod-Erlebnissen. Die Tatsache, dass sie anfangs wegen ihrer Forschungen auf diesem nach Ansicht vieler Kollegen so ›unseriösen‹ Gebiet und ihren angeblich unwissenschaftlichen Resultaten von der Fachwelt verspottet wurde, hielt sie nicht davon ab, ihre Lebensaufgabe zu erfüllen. Zu diesen Anfeindungen und Diskreditierungen sagte sie später einmal:

»Meiner Meinung nach ist derjenige wissenschaftlich ehrenhaft, der das niederschreibt, was er herausgefunden hat, und außerdem darlegt, wie er zu seiner Schlussfolgerung gelangt ist. Man müsste mir volles Misstrauen entgegenbringen und mich geradezu der Prostitution zeihen [bezichtigen], wenn ich nur das veröffentlichen würde, was der allgemeinen Meinung gefällt. Ich denke nicht daran, Leute zu überzeugen oder gar zu bekehren. Meine Arbeit sehe ich hauptsächlich darin, das Erforschte weiterzugeben. Jene, die dafür bereit sind, werden mir Glauben schenken. Und jene, die es nicht sind, werden mit den unglaublichsten Vernünfteleien und Besserwissereien argumentieren wollen.«[2]

Es dauerte noch ein paar Jahre, bis Dr. Kübler-Ross zu einer weltweit anerkannten Expertin auf dem Gebiet der Sterbe- und Nahtod-Forschung wurde. Zusammen mit ihren Mitarbeitern hat sie 20.000 Fälle von Menschen studiert, die man bereits für klinisch tot erklärt hatte und die dann wieder ins Leben zurückgeholt werden konnten. Man wird auf der ganzen Welt kaum eine zweite Wissenschaftlerin finden, der ebenso viele Ehrendoktortitel verliehen wurden.

Elisabeth Kübler-Ross, die selbst einige Nahtod-Erlebnisse hatte, hat ihre Erfahrungen in etlichen Vorträgen und 24 Büchern dargestellt. Ihrer Initiative ist auch zu danken, dass in vielen Teilen der Welt die Hospizbewegung ins Leben gerufen wurde. Dr. Moody und Dr. Kübler-Ross, die sich 1976 persönlich kennenlernten, kamen im Übrigen unabhängig voneinander zu weitgehend übereinstimmenden Forschungsergebnissen.

Wir werden in diesem Buch neben den Berichten aus oben erwähnten Werken zahlreiche weitere aus anderen Büchern (☞ Literaturverzeichnis, S. 305f.) sowie aus Internetquellen berücksichtigen. Insgesamt haben wir gut 400 Nahtod-Berichte recherchiert. Besonders viele Zitate und wertvolle Anregungen haben wir dankenswerterweise in den Büchern *»Brücken zwischen Leben und Tod – Begegnung mit Verstorbenen«* von Dr. Iris Paxino, *»Unsterblich – Über das Leben nach dem Tod«* von *Michael Ladwein* und *»Erlebnisse an der Todesschwelle«* von *Calvert Roszell* gefunden.

Überzeugte Anhänger, Skeptiker und Gegner

Wie jede Quelle, aus der man Erkenntnisse über das nachtodliche Leben gewinnen kann, spalten auch die Publikationen der Nahtod-Erlebnisse die Zeitgenossen, die sich eingehend damit befassen, in *drei* Lager.

Die des ersten vertreten die Auffassung, dass man bei diesen erstaunlichen und höchst beeindruckenden Schilderungen von *realen* Erlebnissen ausgehen müsse und dass man diese durchaus als einen *Beweis* dafür auffassen könne, dass der Mensch nach dem Tod weiterlebt. Diese Gruppe hat im Laufe der letzten Jahrzehnte viele Anhänger gefunden. Sogar der eine oder andere, der vorher davon überzeugt war, dass der Tod das Ende der menschlichen Existenz darstelle, hält nun ein Leben nach dem Tod für möglich. Nachdem die großen christlichen Kirchen die Nahtod-Erfahrungen lange Zeit für ein Blendwerk des Teufels hielten, machen sie sich mittlerweile ihre Resultate zunutze. In einigen Kirchenschriften werden diese Berichte als wissenschaftlicher Beleg dafür herangezogen, dass die kirchlichen Lehren insoweit richtig seien, als die menschliche Existenz nicht durch den Tod ausgelöscht werde. Es gibt kaum eine andere Quelle, die so breite Bevölkerungsschichten für einen glaubwürdigen Beweis eines Lebens nach dem Tod ansehen wie die Schilderungen von Nahtod-Erlebnissen. Das mag zum großen Teil daran liegen, dass diese Forschungen von Wissenschaftlern betrieben werden, die man vielleicht von Hause aus für objektiver und vertrauenswürdiger hält als etwa ein Medium, einen Esoteriker oder den einen oder anderen Kirchenvertreter. Zum anderen dürfte aber auch die Tatsache eine Rolle spielen, dass die wohl meisten dieser Berichte und insbesondere ihre wissenschaftlichen Analysen und Interpretationen frei von religiösem Fanatismus und mystischer Schwärmerei sind.

Dann gibt es ein zweites Lager, deren Vertreter skeptisch sind und sich nicht festlegen wollen, die es aber immerhin noch für möglich halten, dass es sich bei den Schwellen-Erfahrungen um real Erlebtes handele.

In der Mehrheit dürften wohl diejenigen Menschen sein, die man zum dritten Lager rechnen kann. Sie sind davon überzeugt, dass es sich bei diesen Erlebnissen bestenfalls um reine Phantasien oder aber um Halluzinationen, die in extrem lebensbedrohlichen Situationen etwa durch Sauerstoffmangel, durch im Körper freigesetzte biochemische Substanzen oder ähnliche Phänomene erzeugt würden, handele. Es gibt noch einige weitere Auslöser, die von materialistisch gesinnten Experten herangezogen werden, um die Nahtod-Erlebnisse zu erklären. Ein Leser, der an diesen medizinischen Fakten interessiert ist, sei auf das bereits erwähnte Buch von Calvert Roszell hingewiesen. Der Autor, der übrigens George Ritchie persönlich kennenlernte und ein enger Freund von ihm wurde, führt im ersten Kapitel diese *potentiellen* Auslöser an und zeigt zudem auf, dass keiner von diesen zu *wirklichen* Nahtod-Erfahrungen führen könne.

Es gibt im Wesentlichen drei Argumente oder Ansichten, die Skeptiker grundsätzlich an der Authentizität *aller* Nahtod-Schilderungen zweifeln lassen und bei Gegnern gar dazu führen, sie rundherum zu verwerfen.

Die Berichte erscheinen unglaubwürdig

Fast alles, was man über Nahtod-Erfahrungen hören oder lesen kann, klingt für viele Zeitgenossen absolut phantastisch und völlig unglaubwürdig.

Es ist absolut nachvollziehbar, dass jemand, der sich noch nie mit spirituellen Themen befasst hat, zu einem solchen Urteil kommen *muss*.

Wie man nicht zuletzt aus der Anthroposophie wissen kann, ist die Welt, in der die Toten für lange Zeit und die Menschen, die schon an der Schwelle des Todes standen, bevor sie reanimiert wurden, für sehr kurze Zeit verweilen, mit nichts vergleichbar, was wir aus unserer Sinneswelt kennen. Die Verhältnisse und Bedingungen in den übersinnlichen Welten sind vielmehr radikal anders als diejenigen, die uns von der Erdenwelt geläufig sind. Auch alles, was ein Verstorbener oder ›Beinahe-Verstorbener‹ dort an Eindrücken, Erfahrungen und

Erlebnissen gewinnen kann, ist völlig verschieden von dem, was er aus seinem Erdendasein kennt.

Somit ist es verständlich, dass jemand, der sich nie zumindest ein wenig mit dem *wahren* Wesen des Menschen sowie den übersinnlichen Welten (☛ Kapitel 2) beschäftigt hat, die Schilderungen von Nahtod-Erlebnissen für zu phantastisch hält, als dass er ihnen Glauben schenken könnte.

Einige Kritiker der Nahtod-Schilderungen gehen sogar so weit zu behaupten, dass es sich dabei um frei erfundene Geschichten handele. Die Betreffenden hätten einfach etwas erzählt, was sie vielleicht irgendwo einmal aufgeschnappt hätten, um sich damit wichtig zu machen und um im Mittelpunkt vieler Gespräche stehen zu können.

Es soll natürlich nicht ausgeschlossen werden, dass es sich in einigen Fällen tatsächlich so verhalten haben mag. Nach unserer Einschätzung handelt es sich dabei aber um eine absolut vernachlässigbare Minderheit. Es würde die Phantasie der meisten Menschen bei weitem übersteigen, sich solche Erzählungen auszudenken. Wenn man die Berichte von Schwellen-Erlebnissen liest, wird man ein sicheres Gefühl dafür bekommen, dass in diesen von etwas geschildert wird, was die betreffenden Menschen *tatsächlich* und höchst *real* erlebt haben (☛ auch S. 43f.). Es kann also keine Rede davon sein, dass es sich bei einem nennenswerten Prozentsatz der Nahtod-Berichte um frei erfundene Geschichten handeln würde, mit denen sich die Betreffenden nur wichtig machen wollten.

Im Grunde ist sogar das Gegenteil richtig! Viele Menschen, die Nahtod-Erfahrungen hatten, kostete es eine regelrechte Überwindung, davon zu berichten. Sie verspürten geradezu eine Scheu, anderen von ihren Erlebnissen zu erzählen. Sie konnten lange Zeit mit keinem anderen darüber sprechen. Sie haben die vielen Bilder aber immer wieder in ihrem Inneren bewegt, bis sie eines Tages halbwegs geeignete Worte finden konnten, um das Erlebte dann vielleicht doch einem Mitmenschen anvertrauen zu können. Einige fanden auch zunächst nicht den Mut, ihre außergewöhnlichen Erfahrungen einem anderen zu erzählen, um nicht als Spinner zu gelten.

Manche haben es gleich einem Vertrauten zu erzählen versucht, bis sie dann sofort merkten, dass sie für sonderbar oder gar verrückt gehalten wurden. Auch George Ritchie hatte anfangs diese Befürchtung:

»Ich war so entmutigt, dass ich es kaum wagte, anderen von dem zu erzählen, was ich erlebt hatte. Es waren Entmutigung und auch ein wenig Selbstschutz. Ich genoss die neu entdeckte Kameradschaft der Station viel zu sehr, als dass ich es riskierte, als seltsamer Außenseiter angesehen zu werden. Aber in jeder Nacht erinnerte ich mich stundenlang an jedes Bild, jeden Ton jener unglaublich lebendigen Eindrücke.«[3]

Es dauerte noch geraume Zeit, bis er sich einigen Menschen, die ihm lieb und teuer waren, anvertraute und schließlich sogar ein Buch über seine Erlebnisse schrieb.

Zahlreiche Menschen schildern über ihre ersten zarten und meist frustrierenden Versuche, ihre außergewöhnlichen Erlebnisse einem anderen Menschen mitzuteilen. Wir wollen hier nur ein paar Aussagen zitieren:

»Es war ein höchst aufschlussreiches Erlebnis. Trotzdem habe ich Hemmungen, anderen davon zu erzählen. Sie schauen einen an, als ob man übergeschnappt wäre.«[4]

»Nachdem ich wieder aufgewacht war, wollte ich den Krankenschwestern erzählen, was geschehen war, aber sie rieten mir, lieber nicht darüber zu reden, ich hätte bloß phantasiert.«[5]

»Man erfährt sehr rasch, dass die Menschen das nicht so leicht annehmen, wie man es ihnen wünschte. Andererseits stellt man sich jedoch auch nicht einfach hin und verkündet an jeder Straßenecke, was man gesehen hat.«[5]

Elisabeth Kübler-Ross sagte in einem ihrer Vorträge dazu:

»In jedem Auditorium von achthundert Leuten befinden sich wenigstens zwölf Menschen, die solch ein nahes Todeserlebnis gehabt haben und auch bereit sein würden, es mit Ihnen zu teilen, wenn Sie unvoreingenommen genug sein sollten, es sich anzuhören und sich einer solchen Mitteilung nicht durch Kritik, Negativität, Verurteilung und durch den Zwang, das Gehörte gleich mit einem psychiatrischen Namen zu etikettieren, zu verschließen.

Der einzige Grund, warum diese Leute zurückgehalten werden, ihr Erlebnis anderen mitzuteilen, ist die in unserer Gesellschaft eingenistete unglaubliche Haltung, solche Dinge zu bespötteln oder abzulehnen, denn sie sind uns unangenehm und passen nicht in unser wissenschaftliches oder religiöses Konzept.«[6]

Viele Menschen, die schon im Jugendalter Todesnähe-Erfahrungen hatten, berichten, dass ihre Eltern sowie auch Pfarrer, Ärzte, Psychologen und Schulkameraden ihnen einreden wollten, dass diese Wahrnehmungen nichts mit Tatsachen zu tun hätten. Aufgrund dieser frustrierenden Reaktionen hüllten sie sich oftmals jahrelang in Schweigen, bis sie dann eines Tages auf einen Wissenschaftler, der sich der Nahtod-Forschung widmete, aufmerksam wurden, der ihre Schwellen-Erlebnisse ernst nahm und sie ermutigte, diese zu Protokoll zu geben. So erzählte ein 37-jähriger Mann:

»Ich erzählte dem Arzt, was ich erlebt hatte. Ich sagte: ›Ich sah dieses Licht, und dann sprach diese Stimme mit mir. Glauben Sie, dass das Gott war?‹ Ich war damals vierzehn.

Er sagte: ›Nein, das glaube ich nicht!‹ Dann berichtete er meinen Eltern davon. Meine Eltern dachten lange nach, dann stellten sie mir Fragen, und ich erzählte ihnen ohne Ausschmückungen, was ich gesehen und gehört hatte. [...] Zuerst dachten sie, ich hätte einen Schock, aber dann erkannten sie, dass ich gar keinen Schock hatte. Sie fragten mich, ob das alles auch der Wahrheit entspreche, und dann sagten sie: ›Okay.‹

Zwei Monate später fuhren wir in die Stadt, und sie sagten mir, wir würden bei unserem Arzt vorbeischauen. Ich dachte mir nichts dabei, weil ich meinte, es gehe um sie. Doch dann war da dieser Psychiater, und ich sagte: ›Das ist doch wohl nicht euer Ernst?‹ ...

Der Psychiater erklärte meinen Eltern, das sei alles auf den Unfall zurückzuführen sowie darauf, dass ich unbewusst im Mittelpunkt stehen wolle. Meine Eltern redeten mir das so lange ein, bis ich davon überzeugt war und schließlich das Gefühl hatte, mich geirrt zu haben.

Heute weiß ich, dass ich mich gar nicht irrte, diese Erkenntnis kam mir jedoch erst Jahre danach. Meiner Meinung nach war es Gott, und es war ein sehr religiöses Erlebnis für mich. Ich bin sehr fromm.

Ich bin jetzt 37 Jahre alt und habe seit damals niemandem mehr davon erzählt.«[7]

Dr. Moody zitiert einen Mann, der als kleiner Junge Nahtod-Erfahrungen hatte:

»Meine Mutter ist der einzige Mensch, dem ich je von meinem Erlebnis zu erzählen versuchte. Kurz darauf erwähnte ich ihr gegenüber, was ich erlebt hatte. Aber ich war ja noch ein kleiner Junge, und sie nahm mich überhaupt nicht ernst. Deswegen habe ich es dann nie mehr jemand anderem erzählt.«[5]

Ein weiterer Befragter sagte:

»Ich versuchte, mit meinem Pfarrer darüber zu sprechen, aber er erklärte mir, ich hätte Halluzinationen gehabt. Da hielt ich dann lieber meinen Mund.«[5]

Eine Frau erzählte:

»In der High School war ich ziemlich beliebt, ging immer brav mit der Masse und tanzte nie aus der Reihe. Ich gehörte zur Herde, nicht zu den Führenden.

Nachdem ich dann das erlebt hatte und mit den anderen darüber reden wollte, wurde ich automatisch als Verrückte hingestellt. Wenn ich versuchte, ihnen davon zu erzählen, hörten sie auch interessiert zu, aber später kam mir dann doch zu Ohren, dass es überall hieß: ›Die hat sie wohl nicht mehr alle.‹

Als ich merkte, dass das Ganze nur als Witz aufgefasst wurde, gab ich es schließlich auf, überhaupt davon zu reden. Dabei hatte ich jedoch gar nicht versucht, den Eindruck zu erwecken: ›Seht mal alle her, was für eine tolle Sache mir da passiert ist.‹ Ich hatte vielmehr andeuten wollen, dass es über das Leben doch noch viel mehr zu lernen gebe, als ich es mir je hätte träumen lassen.«[5]

Wenn diese Menschen nicht – oft erst viele Jahre später – zu einem seriösen Wissenschaftler wie etwa Dr. Sabom oder Dr. Kübler-Ross – um nur zwei zu nennen – gefunden hätten, die ihre Erzählungen ernst nahmen und sie mit größtem Interesse anhörten, wären diese Erlebnisse der Öffentlichkeit nie bekannt geworden.

Eher wenige – zum Beispiel Eben Alexander – erkannten hingegen recht schnell, dass sie sich geradezu verpflichtet fühlten, ihre Nahtod-Erlebnisse der Mitwelt zu überliefern:

»Nachdem ich die Wahrheit hinter meiner Reise erkannt hatte, wusste ich, dass ich darüber sprechen musste. Und das auf die richtige Weise zu machen ist zur wichtigsten Aufgabe meines Lebens geworden.

Das soll nicht heißen, dass ich meine medizinische Arbeit und mein Leben als Neurochirurg aufgegeben hätte. Aber nun, wo ich das Privileg hatte zu verstehen, dass unser Leben nicht mit dem Tod des Körpers oder des Gehirns endet, sehe ich es als meine Pflicht, als meine Berufung an, Menschen von dem zu erzählen, was ich jenseits des Körpers und jenseits dieser Erde gesehen habe. Es geht mir ganz besonders darum, meine Geschichte jenen Menschen zu erzählen, die früher vielleicht schon ähnliche Geschichten wie meine gehört haben und sie auch glauben wollten, aber nicht ganz konnten.«[8]

Die Berichte erscheinen widersprüchlich

Dann gibt es etliche Menschen, welche die Nahtod-Schilderungen prinzipiell gar nicht einmal für unglaubwürdig halten, die sich aber an den vielen widersprüchlich erscheinenden Darstellungen stoßen, die ihrer Meinung nach zu keinem einheitlichen Bild dieser Erlebnisse führen könnten.

Wenngleich sich – wie wir in den Kapiteln 3 bis 7 ausführlich erläutern werden – in fast allen Nahtod-Berichten die gleichen oder zumindest sehr ähnliche Motive bzw. Muster finden, sind in der Tat auch viele recht unterschiedliche Beschreibungen, die auf den ersten Blick widersprüchlich *erscheinen könnten*, nicht zu übersehen.

Das soll anhand eines konkreten und sehr einfachen Beispiels verdeutlicht werden. Sehr viele Menschen, die Nahtod-Erfahrungen hatten, sprechen davon, dass sie zunächst einen engen, dunklen ›Bereich‹ passieren mussten, bevor ihnen ein unfassbar helles und warmes Licht entgegenkam. Nun finden sich aber in unterschiedlichen Berichten verschiedene Begriffe für diesen ›Bereich‹. Einige sprechen von einem »Tunnel«, andere von einem »Schacht«, einer »Röhre«, einer »Rinne«, einem »Trichter«, einem »Zylinder« oder einer »Höhle« – um nur einige Beispiele anzuführen.[9] Dass alle diese Begriffe das Wirkliche nicht treffen, scheint offensichtlich zu sein, denn solche Dinge, die wir aus der Sinneswelt kennen, wird es in den übersinnlichen Welten nicht geben.

Ein *wesentlicher* Grund für diese unterschiedlichen Interpretationen des Wahrgenommenen bzw. ihre Beschreibungen liegt auf der Hand: Jeder, der einen kurzen Blick hinter die Schwelle des Todes werfen durfte, berichtet aus einer *völlig anderen* Erfahrungswelt oder Seinssphäre, die dem Zuhörer oder Leser – aber auch ihm selbst – völlig unbekannt und fremd ist.

Wie bereits erwähnt sind die übersinnlichen Welten und alles, was man dort wahrnehmen, erleben und erfahren kann, mit kaum etwas vergleichbar, was wir aus der Erdenwelt und dem Erdenleben gewohnt sind. Für vieles von dem, was ein Verstorbener oder ein ›Beinahe-Verstorbener‹, aber auch ein hellsichtiger Mensch in diesen Sphären wahrnehmen kann, gibt es keine absolut passenden Worte einer Menschensprache.

Jeder, der in den übersinnlichen Welten, also in denjenigen Sphären, in denen der Mensch nach dem ›temporären‹ oder tatsächlichen Tod verweilt, wahrnehmen kann, steht vor dem großen Problem, zur Beschreibung der geschauten Szenarien Worte einer Menschensprache benutzen zu müssen. Somit muss man sich dessen bewusst sein, dass alle Schilderungen, die man über das Leben in diesen Welten bzw. Sphären finden kann, einen mehr oder weniger gelungenen Kompromiss darstellen, das im Grunde Unbeschreibliche und Unaussprechliche in vergleichende Bilder und Worte, die man aus der Sinneswelt kennt und die das Geschaute oder Erlebte – also das eigentlich Unaussprechliche – zumindest einigermaßen richtig wiedergeben, zu übertragen. Es liegt sehr stark an der Fähigkeit des Berichterstatters, das real Wahrgenommene und Erlebte so zu übersetzen, dass es einerseits die tatsächlichen Begebenheiten richtig widerspiegelt und dass es andererseits von den Menschen, welche diese Berichte lesen, auch verstanden werden kann.

Wenn nun einige diesen ›Bereich‹ mit »Tunnel«, andere mit »Röhre«, wiederum andere mit »Schacht« oder dergleichen umschreiben, so ist das nur ein Beleg dafür, dass sie das Unbekannte in einen Begriff einkleiden, den sie aus der irdischen Welt kennen und der ihnen besonders passend erscheint.

Aufgrund dieser Schwierigkeit ist auch klar, dass viele andere Formulierungen, die man in Berichten von Nahtod-Erlebnissen findet, sehr blumig klingen oder sehr an ganz gewöhnliche Verhältnisse aus dem normalen irdischen Leben erinnern. Solche Umschreibungen sind freilich nicht wörtlich zu nehmen. Wenn es etwa heißt »Ich *sah* dieses Wesen«, so darf man sich das nicht so vorstellen, dass man in der übersinnlichen Welt etwas so sehen könnte, wie man es in der Sinneswelt mit Augen sehen kann. Ebenso darf man eine Formulierung wie etwa »Er *sprach*« nicht so auffassen, dass das Gesprochene an ein physisches Ohr dringen könnte. Diese Wahrnehmungen und Erlebnisse lassen sich eben mit Worten einer menschlichen Sprache nicht präzise ausdrücken, weil es in der Erdenwelt absolut nichts Vergleichbares gibt.

Dem modernen Menschen mag ja die Vorstellung schwer fallen, dass es irgendwo etwas geben könnte, was man nicht in präzise Worte kleiden könnte oder was man nicht durch absolut passende Bilder oder Vergleiche darstellen könnte, so dass es einem anderen voll und ganz verständlich werden müsste. Dass diese Schwierigkeit aber schon dann auftreten kann, wenn wir uns auf das ganz normale irdische Dasein beschränken, mögen die folgenden Beispiele zeigen.

Stellen Sie sich einen Menschen vor, der ein fernes, exotisches Land bereist hat. Dieser möchte nun einem anderen, der dieses Land nie gesehen hat, darüber berichten. Er möchte über die Landschaft mit ihren seltenen Pflanzen und Tieren, über die Bevölkerung, ihre Sitten und Bräuche erzählen. Nur wenn ersterer es versteht, möglichst passende Bilder und Vergleiche heranzuziehen, solche, die bei dem Zuhörer die richtige Resonanz finden können – was in diesem Beispiel ja durchaus möglich ist –, wird letzterer zu einer weitgehend brauchbaren Vorstellung über dieses Land kommen können. Dennoch darf nicht unerwähnt bleiben, dass diese Vorstellung, diese Bilder, die er jetzt in seinem Inneren bewegt, vermutlich der einen oder anderen Korrektur bedürften, falls er eines Tages dieses Land selbst bereisen sollte.

Um ein etwas extremeres Beispiel zu haben, nehmen wir an, irgendein Mensch, der ansonsten über gesunde Augen verfügt, könnte aus irgendwelchen Gründen nicht sehen, was sich am Firmament abspielt. Er könnte insbesondere keine Wolken sehen. Nun könnte ihm jemand mit Worten schildern, was Wolken sind, wie diese aussehen, wie sie ihre Formen verändern können, wie sie dahinziehen, wie sie sich auflösen usw. Das reale und wahrhafte Bild, das der Beschreibende bei der Betrachtung der Wolken hat, müsste er also übersetzen in ein solches Szenario, das nur Begriffe verwendet, die dem Empfänger bekannt sind. Er könnte als Ersatzbild vielleicht einen Wattebausch heranziehen, von dem er wissen kann, dass der Empfänger ihn kennt. Wie auch immer, selbst die beste Beschreibung mit den besten Bildern kann keinen Ersatz dafür bieten, dass man das Firmament mit seinen Wolken *selbst* sehen kann. Die Vorstellung, die sich der Empfänger aufgrund dieser Darstellung vom Firmament und den Wolken bilden könnte, müsste vermutlich sehr stark korrigiert werden, falls er eines Tages doch in die Lage versetzt werden sollte, diese Dinge mit eigenen Augen wahrnehmen zu können.

Dr. Eben Alexander bringt in seinem Buch ein weiteres etwas extremes Beispiel, welches veranschaulicht, wie schwierig – ja, fast hoffnungslos – es für jemanden ist, dasjenige, was er an der Schwelle des Todes wahrgenommen, erlebt, erfahren und gelernt hat, einem Mitmenschen verständlich zu machen:

»Dieses Wissen jetzt weiterzugeben, fühlt sich jedoch etwa so an, als sei man ein Schimpanse, der einen einzigen Tag lang Mensch geworden ist, um alle Wunder menschlichen Wissens zu erfahren, und der dann zu seinen Schimpansenfreunden zurückkehrt und ihnen verständlich zu machen versucht, wie es war, mehrere romanische Sprachen, diverse Rechenarten zu beherrschen und über das enorme Ausmaß des Universums Bescheid zu wissen.«[10]

Man muss wohl konstatieren, dass jeder, dem einmal die Gnade zuteil wurde, *zu Lebzeiten* einen Blick in die übersinnlichen Welten zu werfen, der also Geistiges schauen durfte, uns gegenüber, denen er das Geschaute mitteilen möchte, in einer ähnlichen Lage ist wie wir, wenn wir einem Blindgeborenen über Licht und Farben erzählen wollten.

So sagen auch fast alle Menschen, die über ihre Nahtod-Erlebnisse berichten, ganz deutlich, dass sie einiges von dem Wahrgenommenen bzw. über das Wissen von den Verhältnissen in den übersinnlichen Welten, das sie in dieser kurzen Zeit erworben haben oder erworben zu haben vermeinen, nicht oder nur annähernd in passende Worte kleiden könnten. Aussagen wie die folgenden ziehen sich wie ein roter Faden durch nahezu alle Berichte:

»Es ist schwer zu erklären, weil es ganz anders ist als das Leben auf der Welt. Ich habe keine Worte dafür.«[11]

»Es fällt mir schwer, für das, was ich jetzt schildern will, die richtigen Worte zu finden. Ich denke, Worte sind für das, was jetzt kam, nicht genug.«[12]

»Es gibt kein Gefühl im normalen Leben, das dem auch nur annähernd gleicht.«[13]

»Das ist eines von den Dingen im Leben, die man nicht erklären kann.«[14]

Dr. Moody schildert von einer Frau, die es folgendermaßen ausdrückte:

»Also wenn ich versuche, Ihnen das alles zu erzählen, stehe ich vor einem richtigen Problem – weil sich doch alle Wörter, die ich weiß, auf den dreidimensionalen Raum beziehen! Natürlich ist unsere Welt – die, in der wir gegenwärtig leben – dreidimensional, aber die folgende ist es mit Sicherheit nicht. Deshalb fällt es mir eben auch so furchtbar schwer, Ihnen dieses alles zu erzählen.

Ich muss es Ihnen gegenüber in den Begriffen von Raum und Zeit ausdrücken, und damit komme ich dem Ganzen ja auch so nah, wie es überhaupt nur möglich ist, aber trotzdem ist es nicht das Richtige. Ich bin tatsächlich außerstande, Ihnen ein vollständiges Bild zu vermitteln.«[15]

Eben Alexander formuliert dieses Dilemma in seinem Buch recht plastisch:

»Aber wenn diese Menschen [die Nahtod-Erfahrungen hatten] auf die irdische Ebene zurückkommen, geht es ihnen wie mir: Ihnen fehlen die passenden Worte, um ihre Erfahrungen und Einsichten zu vermitteln, die jenseits der Macht der Worte liegen. Es ist, als versuche man mit der Hälfte des Alphabets einen Roman zu schreiben.«[16]

Dennoch muss man konstatieren, dass die Schilderungen der verschiedensten Menschen, die Nahtod-Erlebnisse hatten, trotz gewisser – zum Teil auch größerer – individueller Unterschiede sehr ähnlich sind und sich in vielen Punkten gleichen. Wie bereits erwähnt tauchen in den meisten Berichten dieselben Motive auf, die allerdings aus den geschilderten sowie aus Gründen, die wir in den

Kapiteln 3 und 5 (☞ S. 95f. und S. 183f.) noch betrachten werden, manchmal unterschiedlich oder gar recht widersprüchlich erscheinen.

Selbstverständlich stellte es auch für Sigwart ein Problem dar, das Erlebte und Geschaute in passende Worte zu gießen. Wie er selbst mitteilte, fiel ihm das immer schwerer, je höher die Stufen der übersinnlichen Welten, die er erreichte, waren.

Mitteilung vom 12. Juni 1916

> Es wird jetzt für mich immer schwerer, euch alles genau zu erklären, weil man, wie ich schon einmal sagte, gewisse Dinge nicht in Worte kleiden kann, da es weder Worte noch irgendwelche Benennungen dafür gibt.[17]

Mitteilung vom 23. September 1916

> Ihr wollt doch Bilder, die eurem jetzigen Leben einigermaßen ähneln. – Und die *gibt es nicht.* [...] In Worte gepresst, vermindert sich die Kraft des Erlebten in dem Maße, dass es fast unrecht wäre, eine Erklärung davon zu versuchen. Ich empfinde diese Versuche beinahe wie eine Entwürdigung, da es doch eine Verstümmelung höchster, hehrster, ja göttlicher Begebenheiten ist.[18]

These: Es gibt kein vom Gehirn unabhängiges Bewusstsein

Jemand, der materialistisch gesinnt ist, wird die Nahtod-Erlebnisse *von vornherein* rundherum ablehnen und sich erst gar nicht damit auseinandersetzen. Schließlich gilt es heute als wissenschaftlich fundierte Erkenntnis, dass das menschliche Bewusstsein auf ein funktionierendes Gehirn angewiesen sei, dass es kein vom Gehirn unabhängiges Bewusstsein geben könne. Mit diesem Totschlagargument werden diese Erlebnisse als Phantasien oder Halluzinationen abgetan.

Auch Eben Alexander, der sich als Neurochirurg in seiner wissenschaftlichen Praxis viele Jahre mit der Erforschung des menschlichen Gehirns und seiner Funktionen beschäftigt hatte, war, *bevor* ihn seine eigenen Nahtod-Erfahrungen eines Besseren belehrt haben, davon überzeugt, dass das Bewusstsein an das Gehirn gebunden sei und dass es kein Bewusstsein geben könne, wenn das Gehirn nicht mehr funktioniert. Das, was er dazu schreibt, dürfte heute noch der Konsens unter den Gehirnforschern sein:

»Wenn man kein funktionierendes Gehirn hat, kann man nicht bewusst sein. Das liegt daran, dass das Gehirn die Maschine ist, die das Bewusstsein überhaupt erst erzeugt. Wenn diese Maschine ihre Funktion einstellt, kommt auch das Bewusstsein zum Erliegen. So ungemein kompliziert und mysteriös die tatsächliche Mechanik der im Gehirn ablaufenden Prozesse auch sein mag, im Prinzip ist es einfach: Wenn man den Stecker zieht, geht der Fernseher aus. Die Vorstellung ist zu Ende, wie sehr sie Ihnen auch gefallen haben mag.

So oder ähnlich hätte ich es Ihnen erklärt, bevor mein eigenes Gehirn abstürzte.«[19]

»Auch wenn ich von meiner Erziehung her gern an Gott, den Himmel und ein Leben nach dem Tode glauben wollte, so war die Existenz dieser Dinge durch meine Jahrzehnte in der rein rationalen Welt der wissenschaftlichen Neurochirurgie zutiefst infrage gestellt worden. Die moderne Neurowissenschaft gestattet keinen Zweifel daran, dass das Gehirn das Bewusstsein hervorbringt – den Verstand, die Seele, den Geist oder wie immer Sie diesen unsichtbaren, immateriellen Teil von uns nennen wollen, der uns wirklich zu dem macht, was wir sind –, und ich war fest davon überzeugt, dass diese Lehrmeinung stimmte. [...] Wie das Meer, das den Strand permanent auswäscht, hatte mein wissenschaftliches Weltbild im Laufe der Zeit langsam, aber sicher meine Fähigkeit untergraben, an etwas Größeres zu glauben. Das beständige Bombardement an wissenschaftlichen Beweisen erweckte zunehmend den Eindruck, dass unsere Bedeutung im Universum gegen Null ging. Glaube wäre schön gewesen. Aber die Wissenschaft beschäftigt sich nicht mit dem, was schön wäre. [...] Ich respektierte, dass sie [die Wissenschaft] keinen Raum für Phantasie oder nachlässiges Denken ließ. Wenn sich eine Tatsache als greifbar und vertrauenswürdig erwies, wurde sie akzeptiert. Wenn nicht, wurde sie abgelehnt.

Dieser Ansatz ließ sehr wenig Raum für die Seele und den Geist sowie für das Weiterexistieren einer Persönlichkeit, nachdem das Gehirn, das diese unterstützte, seine Arbeit eingestellt hatte. Und noch weniger Raum ließ er für das, wovon ich in der Kirche immer und immer wieder gehört hatte: für das ›ewige Leben‹.«[20]

Die These, dass das Bewusstsein an das Gehirn gebunden ist und dass es somit bei einem Gehirn, das nicht mehr arbeitet, das also quasi tot ist, kein Bewusstsein geben könne, ist aber im Grunde nicht haltbar, wenn man weiß, dass viele Menschen, die Nahtod-Erfahrungen hatten, schildern, dass sie gewissermaßen außerhalb ihres Körpers, auf den sie von ›oben‹ schauten, waren und – obwohl sie bewusstlos und keine Gehirnaktivitäten mehr messbar waren – alles mitbekamen, was geschah. Sie hatten den Eindruck, über ihrem Körper zu schweben, den sie beispielsweise am Unfallort, auf dem Operationstisch oder im Krankenbett liegen sahen, und konnten genauestens wahrnehmen, was die Sanitäter bzw. Ärzte sowie die Umherstehenden machten und sprachen. Man spricht hier von »autoskopischen Beobachtungen« oder »außerkörperlichen Wahrnehmungen«. Sie empfanden sich dabei wie ein unbeteiligter neutraler Beobachter.

Man muss sich am Rande vielleicht einmal klarmachen, wie ungewöhnlich es für die Betroffenen bereits gewesen sein muss, ihren *vollständigen* physischen Leib seit Eintritt ins Erdenleben erstmals von außen zu sehen. Normalerweise sieht man seinen Leib niemals so, wie er *wirklich* ist. Man sieht höchstens ein – zumeist sogar nur partielles – *zwei*dimensionales Abbild im Spiegel, auf einem Foto oder in einem Video.

In seinem Buch zitiert Dr. Moody einen Patienten:

»Dass ich so aussehe – Mann, nie im Leben hätte ich das gedacht! Wissen Sie, normalerweise kenne ich mich nur von Bildern her oder von vorne im Spiegel, und da sehe ich natürlich ganz flach aus. Aber auf einmal lag ich – oder vielmehr mein Körper – da vor mir, und ich konnte ihn mir besehen. Ich konnte ihn deutlich sehen, ganz genau, etwa eineinhalb Meter vor mir! Es dauerte tatsächlich ein Weilchen, bevor ich mich selbst erkannte.«[21]

Werfen wir nun einen Blick auf Auszüge der ersten sieben Nahtod-Berichte.

Viele, die schon fast die Schwelle des Todes überschritten hatten, beschrieben sehr ausführlich, wie sie außerhalb ihres Körpers waren und diesen sowie alle Menschen, die um ihn herumstanden, und deren Aktivitäten und Äußerungen wahrnehmen konnten. Dr. Moody zitiert, was sich eine Frau, die wegen Herzbeschwerden ins Krankenhaus eingeliefert wurde, ins Gedächtnis zurückrief. Als sie hörte, wie die Schwestern »Herzstillstand!« riefen, fühlte sie, wie sie aus ihrem Körper ›austrat‹. Dann beobachtete sie das ganze Treiben aus der Deckenperspektive.

Schließlich schilderte sie weiter:

Zitat 1.1

Von da oben sah ich zu, wie man mich wieder belebte! Klar und deutlich bot sich mir mein Körper dar, wie er da unten ausgestreckt auf dem Bett lag, um das sie alle [Arzt und mehrere Krankenschwestern] herumstanden. Eine Krankenschwester hörte ich sagen: »Oh Gott, sie ist tot!«, während eine andere sich hinunterbeugte, um mir Mund-zu-Mund-Beatmung zu geben. Dabei blickte ich auf den Hinterkopf, auf ihr ziemlich kurz geschnittenes Haar. Den Anblick werde ich nie vergessen.

Und dann kamen sie mit ihrer Maschine an, und ich sah, wie sie mir die Elektroden auf die Brust setzten. Als sie mir den Schock gaben, konnte ich sehen, wie mein Körper förmlich vom Bett in die Höhe schnellte, und ich hörte sämtliche Knochen darin knacken und rucken. Das war wirklich furchtbar.

Als ich sie da unten auf meinen Brustkorb klopfen und meine Arme und Beine reiben sah, dachte ich: »Warum geben sie sich bloß so viel Mühe, wo es mir doch jetzt so gut geht!«[22]

In seinem Buch lässt Dr. Moody einen 19-jährigen Mann zu Wort kommen, der nach einem schweren Autounfall schon fast die Pforte des Todes passiert hätte. Der junge Mann beschreibt, was er dann unmittelbar nach dem Unfall in seinem außerkörperlichen Zustand wahrnahm:

Zitat 1.2

[...] und dann kam ein kurzer Augenblick, in dem mir schien, als ob ich mich durch Dunkelheit, einen dunklen geschlossenen Raum, hindurchbewegte. Dann ging alles sehr rasch. Und dann auf einmal schwebte ich offenbar über der Erde, vielleicht eineinhalb Meter vom Boden und etwa fünf Meter vom Auto entfernt, würde ich sagen, und da hörte ich gerade noch das Echo des Zusammenstoßes langsam verhallen.

Ich sah zu, wie jetzt von allen Seiten Leute herbeigelaufen kamen und sich um den Wagen sammelten und wie mein Freund ausstieg, offensichtlich noch im Schock. In den Trümmern inmitten all dieser Leute erblickte ich meinen eigenen Körper und beobachtete, wie sie ihn herauszuziehen versuchten. Meine Beine waren völlig verrenkt, und alles war voll Blut.[23]

Ein 44-jähriger Mann, der am zweiten Tag einer stationären Behandlung auf der Intensivstation einen schweren Herzanfall mit Herzstillstand erlitt und dann ein Nahtod-Erlebnis hatte, erzählte:

Zitat 1.3

Es war fast so, als ob ich abgetrennt war, auf der Seite stand und alles beobachtete, nicht als Beteiligter, sondern als unbeteiligter Zuschauer ...

Sie hoben mich hoch und legten mich auf das Sperrholz. Dann fing Dr. A. mit der Herzmassage an. Ich bekam Sauerstoff, durch einen dieser kleinen Nasenschläuche, den nahmen sie mir dann aber raus und setzten mir eine Maske auf, so eine, die Mund und Nase bedeckt. Sie funktionierte irgendwie mit Druck ... eine weiche Plastikmaske, hellgrün ...

Ich erinnere mich noch daran, dass sie den Wagen ranfuhren, auf dem der Defibrillator stand, das Ding mit den Elektroden. ... Er hatte einen Zähler, der war quadratisch und hatte zwei Zeiger, der eine stand still, und der andere schlug aus ... Er schlug ziemlich langsam aus, nicht so schnell wie bei einem Strommesser oder Spannungsmesser oder so ... Beim ersten Mal blieb er zwischen $1/3$ und $1/2$ stehen. Sie machten es noch einmal, und diesmal ging er über $1/2$ hinaus, und beim dritten Mal stand er ungefähr bei $3/4$ ... Er [der Defibrillator] hatte viele Skalen ...

Und dann waren da auch noch die beiden Elektroden mit den Drähten. ... Sie sahen aus wie Scheiben mit Griffen ... Sie nahmen sie in die Hand und legten sie mir auf die Brust ... Ich glaube, an den Griffen waren kleine Knöpfe ... Ich konnte sehen, wie ich durchgeschüttelt wurde.[24]

Es ist noch wichtig zu erwähnen, dass dieser Patient vorher nie einen Defibrillator in Funktion gesehen hatte!

Dr. Sabom berichtet von einer 37-jährigen Hausfrau, die während einer lebensbedrohlichen Krise optische Wahrnehmungen hatte. Der die Krise auslösende Moment war eine Grand-mal-Attacke, die auf eine Schwangerschaftsintoxikose siebzehn Jahre zuvor zurückzuführen war.

Zitat 1.4

Ich wusste, dass irgendetwas passieren würde ..., und dann wurde ich bewusstlos ... und ich schaute hinunter und konnte sehen, wie ich von Krämpfen geschüttelt wurde.

Ich drohte aus dem Bett zu fallen, und das Mädchen im Bett daneben schrie nach den Schwestern ...

Eine Schwester packte mich und legte mich zurück, und dann waren da auch noch zwei weitere Schwestern, und eine rannte weg und holte einen Zungenspachtel. Und sie klappten die Seitenteile am Bett hoch und riefen nach dem Arzt ...

Es war ein Gefühl der Höhe, der großen Entfernung, das Gefühl, leicht zu sein, ich hatte den Eindruck, in einer Theaterloge zu sitzen und hinunterzuschauen und alles zu beobachten. Ich war irgendwie losgelöst und beobachtete praktisch jemand anderes, so, wie man sich beispielsweise einen Film anschaut ...

Ich war ruhig und entspannt, ich empfand ein Gefühl der Behaglichkeit. ...

Alles war deutlich zu sehen, wie beim fernsehen … Es war kein schöner Anblick für mich, wie sich mein Körper im Bett herumwarf, … und das Mädchen
im Bett nebenan bekam es mit der Angst zu tun …

Die Krämpfe dauerten nicht sehr lange, und dann erinnere ich mich erst
wieder daran, – ich weiß nicht, wie dieses Überwechseln vor sich geht –, dass
ich am nächsten Morgen aufwachte und wieder in mir drin war.[25]

Dr. Sabom schildert weiter, was ihm eine 60-jährige Hausfrau berichtete, bei
der es während eines Krankenhausaufenthaltes zu einem Herzstillstand gekommen war:

Zitat 1.5

Ich hatte meinen Körper verlassen und befand mich seitlich in einer Art Röhre
…

Sie riefen das Notteam und ich sah die Ärzte und Schwestern hereinkom-
men und das ganze Durcheinander …

Sie schlugen mir mit der Faust auf die Brust und spritzten mir irgendetwas in
die Venen; alle rannten wild durcheinander …

Andere packten meine Sachen zusammen, weil ich in die Intensivstation ge-
schafft werden sollte. … Ich konnte ihr Gesicht sehen und den Rücken von
denen, die mir den Rücken zukehrten …

Ich konnte die kleine Nadel sehen, die sie mir in die Hand stießen. Irgendetwas wegen der Blutgase …

Ich konnte mein Gesicht ganz deutlich sehen, und sie schoben mir die Au-
genlider hoch. Vermutlich, um zu sehen, wo meine Augen waren. Das ist die
einzige Erklärung, die ich dafür habe.

Dann suchten sie mir am Hals nach dem Puls. Und fast die ganze Zeit
drückten sie mir auf der Brust herum …

Sie hatten ein Atemgerät und einen Wagen mit einer Menge Zeug drauf. Ich
weiß gar nicht, was das alles war …

Ich hatte gesehen, dass sie meinen Schrank ausgeräumt hatten, der sich am
Fußende des Bettes befand. Ich konnte sehen, was sich hinter dem Rücken
dieser Leute tat, und ich beobachtete, wie ein Mädchen alles zusammenpackte,
weil der Doktor gesagt hatte: »Wir müssen sie auf die Intensivstation bringen.«
Es wurde alles in Taschen und Koffer gestopft.[26]

Wie unfassbar umfassend, facettenreich und detailliert die Beobachtungen bei
manchen Menschen in diesem außerkörperlichen Zustand waren, geht insbeson-

dere aus dem folgenden Bericht hervor. Auch zeigt er, dass die Betreffenden Dinge wahrzunehmen vermochten, die gar nicht in ihrem Blickfeld lagen, die sie also, wenn sie bei normalem Bewusstsein gewesen wären, niemals gesehen haben könnten. Er zeigt auch, wie eingeschränkt und begrenzt unser normaler Sehsinn im Erdenleben ist.

Zitat 1.6

> Und was für eine tolle Perspektive ich hatte! Ich konnte alles sehen – wirklich alles! Ich sah die Deckenlampen von oben ebenso wie die Unterseite der Trage.
>
> Ich sah die Fliesen an der Decke und die Fliesen auf dem Boden, gleichzeitig: 360 Grad sphärische Perspektive. Und nicht nur sphärisch – ich erkannte auch jedes Detail!
>
> Ich konnte bei der Krankenschwester, die neben der Trage stand, jedes einzelne Haar sehen und den Haarfollikel, aus dem es wuchs. Ich wusste sogar genau, wie viele Haare sie auf dem Kopf hatte.[27]

Nun könnte ein Skeptiker mit einem gewissen Recht sagen: »Diese Patienten haben bei ihren Schilderungen ihrer Phantasie freien Lauf gelassen oder einfach etwas beschrieben, was sie schon einmal irgendwo gehört oder gelesen haben.« Diese These ist allerdings schnell zu widerlegen. Zum einen schreibt Elisabeth Kübler-Ross, dass ihr auch sehr viele Kinder, die über diese Dinge ganz gewiss nichts wissen konnten, von solchen Wahrnehmungen berichtet haben. Zum anderen muss man wissen, dass die Wissenschaftler – z.B. Dr. Sabom – hinterher in allen Fällen, in denen es noch möglich war, die Aussagen in Gesprächen mit den betroffenen Ärzten, Krankenschwestern usw. überprüft haben – nun ja, vermutlich mit Ausnahme der Anzahl der Haare auf dem Kopf der Krankenschwester – und dadurch feststellen konnten, dass alle geschilderten Wahrnehmungen bis ins kleinste Detail exakt mit den realen Vorgängen übereinstimmten.

Eine besondere Beweiskraft haben die vielen Untersuchungen von Elisabeth Kübler-Ross, die sich auf Blinde beziehen, die zum Teil schon seit Jahren keine Sehperzeptionen mehr hatten. Auch diese waren in ihrem todesnahen Moment nicht mehr blind. Sie waren vielmehr in der Lage, beispielsweise die Farben, Muster und Schnitte der Kleidungsstücke, welche die Anwesenden zu jenem Zeitpunkt getragen haben, anzugeben.[28] Besonders erstaunlich und für Skeptiker völlig unerklärlich war ein Fall einer *blinden* Frau, die bei einem Verkehrsunfall schwer verletzt wurde und ganz nah an der Schwelle des Todes stand.

Der Unfallgegner beging Fahrerflucht. Nachdem die Frau wieder ins Leben zurückgeholt wurde, konnte sie dessen Autokennzeichen angeben!

Es wird auch von einigen nicht nur ebenfalls höchst erstaunlichen, sondern auch in gewissem Sinne spaßigen außerkörperlichen Wahrnehmungen berichtet. So schreibt *Pim van Lommel* in seinem Buch *»Endloses Bewusstsein«* von einem tief bewusstlosen Mann, dem auf der Intensivstation von einem Pfleger vor der Reanimation die Zahnprothese aus dem Mund genommen wurde. Als man sie dem Patienten Tage später zurückgeben wollte, wusste niemand von den gerade Diensthabenden, wo sie hingelegt wurde. Der Patient aber konnte ganz genau angeben, welcher Pfleger sie ihm damals herausgenommen hatte und dass dieser sie in die Schublade eines ganz bestimmten Schränkchens gelegt hatte, wo man sie dann tatsächlich fand.[29]

Ein ganz besonders gut überprüftes und sorgfältig dokumentiertes Nahtod-Erlebnis, das ebenfalls dem Buch von Pim van Lommel entnommen ist, kann auch im Internet nachgelesen werden.

Bei der Amerikanerin *Pam Reynolds* wurde ein sehr großes Aneurysma in einer Hirnschlagader diagnostiziert. Da die Gefahr, dass dieses platzen könnte, was unweigerlich zu starken Gehirnblutungen und dadurch zum Tod geführt hätte, sehr groß war, unterzog sich die damals 35-jährige Sängerin im Jahre 1991 einer langwierigen und höchst risikoreichen Gehirnoperation. Trotz der ungünstigen Prognose entschloss sich der Neurochirurg Dr. *Robert Spetzler* zu diesem schwierigen und riskanten operativen Eingriff. Während der Operation wurde die Körpertemperatur der Patientin auf ca. 10 Grad abgesenkt. Da es bei einer derartigen Unterkühlung zu einem Ausfall der Herztätigkeit kommt, wurde sie an eine Herz-Lungen-Maschine angeschlossen. Das Blut war vollständig aus ihrem Gehirn gewichen. Die Aktivitäten der Hirnrinde und des Hirnstammes wurden während der Operation fortlaufend registriert. Beide waren komplett ausgefallen. Ihr Gehirn war völlig stillgelegt. Es lagen keine messbaren Aktivitäten mehr vor. Ihr Zustand entsprach allen heutigen Hirntodkriterien: Ihr EEC war flach, der Hirnstamm zeigte keine Reaktion und das Gehirn wurde nicht durchblutet. Außerdem lag sie in tiefer Narkose.

Pam Reynolds hat ihre Erlebnisse, die sie in diesen ca. 60 Minuten, in denen sie klinisch tot war, hatte, schriftlich niedergelegt und auch in der BBC-Sendung *»The day I died«* davon erzählt.

Über ihre autoskopischen Wahrnehmungen berichtete sie:

Ich kann mich an keinen Operationssaal erinnern. Ich kann mich nicht erinnern, dass ich Dr. Spetzler gesehen habe. Ein Assistent begleitete mich, es war einer von Spetzlers Assistenten, der bei mir war. Und dann … nichts. Absolut nichts. Bis zu diesem Geräusch. Und dieses Geräusch war … unangenehm. Eine Art Kehllaut, als säße ich beim Zahnarzt. Und ich erinnere mich, dass es auf meinem Kopf anfing zu kribbeln und ich irgendwie aus meinem Kopf herausrutschte. Je mehr ich mich aus meinem Körper entfernte, desto deutlicher wurde das Geräusch.

Und als ich nach unten sah, konnte ich nach und nach verschiedene Dinge im Operationssaal erkennen. Nie im Leben hatte ich etwas so klar wahrgenommen. Und dann schaute ich auf meinen Körper hinab, und dabei wusste ich, dass es mein Körper war. Aber das kümmerte mich nicht. Ich dachte nur, seltsam, wie sie mir den Kopf rasiert haben. Ich hatte erwartet, sie würden mich kahl scheren, aber das hatten sie nicht getan …

Meine Position, von der aus ich alles beobachtete, lag ungefähr auf Schulterhöhe des Chirurgen. Es war keine normale Wahrnehmung, sie war klarer, gezielter und schärfer als übliches Sehen. Im Operationssaal gab es viele Dinge, die ich nicht kannte, und eine ganze Menge Leute. Ich erinnere mich an das Instrument in der Hand des Chirurgen, es sah aus wie der Griff meiner elektrischen Zahnbürste. Ich dachte, sie würden meinen Schädel mit einer Säge öffnen. Ich hörte, dass sie von einer Säge sprachen, aber was ich sah, glich eher einem Bohrer. In einem Kästchen lagen sogar alle möglichen Ersatzbohrer. Es glich dem Kästchen, in dem mein Vater seine Steckschlüssel aufbewahrte, als ich noch ein Kind war. Ich sah den Griff dieses Bohrers, aber ich sah nicht, wie sie damit in meinem Kopf arbeiteten. Aber ich hörte es, einen hohen, surrenden Ton. Und ich erinnere mich an die Herz-Lungen-Maschine. Ich mochte dieses Beatmungsgerät nicht. Ich erinnere mich an jede Menge Instrumente, die ich nicht kannte.

Und ich hörte ganz deutlich, wie eine Frauenstimme sagte: »Wir haben ein Problem. Ihre Arterien sind zu eng.« Und dann eine Männerstimme, die erwiderte: »Versuch es an der anderen Seite«. Diese Stimme kam offenbar eher vom unteren Teil des Operationstischs. Ich erinnere mich deutlich, dass ich mich fragte, was sie da zu suchen hätten, denn schließlich fand hier doch eine Gehirnoperation statt! Sie öffneten gerade Blutgefäße in meiner Leiste, um mir so Blut abnehmen zu können. Aber das kapierte ich nicht.[30]

In einem Interview in der BBC-Sendung sagte Dr. Spetzler:

»Ich glaube nicht, dass ihre Wahrnehmungen auf dem beruhten, was sie gesehen hatte, als sie in den Operationssaal kam. Ich fand, dass Pamelas Beobachtungen während ihrer Operation ganz genau dem entsprachen, was damals geschehen war. Sie hatte die Knochensäge, mit der wir ihren Schädel öffneten, gesehen. Sie hat wirklich Ähnlichkeit mit einer elektrischen Zahnbürste. Das hatte sie einfach nicht sehen können! Auch den Bohrer nicht, die Instrumente, all diese Dinge waren abgedeckt. Sie waren nicht sichtbar, sie waren noch verpackt. Man packt sie erst aus, wenn der Patient vollkommen anästhesiert ist; so gewährleistet man möglichst lange eine sterile Umgebung. Und dass sie das Gespräch zwischen mir und der Gefäßchirurgin so genau gehört hat … Unbegreiflich … In dieser Phase der Operation kann kein Patient etwas sehen oder hören. Und … ich kann mir nicht vorstellen, dass ein normales Gehör etwas wahrgenommen hat, schon wegen der Impulsgeneratoren, die in ihren Ohren steckten. Es gab überhaupt keine Möglichkeit, über die normalen Hörkanäle etwas zu registrieren. …

Ich kann es mir nicht erklären. Wenn ich mir ihren damaligen Zustand vor Augen führe, weiß ich nicht, wie so etwas möglich ist. Doch ich habe schon so viele Dinge gesehen, die ich mir nicht erklären kann, dass ich nicht so arrogant sein möchte, weiterhin zu behaupten, es könnte nicht irgendwie möglich sein.«[30]

Diese wissenschaftlich überprüften Fälle, von denen es Hunderte weitere gibt, zeigen, dass es sich bei den geschilderten Wahrnehmungen *nicht* um Phantastereien oder Halluzinationen gehandelt hat. Sie sind vielmehr ein empirischer *Beweis* dafür, dass das menschliche Bewusstsein nicht durch das physische Gehirn hervorgebracht wird, dass es unabhängig von diesem und auch dann in Kraft ist, wenn das Gehirn nicht arbeitet. Somit scheint auch der Gedanke, dass das Bewusstsein nach dem tatsächlichen Tod noch wirksam ist, nicht mehr fern zu liegen.

George Ritchie schreibt:

»Aber es war genug, um mich von diesem Augenblick an ganz und gar von zwei Tatsachen zu überzeugen.

Erstens, dass unser Bewusstsein mit dem körperlichen Tod nicht aufhört, dass es in Wirklichkeit schärfer und noch bewusster als je zuvor wird. Zweitens, dass es ungeheuer wichtig ist, viel mehr, als wir annehmen, wie wir unsere Zeit auf der Erde zubringen und welche menschlichen Beziehungen wir aufbauen. [...]

Von da ab hatte ich ja auch die Gelegenheit, Träume und Halluzinationen zu studieren. Ich hatte Patienten mit Halluzinationen. Es gibt hier einfach keine Ähnlichkeit.«[31]

Eben Alexander hat nach seinen Nahtod-Erfahrungen, die er während seines siebentägigen Komas hatte, seine Meinung radikal geändert:

»Während ich im Koma lag, arbeitete mein Gehirn nicht etwa unzureichend, es arbeitete überhaupt nicht. [...] der Neokortex war vollständig ausgeschaltet.

Ich machte Bekanntschaft mit der Realität einer Bewusstseinswelt, die völlig frei von den Beschränkungen meines physischen Gehirns existierte. [...] Meine Erfahrung hat mir gezeigt, dass der Tod des Körpers und des Gehirns nicht das Ende des Bewusstseins ist – dass die menschliche Erfahrung über das Grab hinausgeht.«[32]

Durchaus bemerkenswert ist noch, dass viele Menschen während ihrer Nahtod-Erfahrungen durchaus klare Überlegungen anstellen und ganz logisch denken konnten. So schreibt George Ritchie im Rahmen seiner Beschreibung dieses unfassbar hellen und strahlenden Lichtes, das er kurz nach dem Verlassen seines Körpers wahrnahm:

»Es war unmöglich hell; es war wie das Licht von einer Million Schweißbrennern, die auf einmal arbeiteten. Und mitten in mein Erstaunen kam ein prosaischer Gedanke, der wahrscheinlich durch frühere Biologielektionen an der Universität geboren wurde. ›Was bin ich froh, dass ich jetzt, in diesem Augenblick, keine physiologischen Augen habe‹, dachte ich. ›Dieses Licht würde die Netzhaut im Zehntel einer Sekunde zerstören.‹«[33]

Ein Nachtwächter erzählte Dr. Sabom, dass er bei seinen Schwellen-Erlebnissen die Wäscherei des Krankenhauses ›sehen‹ und darin einen großen Krach wahrnehmen konnte. Dann schilderte er weiter:

»Ich dachte mir, dass sie in der Wäscherei einen fürchterlichen Krach machten. In dem Raum standen große Kessel, und ich dachte mir: ›Mensch, das ist doch zu viel Lärm. Ich bin sicher, die Patienten im Stockwerk darüber kriegen das alles mit. Warum polstern die denn die Türen nicht? Warum verkleiden die denn die Wände nicht mit schalldämmenden Fliesen?‹«[34]

Eine Patientin sagte:

»Noch mitten in meinem Erlebnis habe ich immer wieder gedacht: ›Nun ja, früher in Geometrie hieß es doch immer, es gebe nur drei Dimensionen, und ich habe das ja auch immer bereitwillig geglaubt. Aber das war falsch – es gibt tatsächlich mehr.‹«[35]

Ein Mann erzählte Dr. Moody, dass sein Denken während seines ›Totseins‹ sogar viel klarer war:

»Was hier unmöglich scheint, ist es dort nicht. Das Denken ist dort von wunderbarer Klarheit. Mein Verstand registrierte einfach alles und verarbeitete das Aufgenommene sogleich, ohne sich ein weiteres Mal damit beschäftigen zu müssen.«[36]

Auch wenn die oben beschriebenen autoskopischen Beobachtungen eindeutig zeigen, dass es ein Bewusstsein gibt, das *nicht* an das Gehirn gebunden ist, so ist damit freilich noch keinesfalls bewiesen, dass alles andere, was in den Nahtod-Berichten geschildert wird und über das wir in den Kapiteln 3 bis 7 ausführlich schreiben werden – etwa die Wahrnehmung übersinnlicher Welten und Wesen – *auch* Tatsachen entspricht. Sonderbar ist, wenn Skeptiker und Gegner die Tatsache, dass einige Schilderungen sehr individuell gefärbt sind und daher im Widerspruch zu anderen zu stehen scheinen, als Argument dafür ins Feld führen, dass es sich nicht um wahre Erlebnisse, sondern um Halluzinationen oder Phantasiegeschichten handele. Wenn man einige Menschen auffordern würde, etwa eine Stunde lang aus ihrem ganz alltäglichen irdischen Leben zu berichten, so wären diese Schilderungen aus naheliegenden Gründen doch auch sehr unterschiedlich. Das würde aber wohl keiner als Indiz dafür werten, dass sie nur halluzinieren oder phantasieren und womöglich gar nicht leben!

Wenngleich es nicht verifizierbar ist, so ist doch anzunehmen, dass *alle* Menschen, die aufgrund einer der eingangs angeführten Ursachen für kurze Zeit klinisch tot waren, Nahtod-Erfahrungen gemacht haben. Einige mögen diese *selbst* als Halluzinationen abtun und nicht ernst nehmen, andere konnten bisher noch nicht den Mut aufbringen, davon zu erzählen.

Allgemeines zu den Berichten von Nahtod-Erfahrungen

S ofern man möglichst viele Nahtod-Berichte studiert, springen einige mehr *allgemeine* Tatsachen bzw. Aspekte ins Auge, die fast allen zu entnehmen sind. Diese möchten wir an dieser Stelle noch kurz betrachten, bevor wir uns in den folgenden Kapiteln ausführlich mit vielen ganz konkreten Schilderungen von Nahtod-Erlebnissen und ihren wichtigsten Motiven beschäftigen werden.

Gänzlich andere Zeitverhältnisse

Zunächst einmal ist es höchst erstaunlich, dass die weitaus meisten Berichterstatter in der kurzen Zeitspanne, in der sie klinisch tot waren, so unglaublich viele Einzelheiten ›erlebt‹ haben, dass dazu unter irdischen Zeitverhältnissen mehrere Tage, Wochen oder sogar Monate nötig gewesen wären. Die Fülle der Wahrnehmungen und Erlebnisse, die sie in diesen oftmals nur wenigen Minuten hatten, ist gigantisch und geradezu unfassbar.

So schreibt etwa George Ritchie, der neun Minuten klinisch tot war:

»Es hätte in normaler Zeit Wochen gebraucht, um nur einen flüchtigen Blick auf die vielen Ereignisse zu werfen, und dennoch hatte ich nicht den Eindruck, dass überhaupt Minuten vergingen.«[37]

Fast alle berichten, dass sie kein richtiges Zeitgefühl gehabt hätten, dass vieles gleichzeitig geschehen sei und dass die ›Zeit‹ ungleich schneller verflossen sei als im normalen Erdenleben.

Dr. Moody zitiert einen Mann:

»[...] Außerdem spielte sich das Ganze in Windeseile ab. Die Zeit kam dabei im Grunde gar nicht vor – andererseits allerdings schon. Sobald man sich aus seinem Körper gelöst hat, scheint sich alles zu beschleunigen.«[38]

Eben Alexander schreibt an mehreren Stellen seines Buches ebenfalls, dass er die Dauer eines Ereignisses oder des Verbleibs in einer bestimmten Seinssphäre nicht einschätzen konnte:

»Wie lange habe ich mich in dieser Welt aufgehalten? Ich habe keine Ahnung. Wenn man an einen Ort geht, an dem es kein Zeitgefühl gibt, wie wir es in der gewöhnlichen Welt haben, ist es beinahe unmöglich, exakt zu beschreiben, wie sich das anfühlt. Als es passierte, als ich dort war, fühlte ich mich (was immer »ich« war), als sei ich schon immer dort gewesen und als würde ich immer dort sein.«[39]

»Die Zeit an diesem Ort war anders als die einfache lineare Zeit, die wir auf der Erde erleben, und sie ist genauso hoffnungslos schwer zu beschreiben wie jeder andere Aspekt hier.«[40]

»Wie lange war ich dort in dieser Zeit? Auch davon habe ich keine wirkliche Vorstellung – keine Möglichkeit, es einzuschätzen.«[41]

»Wie oft, kann ich nicht genau sagen – wieder, weil sich die Zeit, wie sie dort war, nicht in unser Verständnis von Zeit hier auf der Erde übertragen lässt.«[42]

Alle 116 Patienten, deren Nahtod-Schilderungen von Dr. Sabom auf Tonband aufgezeichnet und anschließend analysiert wurden, gaben ebenfalls an, jedes Zeitgefühl verloren zu haben. Ein Patient drückte es so aus:

»Die Zeit war nicht messbar. Ich weiß nicht, ob es eine Minute oder fünf oder zehn Stunden gedauert hat.«[43]

Einige sprachen von einer »zeitlosen Dimension«, in der sie sich wähnten.

Subjektives Empfinden

Die weitaus meisten Menschen, die Schwellen-Erlebnisse hatten, gaben an, diese als höchst angenehm und beglückend empfunden zu haben. Sie verspürten keinerlei Angst oder Furcht. Auch die Schmerzen, die manche vorher hatten, schienen verschwunden zu sein. Ihre Gefühle seien vielmehr geradezu beseligend gewesen. Viele haben einen tiefen inneren Frieden empfunden. Fast alle sprechen von einer unbeschreiblichen Liebe, die von göttlichen Wesen ausging und alles durchströmte.

Ein 46-jähriger Mann, bei dem es zum zweiten Mal zu einem Herzstillstand kam, berichtete Dr. Sabom:

»Es war so schön. Ich hab' auch keine Schmerzen gehabt. Ich hab' eigentlich überhaupt nichts gespürt.«[44]

Ein anderer ebenfalls 46-jähriger Mann, der während eines Herzstillstands plötzlich das Bewusstsein verlor und ein Nahtod-Erlebnis hatte, erzählte:

»Ich glaube, ich war eine Zeit lang tot. [...] Ich glaube, mein Geist verließ vorübergehend meinen Körper. Wenn das der Tod ist, dann ist er nicht schlimm.«[45]

Eine 55-jährige Frau, die einen schweren hämorrhagischen Schock erlitten hatte, nachdem ihr während einer Mandeloperation versehentlich eine größere Arterie im Hals durchtrennt worden war, schilderte:

»Ich dachte: Was ist denn los mit mir? Irgendetwas ist los mit mir, ich weiß es. Und dann dachte ich ganz plötzlich: Oh, ich sterbe, das ist es – und ganz ehrlich, ich war glücklich. Ich war richtig glücklich zu sterben. Und dann hörte ich sie [eine

Schwester] schreien: ›Großer Gott, sie ist tot! Sie wollte doch nur die Mandeln herausnehmen lassen und jetzt ist sie tot!‹«[45]

Eine Frau, die nach einem schweren Herzanfall reanimiert werden konnte, äußerte:

»Auf einmal erfüllten mich die denkbar wohltuendsten Gefühle. Nichts auf der Welt existierte mehr, es gab nur noch Frieden, Wohlbehagen, Harmonie – vollkommene Ruhe. Alles, was mich je bedrückt hatte, schien von mir genommen zu sein, und ich dachte bei mir: ›Oh, wie still und friedlich. Ich habe ja überhaupt keine Schmerzen mehr.‹«[46]

Eine andere Frau betonte den Aspekt der Liebe:

»Das Licht erfüllte mich mit Ruhe, Frieden und einem starken Gefühl von Liebe und Wohlbefinden. Ich konnte fühlen, wie sich jede Zelle meines Körpers mit dem Licht der Liebe erfüllte.«[47]

Bei einem 54-jährigen Patienten wurde in seinem Bett eine Notoperation ohne Narkose am Herzen durchgeführt. Unmittelbar vor der Prozedur verlor der Mann aufgrund eines schweren Schocks sein Bewusstsein. Später berichtete er Dr. Sabom:

»Man kann sich nichts Schöneres vorstellen als den Moment, in dem ich diesen Körper verließ! ... Alles war ganz phantastisch. Ich kann mir nicht denken, dass es auf dieser Welt etwas Ähnliches gibt, und selbst die schönsten Augenblicke im Leben sind nichts im Vergleich zu dem, was ich da erlebte.«[48]

Elisabeth Kübler-Ross drückte es in einer Fernsehsendung aufgrund ihrer langjährigen Erfahrungen mit Sterbenden und Beinahe-Verstorbenen so aus:

»Der Tod ist nur ein Übergang in eine andere Form des Lebens auf einer anderen Frequenz. [...] Der Moment des Todes ist ein ganz einmaliges, schönes, befreiendes Erlebnis, das man erlebt ohne Angst und Nöte.«[49]

Sigwart formulierte es in einer Mitteilung an seine Geschwister wie folgt:

Mitteilung vom 10. Januar 1916

Wisst ihr, die Geburt ist für einen Geist, der sich inkarnieren will, ein unendlich qualvoller Vorgang. Dagegen ist das Abstreifen der Hülle [im Augenblick des Todes] eine unbeschreibliche Erleichterung.[50]

Das, was diese Menschen empfanden bzw. sagten, steht in Einklang zu dem, was der große Eingeweihte Rudolf Steiner über den Todesmoment sagte:

»Der Tod ist schrecklich oder kann wenigstens schrecklich sein für den Menschen, solange er im Leibe weilt. Wenn der Mensch aber durch die Pforte des Todes gegangen ist und zurückblickt auf den Tod, so ist der Tod das schönste Erlebnis, das überhaupt im menschlichen Kosmos möglich ist. Denn dieses Zurückblicken auf dieses Hineingehen in die geistige Welt durch den Tod ist zwischen Tod und neuer Geburt das allerwunderbarste, das schönste, großartigste, herrlichste Ereignis, auf das der Tote überhaupt zurückschauen kann.«[51]

Vielen Menschen, die an der Schwelle des Todes standen, wäre es sogar lieber gewesen, in diesem Zustand, der mit nichts aus dem normalen irdischen Leben vergleichbar sei, zu verbleiben, anstatt wieder ins Leben zurückgeholt zu werden.

Eine 55-jährige Textilarbeiterin, die nach einem Herzstillstand kurze Zeit klinisch tot war, sagte:

»Nachdem ich wieder bei Bewusstsein war, fragte ich ihn [den Arzt]: ›Musste das sein?‹ Alles war so friedlich gewesen, und zuvor hatte ich so lange diese wahnsinnigen Schmerzen gehabt.«[52]

Ein Mann, der, nachdem er von einem Auto angefahren worden war und dabei mehrfache Schädel- und Beinbrüche erlitten hatte und dann aufgrund eines Herzstillstands dem Tod sehr nahe war, sagte:

»Die Gefühle, die man hat, sind unbeschreiblich. Alles war so friedlich und ruhig. ... Wenn ich die Wahl hätte, würde ich wieder dorthin zurückgehen. Man kann das alles überhaupt nicht beschreiben.«[53]

George Ritchie schildert, dass er in der ersten Zeit, nachdem er wieder ins Leben zurückgeholt worden war und noch im Krankenbett lag, sehr unglücklich war, wieder in seinen Körper zurückgekehrt zu sein:

»Zu der Zeit jedoch [...] interessierten mich die Einzelheiten meiner Genesung sehr wenig. Ich bezeichnete die Rückkehr in dieses Leben als ein Unglück; wäre über die, die an mir arbeiteten, um mich wieder herzustellen, wütend gewesen, wenn ich nur die Kraft dazu gehabt hätte.«[54]

Wenige Menschen empfanden während ihres Schwellen-Erlebnisses allerdings auch unangenehme Gefühle wie Traurigkeit, Einsamkeit oder Furcht. Diese wurden aber nur momentan empfunden. Der Gesamteindruck wurde stets als erfreulich oder gar beglückend bezeichnet. So erinnerte sich eine 37-jährige Hausfrau, wie sie in einem todesnahen Zustand war und von einem Punkt in der Nähe der Decke auf ihre Mutter mit folgenden Gefühlen schaute:

»Ich erinnere mich vor allem daran, dass ich so traurig war, dass ich ihr nicht irgendwie mitteilen konnte, dass ich in Ordnung war. Irgendwie wusste ich, dass ich in Ordnung war, aber ich wusste nicht, wie ich es ihr sagen sollte. Ich beobachtete sie nur ... Ich hatte jedoch ein Gefühl der Ruhe und des Friedens ... Es war ganz einfach ein schönes Gefühl.«[55]

Realitätsgefühl

Kaum einer der Betroffenen – unabhängig von seiner Bildung sowie seiner spirituellen oder religiösen Gesinnung – hatte den Eindruck, dass es sich bei dem Wahrgenommenen und Erlebten um Visionen oder Fiktionen gehandelt habe. Vielmehr waren sie davon überzeugt, ganz reale Tatsachen erlebt zu haben. Ihr starkes Realitätsempfinden hatten sie sowohl in der Zeit, als sie die Nahtod-Erfahrungen machten, als auch später in der Erinnerung.

In zahlreichen Berichten findet man Schilderungen wie die folgenden:

»Es war wirklich. Ich weiß ganz sicher, dass es kein Hirngespinst ist. Es war auch kein sogenannter Traum oder irgend so etwas Ähnliches. Die Dinge sind wirklich passiert, ich hab's schließlich erlebt.«[43]

»Es war wirklich. Wenn Sie wollen, können Sie mir gerne ein Wahrheitsserum geben ... Es war so wirklich, wie nur irgendetwas wirklich sein kann.«[43]

»Ich weiß, dass es wirklich war. Ich weiß, dass ich dort oben war. Ich weiß es. Und ich weiß, dass ich mich unten gesehen habe. Ich könnte bei der Bibel schwören, dass ich dort gewesen bin. Ich habe die Dinge genauso gesehen, wie ich sie jetzt sehe.«[56]

»Alles war so anders. Ich hatte kein Gefühl der Leere, ich fühlte mich wohl und ich lebte. Ich weiß nicht, was das für eine Leben war oder was für eine Gestalt ich hatte, ich lebte auf jeden Fall.«[57]

Ein Mann erzählte, dass er sein Schwellen-Erlebnis sogar als viel realer empfand als alles, was man in der Erdenwelt erleben kann:

»Mir kommt seitdem die Welt wie ein Zerrbild des wirklichen Lebens vor – wie eine Phantasiewelt. So, als ob die Menschen nur Spiele spielten, so, als ob wir auf etwas vorbereitet würden, aber nicht wissen, worauf.«[58]

Sigwart drückte es so aus:

Mitteilung von Mitte Januar 1916

> Glaubet mir – Leben ist Traum, denn träumend durchwandert ihr die Erde und wisst nicht, was euch in Wahrheit umgibt.[59]

Kapitel 2

Anthroposophische Grundlagen

(Exkurs)

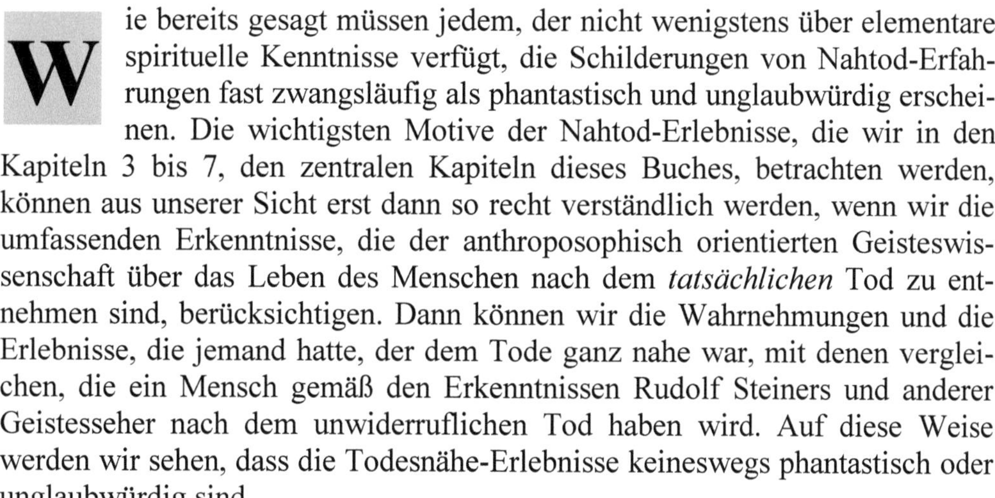

W ie bereits gesagt müssen jedem, der nicht wenigstens über elementare spirituelle Kenntnisse verfügt, die Schilderungen von Nahtod-Erfahrungen fast zwangsläufig als phantastisch und unglaubwürdig erscheinen. Die wichtigsten Motive der Nahtod-Erlebnisse, die wir in den Kapiteln 3 bis 7, den zentralen Kapiteln dieses Buches, betrachten werden, können aus unserer Sicht erst dann so recht verständlich werden, wenn wir die umfassenden Erkenntnisse, die der anthroposophisch orientierten Geisteswissenschaft über das Leben des Menschen nach dem *tatsächlichen* Tod zu entnehmen sind, berücksichtigen. Dann können wir die Wahrnehmungen und die Erlebnisse, die jemand hatte, der dem Tode ganz nahe war, mit denen vergleichen, die ein Mensch gemäß den Erkenntnissen Rudolf Steiners und anderer Geistesseher nach dem unwiderruflichen Tod haben wird. Auf diese Weise werden wir sehen, dass die Todesnähe-Erlebnisse keineswegs phantastisch oder unglaubwürdig sind.

Zum Verständnis dessen, was wir in diesem Rahmen beschreiben wollen, sind ein paar grundlegende anthroposophische Begriffe notwendig.

Zunächst einmal ist es sehr wichtig zu wissen, was der *Mensch* eigentlich ist, was ihn *wirklich* ausmacht. Dann wollen wir einen kurzen Überblick über die übersinnlichen Welten, in denen der Mensch in der langen Zeit zwischen Tod und neuer Geburt weilt, geben. Schließlich werden wir noch erläutern, wie das

Zustandekommen von Nahtod-Erfahrungen erklärt werden kann und welche Wahrnehmungsmöglichkeiten sich einem hellsichtigen Menschen erschließen, die es ihm gestatten, in übersinnliche Welten ›schauen‹ zu können.

Wir möchten einen Leser, der mit den Themen dieses Kapitels völliges Neuland betritt, ermutigen, sich diesen ohne Vorurteile, die jeder von uns hat, zu öffnen.

Das anthroposophische Menschenbild

Viele unserer Mitmenschen, die an dem Reinkarnationsgedanken, also an der Lehre von den wiederholten Erdenleben, und vielleicht sogar an der nachtodlichen Existenz des Menschen zweifeln, stellen sich die absolut berechtigten Fragen: Was am oder im Menschen könnte überhaupt *unsterblich* sein? Welche ›Instanz‹ oder ›Entität‹ im Menschen ist es, die den Tod überdauern und durch die vielen Erdenleben schreiten könnte? Um an Kapitel 1 anzuknüpfen, in dem wir gesehen haben, dass es ein Bewusstsein gibt, das weder vom physischen Gehirn hervorgebracht wird noch auf dieses angewiesen ist, könnte man auch fragen: Um welche Art von Bewusstsein handelt es sich dabei?

Noch vor etwa 100 Jahren waren die weitaus meisten Menschen ganz von der Überzeugung erfüllt, dass der Mensch göttlichen Ursprungs ist und dass er eine Seele in sich trägt, die den Tod überdauert. Allerdings gab es in dieser Zeit nur verschwindend wenige, die das Gesetz der wiederholten Erdenleben gedanklich klar erfassen konnten, sofern sie überhaupt schon einmal etwas davon gehört haben sollten. Selbst in der Gegenwart zweifelt noch immer die Mehrheit der Menschen an dem Reinkarnationsgesetz. In den letzten Jahrzehnten hat sich die materialistische Weltanschauung immer mehr verbreitet. Gemäß dieser heute vorherrschenden Ideologie geht man davon aus, dass der Mensch sich im Zuge der Evolution aus der Tierheit entwickelt habe. Man sieht in dem Menschen im Grunde nichts weiter als einen hochentwickelten Affen. Für göttliche Schöpfermächte ist in unserer heutigen Wissenschaft kein Platz mehr. Somit hält man auch ein Leben nach dem Tod für reines Wunschdenken und die Reinkarnation für einen Unsinn.

Etliche Zeitgenossen, die dieser Weltanschauung anheimgefallen sind, identifizieren ihr Wesen ganz mit ihrem Körper, ihrem *»physischen Leib«*, den sie als ihr einziges ›Wesensglied‹ betrachten. Diesen Leib, den man auch *»stofflich-mineralischen Leib«* nennen könnte, haben die Wissenschaftler bis zu einem hohen Grad erforscht. Seine Funktionen können sie weitgehend erklären, wenngleich auch hier der alte Satz gilt: »Das Wissen von heute ist der Irrtum von Morgen!« Wie schon im Vorwort angedeutet glaubt man, die vielen geistig-seelischen Tätigkeiten des Menschen – wie etwa Vorstellen, Erinnern, Denken, Fühlen und Wollen – auf physiologische Wirkfaktoren und Funktionen zurückführen zu können. Im Zweifelsfall müssen das Gehirn oder das Nervensystem herhalten, wenn es darum geht, die Urheber und die Auslöser für solche Tätigkeiten zu suchen. So ist es – wie bereits in Kapitel 1 erwähnt – trotz zahlreicher empirischer Gegenbeweise immer noch wissenschaftlicher Konsens, dass das menschliche Bewusstsein durch das Gehirn hervorgebracht werde und ohne dieses gar nicht möglich sei. Aufgrund dieser falschen Voraussetzung können auch alle geistig-seelischen Tätigkeiten des Menschen weder im rechten Licht gesehen noch richtig beurteilt werden, weil man ihre Ursachen im physischen Leib sucht. Alles, was die Wissenschaftler über die Wesenheit des Menschen zu sagen haben, bezieht sich ausschließlich auf den physischen Leib – etwas überspitzt formuliert sogar nur auf den menschlichen Leichnam.

Dieser physische Leib ist fürwahr ein absolut großartiges Wunderwerk. Wenn man etwa an den vollkommenen Bau sowie die wunderbaren Funktionen des Herzens oder des Gehirns denkt, wird keiner bestreiten, dass es sich hierbei um ganz außergewöhnlich vollkommene und verehrungswürdige Organe handelt.

Dennoch ist dieser wunderbare Leib, wie jeder weiß, sterblich. Nach dem Tode löst er sich durch Verbrennung oder Verwesung wieder in diejenigen chemischen Bestandteile auf, aus denen er gebildet wurde. Ein Materialist, der ja der Auffassung ist, dass das menschliche Wesen mit seinem physischen Leib erschöpft sei, denkt somit absolut folgerichtig! Wenn dieser stofflich-mineralische Leib alles *wäre*, was den Menschen ausmacht, wenn er sein *einziges* Wesensglied *wäre*, dann wäre es ein Unsinn, von einem Leben nach dem Tod oder gar von Reinkarnation zu sprechen, da dieser Leib nach dem Tode verwest und letztlich ganz verschwindet! Aber wie wir im Folgenden sehen werden, ist die Annahme, dass das menschliche Wesen mit seinem physischen Leib erschöpft sei, ein gewaltiger Irrtum!

Vom ›wahren‹ Menschen kennt man nur sehr wenig, wenn man ausschließlich seinen physischen Leib seziert und erforscht, wie das die Wissenschaftler machen. Um verstehen zu können, *was* am Menschen unsterblich ist, also den Tod überdauert und durch die wiederholten Erdenleben schreitet, müssen wir wissen, was den Menschen in seiner *gesamten Wesenheit* wirklich ausmacht. Der

Mensch ist *kein* reines »Körperwesen«; er ist *kein* »eingliedriges« Wesen. Um das menschliche Wesen wirklich in seiner Gesamtheit verstehen zu können, müssen wir einen kurzen Blick auf das »Wesensgefüge« des Menschen, auf seine »Wesensglieder« werfen (☞ auch Anhang, Tabelle 1, S. 290).[1]

Der *heutige* Mensch besitzt über seinen physischen Leib hinaus noch drei höhere Wesensglieder, welche diesen *durchdringen*. Die gesamte menschliche Organisation, die aus *vier* Wesensgliedern besteht, zeigt sich nur der Anschauung eines mit Hellsichtigkeit begabten Menschen. Für einen Durchschnittsmenschen *scheinen* die drei höheren Glieder nicht zu existieren. Wenn sich ein solcher aber über die Aufgaben und Wirkungsweise dieser unsichtbaren Glieder informiert, so kann er zumindest ihre Offenbarungen wahrnehmen.

Die drei übersinnlichen menschlichen Wesensglieder und ihre Funktionen, die wir im Folgenden kurz erläutern wollen, waren den Weisen aller früheren Epochen bis zurück in die urindische Kultur vor rund 8.000 Jahren bekannt. Natürlich wurden den Wesensgliedern damals andere Namen gegeben. Wir wollen uns hier an die Bezeichnungen halten, die in der anthroposophisch orientierten Geisteswissenschaft Rudolf Steiners verwandt werden.

Der Ätherleib

Man könnte sich ja beispielsweise einmal fragen, warum Menschen, Tiere und Pflanzen im Gegensatz zu den Mineralien *Lebe*wesen sind, warum sie wachsen und zur Fortpflanzung bzw. Vermehrung fähig sind. Die dazu benötigten *ursächlichen* Kräfte sind gewiss nicht in dem physischen Leib zu finden, denn über einen solchen verfügen die Mineralien auch.

Nun besitzt der Mensch neben seinem physischen Leib zunächst noch einen »*Ätherleib*«, den man auch »*Lebensleib*« oder »*Bildekräfteleib*« nennt. Der Ätherleib ist das unterste übersinnliche Wesensglied. Ohne diesen ätherischen Leib könnte in dem stofflich-mineralischen Leib kein *Leben* sein. Somit haben nicht nur Menschen, sondern alle *Lebewesen*, also auch Pflanzen und Tiere, einen solchen Leib.

Der Ätherleib ist gewissermaßen der ›Aufbauer‹ oder der ›Architekt‹ des physischen Leibes, der sich aus dem ätherischen herauskristallisiert. Der physische Mensch ist nach Maßgabe seines Ätherleibes gebildet. Dieser Leib enthält die *wirkenden* Kräfte, die jedes Lebewesen bis in seine Zellstruktur belebt und gestaltet. Der Ätherleib ist insbesondere der Träger der Wachstums- und Fortpflanzungskräfte, aber auch des Gedächtnisses. Im Laufe der Entwicklung wird dieses ›Gewebe‹ von Erinnerungen und Urteilen zur Grundlage von Temperamenten, Gewohnheiten, Neigungen, Charakter und des Gewissens. Der menschliche Ätherleib ist wie der physische Leib bis zu einem gewissen Grad den Gesetzen der Vererbung unterworfen. Das Physische am Menschen wird meistens aus der väterlichen, das Ätherisch-Astralische aus der mütterlichen Linie vererbt. *Goethe* drückte das so aus: »Vom Vater hab ich die Statur, des Lebens ernstes Führen, vom Mütterchen die Frohnatur und Lust zu fabulieren.«

Beim heutigen erwachsenen Menschen hat der Ätherleib etwa die gleiche Form wie der physische Leib, den er allerdings an allen Seiten ein wenig überragt. Daher bezeichnete Rudolf Steiner ihn auch als *»Doppelgänger«* des physischen Leibes, in dem die verschiedenen Kraftgestalten des physischen Leibes zu erkennen sind. Der ätherische Leib ist durchaus ähnlich organisiert wie der physische, nur sehr viel komplizierter. Er ist nicht nur mit feinen Äderchen und Strömungen durchzogen, sondern er hat auch Organe, ein *»Ätherherz«*, ein *»Äthergehirn«* usw. sowie Gliedmaßen, also beispielsweise *»Ätherarme«*, *»Ätherhände«*, *»Ätherfinger«* und so fort.

Dem Blick eines Hellsehers stellt sich der menschliche Ätherleib als innerlich leuchtendes, durchscheinendes, aber nicht ganz durchsichtiges *Kraftgebilde* dar.

Es ist ja nicht verwunderlich, dass die Wissenschaft so verhältnismäßig wenig über das Gedächtnis weiß, da sie seinen Sitz im *physischen* Gehirn sucht. Dieses Gehirn ist für den Menschen aber nur in der *physischen* Welt – also solange er im Erdenleben weilt – vonnöten, damit etwas Erinnertes, also aus dem ätherischen Gehirn Heraufgeholtes, zum Bewusstseinsinhalt werden kann. Das physische Gehirn ist nicht mehr, aber auch nicht weniger als ein Werkzeug bzw. ein ›Spiegelungsapparat‹. Im irdischen Dasein wird der ätherische Leib mit seinen Gedächtniskräften sehr stark vom physischen Leib eingeschränkt. Um etwas Erinnertes freigeben zu können, ist er auf die vermittelnden Dienste des physischen Organismus angewiesen. Die Erinnerungen sind zwar ganz wesentlich im Äthergehirn konzentriert, sie erstrecken sich im Grunde aber auf den gesamten ätherischen Leib.

Wenn das physische Gehirn einen Schaden oder Defekt hat – wie das etwa bei einer Demenzerkrankung der Fall ist –, so ist es kein reiner Spiegel mehr, so dass es viele Erinnerungen aus dem Ätherleib nicht mehr spiegeln und somit auch nicht zum Bewusstsein bringen kann. Dasjenige, woran sich ein Mensch in seinem Erdenleben erinnern kann, bildet nur eine verschwindend geringe Teilmenge aller im Ätherleib aufbewahrten Erinnerungen. Der ätherische Leib ist ein treuer Bewahrer von *allem*, was der Mensch jemals erlebt hat. Auch solche Ereignisse bzw. Erlebnisse, die nie die Bewusstseinsschwelle überschritten haben, an die sich der Mensch also im Erdenleben niemals erinnern könnte, sind hier einverwoben.

Der Ätherleib bleibt während einer irdischen Inkarnation *immer*, also auch im Schlaf, mit dem physischen Leib verbunden. Erst im Augenblick des Todes trennt er sich endgültig von diesem ab.

Wenige Tage nach dem Tod wird der weitaus größte Teil des ätherischen Leibes in den Kosmos einverwoben. Nur einen kleinen Teil nimmt der Mensch als unvergängliche Essenz auf seinen weiteren nachtodlichen Weg sowie ins nächste Erdenleben mit.

Wenn man die schon seit alten Zeiten übliche *Drei*gliederung des Menschen betrachtet, nach der jeder Mensch aus *»Körper«*, *»Seele«* und *»Geist«* besteht, so lässt sich sagen, dass der physische Leib und der Ätherleib, die immer fest miteinander verbunden sind, solange der Mensch auf der Erde verkörpert ist, *zusammen* das ergeben, was man als »Körper« bezeichnet.

Der Astralleib

Man könnte jetzt weiter fragen, warum Menschen und Tiere im Gegensatz zu Pflanzen Gefühle, Empfindungen, Begierden und Triebe haben. Diese können offensichtlich weder im physischen noch im ätherischen Leib gefunden werden, denn einen solchen haben die Pflanzen auch.

Der Mensch besitzt über den physischen und ätherischen Leib hinaus noch ein weiteres immaterielles Wesensglied, das die ätherische Hülle umschließt: den sogenannten *»Astralleib«*, der von manchen Esoterikern auch als *»Emotional-körper«* bezeichnet wird. Innerhalb dieses Leibes erscheint das *Eigenleben* des Menschen. Es drückt sich dadurch aus, dass dieser Lust oder Unlust, Freude oder Schmerz usw. erlebt.

Der Astralleib ist der Träger von Gefühlen, Begierden, Trieben, Wünschen, Leidenschaften und dergleichen. Durch ihn werden Sympathien und Antipathien erregt. Die Fähigkeit, solche Empfindungen zu erleben, teilt der Mensch nur mit den Tieren, die auch einen solchen übersinnlichen Leib besitzen. Auch hier ist es natürlich wieder so, dass der Mensch, solange er auf der Erde verkörpert ist, des Nervensystems bedarf, damit sich etwa die Schmerzen kundtun können.

Der astralische Leib ist auch der Träger des sogenannten Unterbewusstseins, das man auch *»astralisches Bewusstsein«* nennt und das nicht mit dem Selbstbewusstsein verwechselt werden darf. Das astralische Bewusstsein ist ungleich weiser als unser Tages- oder Oberbewusstsein.

Dem hellsichtigen Menschen zeigt sich das Bild des Astralleibes als eine Art ›Lichtwolke‹, die sogenannte *»Aura«*, die den physischen und ätherischen Leib umhüllt und den Kopf etwa um zwei bis drei Kopflängen überragt. Diese eiförmige Aura glänzt in den unterschiedlichsten Farben, je nach den Begierden, Trieben usw. des jeweiligen Trägers. Auch der Astralleib ist im Prinzip ähnlich organisiert wie der physische und der ätherische Leib.

Der Astralleib löst sich jedoch im Schlafe aus seiner Organisation mit den beiden übrigen Leibern. Dann gehört es unter anderem zu seinen Aufgaben, den physischen Leib zu erfrischen und Abnutzungserscheinungen auszugleichen.

Der Mensch verliert nach dem Tod seinen Astralleib zunächst nicht. Im Durchschnittsfall legt er erst einige Jahrzehnte, nachdem er durch die Pforte des Todes gegangen ist, den größten Teil seines astralischen Leibes ab. Nur einen eher kleinen Extrakt nimmt er als Frucht seines Lebens mit auf seinen weiteren Weg durch die höheren Welten.

Grob vereinfacht gesagt ist der Astralleib nichts anderes als das, was man als »Seele« bezeichnet.

Die Frage, was vom Menschen unsterblich ist, was ihm in der gesamten Zeit seines nachtodlichen Lebens von seinem Wesensgefüge bleibt und durch die vielen Erdenleben schreitet, steht immer noch im Raum. Der physische Leib löst sich nach dem Tod völlig in der Erdenwelt auf, und von den beiden anderen Leibern nimmt der Mensch nur einen gewissen Teil als unvergängliche Essenz mit auf seinen weiteren Weg. Hätte der Mensch nur *diese drei* Wesensglieder, so wäre es immer noch unsinnig, wenn man sagen würde, dass er unsterblich sei und ewig existiere.

Das Ich bzw. **der Ich-Leib**

Nun besitzt aber der Mensch in der Tat noch ein viertes Wesensglied, das ihn *weit* über das Tierreich erhebt: Das *»Ich«* bzw. den *»Ich-Leib«*. Hätte der Mensch nicht dieses Ich, so hätten die ›Jünger‹ *Darwins* recht; dann wäre er nur ein hochentwickelter Affe.

Dieses Wesensglied, das sich einem Hellseher als bläuliche Hohlkugel im Stirnbereich zwischen den Augen zeigt, ist genau wie der Astralleib ein Bewusstseinsträger. Dieses an das Ich gekoppelte Bewusstsein, das *»Ich-Bewusstsein«* oder *»Selbst-Bewusstsein«*, leuchtet im Erdendasein eines Menschen etwa im dritten Lebensjahr erstmals auf. Ab diesem Zeitpunkt kann sich ein Kind seelisch als ein »Ich« bezeichnen. Es wird fähig, dieses Wort richtig zu verwenden. Es wird dann nicht mehr sagen »Maxi möchte einen Keks«, sondern *»Ich* möchte einen Keks«. Die übliche Erinnerung, die ein Mensch in seinem *Erden*leben hat, reicht höchstens bis zu diesem Ereignis zurück.

Dieses Ich-Bewusstsein ist – zumindest wenn man von den Phasen, in denen der Mensch wacht, absieht – völlig unabhängig vom physischen Leib und somit auch nicht an das Gehirn gebunden. Es ist das entscheidende Bewusstsein, das der Mensch in der gesamten Zeit zwischen Tod und neuer Geburt hat. Und es ist somit auch dasjenige Bewusstsein, welches es jemandem, der Nahtod-Erfahrungen macht, ermöglicht, sich seiner selbst bewusst zu werden und die Fülle der Wahrnehmungen zu registrieren.

Das Ich ermöglicht es dem Menschen, sich als eigenständiges und seiner selbst bewusstes Wesen erkennen und von seinen Mitmenschen und seiner Umgebung abgrenzen zu können. Jeder Mensch kann sich selbst als ein *»Ich bin«* wahrnehmen. Das Ich, das man auch als *»Selbst«* bezeichnen könnte, erlaubt ihm, sich über seine bloßen Gefühle und Triebe hinaus selbst zu bestimmen. Dadurch kann er dazu kommen, ordnende Begriffe und Gedanken zu bilden. Das Ich macht es dem Menschen möglich, aus eigenem Antrieb heraus tätig zu werden und moralischen Idealen nachzustreben, anstatt nur blind seinen Trieben zu folgen, wie es bei den Tieren der Normalfall ist.

Nicht einmal ein krasser Materialist kann leugnen, dass es im Menschen eine ›Instanz‹ gibt, die über diejenigen Fähigkeiten verfügt, die wir dem Ich zuschreiben müssen. Allerdings wird er heftig bestreiten, dass es sich dabei um etwas Eigenständiges, Immaterielles handele. Vielmehr wird er diese Fähigkeiten auf irgendwelche Gehirnfunktionen zurückführen. Wenn ein solcher ehrlich und konsequent wäre, dürfte er aber auch nicht sagen: *»Ich* denke.« Stattdessen müsste er eigentlich sagen: *»Mein Gehirn* denkt.« Dr. Eben Alexander, der ursprünglich das materialistische Weltbild, das die meisten Wissenschaftler vertreten, teilte, wurde durch seine Erlebnisse an der Schwelle des Todes eines Besseren belehrt. In seinem Buch schreibt er:

»Wahres Denken ist keine Sache des Gehirns. Aber wir sind – teilweise durch das Gehirn – so sehr darauf trainiert, unsere Gehirne mit dem in Verbindung zu bringen, was wir denken und wer wir sind, dass wir nicht mehr erkennen können, dass wir jederzeit sehr viel mehr sind als unsere physischen Körper und Gehirne, die unseren Anordnungen Folge leisten oder dies zumindest tun sollten.«[2]

Dieses Ich ist nichts Geringeres als der »geistig-seelische Wesenskern« des Menschen, der als »göttlicher Funke« in ihm lebt.

»Wir müssen uns klar sein, dass wir zunächst in uns haben den geistig-seelischen Wesenskern, den wir zusammenfassen in seinem Mittelpunkt, wenn wir ›Ich‹ oder ›Ich bin‹ sagen. Dieser geistig-seelische Wesenskern ist eingebettet in den Astral-, Äther- und physischen Leib. So wie der Mensch jetzt in der Welt lebt, leben wir eigentlich, wenn wir innerlich leben, in unserem Ich; denn alle Seelentätigkeiten sind bei dem wachen Menschen mit dem Ich in irgendeiner Weise verknüpft, erscheinen gleichsam alle auf dem Hintergrunde des Ich.«[3]

Wenn man sagt, das Ich sei der »göttliche Funke«, so ist das natürlich nicht so zu verstehen, als wären das Ich und Gott *ein und dasselbe*. Gemeint ist vielmehr, dass das menschliche Ich mit dem Göttlichen von der gleichen Art und Wesenheit ist.[4] Während die drei unteren Wesensglieder, physischer Leib, Ätherleib und Astralleib, bereits in einer urfernen Vergangenheit (☞ Kapitel 6, S. 239ff.), von der die Wissenschaftler nicht einmal zu träumen wagen und von der auch in den religiösen Urkunden nichts zu finden ist, von den göttlich-geistigen Wesen (☞ Kapitel 6, S. 215ff.) geschaffen bzw. keimartig veranlagt wurden, ist das Ich noch ein sehr junges Wesensglied. Erst durch die Erdenmission Christi kann in jedem Menschen ein *individuelles* Ich aufleuchten. Erst dadurch kann der Mensch *Mensch* werden und zur wirklichen Freiheit gelangen. Dass es mit diesem Ich etwas ganz Besonderes auf sich hat, kann man sich schon anhand einfacher Betrachtungen klarmachen: Mit diesem Wort kann jeder Mensch nur sich *selbst* benennen bzw. ansprechen. Kein Mensch kann einen anderen mit diesem Namen anreden.

»Das ›Ich‹ als Bezeichnung für ein Wesen hat nur dann einen Sinn, wenn dieses Wesen sich diese Bezeichnung selbst beilegt. Niemals kann von außen an eines Menschen Ohr der Name ›Ich‹ als seine Bezeichnung dringen; nur das Wesen selbst kann ihn auf sich anwenden. ›Ich bin ein Ich nur für mich; für jeden andern bin ich ein Du; und jeder andere ist für mich ein Du.‹
Diese Tatsache ist der äußere Ausdruck einer tief bedeutsamen Wahrheit. Das eigentliche Wesen des ›Ich‹ ist von allem Äußeren unabhängig; deshalb kann ihm sein Name auch von keinem Äußeren zugerufen werden.

Jene religiösen Bekenntnisse, welche mit Bewusstsein ihren Zusammenhang mit der übersinnlichen Anschauung aufrechterhalten haben, nennen daher die Bezeichnung ›Ich‹ den ›unaussprechlichen Namen Gottes‹. Denn gerade auf das Angedeutete wird gewiesen, wenn dieser Ausdruck gebraucht wird. Kein Äußeres hat Zugang zu jenem Teile der menschlichen Seele, der hiermit ins Auge gefasst ist. Hier ist das ›verborgene Heiligtum‹ der Seele. Nur ein Wesen kann da Einlass gewinnen, mit dem die Seele gleicher Art ist. ›Der Gott, der im Menschen wohnt, spricht, wenn die Seele sich als Ich erkennt.‹«[5]

Das Wort »ICH« der deutschen Sprache stellt in monumentalen Lettern die Initialen des Gottessohnes dar: *I*esus *CH*ristus. Immer wenn wir »ich« sagen, sprechen wir die Anfangsbuchstaben des großen »ICH-BIN« aus.

Christus hat jeden Menschen zum König gemacht. So wie ein weltlicher König die Hoheit und Macht über sein Volk bzw. Reich hat, so hat jeder Mensch vermöge seines Ichs die Hoheit und die Macht über sein Seelenreich, über seine unteren Wesensglieder.

Das Ich, das die eigentliche menschliche *»Individualität«* repräsentiert, bleibt dem Menschen als einziges *ureigenes* Wesensglied in der gesamten nachtodlichen Zeit erhalten, wenngleich das Bewusstsein seiner selbst, also das Ich-Bewusstsein, phasenweise stark herabgedämpft sein kann und anderer Art ist, als es im Erdenleben der Fall ist. Auch *Goethe* wusste, dass das Ich den Tod überdauert und unauslöschlich ist. »Der Körper wird wie ein Kleid zerreißen, aber ich, das wohlbekannte Ich, ich bin.« Das Ich ist unsterblich und unvergänglich; es schreitet von Inkarnation zu Inkarnation.

Um noch einmal auf die übliche Dreigliederung des Menschen (Körper, Seele und Geist) zurückzukommen: Der physische Leib in Verbindung mit dem Ätherleib repräsentiert den Körper, die Seele und der Geist werden – etwas vereinfacht dargestellt – durch den Astralleib und das Ich repräsentiert.

Zukünftige Wesensglieder

Es sei noch in aller Kürze angedeutet, dass es die Aufgabe des Menschen ist, im Zuge seiner geistig-seelischen Entwicklung aus seinen Ich-Kräften heraus ganz bewusst an der Veredelung seiner drei unteren Leiber zu arbeiten, um so in ferner Zukunft drei höhere Wesensglieder zu erwerben.

»In drei künftigen Äonen wird der Mensch drei höhere Wesensglieder dadurch in sich hereinverkörpern, dass sein Ich im irdischen Hüllenwesen nicht untätig bleibt, sondern an sich arbeitet und so die Hüllen ergreift und einer fortschreitenden Verwandlung entgegenführt.«[6]

Während der Mensch seine heutigen vier Wesensglieder ohne eigene Verdienste von den Göttern verliehen bekommen hat, muss er sich die drei zukünftigen selbst verdienen. Diese drei zukünftigen Glieder – *»Geistselbst«*, das man auch *»Höheres Selbst«* nennen könnte, *»Lebensgeist«* und *»Geistesmensch«* (☞ auch Anhang, Tabelle 1, S. 290) – sind dasjenige, was man im *eigentlichen* Sinne als den »Geist« des Menschen bezeichnet. Erst wenn der Mensch diese drei Geistesglieder erworben hat, kann er *vollständig* Mensch, vollständig vergeistigter Mensch, sein. Wir alle sind also heute noch erst auf dem Wege, Mensch zu werden.

Für die Zwecke dieses Buches ist es nicht erforderlich, auf diese drei Geistglieder näher einzugehen.

Die übersinnlichen Welten – ein kurzer Überblick

D ass die heute vorherrschende Ideologie des Materialismus es geradezu verbietet, übersinnliche Welten und Wesen anzuerkennen oder auch nur für möglich zu halten, muss wohl nicht mehr erwähnt werden. Die einzige Welt, die von einem Materialisten – und auch von den heutigen Wissenschaften – anerkannt wird, ist diejenige, die sich jedem offenbart, der über gesunde *Sinnes*organe verfügt, also unsere *»Sinneswelt«*. Man könnte sie auch *»physische Welt«*, *»materielle Welt«*, *»physischer Plan«* oder *»Erdenwelt«* nennen. Obwohl diese sichtbare Welt schon fast bis in den letzten Winkel erkundet ist, bietet sie den Forschern noch genügend Spielraum für neue Entdeckungen. Die Existenz anderer Welten oder Sphären, die sich nicht den *üblichen* Sinnen offenbaren, verweisen Materialisten ins Reich der Phantasie. Damit gleichen sie einem Blindgeborenen, der Licht oder Farben für nicht existent hält. Die Möglichkeit, dass es Menschen gibt, die über höhere, *geistige* Organe und somit noch über ganz andere Wahrnehmungs- bzw. Erkenntnismöglichkeiten verfügen, mit denen sie über den Tellerrand der physischen Welt hinausschauen können, halten materialistisch gesinnte Gemüter für Wahnvorstellungen.

Selbstverständlich gibt es noch zahlreiche religiös oder spirituell gestimmte Menschen, die zumindest noch an *eine* unsichtbare Welt glauben, die üblicherweise als *»Himmel«* bezeichnet wird. Schließlich ist ja auch in der Heiligen Schrift und in allen religiösen Urkunden sehr häufig von einer solchen Sphäre die Rede. Allerdings tun sich viele mit der Vorstellung schwer, *wo* sich eine solche nicht sichtbare Welt befinden könnte, was gewiss daran liegt, dass sie es einfach nicht vermögen, etwas Geistiges gedanklich zu erfassen. Oft hört man: »Ja, ich glaube schon an einen Himmel. Andererseits – wo soll dieser sein? Das Weltall ist doch schon recht gut erforscht. Aber weder die Astronomen noch die Astronauten, die das Universum schon weitgehend durchmessen haben, haben ihn entdeckt. Auch sind sie noch nie einem Engel oder gar Gott begegnet. Wo sollte da überhaupt noch Platz für einen Himmel sein?«

Solche Fragen oder Ansichten zeigen deutlich, dass man sich vielfach auch den Himmel als eine materielle Sphäre vorstellt.

Wie man aus der Anthroposophie – aber auch aus okkulten Quellen – wissen kann, muss man neben der physischen Welt im Wesentlichen noch *drei weitere* Welten unterscheiden: die *»Ätherwelt«*, die *»Astral-«* oder *»Seelenwelt«* und die *»Geisteswelt«* oder *»geistige Welt«*. Allen gemein ist, dass sie mit physischen Sinnen oder Messinstrumenten nicht wahrnehmbar sind. Mit einem Oberbegriff werden diese Welten als *»übersinnliche Welten«* bezeichnet. Der Begriff »übersinnliche Welten« soll zum Ausdruck bringen, dass diese *über* oder *außerhalb* dessen liegen, was wir mit unseren *physischen* Sinnesorganen wahrnehmen können. Synonym werden auch die Bezeichnungen *»höhere Welten«* oder *»immaterielle Welten«* verwandt. Bisweilen werden alle übersinnlichen Welten auch zusammengefasst und mit dem Namen »geistige Welten« belegt. Das ist aber – zumindest streng genommen – nicht ganz korrekt, da ja im eigentlichen Sinne mit »geistiger Welt« eine bestimmte der drei übersinnlichen Welten gemeint ist. Der Leser möge beachten, dass einige Autoren, deren Zitate wir in diesem Buch berücksichtigt haben, den Begriff »geistige Welt« als *Oberbegriff* für die höheren, nicht-materiellen Welten verwenden.

Es wäre ganz falsch, wenn man bei dem, was hier als »Welten« bezeichnet wird, an irgendwelche abgegrenzte Räumlichkeiten oder Orte denken würde. Der Begriff des dreidimensionalen Raumes, in dem wir uns so gut zurechtzufinden und sicher zu bewegen gelernt haben, hat nur in unserer physischen Welt eine Bedeutung. Daher könnte man diese auch *»Raumeswelt«* nennen. Die übersinnlichen Welten sind *nicht*-räumlich.

Wenn man sagt, irgendein Wesen *befinde* sich in einer übersinnlichen Welt, also etwa in der Astralwelt, so ist das so zu verstehen, dass dieses Wesen in einem *Bewusstseinszustand* ist, der ihm erlaubt, diese Welt als solche zu erkennen und in ihr wahrnehmen zu können.

Um noch einmal auf die Frage, wo denn ein Himmel im Weltall noch Platz finden könnte, zurückzukommen: Unsere physische Welt wird von den höheren Welten durchzogen und durchströmt. Man muss sich *alle* Welten als miteinander verwoben denken. Die übersinnlichen Welten sind also *überall*. Das wird auch im Neuen Testament angedeutet: »Das Gottesreich kommt nicht äußerlich wahrnehmbar, noch wird man sagen können: siehe, hier ist es oder dort.«[7]

Eben Alexander gewann nach seinen Nahtod-Erfahrungen dieselbe Auffassung; er schreibt:

»Die Welt aus Raum und Zeit, in der wir uns in diesem irdischen Bereich bewegen, ist eng und vielfältig mit diesen höheren Welten vernetzt. Mit anderen Worten: Diese Welten sind nicht völlig von uns abgesondert, weil alle Welten ein Teil derselben allumfassenden göttlichen Realität sind. Von diesen höheren Welten aus hat man Zugang zu jeder Zeit und jedem Ort in unserer Welt.«[8]

Drei Jahre nach seinem Tod beschrieb Sigwart die Verschiedenartigkeit der unterschiedlichen Welten und ihre Verbindungen in einer Mitteilung mit den folgenden Worten:

Mitteilung vom 9. Juni 1918

Ich habe in letzter Zeit wieder viele verschiedene Phasen durchgemacht und bin immer von neuem voller Bewunderung über die Verschiedenartigkeit der Welten, die ineinander liegen, sich durchdringen und doch nicht berühren. – Es ist alles so schön, so gotterfüllt, wohin man auch sieht, ja alles mit Ausnahme des physisch verdichteten Zustandes, in dem sich alle Wesen befinden, die gerade auf dem Erdenplan ihre Entwicklung durchzumachen haben. Das ist von hier aus gesehen das Schwerste, weil so viel Leid damit verbunden ist.[9]

Die verschiedenen Welten durchdringen, durchziehen und durchströmen sich, etwa so wie sich die Wesensglieder des Menschen gegenseitig durchdringen oder wie sich in der Sinneswelt verschiedene Luftströme oder Flüssigkeiten durchdringen können. Daraus folgt, dass die übersinnlichen Welten *nicht* fernab unserer Sinneswelt sind, wie es insbesondere der in diesem Zusammenhang häufig benutzte Ausdruck »Jenseits« suggerieren könnte. Die geistig-seelischen Wesenheiten, also insbesondere die Wesen der verschiedenen Engelreiche (☛

Kapitel 6, S. 215ff.), die Verstorbenen sowie die Wesenskerne derjenigen Menschen, die Nahtod-Erfahrungen machen, sind lediglich in einer Sphäre, die *jenseits* der Wahrnehmungsfähigkeit des heutigen Durchschnittsmenschen liegt.

Auch wenn es die Bewusstseinsschwelle nicht überschreitet, so lebt im Grunde jeder Mensch, unabhängig davon, ob er ver- oder entkörpert ist, ständig in allen diesen Welten, insbesondere im Schlaf. Das, was wir nachts in den übersinnlichen Welten erleben, wirft zumindest hin und wieder einen schwachen und matten Abglanz in bestimmte Träume. Manchmal können wir auch unmittelbar nach dem Aufwachen, noch bevor die äußere Welt wieder an uns herandringt, so etwas wie eine hauchzarte Empfindung oder Ahnung davon haben, dass wir soeben aus einer ganz anderen Sphäre erwacht sind. Ein bewusstes Erleben in diesen höheren Welten kann nur ein mit Hellsichtigkeit begabter oder ein verstorbener Mensch haben. Das Gleiche gilt offensichtlich auch für Menschen, die nur für kurze Zeit entkörpert sind, die also – meistens wenige Minuten – später wieder ins Leben zurückgeholt werden können. Die Sinneswelt ist nur eine *Offenbarung*, deren Ursprung in höheren Welten liegt.

Alle Welten unterscheiden sich zunächst einmal lediglich dadurch, dass sie vermöge einer jeweils anderen Art von Organen erkennbar sind als die übrigen. Man könnte auch sagen, dass man zur Wahrnehmung der verschiedenen Welten ein jeweils anders geartetes Bewusstsein benötigt. Jeder Vergleich mit einer Situation aus unserem Erdendasein, den man zur besseren Veranschaulichung heranziehen könnte, kann freilich nur sehr unzureichend sein. Dennoch soll der Versuch gewagt werden.

In gewisser Weise kann in unserer ganz normalen Sinneswelt doch von einer ›Welt‹ oder ›Sphäre‹ der für das Auge sichtbaren Dinge, von einer der Töne und Geräusche, von einer der Gerüche usw. gesprochen werden. Diese offenbaren sich jedem Menschen, der über die entsprechenden gesunden Organe verfügt. Nun käme auch keiner auf die Idee zu sagen, dass etwa die Welt der sichtbaren Gegenstände fernab von der Welt der Töne sei. Dass diese sich gegenseitig durchdringen und miteinander verwoben sind, wird schon dadurch klar, dass man Seh- und Hörwahrnehmungen gleichzeitig haben kann. Allerdings bleiben diese beiden Welten einem blind und taub geborenen Menschen finster und stumm. Für ihn *scheinen* sie nicht zu existieren, ähnlich wie für die meisten verkörperten Menschen die übersinnlichen Welten nicht zu existieren *scheinen*.

Wer glaubt, die übersinnlichen Welten wären etwas Nebulöses oder Schattenhaftes, wer glaubt, dass dasjenige, was wir in der Sinneswelt um uns haben, das

Wahre, Wirkliche und Ursprüngliche wäre, gleicht jemandem, der vor einem Spiegel steht und den Ursprung des Spiegelbildes nicht vor dem Spiegel, sondern im oder hinter dem Spiegel sucht.

Selbstverständlich gelten in den höheren Welten ganz andere Gesetzmäßigkeiten als etwa die Naturgesetze, wie wir sie von der Sinneswelt kennen. Wenn jemand stirbt, so sagt man bisweilen: »Er hat das Zeitliche gesegnet.« Damit wird zum Ausdruck gebracht, dass der Verstorbene die Welt, in der die übliche Zeit eine große Rolle spielt, verlassen hat und nun in eine Sphäre eingetreten ist, auf die unser Zeitbegriff nicht anwendbar ist. Fast alle Menschen, die an der Schwelle des Todes standen, sagen ja auch ganz deutlich, dass sie kein Gefühl für die uns so vertraute Zeit hatten. Die Tatsache, dass die Betroffenen in den meistens nur wenigen Minuten, in denen sie klinisch tot waren, so viele Erlebnisse und Eindrücke hatten, dass dazu in der Sinneswelt Monate nötig gewesen wären, zeigt ebenfalls, dass unser Zeitbegriff auf die höheren Welten nicht anwendbar ist.

Sigwart teilte seinen Geschwistern dazu mit:

Mitteilung vom 4. Dezember 1916

> In der Verbindung mit euch kann ich mich schwer an Zeitbegriffe halten. Das, was ihr lang nennt, nennen wir kurz. Daher sind Zeitbestimmungen nach euren Begriffen für uns nur schwer anzugeben.[10]

Wir wollen nun die drei übersinnlichen Welten mit ein paar Strichen skizzieren. Von dem Erleben in diesen Sphären – sowohl dem der Menschen, die Nahtod-Erfahrungen hatten, als auch der tatsächlich Verstorbenen – werden wir an den entsprechenden Stellen der folgenden Kapitel ausführlich schildern.

Die Ätherwelt

Die erste übersinnliche Welt, die uns in gewissem Sinne am nächsten ist, wird *»Ätherwelt«* genannt. Ihr gehören wir dadurch an, dass wir einen Ätherleib tragen.

Angrenzend an unsere Erde, auf der wir wohnen, befindet sich der allgemeine Weltenäther, der sich uns *äußerlich* durch die himmelsblaue Farbe des Firmaments, aber auch durch Wolkenbildungen offenbart. Die Ätherwelt umgibt die Erde wie eine übersinnliche Atmosphäre. In ätherischen Abbildern erscheinen hier die Taten höherer geistiger Wesenheiten (☛ Kapitel 6, S. 215ff.), die als

Weltgedanken im Weltenäther weben. Zusammen mit der aus den vier Elementen (Feuer, Wasser, Luft und Erde) aufgebauten physischen Welt bildet die Ätherwelt die *»physisch-ätherische Welt«*.

Die Ätherwelt ›betritt‹ der Mensch, sobald er die Schwelle des Todes überschritten hat. Besser gesagt – dann geht ihm das Bewusstsein für diese Daseinsebene auf. Im Normalfall wird der Verstorbene nur wenige Tage in dieser Welt verbleiben.

Die Astral- oder Seelenwelt

Die nächste der höheren Welten ist die *»Astralwelt«* oder *»Seelenwelt«*. Dieser gehören wir dadurch an, dass wir einen Astralleib tragen bzw. eine Seele haben. Diese Welt wird auch *»Astralplan«* oder *»astrale Welt«* genannt.

Die Seelenwelt ist die Welt des Lebendig-Seelischen. Sie besteht ganz wesentlich aus lebendigen, lichterfüllten und alles durchdringenden Formen und Farben. Alles ist hier klangvoll und dynamisch, gleichzeitig weisheitsvoll geordnet.[11]

In der Astralwelt sind Gefühle wie Freude und Leid, Liebe und Hass, Begierden, Triebe usw. genau so real vorhanden wie in der physischen Welt materielle Gegenstände. Es gibt in der Seelenwelt nichts, was nicht selbst seelischer Natur wäre. Ein Wesen kann in dieser Welt absolut nichts tun, was in seiner Umgebung nicht sofort und ganz unmittelbar Freude, Lust, Schmerzen, Leid usw. auslösen würde. Es könnte – bildlich gesprochen – nicht einmal einen Finger krümmen, ohne dass andere Seelenwesen dadurch Sympathien oder Antipathien, Freude oder Schmerz empfinden würden. Die ›Materie‹ der *»astralen Wesenheiten«* ist das, was wir Fühlen nennen.

»Dort auf dem Astralplan ist das sichtbar, was für den Menschen zunächst nur fühlbar ist. Lust, Leid, Triebe sind da so wirklich vorhanden, wie auf dem physischen Plane die äußeren Gegenstände, ein Stuhl oder ein Tisch vorhanden sind. Das ist dort so vorhanden, dass ein Wesen, das uns als Lust erscheint, zunächst auf unser Gefühl wirkt, wenn sein Astralstoff noch ganz dünn ist.«[12]

Die beiden Pole, zwischen denen sich die Seelenkräfte entfalten können, sind Sympathie und Antipathie. Im Erdenleben nehmen wir in unseren Gefühlen diese Kräfte nicht so wahr, wie sie wirklich sind, sondern nur als ein blasses Spiegelbild.

Jede Nacht sind wir während des Schlafes mit unserem Ich und unserem Astralleib in der astralen Welt. Allerdings überschreiten die Erlebnisse, die wir dort haben, nicht die Bewusstseinsschwelle.

In der Astralwelt kann man sieben verschiedene Regionen oder Sphären unterscheiden, auf die wir hier aber nicht detailliert eingehen wollen. Man könnte auch von »Seins-« oder »Erfahrungsebenen« sprechen, zu denen sich ein Verstorbener schrittweise hin entwickelt. Sobald er alle notwendigen Erfahrungen in einer dieser Regionen gemacht hat, hat er die Reife erworben, um die nächste zu erleben. Dabei wird er von Engelwesen verschiedener Reiche begleitet und unterstützt.

Die ersten vier Regionen der Seelenwelt die man auch als *»untere Seelenwelt«* bezeichnen kann, wurden von Rudolf Steiner mit dem Sanskritwort *»Kamaloka«* zusammengefasst. Die oberen drei Regionen ergeben die *»obere«* oder *»höhere Seelenwelt«*.

In der Seelenwelt wird ein Verstorbener im Durchschnitt etliche Jahrzehnte verweilen. Hier geht es im Wesentlichen darum, sein letztes Erdenleben zu verarbeiten, seine Schlüsse daraus zu ziehen und sein zukünftiges Karma keimartig zu veranlagen.

Das, was ein Verstorbener im Kamaloka erleben kann und durchzumachen hat, werden wir insbesondere in Kapitel 5 (☛ S. 167ff.) thematisieren. Auch einige Beinahe-Verstorbene hatten einen Einblick in diese Sphäre.

Die Geisteswelt

Die *»Geisteswelt«* oder *»geistige Welt«* ist die höchste dieser drei übersinnlichen Welten. In den meisten Religionen wird sie *»Himmel«* oder *»Himmelreich«* genannt. In fernöstlichen Traditionen ist die Bezeichnung *»Devachan«* üblich, was wörtlich übersetzt *»Gottesgebiet«* heißt. In der Bibel ist meistens vom *»Reich Gottes«* bzw. *»Gottesreich«* die Rede.

Auch in der Geisteswelt kann man wieder sieben Regionen oder Sphären unterscheiden. Viele Menschen sind heute der Ansicht, es gäbe nur *einen* Himmel bzw. nur *eine* geistige oder übersinnliche Welt. Dass das aber nicht den Tatsachen entspricht, geht bereits aus der Bibel hervor, da hier in *korrekten* Übersetzungen sehr häufig die Pluralform vorkommt. Dem Apostel Paulus war selbstverständlich ebenfalls bekannt, dass es mehrere Himmel gibt. So schreibt er etwa: »Ich weiß einen Menschen in Christus, vor vierzehn Jahren [...], dieser wurde in den dritten Himmel entrückt.«[13] Auch der Koran erwähnt in mehreren Suren explizit einen *siebten* Himmel.

Wir kennen doch auch den Ausspruch »im siebten Himmel sein« als eine Bezeichnung für ein Gefühl der allerhöchsten Glückseligkeit. Diesen kann man durchaus als Indiz dafür werten, dass die Menschen früherer Tage wussten oder zumindest ahnten, dass es sieben Himmel bzw. sieben Regionen in der Geisteswelt gibt. Die unteren vier Regionen der Geisteswelt ergeben die *»untere«*, die drei höchsten die *»obere Geisteswelt«*.

Schon in der Astralwelt sind alle Verhältnisse radikal verschieden von dem, was wir aus der Sinneswelt kennen und gewohnt sind. Das gilt in noch höherem Maße für die geistige Welt. Für alles, was hier webt und west, für alles, was hier geschieht, gibt es kaum passende Worte einer Menschensprache. In der Geisteswelt befinden sich die Urbilder bzw. die schöpferischen Quellen für *alles* Geschaffene, also für alles Seelische, Lebendige, aber auch für alles Materielle. Auch die Geisteswelt darf man sich nicht fernab der Erdenwelt denken.

»Wir haben es nicht zu tun mit einer Welt, die an irgendeinem anderen Ort des Kosmos liegt, sondern mit einer Welt, welche uns überall umgibt, welche überall um uns vorhanden ist. An jedem Punkte unserer Welt ist zugleich diese geistige Welt vorhanden. Es ist kein Wandern in eine andere Welt, wenn wir von der geistigen Welt oder von Devachan sprechen, sondern es ist ein Aufschließen der Organe, ein Erreichen eines anderen Zustandes.«[14]

Darauf wies auch Sigwart hin:

Mitteilung vom 2. Juni 1917

> Diese Welt [Devachan] reicht überall hinein und ragt über alles, was ihr kennt, hinaus.
>
> Es gibt verschiedene Kreise, sozusagen Abgrenzungen, die die verschiedensten Planetensysteme umgeben, und uns, die wir von dem einen Kreis sind, ist es oft nicht leicht, diese Grenze zu überschreiten; es hängt von der Ausbildung unserer individuellen Kraft ab, ob wir in diese anderen Kreise hinüberzutreten vermögen. – So müsst ihr euch das vorstellen.[15]

In der Geisteswelt wird der Mensch meistens ein paar Jahrhunderte verweilen. Hier geht es für ihn unter anderem darum, sein nächstes Erdenleben zu planen und vorzubereiten. Über einige der zahlreichen Aufgaben, die er im Devachan zu leisten hat, werden wir in Kapitel 5 (☛ S. 188ff.) schreiben. Nur wenige

Menschen, die an der Schwelle des Todes standen, schildern im Rahmen ihrer Nahtod-Erfahrungen davon, dass ihnen ein Blick in die Sphären des Devachan gewährt wurde.

Wie kann man das Zustandekommen von Nahtod-Erlebnissen erklären?

Nun haben wir das Rüstzeug, um der Frage nachgehen zu können, wie es überhaupt möglich ist, dass Menschen, die beispielsweise klinisch tot waren, Nahtod-Erfahrungen hatten und dass sie sich später noch so genau daran zu erinnern vermochten, was sie in dieser kurzen Zeitspanne wahrgenommen und erlebt haben. Dazu müssen wir klären, wie sich dieser Zustand, in dem diese Menschen sich für zumeist nur wenige Minuten befanden, von den Zuständen, in denen sich der Mensch während des Schlafes sowie nach dem Tod befindet, unterscheidet.

Wie wir schon erläutert haben, ist der heutige Mensch, während er *wach* ist, ein viergliediges Wesen, das aus physischem Leib, Ätherleib, Astralleib und Ich besteht. Diese Wesensglieder, die sich gegenseitig durchdringen und durchpulsen, ergeben das gesamte Wesensgefüge des Menschen. Man könnte auch sagen, dass die unteren drei Wesensglieder die Hüllen sind, mit denen sich das unvergängliche Ich im Erdenleben umkleidet.

Wie verhält es sich nun mit diesem Wesensgefüge während des Schlafes und nach dem Tod?

Der Schlaf wurde bereits in alten okkulten Lehren als der »kleine Bruder des Todes« bezeichnet. Während wir das, was wir im Schlaf – genauer gesagt im traumlosen Tiefschlaf – erleben, nicht mit unserem Bewusstsein beleuchten können, werden uns unsere Erlebnisse, die wir nach dem Tod haben, bewusst. Das macht einen wesentlichen Unterschied zwischen Schlaf und Tod aus. Solange der Mensch auf der Erde lebt, sind sein physischer Leib und sein Ätherleib fest miteinander verbunden. Während der Zeiten, in denen der Mensch wacht, sind auch sein Astralleib und sein Ich mit den beiden anderen Leibern verknüpft. Wenn der Mensch einschläft, trennen sich sein Astralleib und sein Ich aus der menschlichen Organisation heraus, während der physische Leib und der Ätherleib im Bette liegen. Der Astralleib und das Ich gehen in die Astralwelt, in der sie bestimmte Erlebnisse haben. Dazu gehört ganz wesentlich, dass der Mensch während des Schlafes nochmals seine Tagesereignisse in einer sehr intensiven und ganz besonderen Weise durchlebt. Er erlebt jetzt alles aus der

Perspektive seiner Mitmenschen, mit denen er an diesem Tag zusammenkam. Ihm kann jetzt gewahr werden, welche Wirkungen seine Taten und Worte für andere Menschen nach sich gezogen haben. Außerdem hat er während dieser Zeit viele weitere Wahrnehmungen und Begegnungen. So kommt er etwa in eine gewisse Gemeinschaft mit Verstorbenen aus seinem Lebensumfeld und seinem Engel. Sigwart sagte seinen Geschwistern, dass sie nachts, wenn sie schlafen, mit ihm vereint seien:

Mitteilung vom 13. September 1915

> Als ich heute Nacht bei euch war, habe ich gesehen, wie nahe verwandt das Einschlafen mit dem Sterben ist. Die Materie hängt nur mit einem Faden an dem Geiste, und dieser ist so glücklich, frei zu sein. Ganz wie im Erdenleben verkehren wir dann zusammen, und ich erzähle euch viel. Aber ihr dürft den Augenblick nicht versäumen, wo ihr zurück müsst in den physischen Leib. Das alles geht nach genauen Gesetzen, die die Menschen automatisch erfüllen. Bei eurem Erwachen ist der Geist wieder ganz erdgebunden, und ihr wisst nichts mehr von unserem Zusammensein, auch wenn ihr euch jedes Mal vornehmt, eine Erinnerung daran zu haben.[16]

Freilich kann sich ein Durchschnittsmensch nach dem Aufwachen, nachdem er also wieder zu seinem üblichen Tagesbewusstsein gefunden hat, nicht mehr an diese Erlebnisse und Wahrnehmungen erinnern. Alles, was er während des Schlafes in der Astralwelt erlebt, wird ihm nicht bewusst; er ist in dieser Zeit – wie man sagt – »bewusstlos«. Dieser Begriff ist aber völlig unzutreffend, da es eine Bewusst*losigkeit* nicht gibt. Es gibt vielmehr verschiedene »*Bewusstseins-zustände*«. Das dumpfe Bewusstsein, das ein Mensch während des Schlafes hat, wird »*Schlafbewusstsein*« genannt, das manchmal während eines Traumes durch das etwas hellere »*Traumbewusstsein*« unterbrochen wird. Seine Erlebnisse, die er während des Schlafes hatte, prägen sich nicht so stark in den Ätherleib, der ja der Träger des Gedächtnisses ist, ein, dass er sie willkürlich abrufen könnte. Vieles von diesen Erlebnissen, die der Mensch während des Schlafes in der Astral- oder Seelenwelt hat, taucht erst nach dem Tod vor dem Seelenauge auf.

Wenn der Mensch stirbt, so trennt sich auch der Ätherleib vom physischen Leib, den er als Leichnam zurücklässt. Der Ätherleib ist über den Astralleib durch ein ›feinstoffliches Band‹, das meistens als »*Silberschnur*« oder auch als »*Lebensfaden*« bezeichnet wird, mit dem physischen Leib verbunden. Erst bei definitivem Eintritt des Todes wird die Silberschnur irreversibel durchtrennt. Es gibt nun für den Ätherleib keine Möglichkeit mehr, eine Verbindung mit dem physischen Leib einzugehen. Der Mensch ist jetzt nicht nur mit seinem Astralleib und seinem Ich, sondern auch mit seinem ätherischen Leib außerhalb seines physischen Leibes, er ist also vollständig »entkörpert« bzw. »exkarniert«. Er, das heißt sein Ich mit dem Astral- und Ätherleib, befindet sich in einem »außerkörperlichen« Zustand. Dem Verstorbenen können sich jetzt höhere ›Organe‹ erschließen, die es ihm ermöglichen, in den übersinnlichen Welten, in die er nun hineinversetzt ist, wahrnehmen zu können. Diese Wahrnehmungen können ihm voll bewusst werden. In der gesamten Zeit zwischen Tod und neuer Geburt bedarf er dann keines physischen, materiellen Leibes mehr.

Wie verhält es sich nun aber bei einem Menschen, der in einem *todähnlichen* Zustand ist, in dem er Nahtod-Erlebnisse haben kann?

Ein solcher befindet sich in einem außergewöhnlichen Zwischenzustand, den die weitaus meisten Menschen noch nie erlebt haben und wohl auch nie erleben werden, einem Zustand *zwischen* Schlafen und Gestorbensein. Dass in diesem Fall sein Ich und Astralleib sich außerhalb des physischen Leibes befinden – wie es ja auch im Schlaf und nach dem Tod der Fall ist – ist klar. Den entscheidenden Unterschied macht nun der Ätherleib aus. Dieser bleibt weder *voll* mit dem physischen Leib verbunden, wie es im Schlaf der Fall ist, noch trennt er sich komplett von diesem ab, wie es im Augenblick des Todes geschieht. Er löst sich aber bereits bis zu einem mehr oder weniger hohen Grade ab; er lockert sich sehr stark. Die Silberschnur wird allerdings noch nicht durchtrennt; sonst gäbe es kein »Zurück« mehr. Etwas plakativ könnte man davon sprechen, dass ein solcher Mensch ›temporär entkörpert‹ oder ›temporär exkarniert‹ ist. Er befindet sich für eine gewisse Zeitspanne in einem außerkörperlichen Zustand. Dadurch ist es ihm möglich, sich der Erlebnisse, die er nun hat, bewusst zu werden – ähnlich wie es nach dem tatsächlichen Tod möglich ist. Dieses Bewusstsein ist sogar ungleich klarer und heller als das normale Tages- oder Wachbewusstsein. Viele, die Nahtod-Erlebnisse hatten, schildern, dass sie es sogar bewusst wahrgenommen hätten, wie sie – also ihr Ich oder Selbst – aus dem Körper ›ausgetreten‹ waren. Alle Wahrnehmungen und Erlebnisse werden dem gelockerten bzw. partiell abgetrennten Ätherleib eingeprägt, so dass es einem temporär Exkarnierten zum Beispiel nach einer Reanimation bestens möglich ist, sich an alles zu erinnern, was ihm nach dem Erwachen aus dem Schlaf nicht möglich wäre.

Wenn dieser dann ins Leben zurückgekehrt ist, verbindet sich der Ätherleib wieder fest mit dem physischen.

Diese kurzen Ausführungen mögen hinreichend sein, um die für viele Zeitgenossen kaum glaubhafte Tatsache zu erklären, dass Menschen, die bereits an der Schwelle des Todes standen, nicht nur Nahtod-Erfahrungen hatten, sondern sich später auch noch detailliert an diese erinnern konnten.

Um das, was bei einem Menschen, dessen Ätherleib sich ein Stück aus dem physischen Leib herausgezogen hat, wie das bei Menschen, die Nahtod-Erfahrungen hatten, der Fall ist, vielleicht noch besser verstehen zu können, wollen wir einen Blick auf gewisse ›Einweihungs-Prozeduren‹, die bis etwa zur Zeitenwende vor rund 2.000 Jahren gepflogen wurden, werfen.

Fast überall gab es bis zur Zeitenwende und auch noch ein wenig darüber hinaus sogenannte *»Mysterienstätten«* bzw. *»Mysterienschulen«*. An diesen Stätten wurde ein sehr tiefes spirituelles Wissen gepflegt. Als Schüler wurde nur aufgenommen, wer nicht zuletzt aufgrund seiner Moralität besonders prädestiniert war. Die Schüler wurden von ihrem Meister, der im Normalfall ein hoher Eingeweihter war, über sehr intime geistige Wahrheiten unterrichtet und mussten sich über einen langen Zeitraum vieler spezieller Übungen unterziehen, die gewisse Auswirkungen auf ihre Astralleiber hatten. Diese Schulen wirkten im Verborgenen. Das normale Volk wusste nichts von diesen Stätten und von dem, was dort gepflogen wurde. Das, was hier getrieben wurde, durfte nicht nach außen dringen. Schüler, die aufgrund ihrer Persönlichkeit und Reife dazu geeignet waren, wurden von ihrem Meister auf eine ganz besondere Weise in noch tiefere Weltengeheimnisse eingeweiht.

Wie ging das vor sich? Der Einzuweihende wurde durch einen Meister, den sogenannten *»Priester-Initiator«* oder *»Hierophanten«*, der die Sache verstand, in einen todähnlichen Schlaf versetzt, der etwa dreieinhalb Tage dauerte. Ein Außenstehender, der keinerlei Kenntnis von der Angelegenheit hatte, hätte den Einzuweihenden, wenn er ihn gesehen hätte, für tot gehalten. Der Ätherleib des Einzuweihenden musste aus dem physischen Leib *nahezu* vollständig herausgehoben werden, wie das normalerweise nur im Moment des wirklichen Todes geschieht. Dadurch dass der Ätherleib herausgezogen war, drückte sich alles, was im Astralleib vorbereitet war, im ätherischen Leib ab. Der Schüler erlebte die geistige Welt. Er konnte in ihr wahrnehmen. Nach etwa dreieinhalb Tagen wurde er von dem Meister wieder aus diesem Einweihungsschlaf, den man als partiellen Tod in der Ätherwelt auffassen könnte, zurückgerufen. Anschließend war er ein Zeuge dessen, was in den geistigen Welten vorgeht.

»Es genügt nicht, dass im astralischen Leib die Organe ausgebildet werden. Sie müssen sich abdrucken im Ätherleib. Wie das Petschaft seine Buchstaben abdruckt im Siegellack, so müssen die Organe des astralischen Leibes abgedruckt werden im Ätherleib. Zu diesem Zwecke wurde in alten Einweihungen der einzuweihende Schüler in eine ganz besondere Lage gebracht. Er wurde nämlich dreieinhalb Tage hindurch in einen todähnlichen Zustand gebracht. Wir werden immer mehr erkennen, dass jener Zustand heute nicht mehr durchgeführt werden kann und darf, sondern dass man jetzt andere Mittel der Einweihung hat. [...] In [der vorchristlichen Einweihung] wurde der Einzuweihende durch dreieinhalb Tage von dem, der das verstand, in einen todähnlichen Zustand gebracht.«[17]

Sie kennen vielleicht die Erzählung von der »Auferweckung des Lazarus«, die sich im 11. Kapitel des Johannes-Evangeliums befindet. Das, was dort beschrieben wird, ist heute kaum noch verständlich. Im konfessionellen Christentum geht man davon aus, dass von einer Totenerweckung die Rede sei. Man glaubt, der Lazarus sei drei Tage *wirklich tot* gewesen, bis ihn der Herr wieder zum Leben erweckt habe. Das entspricht jedoch nicht den Tatsachen! Vielmehr haben wir es hier mit einer Einweihung im oben skizzierten Sinn zu tun. Das Herausragende an dieser Einweihung war, dass sie von keinem Geringeren als Christus, dem Sohn Gottes, höchstpersönlich durchgeführt und öffentlich vollzogen wurde. Lazarus war anschließend ein ganz neuer Mensch, und zwar kein anderer als *Johannes*, der »Lieblingsjünger« des Herrn. Das, was ihm in der Einweihung zuteil wurde, befähigte ihn später, sein großartiges Evangelium, das spirituellste aller Evangelien, sowie die *»Geheime Offenbarung«* zu schreiben.

In gewisser Weise kann man auch bei den Menschen, die Nahtod-Erfahrungen machen durften, von einer Art Einweihung sprechen. Freilich darf man eine solche nicht mit den früheren ›echten‹ Einweihungen gleichsetzen.

Viel eher vergleichen kann man die Situation eines Menschen, der schon mit einem Bein die Schwelle des Todes überschritten hatte, mit etwas, von dem ebenfalls die Bibel schildert. Gemeint ist die Taufe, die *Johannes der Täufer* an vielen Juden vornahm. Heute ist ja kaum noch bekannt, was der Sinn dieses vorchristlichen Taufrituals war und wie dieses vor sich ging. Um was es sich dabei handelte, soll hier in aller Kürze geschildert werden.

Johannes war begnadet zu erkennen, dass es nur noch eine ganz kurze Zeit dauern werde, bis der verheißene Messias, der Christus, auf die Erde herabsteigen werde. Die Menschen der damaligen Zeit, die ihr ganzes Sinnen und Streben fast ausschließlich auf die materielle Welt richteten, sollten von diesem welthistorischen Ereignis Kunde erhalten. So forderte Johannes sie in seinen Predigten dazu auf, ihren Sinn zu ändern. Das Entscheidende war aber die Taufe am Jordan. Hierbei tauchte er den Täufling ganz unter Wasser, nicht nur für ein paar Sekunden, sondern für bis zu einigen Minuten. Es musste so lange dauern, bis dieser dem Tod durch Ertrinken schon sehr nahe kam. Dadurch löste oder lockerte sich sein Ätherleib, wodurch es dem Täufling möglich wurde, einen gewissen Einblick in die geistige Welt und zumindest eine Ahnung von dem großen bevorstehenden Ereignis zu bekommen. Der Täufling hatte also – um beim Thema unseres Buches zu bleiben – Nahtod-Erlebnisse.

Um Missverständnissen vorzubeugen, sei kurz erwähnt, dass es sich bei der Taufe des *Jesus* natürlich um etwas völlig anderes handelte. Jesus von Nazareth hatte seine große Mission erfüllt. Kurz vor der Taufe verließ sein Ich seine Leibesorganisation und ging in die geistige Welt. Nun war es aber nicht so, wie es beim Tod eines Menschen der absolute Normalfall ist, dass er seinen Äther- und Astralleib mitnahm und seinen physischen Leib als Leichnam zurückließ. Da er auf einer so außergewöhnlichen Entwicklungshöhe stand, war es ihm möglich, sein Ich aus den drei unteren Leibern herauszuholen, und diese als vollkommen heile und intakte Hüllen zurückzulassen.

Diese Leiblichkeit war jetzt so reif, so vollendet, so veredelt, dass sie zu einem tragfähigen Gefäß für den Christus-Geist geworden war. Nur so konnte es möglich werden, dass sich das unfassbar hohe Christus-Ich in diese Hüllen einsenken konnte. Nach der Taufe am Jordan konnte der Christus als Gottessohn *und* Menschensohn auf der Erde wandeln. Das makrokosmische Christus-Ich sprach und wirkte drei Jahre lang durch den Körper des Jesus von Nazareth. Von diesem Augenblick an haben wir nicht mehr den Jesus von Nazareth vor uns, sondern den Christus-Jesus oder Jesus Christus, das Ich bzw. der Geist des Christus in den drei Leibern (physischer Leib, Ätherleib und Astralleib) des Jesus von Nazareth.

Die Wahrnehmungsmöglichkeiten eines Geistessehers

W ir werden an vielen Stellen dieses Buches schildern, was Geistesseher wie allen voran Rudolf Steiner, aber auch Iris Paxino und Judith von Halle über die verschiedenen höheren Welten und Wesen sowie über das Leben der Verstorbenen in diesen Sphären erforscht haben. Daher wollen wir hier noch in aller Kürze erläutern, welche Wahrnehmungsmöglichkeiten sich Sehern erschließen, die es ihnen gestatten, einen Einblick in die übersinnlichen Welten zu gewinnen und alles, was dort webt und west – also insbesondere auch das Leben der Verstorbenen – zu beobachten und zu studieren.

Man muss drei Arten der übersinnlichen Wahrnehmung unterscheiden, und zwar: *»imaginative Wahrnehmung«*, *»inspirative Wahrnehmung«* und *»intuitive Wahrnehmung«*.

Einem Seher, der imaginativ wahrnimmt, offenbaren sich die übersinnlichen Welten, namentlich die Äther- und Astralwelt, in *Imaginationen*. Vor seinem ›geistigen Auge‹ breitet sich eine lebendige und bewegliche *Bilderwelt* aus, die im Grunde mit nichts vergleichbar ist, was wir aus unserer Sinneswelt kennen. Diese Imaginationen zeigen aber nichts Nebulöses, Willkürliches oder gar Fiktives. Solche Imaginationen sind viel lebendiger und wirklichkeits-gesättigter als alles, was physische Augen sehen können. Sie sind Abbilder ganz realer und konkreter geistiger Tatsachen. Damit sich die Imaginationen entfalten können, muss sich das Bewusstsein vom Werkzeug des physischen Leibes lösen. Der Seher muss gewissermaßen ›außerhalb seines Körpers‹ sein. Die Kräfte, die ansonsten von dem Leib aufgebraucht werden, müssen ins Seelisch-Geistige gewendet werden. Etwas plakativ könnte man von »Sehen mit geistigen Augen« sprechen. Auf der imaginativen Wahrnehmung basieren alle höheren Wahrnehmungsmöglichkeiten bzw. Erkenntnisstufen.

Bei der inspirativen Wahrnehmung werden die Imaginationen gewissermaßen sprechend. Die Wesen und Geschehnisse der höheren Welten sprechen ihre Bedeutung aus. Man könnte es als »Hören mit geistigen Ohren« bezeichnen, wobei sowohl das ›Sehen‹ als auch das ›Hören‹ kaum mit dem zu vergleichen ist, was wir in der Sinneswelt darunter verstehen.

»In der regulären Arbeit mit Verstorbenen, die sich auf der *ätherischen* und *astralischen* Ebene befinden, genügen die ersten zwei Schritte der *Imagination und Inspiration*. Der über die Schwelle Gegangene ist in diesen beiden Welten noch ein *Seelenwesen*. Hierfür bietet ein imaginativer und inspirativer Bewusstseinszustand eine ausreichend klare und fundierte Grundlage um die Situation des Verstorbenen konkret einschätzen zu können, um in einen gegenseitigen Austausch mit ihm zu kommen [...]«[18]

Die intuitive Wahrnehmung bzw. das intuitive Bewusstsein ist die höchste Form der übersinnlichen Erkenntnis, zu der sich ein Hellseher zu erheben vermag. Diese intuitive Erkenntnismöglichkeit ist so umfassend, dass der Seher, der intuitiv wahrzunehmen vermag, die Geschehnisse im Kosmos mit*erleben* kann. Er ›steckt‹ ganz in den geistigen Wesen ›drin‹ und kann sich mit ihnen quasi ›eins‹ fühlen. Die Intuitionen entsprechen dem, was die Mystiker als die »Einswerdung mit Gott« anstrebten. Alles wird mit voller Gedankenklarheit und nicht bloß gefühlsmäßig erlebt.

»Der Umgang mit *devachanischen* Verstorbenen [Verstorbene, die schon im Devachan, also in der Geisteswelt sind] setzt allerdings die Fähigkeit voraus, sich *in* ihr Wesen hineinversetzen zu können. Dies wird erst auf der Stufe der *Intuition* möglich. Devachanische Wesen sind nicht mehr seelenhaft, sondern ich-haft, entsprechend müssen wir hier von Ich zu Ich arbeiten. Sie sind reine Geister, ›allverbunden‹, eins mit der Welt und leben unmittelbar in der Einheit mit anderen Devachantoten. Ein solcher Verstorbener ist uns, zumindest in der Regel, kein Gegenüber, sondern er lebt als unser Umraum. Damit wir ihn erfassen können, müssen wir in der Lage sein, uns unmittelbar in sein Wesen hineinzuversetzen. Und dies ist erst *intuitiv* möglich.

Bei der Intuition geht es also nicht mehr darum, die Eigenheiten und Bedeutungen bestimmter geistiger Wesenheiten zu erleben, sondern sich in einer solchen Weise mit ihnen zu verbinden, dass man *eins* mit ihnen wird. Man verschmilzt sozusagen mit einem anderen Wesen und mit seinen Auswirkungen. So steht man nicht mehr *außerhalb* eines bestimmten Zusammenhangs, sondern *innerhalb* dessen.«[19]

Der Geistesseher muss gewissermaßen aus sich selbst heraustreten und ganz selbstlos werden, um sich mit einer anderen Wesenheit verschmelzen zu können. Rudolf Steiner sagte dazu einmal:

»Das Leben der Dinge in der Seele ist nun die Intuition. Es ist eben ganz wörtlich zu nehmen, wenn man von der Intuition sagt: man kriecht durch sie in alle Dinge hinein.«[20]

Im Leben zwischen Tod und neuer Geburt werden Imaginationen, Inspirationen und Intuitionen zur normalen Wahrnehmungsform des Menschen. Im ersten Drittel dieser langen Zeitspanne wird der Mensch vorwiegend imaginativ, im zweiten Drittel mehr inspirativ und im letzten Drittel zusätzlich intuitiv wahrnehmen.

Vielen Zeitgenossen – selbst denjenigen, die von der Existenz höherer Welten und einem Leben des Menschen nach dem Tod überzeugt sind – mag es nicht ganz leicht fallen, diese übersinnlichen Wahrnehmungsmöglichkeiten als eine Wahrheit anzuerkennen. Vermutlich liegt das einfach daran, dass diese Fähigkeiten so weit von allem abweichen, was sie selbst kennen und erfahren können. Ein solcher könnte allerdings unzählige Stellen der Bibel nicht richtig deuten, an denen Ereignisse geschildert werden, welche sich im Geistigen abgespielt haben und vom Schreiber imaginativ geschaut wurden. Man würde die Heilige Schrift gar nicht verstehen können, ja geradezu verleugnen, wenn man diese Tatsache nicht anerkennen würde. Viele Bibelleser bemerken allerdings nicht, dass es sich bei sehr vielen Schilderungen um die Darstellung von etwas Geistigem handelt, sondern fassen diese als etwas auf, was sich im *äußerlich* Sichtbaren, also in der Sinneswelt ereignet habe. Betrachten wir dazu ein Beispiel. Im Zusammenhang mit der Taufe Jesu am Jordan schreibt der Evangelist *Markus*: »Und sobald er aus dem Wasser heraufkam, sah Johannes die Himmel aufreißen und den Geist wie eine Taube auf ihn herabkommen.«[21]

Viele neigen dazu, solche Sätze materialistisch auszulegen. So glauben sie, dass mit der Formulierung »die Himmel aufreißen« gemeint sei, dass die Wolken aufrissen. Vielmehr ist diese Formulierung aber so zu verstehen, dass sich der Schleier, der die Sinneswelt von den übersinnlichen Welten trennt, für Johannes öffnete, so dass dieser in die Geisteswelt schauen konnte. Weiterhin glauben viele, dass eine Taube, so wie wir sie aus der Erdenwelt kennen, herabgeschwebt sei. Dass Johannes nicht etwa eine wirkliche Taube sah, wird schon durch die Formulierung »wie eine Taube« deutlich. Das, was da als Geistiges vom Himmel herniederkam, nahm Johannes als imaginatives Bild war, das er mit Worten einer Menschensprache am ehesten und besten mit einer Taube vergleichen konnte.

Auch von der inspirativen Wahrnehmung ist in der Bibel häufig die Rede. Wenn es etwa heißt: »Als er das bei sich erwog, siehe, da erschien ihm ein Engel des Herrn im Traum und sprach: Joseph, Sohn Davids, scheue dich nicht, Maria, deine Frau, zu dir zu nehmen; denn das Kind, das sie erwartet, ist unter dem Walten des heiligen Geistes empfangen. Sie wird einen Sohn gebären, und du sollst ihm den Namen Jesus geben«[22] oder »Und ein Ruf ertönte aus den Himmeln: Du bist mein geliebter Sohn, in dir bin ich offenbart«[23] oder: »Aber der Engel des Herrn redete zu Philippus und sprach: Steh auf und geh nach Süden auf die Straße, die von Jerusalem nach Gaza hinabführt und öde ist«[24], so ist das natürlich nicht so zu verstehen, dass die Worte Gottes bzw. des Engels an die physischen Ohren der Angesprochenen gedrungen wären. Da göttliche Wesen keinen physischen Leib und somit auch keine Sprechwerkzeuge haben, können sie sich nicht durch eine sinnliche Sprache ausdrücken. Die ›Göttersprache‹ ist eine rein geistige Sprache oder – wie man vielleicht auch sagen könnte – eine Gedankensprache. Die in den obigen Versen der Heiligen Schrift angesprochenen Persönlichkeiten konnten die Worte durch Inspiration ›hören‹. Wenn ein anderer, der nicht inspirativ hören kann, in der Nähe gewesen wäre, so hätte er nichts vernommen.

Kapitel 3

An und hinter der Schwelle des Todes
—
Erste Wahrnehmungen, Erlebnisse und Begegnungen

> Nebelartige, durchsichtige, dennoch klar erkennbare Menschen kamen freudig auf mich zu. Längst verstorbene Verwandte, Nachbarn, Freunde, alle freuten sich, lebhaft, doch lautlos. Keiner sprach, doch redeten alle, und ich verstand sie. Alle waren in Bewegung, aber ohne Unruhe und Hektik. Es gab viel Betrieb ohne Betriebsamkeit. [...] Wesenhaft ohne Körper, alle lichtvoll durchsichtig.

Es wurde bereits erwähnt, dass die meisten Berichte von Nahtod-Erfahrungen trotz gewisser individueller Unterschiede sehr ähnlich sind. In fast allen sind bestimmte Motive oder Muster enthalten, die sich gleichen. Die Beschreibungen dieser Motive oder Szenarien unterscheiden sich *meistens* nur insofern, als die Berichterstatter unterschiedliche Begriffe oder Bilder benutzen, um ihre Wahrnehmungen, Erlebnisse, Begegnungen und Erfahrungen anderen Menschen mitzuteilen. Den Grund für diese *scheinbar* widersprüchlichen Darstellungen haben wir ja schon erläutert.

Wir wollen in diesem und den folgenden vier Kapiteln auf die *wichtigsten* Motive, die in *sehr vielen* Nahtod-Berichten zu finden sind, zu sprechen kommen und diese mit konkreten Beispiel-Zitaten belegen. Freilich enthalten nicht alle Berichte das gesamte Spektrum dieser Motive. Die Reihenfolge, in der wir diese Motive betrachten, entspricht nicht unbedingt der, in welcher die Menschen sie während ihres ›Totseins‹ erlebt haben. Von einer Chronologie der Erlebnisse kann im Grunde ohnehin nicht gesprochen werden. Unser Zeitbegriff ist auf die übersinnlichen Welten nicht anwendbar.

Wie bereits angedeutet könnte sich jemand, der sich mit Nahtod-Schilderungen befasst, auf den Standpunkt stellen: »Das ist ja alles ganz interessant und erstaunlich! Aber diese Menschen waren nicht *wirklich* tot. Es könnte doch sein, dass man nach dem tatsächlichen und unwiderruflichen Tod etwas ganz anderes erlebt.«

Diese Ansicht ist durchaus nachvollziehbar und soll hier keineswegs unberücksichtigt bleiben. Wir werden allerdings zeigen, dass vieles von dem, was man den Nahtod-Schilderungen entnehmen kann, *weitgehend* in Einklang mit den Erkenntnissen steht, die Rudolf Steiner aufgrund seiner jahrzehntelangen Geistesforschung über das Leben, das ein Mensch in den ersten Phasen nach seinem Tod in den übersinnlichen Welten führt, geben konnte. Auch wird das, was von den meisten Beinahe-Verstorbenen berichtet wird, durch die Forschungen der Geistesseherin Dr. Iris Paxino bestätigt.

Somit kann man davon ausgehen, dass die Menschen, die an der Schwelle des Todes standen, bereits einen zwar nur kleinen, aber durchaus realen ›Vorgeschmack‹ auf das erfahren haben, was wir alle eines Tages nach unserem wirklichen Tod in den übersinnlichen Welten erleben werden.

Allerdings muss ein signifikanter Unterschied erwähnt werden. Vielen Nahtod-Schilderungen kann entnommen werden, dass jemand, der – sagen wir – zehn Minuten klinisch tot war, in dieser kurzen Zeitspanne häufig deutlich mehr erlebt und erfahren hat als jemand, der unwiderruflich gestorben ist, in diesen wenigen Minuten erlebt. Einige der Motive, von denen Menschen, die Schwellen-Erlebnisse hatten, schildern, wird ein Mensch, der tatsächlich gestorben ist, nicht schon in der allerersten Zeit nach dem Tod, sondern erst später, teilweise deutlich später erleben. Es macht den Eindruck, dass jemandem im Rahmen seiner Nahtod-Erfahrungen bereits gewisse Erlebnisse und Eindrücke ›zeitlich‹ vorausgespiegelt werden.

Übrigens, ein Leser, der ein Freund von Statistiken und Zahlen ist – so wie es der Verfasser im Grunde auch ist – wird bei den im Folgenden betrachteten Motiven vielleicht erwarten, dass angegeben wird, wie viel Prozent der Menschen mit Nahtod-Erfahrungen von den jeweiligen Motiven berichteten. Nun, auch wenn unsere Recherchen auf rund 400 Nahtod-Berichten, kurze, lange und sehr lange, basieren, so stellen diese doch nur eine verschwindend kleine Teilmenge aller dar – insbesondere wenn man auch diejenigen berücksichtigt, die (bisher) der Öffentlichkeit noch nicht zugänglich gemacht worden sind. Somit würden also konkrete Zahlenangaben wie etwa »77 %« einen gewissen Absolutheitsanspruch für sich reklamieren, der ihnen nicht zukommt. Daher haben wir Umschreibungen wie beispielsweise »einige«, »viele«, »sehr viele«, »fast alle« usw. bevorzugt.

In diesem Kapitel wollen wir die ersten Erfahrungen, die temporär exkarnierte Menschen gemacht haben und von denen fast alle schildern, betrachten.

Wir werden bei den einzelnen Motiven zunächst beschreiben, was Menschen erfahren haben, die bereits **an** der Schwelle des Todes standen und sie schon fast überschritten hätten, bevor sie wieder ins Leben zurückgeholt werden konnten. Dann werden wir diese Wahrnehmungen und Erlebnisse mit den äußerst reichhaltigen Erkenntnissen über das Leben des Menschen nach dem Tod, die wir der Anthroposophie Rudolf Steiners, aber auch den Erkenntnissen heutiger Geistesseher sowie den Mitteilungen Sigwarts verdanken, vergleichen und zu verstehen versuchen. Hierbei geht es also darum, was ein Mensch, der unumkehrbar gestorben ist, der sich also **hinter** der Schwelle des Todes befindet, erlebt und durchzumachen hat.

Selbstwahrnehmung

Bevor wir uns den typischen Motiven der Nahtod-Erlebnisse zuwenden werden, wollen wir zunächst der Frage nachgehen, wie sich die Menschen, die kurzzeitig exkarniert waren, *selbst* wahrnahmen. Damit ist natürlich *nicht* die Wahrnehmung ihres quasi ›leblosen‹ physischen Leibes gemeint. Wir haben ja bereits in Kapitel 1 geschildert, dass sie diesen von ›oben‹ sahen, während sie oftmals das Gefühl hatten, über ihm zu schweben (☞ Zitate 1.1 bis 1.7, S. 29ff.). Hier geht es vielmehr darum, wie diese Menschen ihr Selbst bzw. ihre ›eigentliche Wesenheit‹, die jetzt außerhalb dieses Leibes war, wahrnahmen.

Insbesondere Dr. Moody versuchte eine Antwort auf die Frage zu bekommen, ob sich die Betroffenen möglicherweise in einem ›anderen‹ Körper fühlten und – wenn dem so sein sollte – wie dieser ausschaute.

Eher wenige von denen, deren Bericht uns vorliegt, gaben zu Protokoll, dass sie *nicht* den Eindruck gehabt hätten, sich in so etwas wie einem Körper zu befinden. Vielmehr hätten sie sich als ›reines Bewusstsein‹ wahrgenommen. Dass hiermit das Ich-Bewusstsein gemeint ist, dürfte klar sein.

Die meisten berichteten jedoch, dass sie sich nach der Loslösung von ihrem physischen Leib in einem *anderen* Körper wiedergefunden hätten. Dieser ›andere Körper‹ wird in der einschlägigen Literatur meistens etwas undifferenziert als »spiritueller Leib« oder »Geistkörper« bezeichnet. Bei kaum einer anderen Wahrnehmung fiel es den Beinahe-Verstorbenen so schwer, passende Worte zu finden, um diesen feinstofflichen Leib, der sich den üblichen menschlichen Sinnesorganen nicht offenbart, zu beschreiben. Daher sind die Versuche, es einem anderen verständlich zu machen, nicht sehr präzise und von Fall zu Fall recht unterschiedlich. Eine eindeutige und unmissverständliche Beschreibung dieses Leibes konnte kaum einer geben. Dennoch weisen die Erklärungsversuche einige Parallelen auf und geben interessante und durchaus zielführende Charakterisierungen dieses übersinnlichen Leibes, auf die wir an etwas späterer Stelle noch zu sprechen kommen werden.

Betrachten wir dazu die Aussagen, die einige der temporär exkarnierten Persönlichkeiten zu Protokoll gaben:

Zitat 3.1

> Von einem erhöhten Punkt genau über ihm konnte ich meinen physischen Körper betrachten. Aber während ich das tat, befand ich mich noch immer in einem Körper – in keinem physischen, sondern in einem Gebilde, das ich am ehesten als ›Kraftfeld‹ bezeichnen möchte. Müsste ich es unbedingt in Worte fassen, dann würde ich sagen, dass es ein durchsichtiges, und im Gegensatz zu einem materiellen ein spirituelles Wesen war. Trotzdem konnte ich mit Sicherheit einzelne Teile unterscheiden.[1]

Zitat 3.2

> Ich befand mich jedoch nicht in einem ›richtigen‹ Körper. Ich konnte etwas fühlen, was man vielleicht – eine Kapsel nennen könnte oder so ähnlich, irgendwie eine reine Form. Ich konnte es nicht richtig sehen; es schien durchsichtig zu sein, allerdings nicht völlig. Ich war sozusagen einfach da – möglicherweise in Form von Energie, als eine Art kleines Kraftzentrum vielleicht.[2]

Zitat 3.3

> [...] Ich war noch immer im Besitz einer vollständigen Körpergestalt [...] mit Armen und Beinen und allem – selbst als ich schwerelos war.[2]

Zitat 3.4

> Ich konnte sehen, hören und mich bewegen. Aber wie, das weiß ich nicht. Ich denke viel darüber nach, aber komme zu keinem Ergebnis.
>
> Eine Art von Körper hatte ich, aber ich kann nichts Genaues über seine Form sagen. Ich kann nicht sagen, dass der ›Körper‹ kugelförmig war, auch nicht, dass er wie unser leiblicher Körper war. Über seine Größe kann ich nichts sagen. Ich weiß nur, dass mein Bewusstsein in einem Teil des Körpers konzentriert war und dass auch andere Teile existiert haben. Ich kann diesen

Körper mit Kometen vergleichen.[3]

Zitat 3.5

> Mein Geistkörper schien mir ziemlich ähnlich. Ich sah alles klar. Keine Substanz – aber ich fühlte, dass er genauso aussah.[3]

Zitat 3.6

> Er [der ›Geistkörper‹] schaut genauso aus wie ich, aber er ist perfekt. Er ist aus viel feinerem Stoff gemacht, der nicht von dieser Welt ist.[4]

Das Beschreiben der *Eigenschaften* bzw. *Merkmale* dieses spirituellen Leibes fiel den Betroffenen hingegen leichter. Was diese anbelangt, so war der recht einheitliche Tenor: Dieser Leib ist nicht stofflich. – Er besteht nicht aus materiellen Substanzen. – Er ist dennoch ähnlich dem physischen Leib gegliedert. – Er wird als schwerelos empfunden. – Er ist nicht an Raum und Zeit gebunden. – Er kann alles Physische mühelos durchdringen. – Er verfügt über die Sinnesfähigkeiten von Hören und Sehen. Diese haben manche sogar als schärfer empfunden als die der üblichen physischen Sinnesorgane. – Für diese spirituellen Wahrnehmungen gibt es keine physischen Begrenzungen. – Durch ihn kann *nicht nur* dasjenige wahrgenommen werden, was sich in der Nähe des leblosen physischen Leibes befindet. – Der spirituelle Leib ist absolut heil, auch wenn dem physischen, etwa aufgrund eines Unfalls oder einer Amputation, Gliedmaßen fehlen sollten.

Einem Mann wurde nach einem Unfall, der zu seinem klinischen Tod führte, ein Bein amputiert. Seinen spirituellen Leib empfand er jedoch als vollständig und heil:

Zitat 3.7

> Ich konnte meinen Körper fühlen – er war unbeschädigt. Das weiß ich ganz genau. Ich fühlte mich heil und als ob ich im Besitz aller meiner Gliedmaßen wäre, obwohl das ja nicht stimmte.[5]

Dieser spirituelle Leib weist nach Ansicht vieler Befragter allerdings auch ›Defizite‹ auf.

Als ein besonderer Nachteil wurde angegeben, dass lebende Menschen diesen Leib nicht sehen konnten und dass sie selbst nicht in der Lage waren, andere Menschen zu berühren oder sich ihnen anderweitig bemerkbar zu machen. So berichteten zwei Persönlichkeiten, mit deren Erlebnissen sich Dr. Moody befasste:

Zitat 3.8

> Ich sah zu, wie ich wiederbelebt wurde. Es war wirklich eigenartig. Ich schwebte keineswegs in besonderer Höhe; mir schien fast, als stünde ich auf einem Podest, aber nicht wesentlich höher als die anderen – vielleicht, dass ich so gerade eben über ihre Köpfe hinwegsah.
>
> Ich versuchte mit ihnen zu reden, aber keiner konnte mich hören. Keiner hörte mir mehr zu.[6]

Zitat 3.9

> Aus allen Richtungen kamen die Leute zur Unfallstelle herbeigeströmt. Ich sah sie genau. Ich war in der Mitte eines sehr schmalen Gehsteigs. Also auf jeden Fall gingen sie da an mir vorbei und sahen mich offensichtlich überhaupt nicht. Sie liefen einfach weiter und schauten stur geradeaus. Sowie sie ganz dicht herankamen, versuchte ich jedes Mal mich zur Seite zu drehen, um sie vorbeizulassen – aber sie liefen doch tatsächlich durch mich hindurch.[7]

Manche empfanden die Tatsache, sich Lebenden nicht bemerkbar machen zu können, als sehr beängstigend. Dr. Moody schreibt von einem solchen Fall:

Zitat 3.10

> Ich war unfähig, irgendetwas zu berühren, unfähig, mich auch nur einem einzigen der anwesenden Menschen gegenüber verständlich zu machen. Es war ein Gefühl beängstigender Einsamkeit, vollkommener Isolierung. Ich wusste, ich war ganz allein, ganz und gar für mich.[8]

hinter der Schwelle des Todes

Die ›Geistgestalt‹ eines verstorbenen Menschen – so wie sie sich ihm selbst, aber auch einem Geistesseher oder einem anderen leibbefreiten Menschen offenbart – wird sich in der langen Zeit zwischen Tod und neuer Geburt mehrmals verändern. Sie unterliegt mehreren Metamorphosen.

Erinnern wir uns: Im Augenblick des Todes trennen sich nicht nur das Ich und der Astralleib – wie es im Schlaf der Fall ist –, sondern auch der Ätherleib vom physischen Leib, den sie als Leichnam zurücklassen. Der Mensch ist dann *zunächst* ein dreigliedriges Wesen. Der ätherische Leib ist die Hülle, welche die beiden Bewusstseinsträger, Astralleib und Ich, umkleidet. Ähnlich wie ein Erdenmensch seinen physischen Leib als seinen Körper bzw. seine ›physische

Gestalt‹ wahrnimmt und bezeichnet, wird ein soeben Verstorbener seinen Ätherleib bzw. seine ›ätherische Gestalt‹ als seinen Körper wahrnehmen und bezeichnen. In den ersten Tagen nach dem Tod behält der Ätherleib noch seine Form, die ja der des physischen Leibes sehr ähnlich ist, weitgehend bei, bevor er sich dann mehr und mehr in den Kosmos ausdehnt. Die Geistgestalt eines Verstorbenen ist für einen Geistesseher im Augenblick des Todes und noch kurze Zeit darüber hinaus in ätherischen Umrissen als Menschengestalt deutlich erkennbar.[9]

Bei einem Menschen, der temporär exkarniert ist, verhält es sich sehr ähnlich, wenngleich sich sein Ätherleib noch nicht vollständig vom physischen Leib loslöst.

Dieser feinstoffliche ätherische Leib ist jetzt außerhalb des physischen Leibes und nur noch mit dem Astralleib und Ich verbunden. Diese dreigliedrige Leibesorganisation ist natürlich an keine räumlichen Bedingungen, Verhältnisse oder Begrenzungen gebunden. Sie kann mühelos alles Materielle durchdringen sowie Raum und Zeit überwinden.

Dass in den obigen Zitaten vermutlich der Ätherleib beschrieben wurde, der den Betreffenden natürlich nicht bekannt war, wird auch durch bestimmte Begriffe und Formulierungen in einigen Aussagen deutlich, die den Charakterisierungen des Ätherleibes, die wir in Kapitel 2 (☞ S. 48ff.) gegeben haben, sehr nahe kommen. Dort haben wir geschrieben, dass der Ätherleib sich dem Blick eines hellsichtigen Menschen als »innerlich leuchtendes, durchscheinendes, aber nicht ganz durchsichtiges *Kraftgebilde*« darstellt. In Zitat 3.2 (☞ S. 76) heißt es: »[...] es schien durchsichtig zu sein, allerdings nicht völlig.« Auch die Formulierungen »Kraftfeld« bzw. »Kraftzentrum« (☞ Zitate 3.1 und 3.2, S. 76) weisen deutliche Parallelen auf.

Dann haben wir in Kapitel 2 gesagt: »Beim heutigen erwachsenen Menschen hat der Ätherleib etwa die gleiche Form wie der physische Leib [...] Der ätherische Leib ist ähnlich organisiert wie der physische, nur sehr viel komplizierter. Er ist nicht nur mit feinen Äderchen und Strömungen durchzogen, sondern er hat auch Organe, ein ›Ätherherz‹, ein ›Äthergehirn‹ usw. sowie Gliedmaßen, also beispielsweise ›Ätherarme‹, ›Ätherhände‹, ›Ätherfinger‹ und so fort.« Das stimmt insbesondere mit Zitat 3.3 (☞ S. 76) sehr gut überein: »Ich war noch immer im Besitz einer vollständigen Körpergestalt [...] mit Armen und Beinen.«

Wenn man einzelne Merkmale, welche in den jeweiligen Berichten angeführt wurden, zusammenfasst, bekommt man *fast* eine vollständige Charakterisierung von der *Gestalt* des Ätherleibes, wie sie sich etwa einem hellsichtigen Menschen offenbart: »Gebilde, das ich am ehesten als ›Kraftfeld‹ bezeichnen möchte« – »aus viel feinerem Stoff gemacht« – »durchsichtig, allerdings nicht völlig« – »Geistkörper schien mir ziemlich ähnlich« – »vollständige Körpergestalt mit Armen und Beinen und allem«.

Vermutlich haben unterschiedliche Menschen während ihrer außerkörperlichen Erfahrungen den Fokus auf unterschiedliche Aspekte gelegt, die ihnen besonders erstaunlich erschienen.

Also, alles – zumindest aber vieles – scheint auf den ätherischen Leib hinzudeuten, der mit dem vom Ich durchzogenen Astralleib verbunden ist. Im normalen Erdenleben ist der physische Leib das unterste Wesensglied des Menschen. Es ist das einzige, das er sinnlich wahrnehmen kann und das ihm vertraut ist. Würde ihn jemand fragen, wie er sich selbst wahrnehme, so würde er auf diesen Leib deuten und ihn beschreiben. Bei jemandem, dessen Ätherleib sich zumindest schon weitgehend aus dem physischen Leib gelöst hat, ist der Ätherleib das unterste Wesensglied. Also liegt nahe, dass er diesen als seinen Körper bzw. die Hülle, die sein Bewusstsein umkleidet, wahrnimmt. Dr. Elisabeth Kübler-Ross spricht in diesem Zusammenhang an mehreren Stellen auch von einem »ätherischen« Körper.[10] Unseres Wissens war ihr das anthroposophische Menschenbild nicht bekannt. Allerdings geht auch sie von einem viergliedrigen Menschen aus. Sie spricht nicht von »Wesensgliedern«, sondern von *»Quadranten«*. Den beiden unteren Wesengliedern bzw. Quadranten gibt sie die gleichen Namen, wie sie in der Anthroposophie gebräuchlich sind: physischer Leib und Ätherleib.

Calvert Roszell vertritt jedoch die Ansicht, dass es sich bei dem Geistkörper, den die temporär exkarnierten Menschen als ihre Leiblichkeit wahrnahmen, eher um den Astralleib handele. Auch der Astralleib hat ähnlich wie der physische und der ätherische Leib Gliedmaßen, so dass es mit einigen der obigen Charakterisierungen in Einklang steht.[11] Er begründet das damit, dass sich der Ätherleib bei einem Menschen, der klinisch tot ist, noch nicht komplett ablöst und somit nicht als etwas Eigenständiges betrachtet werden könnte.[12] Nun könnte es aber durchaus sein, dass ein Ätherleib, der sich schon besonders weit aus dem physischen herausgezogen hat, sehr wohl als eine separate außerkörperliche Leiblichkeit aufgefasst und wahrgenommen werden könnte.

Michael Ladwein kommt zu einer etwas anderen Deutung, die gewissermaßen einen Kompromiss darstellt. Er vertritt die Anschauung, dass es sich bei diesem ›spirituellen Leib‹ um den Astralleib mit dem Ich sowie einen von Fall zu Fall verschieden starken Anteil des Ätherleibes handelt.[13]

Welche dieser Interpretationen nun den Tatsachen voll und ganz entspricht, dürfte wohl nicht wirklich entscheidend sein.

Kommen wir noch einmal auf den Bericht eines Mannes zurück, der schilderte, dass er diesen neuen Leib als vollkommen unbeschädigt und heil empfunden hätte, obwohl ihm ein Bein amputiert werden musste (☞ Zitat 3.7, S. 77). Wenn ein Mensch durch einen Unfall oder eine Amputation beispielsweise ein Bein verliert, so ist es freilich nur das *physische* Bein, das nun nicht mehr vorhanden ist. Das Äther- und Astralbein sind natürlich immer noch da und umfassen das verlorene physische Glied. Somit ist es völlig verständlich, dass dieser Mann seinen ›neuen Körper‹ als unbeschädigt und heil bezeichnete. Das Ätherbein kann jetzt aber nicht mehr in der gewohnten Art eingreifen und wirken. Wenn der Mensch ganz normal im Leben steht, empfindet der Astralleib das wiederum als Schmerz. Jeder Schmerz resultiert im Grunde aus einer unterdrückten Tätigkeit, aus der Unmöglichkeit, etwas zu tun, was man tun sollte und will, aber nicht tun kann.

»Wenn man die Hand wegschlägt, kann man nur die physische Hand wegschlagen, nicht die Ätherhand, und diese Ätherhand kann dann nicht wirken; diese ungeheure Entbehrung empfindet die Astralhand als Schmerz. So haben wir durch Zusammenwirken des Ätherischen und Astralischen das Wesen des primitivsten, elementarsten Schmerzes kennengelernt. So entsteht in der Tat der Schmerz, und er dauert so lange, bis nunmehr das Astralische in diesem einzelnen Teil sich daran gewöhnt hat, dass diese Tätigkeit nicht mehr ausgeführt wird.«[14]

So lassen sich übrigens auch die sogenannten »Phantomschmerzen« erklären. Es gibt viele Menschen, die oftmals noch Jahre, nachdem ihnen ein Körperglied amputiert werden musste, an der jeweiligen Stelle Schmerzen verspüren.

Kommen wir nun darauf zu sprechen, dass viele Berichterstatter äußerten, dass der Leib, in dem sie sich in ihrem außerkörperlichen Zustand befanden, gewisse ›Defizite‹ gegenüber ihrem gewöhnlichen physischen Leib aufweisen würde. Von vielen wurde gesagt und auch beklagt, dass sie von anderen Menschen nicht wahrgenommen werden und sich ihnen nicht bemerkbar machen konnten (☞ Zitate 3.8 bis 3.10, S. 78). Nun, das ist ja nicht verwunderlich. Die drei übersinnlichen Wesensglieder des Menschen, also Ätherleib, Astralleib und Ich, können von Lebenden nur wahrgenommen werden, sofern diese hellsichtig sind. Selbst zur Wahrnehmung des feinstofflichen Ätherleibes ist zumindest ein gewisser Grad an Hellsichtigkeit vonnöten.

Wenn einige schildern, sie hätten versucht, mit den Umstehenden zu reden, so ist das gewiss nicht im üblichen physischen Sinne zu verstehen. Bei einem Ätherleib kann keine Rede davon sein, dass er sprechen könnte – erst recht nicht so, dass es an das physische Ohr eines Menschen dringen könnte. Ebenso darf man sich nicht vorstellen, dass sie das, was etwa die Ärzte sagten, so gehört hätten, wie man im Leben mit den normalen Ohren hört. Wenn einige es so schildern, wie sie es aus der Sinneswelt gewöhnt sind, so dürfte es wieder einmal daran liegen, dass es sehr schwierig ist, eine solche Kommunikation in Worte zu kleiden. Alles, was in den Nahtod-Berichten mit den Begriffen »Hören« und »Sprechen« umschrieben wird, ist also nur eine Analogie zu den in der Sinneswelt mit diesen Ausdrücken bezeichneten Vorgängen.

Man trifft den Kern besser, wenn man von einer Verständigung auf Gedankenebene ausgeht. Das wird auch von einigen Betroffenen so formuliert, die von einem »direkten Auffangen der Gedanken« oder von »Gedankenübertragung« sprechen.

Eine Frau drückte es im Gespräch mit Dr. Moody so aus:

Zitat 3.11

Ein leibbefreiter Mensch kann die Gedanken eines Lebenden, die ja allem Ausgesprochenen vorausgehen, zumindest prinzipiell bzw. unter bestimmten Voraussetzungen, auf die wir noch zu sprechen kommen werden (☛ S. 226ff.), sehr wohl mitbekommen. Dass hingegen ein Lebender, der nicht ›hellhörig‹ ist, der also nicht inspirativ wahrzunehmen vermag, die Gedanken eines entkörperten Menschen nicht empfangen kann, liegt auf der Hand.

Nun müssen wir noch einen etwas schwierigeren Aspekt berühren. Wie wir schon gesehen haben, berichten die meisten Menschen, die an der Schwelle des Todes standen, dass sie ihren physischen Leib, die umherstehenden Menschen sowie alle Gegenstände klar und deutlich ›sehen‹ konnten. Alles wird ja meistens sehr präzise beschrieben, so wie sie es im ›Normalzustand‹ auch täten.

Nun, in der *allerersten* Zeit nach dem Tod ist es durchaus möglich, dass ein Verstorbener noch eingeschränkte *sinnliche* Wahrnehmungen haben kann, obwohl er die dazu notwendigen physischen Organe nicht mehr besitzt. Die jahrelange Gewohnheit, sinnlich wahrnehmen zu können, hat sich gewissermaßen in seinen Ätherleib eingeprägt. Das erklärt auch die Tatsache, dass viele Menschen, die Nahtod-Erlebnisse hatten, davon schildern, dass sie beispielsweise das Treiben der Ärzte sehen konnten, während sie auf dem Operationstisch lagen und schon als klinisch tot galten. Auch ist es daher nicht verwunderlich, dass Menschen, die temporär exkarniert waren, andere verkörperte Menschen ganz ›normal‹, wie sie es aus ihrem Erdenleben gewohnt waren, wahrnehmen und beschreiben konnten.

Der Ätherleib ist im Gegensatz zu den beiden höheren Wesensgliedern des Menschen – Astralleib mit dem Astral- oder Unterbewusstsein und Ich mit dem Ich-Bewusstsein – *kein* Bewusstseinsträger. Das entscheidende Bewusstsein, das der Mensch im Leben zwischen Tod und neuer Geburt – genau wie im Erdenleben – hat, ist das an das Ich gebundene Ich- oder Selbstbewusstsein. Allerdings wird es vielen Menschen nach dem *tatsächlichen* Tod nicht sofort gelingen, zum Bewusstsein ihrer selbst zu finden. Vor allem solche, die ein Leben nach dem Tod für einen Unsinn gehalten haben werden eine gewisse Zeit benötigen, um zu erkennen, dass sie gestorben sind und auch erst etwas später wieder zu ihrem Ich-Bewusstsein finden. Was ein wenig erstaunlich erscheint ist die Tatsache, dass im Grunde nahezu alle, die von ihren Nahtod-Erfahrungen berichteten, sich sofort ihrer selbst bewusst waren und den Eindruck hatten, gestorben zu sein.

Einer der wenigen Menschen, die sich, während sie klinisch tot waren, ihrer eigenen Identität, ihres eigenen Selbstes oder Ichs *nicht* bewusst waren, ist Dr. Eben Alexander, der es folgendermaßen formuliert:

Zitat 3.12

> Ich war während des gesamten Erlebnisses vollkommen frei von meiner körperlichen Identität. Das heißt, dass jedes klassische Nahtodereignis, das eine Erinnerung daran, wer ich auf der Erde war, beinhaltet hätte, völlig fehlte.[16]

An späterer Stelle, wenn wir uns mit dem Motiv der »Lebensrückschau« (☛ Kapitel 4, S. 112ff.) befassen, werden wir noch einmal ausführlich auf den Ätherleib zurückkommen.

Wahrnehmung des Lichtes oder ›Lichtwesens‹

Das erste klassische Motiv, das wir nun betrachten wollen, ist eines, von dem wohl jeder schon einmal gehört hat, selbst wenn er sich niemals auch nur ansatzweise mit Nahtod-Berichten beschäftigt hat. Es geht um das viel zitierte und schon sprichwörtliche »Licht am Ende des Tunnels«. Wie in Kapitel 1 bereits erwähnt beginnen etliche Schilderungen von Nahtod-Erlebnissen damit, dass die Betroffenen sich zunächst in einer Art Tunnel wähnten, den sie passieren mussten. Nachdem das gelungen war, kam ihnen ein unfassbar helles, warmes Licht entgegen, das mit keinem noch so hellem Licht aus der Sinneswelt – nicht einmal mit dem von »tausend Sonnen« – zu vergleichen sei. Hierzu kommt uns eine Aussage von *Arthur Schopenhauer* in den Sinn: »Ich glaube, wenn der Tod unsere Augen schließt, wir in einem Lichte stehen, von welchem das Sonnenlicht nur ein Schatten ist.«

Trotz der Gleichzeitigkeit der vielen Ereignisse, die auf einen Menschen an der Schwelle des Todes warten, scheint diese Lichtwahrnehmung im Normalfall die erste oder eine der ersten Erfahrungen zu sein. Nahezu alle hatten dieses Erlebnis, um das es in diesem Abschnitt gehen soll.

Betrachten wir konkrete Berichte, wie Menschen, die temporär exkarniert waren, diese Lichterscheinung erlebten und beschrieben.

Eher wenige Menschen, die über ihre Nahtod-Erlebnisse schilderten, konnten in diesem Licht *nichts* Wesenhaftes erkennen. Für sie war es ein *wesenloses* Licht. Sie empfanden das Licht zwar als ganz außergewöhnlich, brachten es aber mit keinem Wesen in Verbindung:

Zitat 3.13

> Wie soll ich Ihnen das Licht beschreiben – für mich war dort kein Licht, für mich war es dort nicht finster, überhaupt nicht finster. ... Bei einer Lichtquelle denkt man doch immer an den Schatten, den die getroffenen Gegenstände werfen. Dort war aber überhaupt nichts Dunkles. Man kann sich das nur schwer vorstellen, weil man immer einen Schatten wirft, es sei denn, das Licht ist um einen herum. Aber dieses Licht dort war so hundertprozentig, dass man es nicht sah, sondern dass man drin war. Verstehen Sie, was ich meine?[17]

Zitat 3.14

> Ich sah ein Licht, ein helles Licht. Es hatte die Form eines – Kreuzes, und es leuchtete in der Mitte ganz besonders hell.[18]

Zitat 3.15

> Es war ein sehr mildes und helles Licht, aber keine Helligkeit, die blendet. Es war auch ein sehr starkes Licht, aber in diesem Licht zu sein, bedeutete für mich totales Glück, umfassendes Wissen und Liebe für andere und zu mir selbst.
>
> Diesem Licht konnte man sich gänzlich übergeben, ich konnte von allem Bisherigen absehen, ohne dabei etwas zu verlieren, und es bedeutete für mich das Aufheben aller Gegensätze, letztlich ganz tiefes Glück, gemischt mit Freude. Dieses Licht hat für mich auch so etwas wie eine fremde Macht dargestellt. Ich hatte das Empfinden, dass ich dieses Licht sehr gut kenne und dass ich auch ein Stück von diesem Licht selbst bin. [19]

Andere Persönlichkeiten, die nach ihrem Schwellen-Erlebnis von ihrer Wahrnehmung des Lichtes berichteten, sahen in diesem zwar auch kein Wesen, nahmen aber in dem Licht eine tiefe Liebe wahr, die ja nur von einem Wesen ausströmen kann:

Zitat 3.16

> Ich fuhr fort, mich in einem Gefühl des Gedrehtwerdens zu bewegen und fand mich in der Gegenwart von etwas, das man am besten als einen Lichtstrudel beschreiben kann, vor. ... Dort war ein bestimmtes Gefühl universeller Liebe, die von wunderbarster und kraftvollster Natur war, anders als alles, was ich bisher gefühlt habe. [20]

In den beiden folgenden Schilderungen wird das Licht sogar als Liebe identifiziert. So ist etwa vom »Licht der Liebe« oder von »Das Licht war ganz und gar Liebe« die Rede:

Zitat 3.17

> Solch ein Licht, heller als alles, was ich jemals gesehen hatte. Ich kann nicht erklären, wie schön, kraftvoll und lebendig es sich anfühlte. Es fühlte sich wie pulsierende Farbstrahlen an, die so lebendig waren, dass ich manche Farben nie zuvor gesehen habe. Es hatte einen perlenartigen Glanz über allem, der von der Mitte nach außen strahlte.
>
> Das Licht erfüllte mich mit Ruhe, Frieden und einem starken Gefühl von Liebe und Wohlbefinden. Ich konnte fühlen, wie sich jede Zelle meines Körpers mit dem Licht der Liebe erfüllte. [20]

Zitat 3.18

Auf einmal spürte ich unter mir eine Explosion, und so weit mein Auge reichte, sah ich dieses Licht ...

Es strahlte heller als die Sonne, ohne dass meine Augen geblendet wurden. Das Licht erfüllte alles und ich befand mich mitten darin. [...] Das Licht war ganz und gar Liebe. [...][21]

Die Mehrheit war sich allerdings sicher, dass das Licht etwas Wesenhaftes sei. Manche konnten diese Wahrnehmungen allerdings keinem *konkreten* Wesen zuordnen.

Eine Frau hatte als Kind eine Nahtod-Erfahrung, an die sie sich fast sechzig Jahre später noch ganz lebhaft erinnern konnte. Über die Wahrnehmung des Lichtwesens schilderte sie:

Zitat 3.19

Ich erinnere mich nicht, direkt jemanden gesehen zu haben, aber ich fühlte ein Wesen. Alles andere verblasste im Vergleich zu diesem Wesen. Es war nicht, als versuchte es, besser oder heller zu sein, es war es ganz einfach. Ein Gefühl völliger Liebe, völliger Zufriedenheit und totaler Vollkommenheit. Die Liebe, die ich fühlte, schien aus diesem Wesen auszuströmen und mich zu umgeben. ...

Dieses Wesen wusste alles, was ich je gefühlt, gedacht oder getan habe, und liebte mich gleichwohl. Es gab keinen Grund, mich zu verteidigen, irgendetwas zu verstecken, zu erklären oder etwas zu sein, das ich nicht war. Welch wunderbares Gefühl war das und ist es immer noch.

Eine andere Beobachtung war, dass dieses Wesen nichts von mir oder irgendjemand anderem brauchte. Dieses Wesen brauchte weder meine Gebete, noch meine Treue, mein Geld, mein Lob noch irgendetwas, das ich hatte. Meine Beziehung war, dass ich angenommen wurde, so wie ich war, und dass ich immer noch ich bleiben konnte. Das war keine Verbeugung vor einem höheren Wesen.[22]

Ein Patient schilderte Dr. Sabom, dass er den Eindruck hatte, dass sich ihm in dem Licht zwei Menschen näherten:

Zitat 3.20

Ich sah ein strahlendes Licht, das überhaupt nicht blendete. Es sah aus wie zwei Menschen, die auf mich zukamen. Ich konnte sie aber nicht erkennen, ich sah nur die leuchtenden Umrisse.[18]

Die meisten hatten keinen Zweifel daran, dass es sich bei dem Lichtwesen um ein *geistiges Wesen* handelte, das sie meistens als Gott, Christus oder Jesus identifizieren zu können glaubten.

In den folgenden Zitaten wird das Lichtwesen als Gott bezeichnet.

Zitat 3.21

> Ich habe Gott getroffen. Er hat mich erkannt und mit mir gesprochen. Ich wusste sofort, wer er war. ... Gott war ein Wesen aus Licht. Ich weiß nicht ob es religiös war oder nicht. Dort gibt es keine Religion. Nur Klarheit und Licht.[23]

Zitat 3.22

> [...] ich wusste auch sofort, dass das nicht einfach nur ein Licht war, sondern dass es lebte! Es hatte einen Charakter und war eine Intelligenz jenseits allen Begreifens ... Ich wusste, dieses Licht war ein Wesen. Und ich wusste, dass dieses Lichtwesen Gott war und kein Geschlecht hatte. Außerdem hatte ich das Gefühl, dass das Lichtwesen sprach ... Unmittelbar, bevor das Licht mich vollkommen umgab, begann ich zu spüren, dass es mich sehr gut kannte.[24]

Zitat 3.23

> Dann sah ich die Sonne irgendwo rechts oben. Ich weiß nicht warum, aber ich sah sie rechts oben pulsieren und nicht direkt über mir. Ich flog deshalb in diese Richtung weiter. Die Sonne wurde immer lichter, immer strahlender, immer pulsierender. Ich verstehe heute, warum so viele Menschen und Religionen die Sonne als Gottessymbol auffassen oder sogar einen Sonnengott verehren. [...]
>
> Die Sonne pulsierte, und ich spürte, dass sie eigentlich Symbol des Urprinzips, das Alpha und Omega, die Quelle aller Energien ist. Dieses Prinzip ist der Ursprung aller Erscheinungsformen der Energie. Ich ahnte, dass dieses Prinzip GOTT selber ist.
>
> Was ich sah, war nicht einmal die Sonne, sondern eine sonnenartige, wunderschöne, warme, lichterfüllte Erscheinung. Es war ein wunderbares Gottes-Erlebnis; das Erlebnis des über uns stehenden URPRINZIPS des Universums. Alles schwang immer intensiver, alles pulsierte: Die Schwingungen meiner körperlosen Seele und meines Geistes begannen sich diesen harmonischen Schwingungen anzupassen. Ich fühlte mich immer wohler und immer glücklicher, je schneller mein Bewusstsein vibrierte und sich enorm in dieser neuen Dimension erweiterte.[25]

Besonders viele waren der Überzeugung, dass es sich bei dem Lichtwesen um Jesus oder Christus handelte. Betrachten wir dazu einige Zitate:

Zitat 3.24

> Dann ging ich in einen Tunnel. Ich hatte das Gefühl, in einem rotierenden, schwarzen Tunnel zu sein. Um mich herum war alles dunkel. Aber am Ende des Tunnels war ein strahlendes Licht. Es sah aus wie eine Orange – haben Sie schon einmal einen Sonnenuntergang gesehen? Es war ein rundes Licht, das orangegelb ausstrahlte. So ein Licht sah ich am Ende des Tunnels. ... Ich war ganz ruhig. Es war das Schönste, das ich je gesehen hatte. Alles war so zwanglos, auch danach. ... Ich erinnere mich noch daran, dass ich Stimmen hörte. ... Ich glaube, es war Jesus, der mit mir sprach. ... Ich sah dann das goldene Himmelstor. Ich sah die Stufen. Ich erinnere mich noch ganz deutlich daran. ... Ich ging einige Stufen hinauf, was ich nicht hätte tun dürfen. Ich weiß nicht mehr, wie ich dorthin kam, ich war jedenfalls dort. ... Irgendjemand sagte ein paar Worte zu mir, und ich sank wieder zurück in den Schlaf.[26]

Zitat 3.25

> Es war gar keine Frage, wer er war. Ich wusste, dass es mein Erlöser, Freund und Gott war. Es war Jesus Christus, der mich immer geliebt hatte, auch als ich dachte, er hasste mich. Er war das Leben selbst, die Liebe selbst, und seine Liebe gab mir eine Fülle von Freude, bis zum Überlaufen. Ich wusste, dass ich ihn von Anfang an gekannt hatte, lange vor meinem Erdenleben, denn mein Geist erinnerte sich an ihn.[27]

Zitat 3.26

> Das nächste, an das ich mich erinnern kann, war, dass mir Jesus erschien. Ich meine wirklich Jesus Christus! Es bestand weder der Wunsch noch die Notwendigkeit, ihn anzubeten oder auf die Knie zu fallen.[22]

Zitat 3.27

> Ich hörte die Ärzte noch sagen, ich sei tot – und von jenem Augenblick an hatte ich dann das Gefühl, durch Finsternis, eine Art eingegrenzten Raum, zu fallen oder eher vielleicht zu schweben. Das kann man nicht richtig beschreiben. Es war alles pechschwarz, nur ganz weit in der Ferne konnte ich dieses Licht sehen, dieses unglaublich helle Licht. Am Anfang schien es nicht sonderlich groß zu sein, doch wuchs es immer mehr an, je näher ich kam.
>
> Ich versuchte, mich zu diesem Licht dahinten hinzubewegen, weil ich glaubte,

dass es Christus war; ich gab mir alle Mühe, diesen Punkt zu erreichen. Das Erlebnis machte mir keine Angst – es war eher freudig.

Da ich Christ bin, hatte ich das Licht nämlich sofort mit Christus in Verbindung gebracht, der ja gesagt hat: »Ich bin das Licht der Welt.« Ich meinte zu mir selbst: »Wenn es jetzt so weit ist, wenn ich jetzt sterben muss, dann weiß ich, wer da am Ausgang in jenem Licht auf mich wartet.«[28]

George Ritchie schreibt über das Licht zunächst:

Zitat 3.28

Ich war voller Erstaunen, wie die Helligkeit zunahm. Sie kam von nirgendwo her und schien überall gleichzeitig zu sein. Alle Glühbirnen dieser Station konnten nicht so viel Licht ausstrahlen. Alle Birnen in der Welt konnten es nicht! Es war unmöglich hell; es war wie das Licht von einer Million Schweißbrennern, die auf einmal arbeiteten. Und mitten in mein Erstaunen kam ein prosaischer Gedanke, der wahrscheinlich durch frühere Biologielektionen an der Universität geboren wurde. »Was bin ich froh, dass ich jetzt, in diesem Augenblick, keine physiologischen Augen habe«, dachte ich. »Dieses Licht würde die Netzhaut im Zehntel einer Sekunde zerstören.«

Nein, korrigierte ich mich selbst, nicht das Licht.

Er!

Er würde zu hell sein, um ihn anschauen zu können. Denn jetzt sah ich, dass es nicht ein Licht war, sondern ein Mann, der den Raum betreten hatte, oder vielleicht mehr ein Mann aus Licht, obwohl dies genauso wenig möglich war für meinen Verstand wie die unbeschreibliche Intensität der Helligkeit, die seine Gestalt ausmachte.[29]

Fast im nächsten Augenblick war sich Ritchie sicher, dass es sich bei diesem Wesen um Christus, den Sohn Gottes, handele:

Zitat 3.29

In dem Moment, als ich ihn [den Mann aus Licht] wahrnahm, bildete sich in meinem Sinn ein Befehl wie von selbst: »Steh auf!« Die Worte kamen aus meinem Inneren, dennoch hatten sie eine Autorität, wie sie meine Gedanken nie hatten.

Ich sprang auf meine Füße, und als ich das tat, bekam ich die erstaunliche Gewissheit: »Du bist in der Gegenwart des Sohnes Gottes.«

Und wieder entstand eine Vorstellung in mir wie von selbst, aber nicht als Gedanke oder Spekulation. Es war eine Art Wissen, plötzlich und vollständig.

Ich wusste über ihn auch andere Fakten. Das eine zum Beispiel, dass er das vollkommenste menschliche Wesen war, dem ich je begegnet war.

Wenn dies der Sohn Gottes war, dann war sein Name Jesus. Aber ... dies war nicht der Jesus aus meinen Sonntagsschulbüchern. Jener Jesus war nett, freundlich, verständnisvoll. Diese Person war pure Kraft, älter als die Zeit und dennoch moderner als irgendjemand, dem ich jemals begegnet war.

Über allem wusste ich mit derselben wunderbaren inneren Gewissheit, dass dieser Mann mich liebte. Weit größer als die Kraft, die von seiner Gegenwart ausströmte, war die bedingungslose Liebe. Eine erstaunliche Liebe. Eine Liebe jenseits meiner kühnsten Vorstellungen. Diese Liebe kannte jede meiner lieblosen Regungen – die Quälereien mit meiner Stiefmutter, mein explosives Temperament, die sexuellen Gedanken, die ich nicht unter Kontrolle bekam, jeden gemeinen, egoistischen Gedanken und dessen Ausführungen seit dem Tage meiner Geburt – und er nahm mich an liebte mich so, wie ich war.[30]

Bei allem, was George Ritchie anschließend erlebte, war dieses Wesen, mit dem er gedanklich kommunizieren konnte, immer an seiner Seite. Es half ihm, alles, was er sah, verstehen und ertragen zu können. Von einer sehr ähnlichen Erfahrung sprechen auch viele andere Menschen, die Nahtod-Erfahrungen hatten. Viele sagten hinterher, dass es die tiefste Erfahrung gewesen sei, die ein Mensch jemals machen könne, sich von diesem Licht umhüllt und geliebt gefühlt zu haben.

hinter der Schwelle des Todes

Wir wollen nun der Frage nachgehen, wie dieses Motiv der Lichtwahrnehmung aus Sicht der anthroposophisch orientierten Geisteswissenschaft zu bewerten ist. Inwieweit decken sich diese geschilderten Nahtod-Erfahrungen mit dem, was ein Mensch gemäß den Erkenntnissen Rudolf Steiners sowie anderer Geistesseher in der ersten Zeit nach dem *tatsächlichen* Tod erlebt?

Werfen wir zunächst einen kurzen Blick darauf, dass viele Menschen zu Beginn ihrer außerkörperlichen Erfahrungen den Eindruck hatten, durch einen dunklen ›Tunnel‹ zu ›fliegen‹ oder zu ›schweben‹, bevor sich ihnen die erhabene Lichtwahrnehmung offenbarte.

Wir haben ja bereits darauf hingewiesen, dass in den übersinnlichen Welten ganz andere Verhältnisse und Bedingungen herrschen, als es in der Sinneswelt der Fall ist, und dass es sehr schwierig ist, die Wahrnehmungen, die jemand an oder hinter der Schwelle des Todes hat, in Worte einer Menschensprache zu gießen. Häufig muss man zu Bildern greifen, die man aus dem gewöhnlichen Erdenleben schöpft, um das Erlebte zumindest ansatzweise verständlich machen zu können. Das gilt gewiss auch für dieses »Tunnel-Erlebnis«.

Mit diesem Bild dürfte es sich so verhalten, dass damit der Bewusstseinswechsel gemeint ist, den ein Mensch vollzieht, wenn er seinen Körper verlässt. Er verlässt die physische Welt und kommt jetzt in die Äthersphäre. Damit wechselt er von dem vergleichsweise dumpfen Tagesbewusstsein zu einem ungleich helleren übersinnlichen Bewusstsein. Der Tunnel mag auch ein *Symbol* für die Grenze sein, welche die diesseitige Sphäre von den jenseitigen trennt. Ein solch klares Bewusstsein hätte der durch die Pforte des Todes Geschrittene zu Lebzeiten nicht für möglich gehalten. Er muss sich geradezu überwältigt fühlen von dem alles überstrahlenden Geisteslicht, von der strahlenden Weisheit, die ihn jetzt umgibt und überflutet. Von dieser Empfindung könnte in den Nahtod-Berichten die Rede sein, in denen in diesem Licht *kein* Wesen erkannt wurde (☞ Zitate 3.13 bis 3.15, S. 84f.). Insbesondere die Formulierung »Ich hatte das Empfinden, dass ich dieses Licht sehr gut kenne und dass ich auch ein Stück von diesem Licht selbst bin« scheint darauf hinzudeuten (☞ Zitat 3.15, S. 85).

Wenn man die obigen Zitate betrachtet, wird aber deutlich, dass die meisten keineswegs daran zweifelten, dass dieses Licht ein lebendiges *Wesen* sei, ein ›Lichtwesen‹. Manche interpretierten es als Gott (☞ Zitate 3.21 bis 3.23, S. 87), manche als Jesus bzw. Jesus Christus (☞ Zitate 3.24 bis 3.26, S. 88) oder Christus (☞ Zitat 3.27, S. 88f.), wiederum andere, die hier nicht zitiert wurden, als einen Heiligen, die Gottesmutter Maria oder einen Engel.

Die Tatsache, dass viele in diesem Lichtwesen »Gott« erkannt zu haben glaubten, mag nicht erstaunlich sein. Wer anders könnte sich in einer so unglaublich überwältigenden Form offenbaren? Wer anders könnte so unbeschreiblich hell und strahlend sein?

Kaum ein anderer Name oder ein anderes Wort wird von religiös gesinnten Menschen so inflationär gebraucht wie das Wort »Gott«. Wenn ein solcher Mensch beispielsweise eine schwere Krankheit überwunden hat, wenn er einem drohenden Unfall oder Unglück entkommen ist oder wenn er einen lieben Menschen kennenlernt, ist er schnell mit dem Spruch »Gott hat mir geholfen!« bei der Hand. Dabei ist es sehr schwer, ein Verständnis für dieses höchste aller Wesen, den Vatergott bzw. den göttlichen Vater zu finden, den man auch als den »göttlichen Weltengrund« bezeichnen könnte, da Er der Daseinsgrund der Himmel und der Erde ist, und in dem alles Sein urständet. Vielen scheint es gar nicht in den Sinn zu kommen, auch nur eines der unzähligen anderen göttlich-geistigen Wesenheiten (☞ Kapitel 6, S. 215ff.), die man durchaus auch als »Götter« bezeichnen könnte, weil sie viel weiser und mächtiger als ein Mensch sind, gedanklich zu bewegen. Allenfalls die Christen wenden sich noch an den Christus, den göttlichen Sohn, dessen Erhabenheit, Strahlkraft und makrokos-mische Dimension unser Verständnis auch schon auf eine harte Probe stellt. Zudem setzen viele den Christus mit Jesus von Nazareth gleich, was schon ver-deutlicht, wie wenig sie den Christus verstehen.

Wer ist nun dieses ›Lichtwesen‹, das an der Todesschwelle wahrgenommen wird?

In den wohl meisten Fällen dürfte es sich dabei um einen Engel gehandelt haben, und zwar um den persönlichen Engel des Menschen, den man im Chris-tentum berechtigterweise als *»Schutzengel«* bezeichnet. In der Tat ist jeder menschlichen Individualität ein solcher geistiger Führer aus dem Reich der Engel zugeteilt. Dieser steht *immer* an der Seite seines ihm anvertrauten Men-schen. Seit der Mensch vor Urzeiten sein erstes Erdenleben angetreten hat, ist dieser Engel bei ihm. Er wird immer bei ihm bleiben, bis der Mensch keiner weiteren Inkarnation mehr bedarf. Dieser persönliche Engel bleibt *immer* bei seinem Menschen – unabhängig davon, ob dieser sich gerade im Leben zwi-schen Geburt und Tod oder im Leben zwischen Tod und neuer Geburt befindet. Wenn ein Mensch stirbt, so wird er gewissermaßen an der Pforte des Todes von seinem Engel in Empfang genommen. Er kann dieses hell strahlende Wesen wahrnehmen. Es ist höchst wahrscheinlich, dass auch ein Mensch, der noch nicht wirklich gestorben, sondern nur eine gewisse Zeitspanne klinisch tot ist, seinem Engel begegnet.

Der Mensch ist nach seinem Tod niemals allein. In der Nähe des soeben Ver-storbenen, dessen ›Geistgestalt‹ in ätherischen Umrissen und von Licht umge-ben als Menschengestalt deutlich erkennbar ist, sind immer mehrere Wesen der verschiedenen Engelreiche. Insbesondere kann er jetzt seinen Schutzengel wahrnehmen. Auch die Gestalten vieler Verstorbener, die ihm im Erdenleben nahestanden, treten nun in sein ›Blickfeld‹ (☞ S. 96ff.). Auch diese erscheinen ihm leuchtend. Das wird auch in Zitat 3.20 (☞ S. 86) so beschrieben.

Die hellsichtige Psychologin und Sterbeforscherin Dr. Iris Paxino schreibt über den Todesmoment aufgrund ihrer übersinnlichen Forschung:

»Der Sterbeaugenblick eines Menschen ist nie ein Einsamkeitsmoment. Das irdische Licht des über die Schwelle Gehenden verlöscht, doch sein geistiges Licht leuchtet auf. Die Hierarchien [die Engelwesen der verschiedenen Reiche bzw. Hierarchien] erwarten und empfangen ihn in einer erhabenen Feierstunde. Das, was sich für die Welt der Hinterbliebenen verdunkelt, erstrahlt auf der anderen Seite in einem lichtvollen geistigen Festakt. Der sich Exkarnierende erlebt, dass er sich aus dem Physischen ›herausatmet‹, dies bedeutet für ihn eine Befreiung und eine Ausweitung seines Wesens. Er schaut auf seinen Leib und erkennt, dass dieser Teil von ihm lediglich seine abgelegte physische Hülle ist. Sein Bewusstsein, in der geistig-ätherischen Welt, in der er sich nun befindet, ist klar und wach, er erkennt die Wesenheiten, die ihn nun empfangen. Für den Verstorbenen selbst ist es ein sakraler Augenblick, in welchem seine Individualität, eingebettet im Licht einer höheren geistigen Wirklichkeit, zu sich selbst aufersteht.«[31]

George Ritchie identifizierte das Licht *zunächst* als einen »Mann aus Licht« (☞ Zitat 3.28, S. 89), dann war er sich aber schnell sicher, dass es sich bei diesem Wesen um den Sohn Gottes handelte, den er mal als »Jesus«, mal als »Christus« bezeichnete (☞ Zitat 3.29, S. 89f.).

Dazu sei nur am Rande erwähnt, dass das konfessionelle Christentum es verlernt hat, zwischen Jesus und Christus zu unterscheiden. Jesus von Nazareth war zwar ein besonders hochentwickelter und höchst verehrungswürdiger Mensch, aber eben ein *Mensch*. Wie in Kapitel 2 (☞ S. 68) bereits erwähnt zog bei der Taufe am Jordan, als Jesus dreißig Jahre alt war, der Geist des Christus bzw. das Christus-Ich in die leiblichen Hüllen des Jesus von Nazareth. Von diesem Zeitpunkt an spricht man von Jesus Christus oder Christus-Jesus. Der Christus-Jesus wandelte drei Jahre auf der Erde und erlitt dann den Kreuzestod, den er drei Tage später durch die Auferstehung überwand.

Sigwart sagte über die Wesenheiten des Christus und des Jesus:

Mitteilung vom 23. Dezember 1915

Das Weihnachtsfest ist das heiligste Fest, denn da erschaute die Gestalt »Jesus« das erste Mal die Erde. Das war die Vorbereitung für all das große Kommende.

»C h r i s t u s« war dabei.

Er selbst nahm das Kindlein in Empfang. Er segnete das Kindlein, denn er fühlte, dass es später sein eigen Fleisch und Blut sein würde.

All die Phänomene, die sich bei der Geburt Jesu abspielten, wurden hervorgerufen durch den hohen Geist »Christus-Jesus«, welcher sich näherte und das Kindlein berührte. Nicht an der Geburt lag das Wunderbare, nein, die Geburt geschah wie jede andere, nur dass die Mutter eine vollkommene Jungfrau, rein an Körper und Geist war, die Nähe jedoch dieses Gottessohnes, dieses allerhöchsten Wesens, rief große Dinge in der Natur hervor.

Und dieses Fest wollen wir morgen feiern: das Herannahen des Christus.[32]

Wenn der unwiderrufliche Tod eintritt, so ist der Schwellenübergang stets ein Augenblick größter Geisteshelligkeit, der immer mit einer Christus-Begegnung verbunden ist. *Jedem* Menschen – nicht etwa nur den Christen oder gar nur den ›frommen‹ Christen – wird der Christus erscheinen. So wie jeder aus Gott geboren wird (*»Ex deo nascimur«*), wird er in Christo sterben (*»In Christo morimur«*). Möglicherweise sind viele Verstorbene und auch Beinahe-Verstorbene – insbesondere wenn sie sich nie mit ihm befasst und zu verbinden gesucht haben – nicht in der Lage, ihn zu erkennen. Das wird ihnen dann etwas später eher gelingen. Da der Christus ein Aspekt oder – besser gesagt – eine Offenbarung der göttlichen All-Einheit und – wie er selbst sagte – mit dem Vater *eins* ist, kann man natürlich auch ihn als »Gott« bezeichnen.

Wenn man bedenkt, dass in jeder Minute rund 120 Menschen in der Welt sterben, so mag man sich fragen, wie es möglich sein kann, dass der Christus jedem von ihnen begegnen kann.

Das wesentliche Argument, um eine Antwort zu finden, ist wieder einmal, dass es in den höheren Welten keinen Zeitbegriff, wie wir ihn hier auf der Erde kennen, gibt. Unzählige Dinge können parallel geschehen.

Man könnte aber auch noch einen Vergleich zur Sonne herstellen. An einem unbewölkten Tag ist es doch ein und derselbe Himmelskörper, der vielen Millionen Menschen scheint. Dieser Vergleich mag durchaus passend sein, wenn man weiß, dass der Christus bis vor 2.000 Jahren der Regent der Sonne war. Erst seit dem Mysterium von Golgatha hat er sich ganz fest und unverbrüchlich mit der Erde und den Menschen verbunden. Er ist seitdem der »Geist der Erde«. Bis ins 3. Jahrhundert war auch der Kirche bekannt, dass der Christus in einem engen Zusammenhang mit der Sonne stand. So wurde er als »wahre Sonne«, »Sonne der Gerechtigkeit« oder »unbesiegbare Sonne« bezeichnet und verehrt. Dann hat man davon Abstand genommen, weil man der Meinung war, dass diese Beziehung des Gottessohnes zur Sonne zu sehr an die alte heidnische Sonnenverehrung erinnere.

Es ist also sehr wohl anzunehmen, dass zumindest einige Menschen, die schon ganz nah an der Todesschwelle angelangt waren, den Christus wahrgenommen haben, wenngleich sie allerdings oft von »Gott« oder »Jesus« sprechen. Um den Christus klar und deutlich wahrnehmen und erkennen zu können, ist im Allgemeinen eine wichtige Voraussetzung notwendig: Damit es zu einer realen Begegnung kommen kann, muss der Betreffende in seinem Erdenleben den Christus innerlich gesucht haben. Er muss sich mit ihm zu verbinden gesucht haben. Dann kann er ihn als leuchtend-strahlende Geistgestalt erleben.

George Ritchie war sich, als er später *andere* lichte Wesen, die er als Engel zu erkennen glaubte, einen Augenblick lang nicht sicher, ob es sich bei dem Lichtwesen an seiner Seite nicht auch um einen Engel handeln könnte:

Zitat 3.30

> [...] schwebten Gestalten, die anscheinend aus Licht bestanden. Es war ihre Größe und ihr blendender Glanz, die mich gehindert hatten, sie vorher zu erkennen.
>
> Waren diese strahlenden Wesen Engel? War das Licht neben mir auch ein Engel? Aber der Gedanke, der sich mir in dem kleinen Lazarettzimmer so unwiderstehlich in den Sinn gegraben hatte, lautete:
> »Du bist in der Gegenwart des Sohnes Gottes.«[33]

Dann wurde ihm aber doch ganz gewiss, dass es sich um Christus handelte. Calvert Roszell schreibt, dass sein enger Freund Ritchie in seinen späteren Lebensjahren nicht mehr den geringsten Zweifel gehegt hätte, dass es sich bei dem Lichtwesen um den Sohn Gottes gehandelt habe.

Viele Menschen, die glaubten an der Todesschwelle dem Christus begegnet zu sein, dürften aber eher ihren Engel wahrgenommen haben. Ein Engel ist ein viel erhabeneres, strahlenderes und weiseres Wesen, als es Christus oder auch Gott in den Vorstellungen der meisten Menschen sind. Somit kann an der Todesschwelle eine Verwechslung durchaus möglich sein.

Wie lässt sich jetzt erklären, dass manche Menschen, die Todesnähe-Erlebnisse hatten, das Licht als eine wesenlose Lichterscheinung, andere als Gott oder Christus, wiederum andere – die hier nicht zitiert wurden – als einen Heiligen oder die Mutter Jesu erkannt zu haben glauben?

Nun, wie Rudolf Steiner sagte, ist die Art und Weise, wie ein Mensch nach dem Tod wahrnimmt und wie er das Wahrgenommene einordnet und versteht, stark davon abhängig, welche Vorstellungen und Begriffe er sich in seinem Erdenleben über Geistiges gebildet hat. Mit diesem ›Material‹ muss er sich nach dem Tod ›seine Welt‹ aufbauen. Somit liegt es auf der Hand, dass das ›Lichtwesen‹ von verschiedenen Beinahe-Verstorbenen ebenfalls unterschiedlich identifiziert wurde. Wenn ein Mensch in seinem Erdendasein nicht an Engel geglaubt hat oder keine richtigen Vorstellungen über Wesen und Aufgaben der Engel gewinnen konnte, so ist verständlich, dass er nach dem Tod seinen Engel auch nicht als solchen zu erkennen vermag. In der katholischen Kirche hat die Marienverehrung eine große Tradition. Viele Katholiken glauben oder hoffen, dass die Mutter Jesu ihnen in der Sterbestunde beistehen wird. In einigen Mariengebeten und -liedern wird explizit um diesen Beistand gebeten. Dass ein solcher Mensch, der mit dieser Hoffnung durchdrungen ist, das Lichtwesen für die Maria hält, ist nachvollziehbar. Für diesen Menschen ist es eine ›Realität‹, dass er soeben der Mutter Jesu begegnet ist, obwohl es sich de facto höchstwahrscheinlich um seinen Engel gehandelt hat. Genauso gut kann man nachvollziehen, dass etwa ein Materialist oder Atheist in diesem Licht nur etwas Wesenloses zu sehen vermag.

Trotz aller Schwierigkeiten, die sich den leibbefreiten Menschen in der ersten Zeit nach dem *wirklichen* Tod darbieten, wird es den *meisten* nach einiger Zeit gelingen, sich in die neuen Verhältnisse einzuleben und die vielfältigen Wahrnehmungen zumindest weitgehend richtig einzuordnen.

Begegnung mit (anderen) Verstorbenen

E s muss zunächst nochmals betont werden, dass unser Zeitbegriff auf die übersinnlichen Welten nicht übertragen werden kann. Daher dürfen die Motive, die wir in diesem und den folgenden Kapiteln betrachten, nicht etwa so aufgefasst werden, als könnte man unsere übliche lineare Zeitachse dabei zugrundelegen. Einige dieser Wahrnehmungen bzw. Erlebnisse finden in gewisser Weise gleichzeitig statt.

Freilich muss jeder, der seine Nahtod-Erfahrungen schildern möchte, sie in eine gewisse Reihenfolge bringen – so wie wir hier ebenfalls. Somit ist auch nachvollziehbar, dass diese in unterschiedlichen Nahtod-Berichten in einer unterschiedlichen Abfolge dargestellt werden.

Fast alle Menschen, die von ihren Schwellen-Erlebnissen Kunde geben, erzählen, dass sie Verstorbenen aus ihrem Lebensumfeld begegnet seien. Bei diesen habe es sich meistens um Familienmitglieder gehandelt. Betrachten wir ein paar Beispiele solcher Berichte.

Ein 43-jähriger Mann, bei dem es nach einer Operation zu einem Herzstillstand gekommen war, erzählte:

Zitat 3.31

> Ich kam an irgendeinen Ort, und dort waren alle meine [verstorbenen] Verwandten, meine Großmutter, mein Großvater, mein Vater und ein Onkel, der kurze Zeit vorher Selbstmord begangen hatte.
>
> Sie kamen alle auf mich zu und begrüßten mich. Meine Großeltern waren weiß gekleidet und hatten eine Kapuze auf dem Kopf. ... Sie sahen gesünder aus als beim letzten Mal, als ich sie gesehen hatte. ... Ich hielt meine Großmutter bei den Händen. ... Plötzlich drehten sie mir den Rücken zu und gingen weg, und meine Großmutter schaute über die Schulter zurück und sagte: »Wir sehen uns später wieder, diesmal ist es noch zu früh!«[34]

Ein 52-jähriger Mann nahm die Anwesenheit seines schon lange verstorbenen Bruders wahr, als er während eines Herzstillstands Schwellen-Erlebnisse hatte und über seinem bewusstlosen Körper ›schwebte‹:

Zitat 3.32

> Ich saß irgendwo da oben und konnte hinunterschauen. ... Bei mir war mein älterer Bruder, der war schon gestorben, als ich noch ein Kind war. Ich konnte ihn nicht sehen, aber ich wusste, dass er bei mir war, er klopfte mir sogar auf die Schulter und sagte: »Es liegt ganz bei dir – du kannst machen, was du willst. Wenn du bleiben und nicht in deinen Körper zurückgehen willst, dann kannst du bleiben. Ich werde in deiner Nähe sein, und wir werden eine herrliche Zeit haben.«[35]

Die nächsten drei Persönlichkeiten betonten die große Wiedersehensfreude, die sie empfunden hätten:

Zitat 3.33

> Diesen Menschen zu begegnen, das war so, wie wenn man nach einer langen Trennung die wichtigsten Menschen in seinem Leben wiedersieht. Es gab zwischen uns geradezu eine Explosion von Liebe und Wiedersehensfreude.[36]

Zitat 3.34

> Ich wurde von diesen Menschen so liebevoll, so aufrichtig und mit einer Herz-
> haftigkeit und Wahrheit empfangen, die man sich auf Erden nicht vorstellen
> kann.[36]

Zitat 3.35

> Nebelartige, durchsichtige, dennoch klar erkennbare Menschen kamen freudig
> auf mich zu. Längst verstorbene Verwandte, Nachbarn, Freunde, alle freuten
> sich, lebhaft, doch lautlos. Keiner sprach, doch redeten alle, und ich verstand
> sie. Alle waren in Bewegung, aber ohne Unruhe und Hektik. Es gab viel Be-
> trieb ohne Betriebsamkeit. [...] Wesenhaft ohne Körper, alle lichtvoll durchsich-
> tig.[37]

Ein Mann erzählte von seinen Todeserlebnissen, die er während er als schwer
verwundeter Soldat bewusstlos auf dem Schlachtfeld in Vietnam lag, hatte:

Zitat 3.36

> Ich verließ meinen Körper und sah, dass ich auf der Erde lag und dass mir drei
> Glieder fehlten. ... Was die ganze Geschichte so wirklich macht, ist die Tatsa-
> che, dass dreizehn Kameraden bei mir waren, die am Tag vorher gefallen wa-
> ren und die ich in Plastiksäcke gelegt hatte. Meine Kompanie hatte damals im
> Mai 42 Menschen verloren, und auch die waren da.
>
> Sie hatten keine menschliche Gestalt, ich kann Ihnen aber nicht sagen, wie
> sie aussahen, ich weiß es nicht. Aber ich weiß, dass sie da waren.
>
> Wir verständigten uns, ohne mit einer Stimme zu sprechen. ... Wir empfan-
> den kein Mitgefühl, keine Traurigkeit. ... Sie wollten nicht zurückgehen. Und
> wir stimmten alle darin überein, dass wir dort, wo wir waren, glücklich waren.[35]

Dr. Moody schildert ebenfalls von zwei Menschen, die Verstorbene wahrzunehmen vermochten:

Zitat 3.37

> Und da bemerkte ich auf einmal auch die ganzen Menschen, die da in hellen
> Scharen, wie mir schien, überall an der Zimmerdecke entlangschwebten. Es
> waren alles Leute, die ich in meinem früheren Leben gekannt habe.
>
> Ich erblickte meine Großmutter und ein Mädchen, das ich aus meiner Schul-
> zeit kannte, und viele andere Verwandte und Freunde. Ich sah wohl hauptsäch-
> lich ihre Gesichter und spürte ihre Gegenwart. Sie machten alle einen fröhli-
> chen Eindruck. Es war ein freudiges Zusammentreffen, und ich hatte das Ge-

fühl, dass sie gekommen seien, um mich zu schützen und zu führen. Fast schien es so, als ob ich nach Hause gekommen wäre und sie mich nun begrüßen und willkommen heißen wollten.[38]

Zitat 3.38

Mehrere Wochen, bevor ich beinahe gestorben wäre, war Bob, ein guter Freund von mir, ums Leben gekommen.

In dem Augenblick, als ich meinen Körper verließ, hatte ich sofort das Gefühl, dass Bob da war, dass er genau neben mir stand. Innerlich konnte ich ihn sehen, und ich spürte auch, dass er anwesend war – und doch war es merkwürdig. Ich sah ihn nicht in seinem normalen Körper. Ich erkannte ihn ganz deutlich, sein Äußeres und alles, nur eben nicht in seiner physischen Gestalt.

Klingt das verständlich? Er war da, aber nicht in seinem stofflichen, sondern in einem irgendwie durchscheinenden Körper – ich konnte jeden Körperteil erahnen, Arme, Beine und so weiter – jedoch richtig plastisch vor mir sehen konnte ich ihn nicht. Damals hielt ich mich nicht weiter damit auf, wie seltsam das war. Ich fand es gar nicht notwendig, ihn jetzt unbedingt mit meinen Augen zu sehen – außerdem hatte ich ja gar keine Augen mehr.

Ich fragte ihn in einem fort: »Bob, wohin komme ich denn jetzt? Was ist geschehen? Bin ich schon tot?« Er antwortete jedoch nie, sagte niemals auch nur ein einziges Wort. Aber solange ich im Krankenhaus lag, war er oft bei mir, und ich fragte ihn dann jedes Mal: »Was ist denn eigentlich?« – aber nie kam eine Antwort.

Von dem Tag an, an dem die Ärzte erklärten, dass ich überleben würde, blieb Bob weg. Ich sah ihn danach nicht wieder, spürte auch seine Gegenwart nicht mehr. Es schien fast, als hätte er abgewartet, ob ich jene letzte Schranke denn auch tatsächlich überschreiten würde, bevor er mit mir sprechen und mir genau erklären wollte, was mit mir geschah.[39]

Die Amerikanerin Pam Reynolds, von der schon in Kapitel 1 (☛ S. 34ff.) ausführlich die Rede war, nahm einige verstorbene Verwandte wahr, während sie sich dem Licht näherte:

Zitat 3.39

Dann spürte ich die ›Präsenz‹ von jemandem. Ich drehte mich um, wenn man das so sagen kann …, und schaute nach, was da war. Und dann sah ich diesen kleinen Lichtfleck. Das Licht zog mich allmählich an, doch nicht gegen meinen Willen, denn schließlich wollte ich zu ihm. Ich konnte wirklich körperlich spüren, wie es mich anzog, und ja, ich weiß, wie das klingt... doch es ist wahr! Es war eine körperliche Empfindung, als ob man durch etwas hindurchginge. Als sei ich in einem Tornado gelandet, der sich nicht drehte. Es fühlte sich an, als würde man mit einem Fahrstuhl in unglaublicher Geschwindigkeit aufwärts fahren. Es kam mir wie ein Tunnel vor, aber dann war es doch kein Tunnel. Ich bewegte mich immer weiter auf das Licht zu.

Und je mehr ich mich dem Licht näherte, desto deutlicher konnte ich verschiedene Gestalten erkennen, verschiedene Menschen, und ich hörte ganz deutlich, wie meine Großmutter mich rief. Sie hatte eine sehr eigenartige Stimme. Aber ich hörte sie nicht mit den Ohren. Meine Wahrnehmung war viel klarer als mein Gehör. Ich ging direkt auf sie zu. Das Licht war unglaublich hell, als befände man sich im Innern einer Lampe. Im Licht konnte ich immer deutlicher Figuren erkennen – sie waren alle in Licht gehüllt, sie bestanden aus Licht und strahlten auch Licht aus – nach und nach nahmen sie eine Form an, die ich erkennen und begreifen konnte. Ich sah viele Leute, die ich kannte, und sehr viele, die ich nicht kannte. Aber ich wusste, dass ich auf die eine oder andere Weise mit ihnen verbunden war. Es fühlte sich ... großartig an! Im Nachhinein weiß ich, dass jeder perfekt in das Bild passte, dass ich von ihm auf dem Höhepunkt seines Lebens hatte ...

Ich erkannte viele Leute. Meine Großmutter und Onkel Gene, der mit 39 Jahren gestorben war. Er hatte mir viel beigebracht: Er hatte mir meine ersten Gitarrenstunden gegeben. Auch meine Urgroßtante Maggie war da. Und von der Familie meines Vaters sah ich meinen Großvater ...

Jeder kümmerte sich auf eine besondere Weise um mich, sie behielten mich im Auge.

Sie wollten nicht, dass ich weiterging. [...][40]

Einige erzählten, dass sie sogar Vorfahren begegnet seien, die sie im Leben gar nicht mehr kennenlernt haben:

Zitat 3.40

... spürte ich in mir den Wunsch, meine [verstorbenen] Verwandten zu sehen, diejenigen die ich liebte. Kaum hatte ich diesen Gedanken gedacht, waren sie da.

Es erschien sogar ein Großvater, den ich nie zuvor gesehen hatte, weil ich nicht mit seiner Familie aufgewachsen war. Er kam zu mir, stellte sich mir vor und gab sich als mein Großvater zu erkennen. Zum ersten Mal hatte ich Gelegenheit, ihn kennenzulernen. Das war äußerst aufregend.[41]

Zitat 3.41

Zunächst war es mir, als ob ich durch eine graue Decke hindurch in ein Licht-reich vorstoßen würde. Ich wurde in Richtung dieses Lichtes aus meinem Kör-per gezogen. Das allererste war eine liebevolle und herzliche Begrüßung durch verstorbene Menschen, die mir sehr wichtig waren. Vor allem waren das die Freundin ... sowie meine Großmutter väterlicherseits. Was mich im nachhinein sehr frappiert hat, ist, dass ich sie gar nicht gekannt habe, da sie vor meiner Geburt verstorben war. Aber sie war da, um mich zu begrüßen. ... Diese Be-grüßung durch die Gestalten war sehr überwältigend, im Grunde genommen war es ein Meer von Liebe.[42]

Zitat 3.42

Ich sah einen Mann, der mich liebevoll anschaute, den ich aber nicht kannte.

Am Sterbebett meiner Mutter gestand sie mir, dass ich aus einer außerehe-lichen Beziehung geboren wurde, mein Vater sei ein Jude, der während des Zweiten Weltkrieges deportiert und getötet wurde, und meine Mutter zeigte mir sein Foto. Es stellte sich heraus, dass dieser unbekannte Mann, den ich vor Jahren während meiner Nahtod-Erfahrung gesehen hatte, mein leiblicher Vater war.[43]

Nur sehr selten ist davon die Rede, dass die Beinahe-Verstorbenen an der To-desschwelle Verstorbenen begegnet seien, die sie nicht identifizieren konnten.

Zitat 3.43

Als ich ›tot‹ war und mich in jener Leere befand, da sprach ich mit anderen Menschen – aber ich könnte dennoch nicht behaupten, dass ich mit Körper-wesen gesprochen hätte. Trotzdem hatte ich das Gefühl, dass sich rings um mich Menschen befanden. Ich konnte ihre Gegenwart spüren und fühlen, dass sie sich bewegten, obwohl ich niemals jemanden ›gesehen‹ habe. Ich sprach immer wieder einmal mit einem von ihnen, jedoch ohne sie dabei je zu Gesicht zu bekommen. Und jedes Mal, wenn ich fragte, was eigentlich vorgehe, sandte mir einer von ihnen getreulich einen Antwortgedanken zurück. Es sei alles in Ordnung, ich stürbe, es werde mir jedoch gut gehen.[44]

Viele Schilderungen klingen so, als hätten die Betroffenen mit den Verstorbe-nen ähnlich kommuniziert, wie wir das aus unserem Erdenleben kennen. Dass eine solche Kommunikation, die an physische Organe gebunden ist, im Leben nach dem Tod nicht möglich ist, muss wohl nicht erwähnt werden.

Einige Menschen, die temporär exkarniert waren, versuchten – so gut, wie es ihnen möglich war – zu erklären, wie diese Kommunikation ablief:

Zitat 3.44

> Die Kommunikation mit den Gestalten geschah ohne Worte, es war so, als wäre ein Gedanke der Gedanke aller.[45]

Zitat 3.45

> Alle Unterhaltung muss auf einer rein geistigen Ebene stattgefunden haben, weil ich mir dessen bewusst war und verstehen konnte; doch wurde keine Sprache gesprochen.[45]

Aus der folgenden Schilderung geht auch wieder hervor, dass in den höheren Welten vieles gleichzeitig geschieht bzw. erlebt werden kann.

Zitat 3.46

> Es gibt dort ein unmittelbares Verstehen ohne Worte, weil es ›dort‹ nicht die Beschränkungen von Zeit und Raum gibt wie ›hier‹. Man kann sich zur gleichen Zeit mit jedem und allem unterhalten, es gibt keine Loyalitätsprobleme wie hier, wo man zu einem Zeitpunkt nur eine Sache erledigen kann und andere sich vernachlässigt fühlen könnten.[45]

hinter der Schwelle des Todes

Wenn man Menschen, die an ein Leben nach dem Tod glauben, fragt, welche Hoffnungen oder Wünsche sie mit einem solchen Dasein verknüpfen, so hört man meistens, dass sie hoffen, kein einsames Leben in den höheren Welten führen zu müssen. Insbesondere wünschen sie sich, nach dem Tod wieder mit denjenigen Menschen vereint zu sein, die ihnen lieb und teuer waren.

Dieser Wunsch wird ihnen erfüllt werden – wie nicht nur unzähligen Nahtod-Berichten zu entnehmen ist. Vielmehr handelt es sich dabei um eine bestens erforschte geisteswissenschaftliche Tatsache. Der Sterbeaugenblick ist nie ein Einsamkeitsmoment. Wie wir schon gesehen haben, wird der soeben Verstorbene von dem ›Lichtwesen‹, bei dem es sich im Normalfall um seinen persönlichen Engel oder um den Christus handelt, in Empfang genommen. Aber auch einige seiner Angehörigen und engen Freunde, die schon vor ihm die Schwelle überschritten haben, begrüßen ihn an der Todespforte.

Schon kurze Zeit, nachdem der Mensch die Schwelle des Todes überschritten hat, kann er sich der Anwesenheit anderer Verstorbener bewusst werden. Insbesondere diejenigen, mit denen er im gemeinsamen Erdenleben in einer engen Beziehung stand, mit denen er also ein gemeinsames Schicksal hat, kann er wahrnehmen. Somit ist auch nachvollziehbar, dass in den Nahtod-Berichten häufig davon die Rede ist, dass man einem Verwandten begegnet sei.

»Auch Gestalten verstorbener Menschen, die in der Zeit der Inkarnation mit dem soeben Exkarnierten verbunden waren, erscheinen beim Übergang in die geistige Welt. Meist sind es nahe Angehörige, enge Freunde oder Weggefährten, die bereits früher über die Schwelle gegangen sind. Ihre Stimmung ist von einer mitfühlenden, verständnisvollen und liebegetragenen Milde durchströmt. Sie empfangen den Neuankömmling mit inniger Freude und bilden für sein Seelenerleben eine Brücke zwischen den Welten.«[46]

Aufgrund ihrer eigenen Todesnähe-Erfahrungen sowie der Untersuchung zahlloser Schwellen-Erlebnisse anderer Menschen ist Elisabeth-Kübler Ross überzeugt:

»Doch zur Zeit der Verwandlung [Übergang in die höheren Welten] werden unsere Geistführer, Schutzengel und solche, die wir geliebt haben und die schon vor uns hinübergegangen sind, uns zur Seite stehen und uns bei unserer Umwandlung behilflich sein. Ich habe das immer wieder bestätigt gefunden, so dass ich an dieser Tatsache nicht mehr zweifle. Diese Aussage mache ich – wohl gemerkt – als Wissenschaftlerin! Immer ist jemand als Helfer zugegen, wenn wir jene Verwandlung durchmachen. In den meisten Fällen handelt es sich um die bereits ›vorausgegangenen‹ Väter oder Mütter, Großväter oder Großmütter oder auch um ein Kind, sofern dieses schon gestorben ist. Und oft begegnen wir auch solchen, von denen wir noch gar nicht wussten, dass sie schon ›auf der anderen Seite‹ weilen.«[47]

Sigwart berichtete, dass er seinen Freund Deinhard sieben Tage nach dessen Tod getroffen habe:

Mitteilung vom 12. April 1917

Ich muss dir etwas über Deinhard sagen.

Ich sah ihn, ich habe ihm die Hand gereicht! – Noch nie war für mich ein Begrüßen so ereignisschwer wie dieses.

> Es war doch das *erste* Mal, dass einer direkt von euch zu mir kam und nun mir mit den *menschlichen* Begriffen von eurer Liebe zu mir erzählte.
>
> Es war eine Weihe für mich, aber auch für ihn, – denn er, der *eben* Erwachte, fand mich! Der Glanz meiner Himmelswelt, der mir zu eigen, und den er empfand, erschütterte ihn aufs Tiefste.[48]

Ein Verstorbener wird in der ersten Zeit nach dem Tod Menschen, die ihm im Erdendasein *nicht* nahe gestanden sind, noch nicht finden können. Darauf wies auch Sigwart in einer Kundgebung hin:

Mitteilung vom 9. Februar 1917

> Ihr müsst immer bedenken, dass die Welt, in die ihr dann [nach dem Tod] hineinkommt, so unendlich groß ist, dass es sehr schwer wäre, jemanden, der einem nicht *ganz* nahe steht, dort zu finden.[49]

Je länger der Exkarnierte dann in den übersinnlichen Welten weilt, desto größer wird der Kreis der entkörperten Seelen, mit denen er ein Zusammenleben pflegen kann. Mit den Seelen anderer Verstorbener kann der Tote – insbesondere nachdem bereits einige Zeit vergangen ist, seit er die Schwelle des Todes überschritten hat – weiterhin in der mannigfaltigsten Weise zusammen sein.

Wenn einige Formulierungen in Nahtod-Berichten so klingen, als ob die Verstorbenen ganz normal mit ihnen geredet hätten (☛ etwa Zitate 3.31 und 3.32, S. 97), so ist es dem bereits geschilderten Umstand zuzuschreiben, dass es äußerst schwierig ist, das, was man in den übersinnlichen Welten erlebt, in eine Menschensprache zu übertragen. Vielmehr sind alle Gedanken und Gefühle des einen für den anderen unmittelbar wahrnehmbar. Menschensprachen spielen schon kurze Zeit nach dem Tod in den übersinnlichen Welten eigentlich keine Rolle mehr.

Das Zusammenleben, das Beieinandersein, das die Menschen nach dem Tod pflegen können, kann nun ungleich inniger, intensiver und realer sein, als das im Erdendasein jemals möglich gewesen war. Jetzt gibt es keine physischen oder räumlichen Barrieren mehr, die ein solches Zusammensein behindern oder einschränken könnten. Keiner kann sich mehr verstellen oder dem anderen etwas vorspielen. Das Seelenleben eines jeden ist offen ausgebreitet. Es bedarf keiner Sprache mehr, um miteinander kommunizieren zu können. Die Kommunikation zwischen den Verstorbenen erfolgt auf einer rein gedanklichen, also geistigen Ebene. Das kommt auch in den Zitaten 3.44 bis 3.46 (☛ S. 102) deutlich zum Ausdruck. Etwas plakativ formuliert könnte man von »Gedankenlesen« sprechen. Im Grunde handelt es sich hierbei um die bereits in Kapitel 2 beschriebene »inspirative Wahrnehmung«. Eine derartige Kommunikation ist ungleich klarer als eine, die an den physischen Leib gebunden ist. Pam Reynolds formulierte es so (☞ Zitat 3.39, S. 99f.): »Sie hatte eine sehr eigenartige Stimme. Aber ich hörte sie nicht mit den Ohren. Meine Wahrnehmung war viel klarer als mein Gehör.«

Natürlich möchten die leibbefreiten Seelen nicht, dass *jeder* ihre Gedanken wahrnehmen kann. Sigwart deutete an, mit welcher ›Technik‹ das verhindert werden kann:

Mitteilung vom 26. März 1916

> Wenn wir nicht wollen, dass jeder unsere Gedanken liest, können wir mit unserem Willen eine Verdichtung hervorrufen, die sie unsichtbar macht. Doch das sind alles Kräfte, die man sich erst aneignen muss, und da brauchen manche lange dazu.[50]

Man muss sich fragen, *wie* ein Verstorbener andere Verstorbene überhaupt wahrnehmen kann und woran er sie wiedererkennt.

Nun, die entkörperten Menschen nehmen andere Seelenwesen in ihrer Geistgestalt wahr. Nach dem Tod werden uns alle Dinge und Wesenheiten im Wesentlichen durch Visionen bzw. Imaginationen übermittelt, so wie uns auf der Erde alles durch die Wahrnehmung unserer Sinne vermittelt wird. Man darf natürlich die Begriffe »Vision« bzw. »Imagination« nicht in dem trivialen Sinne verstehen, wie man das vielleicht in der heutigen Zeit gewohnt ist. Diese äußerst lebendigen Bilder, diese Imaginationen zeigen nichts Nebulöses oder Fiktives. Sie sind vielmehr ungleich klarer und wirklichkeits-gesättigter als alles, was physische Augen sehen können. Sie zeigen etwas absolut Reales, ähnlich wie uns im Erdenleben die Augen etwas absolut Reales zeigen. Diese Visionen sind in dem gleichen Sinne Abbilder von *Wirklichkeiten*, wie das Bild einer Rose, das auf der Netzhaut erzeugt wird, ein Abbild der wirklichen Rose darstellt, auf die das Auge sich richtet. So wie man in der physischen Welt vermöge der Augen wahrnimmt, nimmt man in den übersinnlichen Welten durch Imaginationen wahr. Das Wahrnehmen durch diese Imaginationen könnte man auch als »Sehen mit geistigen Augen« bezeichnen.

Solche Imaginationen, von denen hier die Rede ist, stellen eine ganz wesentliche Möglichkeit dar, in höheren Welten wahrzunehmen. Wie wir in Kapitel 2 erläutert haben, spricht man hierbei von *»imaginativer Wahrnehmung«*. Zu Lebzeiten ist es nur einem hellsichtigen Menschen möglich, imaginativ wahrzunehmen. Nach dem Tod erschließt sich diese Fähigkeit *jedem* Menschen.

Es muss nun nochmals darauf hingewiesen werden, dass die Verhältnisse und Bedingungen in den übersinnlichen Welten radikal verschieden sind von denen, die wir aus unserem Erdenleben kennen. Wenn uns in der Sinneswelt ein anderer Mensch gegenübertritt, so nehmen wir diesen zunächst vermöge unserer Augen wahr; es taucht also das Bild seiner physischen Gestalt auf. Erst dann – was natürlich im Bruchteil einer Sekunde geschieht – wird uns bewusst, dass da ein anderer Mensch vor uns steht. Falls wir diesen kennen, wird uns sofort offenbar, um wen es sich handelt. In den höheren Welten ist das anders: Der Verstorbene hat zunächst das Bewusstsein, dass sich ihm eine andere Seele naht, dass eine andere Seele bei ihm ist. Es steigt eine Vision auf. Dann muss er sich das Bild dieser Seele durch eine innere Aktivität erzeugen. Nur so kann er wissen, um welche Seele es sich handelt. In Zitat 3.35 (☞ S. 98) heißt es: »Nebelartige, durchsichtige, dennoch klar erkennbare Menschen [...]« Hierbei könnte es sich um die Beschreibung einer solchen Vision handeln. Der Verstorbene muss sich also in eine rechte Beziehung zu der Vision versetzen, genau wie er auf der Erde in eine Beziehung zu einem anderen Menschen getreten ist, indem er seine Augen und Ohren auf ihn gerichtet hat. Es ist natürlich nicht so, dass er der anderen Seele ›gegenübertritt‹, wie er das auf dem irdischen Schauplatz gewohnt war. Er hat das innere Erlebnis, dass er jetzt nicht allein ist, dass sich ihm eine andere entkörperte Seele naht.[51] So erlebt er die Gegenwart einer anderen Seele. Er muss ganz aktiv mithelfen, diese imaginative Erscheinung mitzuerzeugen. Erst durch diese Eigenaktivität, durch die er sich mit dieser anderen Seele in Verbindung setzt, steigt das Bild in einer Imagination auf. Auf diesen Prozess weist Zitat 3.39 (☞ S. 99f.) hin, in dem es heißt: »[...] nach und nach nahmen sie eine Form an, die ich erkennen und begreifen konnte.«

Rudolf Steiner verdeutlichte diesen Prozess anhand eines Beispiels:

> **»Sie bekommen etwa eine Vorstellung von dem, wie die Erfahrung der Seele nach dem Tode ist, wenn Sie sich denken: Sie sehen das nicht, sondern Sie greifen es nur, und Sie bilden sich, indem Sie es nach und nach greifend umfassen, ein Bild. Sie bauen sich das Bild auf. So müssen Sie tätig, innerlich tätig sich das Bild der Seele, der Sie begegnen, aufbauen. Gewissermaßen wissen Sie: Jetzt begegne ich einer Seele. – Da hat sie noch nicht Geistgestalt! Welche Seele ist das? Das ist die Seele, zu der ich – das taucht jetzt auf in Ihrer eigenen Seele – die**

Empfindung des Sohnes zur Mutter gehabt habe. Jetzt fangen Sie an zu fühlen: Mit dieser Seele kann ich mich erleben. – Jetzt bauen Sie sich die Geistgestalt auf. Da müssen Sie tätig sein darinnen, und dann wird das zum Bilde. Und dadurch, dass Sie so die Geistgestalt zusammen aufbauen müssen, sind Sie mit dem Toten schon, bevor Sie die Geistgestalt aufgebaut haben, zusammen. So sind Sie zusammen mit allen, mit denen Sie im Leben zusammen waren, das heißt, Sie erleben sie in einer Welt, in der Sie sie finden müssen, indem Sie sich zum Schauen erwecken, so dass Sie sie anschauen. Da muss man tätig sein.«[52]

Das ganze nachtodliche Leben – insbesondere in der Seelenwelt – ist eigentlich ein Leben in Visionen, man ist umgeben von Visionen. Man darf sich das natürlich nicht etwa so vorstellen, dass der Mensch einen anderen Verstorbenen jetzt so ›sehen‹ kann, wie er ihn in seiner Leiblichkeit auf der Erde sehen konnte. Er sieht ihn in seiner Geistgestalt. Er weiß ganz genau, um welche Individualität es sich handelt. Die bekannte Seele ›steckt‹ in der Vision ›drin‹. Sie lebt in der Realität dieser Vision. Der Mensch nimmt das Wesen also nicht unmittelbar wahr, sondern über das visionäre Bild. Er weiß ganz genau, dass er mit dem anderen zusammen ist und wie er mit ihm zusammengehört. Diese Art der Wahrnehmung oder der ›Kontaktaufnahme‹ ist für einen Verstorbenen anfangs noch ganz ungewohnt. Daraus erwächst aber schon bald eine Fähigkeit, die er leicht beherrschen lernt und die ihm zur Gewohnheit wird.

Auch während seines gesamten Lebens im Kamaloka wird der Verstorbene keineswegs einsam sein. Er wird hier seine Angehörigen, Freunde und Bekannten treffen. Er lebt also bald inmitten der Seelen, die seinen Schicksalskreis bilden. Mit diesen Menschen ist er im Normalfall bereits in mehreren früheren Inkarnationen zusammengekommen, und auch in weiteren wird er mit ihnen zusammenkommen.

Ähnlich wie ein Mensch im Laufe seines irdischen Daseins seinen Bekanntenkreis nach und nach erweitert, ist es auch nach dem Tod. In den Regionen der oberen Seelenwelt und in der Geisteswelt wird er dann auch mit anderen Seelen zusammentreffen können. Es können dann spirituelle Bekanntschaften zwischen einem großen Teil der Menschheit geschlossen werden. Auch seinen Ahnen, denen er zum größten Teil im Erdenleben nie begegnen konnte, wird er sich anschließen (☛ auch Zitate 3.40 bis 3.42, S. 100f.).

Nun ist, was das Zusammenleben der Seelen anbelangt, noch ein ganz wichtiger Aspekt zu berücksichtigen. Die Verhältnisse, die solche Seelen jetzt in den übersinnlichen Welten untereinander haben, richten sich noch ganz nach denen, die sie im Erdendasein ausgebildet haben. Menschen, die im gemeinsamen Erdenleben ein sehr gutes, liebevolles Verhältnis gepflegt haben, können dieses nach dem Tod fortsetzen. Freilich gilt auch der umgekehrte Fall. An schlechten Verhältnissen und Beziehungen kann in den übersinnlichen Welten nichts mehr geändert, also insbesondere auch nichts mehr verbessert werden; an diese muss angeknüpft werden.

»Natürlich ist der Anblick der Menschen, die mit einem schicksalsmäßig verbunden sind, ein sehr mannigfaltiger. Da erscheinen einem zum Beispiel die Menschen, die einen über alle Berge gewünscht haben, mit denen man aber doch schicksalsmäßig verbunden ist. Man erkennt ganz genau, was sie im Schilde geführt haben, und was sie einem angetan haben. Dieser Anblick der Menschen ist ganz verschieden, ist ein ganz mannigfaltiger.«[53]

Die Seelen wissen sofort, wie ihr Verhältnis im Leben war. Nur haben sie jetzt in den höheren Welten nicht mehr die Möglichkeit, dieses zu ändern, wie es noch auf der Erde jederzeit möglich gewesen wäre. Es muss so bleiben, wie es ist. Die Konsequenzen müssen ausgelebt werden. Das kann der Seele sehr bedrückende Gefühle bescheren. Wenn wir auf der Erde die Einsicht gewinnen, dass wir etwa einem anderen Menschen nicht genügend Liebe und Zuwendung geschenkt haben, so können wir das jederzeit ändern. Wir können unser Verhalten zu diesem Menschen ändern, solange er noch verkörpert ist. Wir können unser liebloses Verhalten in der einen oder anderen Form wieder ausgleichen, wieder gutmachen. So können wir beispielsweise um Verzeihung bitten oder uns mit diesem Menschen aussprechen. Wir können darüber hinaus diesem Menschen anschließend mehr Zuneigung und Hinwendung schenken.

In der Seelenwelt erinnert sich die Seele noch sehr wohl an solche Defizite. Wenn sie jetzt durch ihre Erinnerung die Einsicht erhält, einem anderen Menschen Zuneigung schuldig geblieben zu sein, so fehlt ihr jede Möglichkeit, das wieder auszugleichen, das wieder gutzumachen. Der Mensch trifft den anderen so wieder, wie er zu Lebzeiten zu ihm gestanden ist. An diesem Status kann er jetzt nichts mehr ändern; dieser ist wie ›eingefroren‹. Er verspürt in seinem Inneren den Vorwurf, sich zu Lebzeiten falsch verhalten zu haben, ihm nicht genügend Liebe und Aufmerksamkeit geschenkt zu haben. Aber er kann es nicht mehr kompensieren. Dadurch, dass jetzt nichts mehr gutgemacht werden kann, obwohl der Mensch den dringenden Wunsch dazu verspürt, bildet sich in seiner Seele eine Kraft aus, es in seiner nächsten Inkarnation besser zu machen, es karmisch wieder auszugleichen.

»Das eben ist das Eigentümliche, dass die Lebensbeziehungen eine gewisse Konstanz haben. Dadurch, dass sie etwas Bleibendes werden, bildet sich in unserer Seele die Kraft aus, durch welche sich das Karma ordnet. Wenn wir also einen Menschen fünfzehn Jahre lang zu wenig geliebt haben, so sehen wir dies ein; und während wir es durchleben, bilden wir die Kraft aus, wenn wir wieder inkarniert werden auf der Erde, dieses anders zu machen; dadurch bilden wir die Kraft und den Willen zum karmischen Ausgleich aus. Das ist die Technik des Karma.«[54]

Genau wie ein Mensch im Erdenleben einem anderen helfen kann, ist es auch nach dem Tod möglich. Ein Verstorbener, der sich schon ganz gut in die neue Seinssphäre eingelebt hat, kann einem anderen wertvolle Unterstützung angedeihen lassen. Davon berichtete Sigwart in mehreren Mitteilungen:

Mitteilung vom 5. August 1915

> In der Nacht wird es bei euch still und bei uns rege. Da haben wir alle mehr Zeit den Verstorbenen zu helfen, die jetzt zu Tausenden [gemeint sind die vielen Gefallenen des 1. Weltkrieges] bei uns einstürmen.[55]

Mitteilung vom 8. November 1915

> G. (ein Kriegskamerad) ist auch dabei, der gute Junge. Endlich kommt er zu mir. Es hat lange gedauert, aber er wollte nicht vernünftig werden und einsehen, dass er keinen physischen Leib mehr hat. Was nutzte da alles Reden – ich ließ ihn dann allein. Aber heute kam er selig zu mir. Ich freue mich aufrichtig, nun wird er wohl oft bei mir sein.[56]

Mitteilung vom 12. Februar 1916

> Ich habe heute etwas sehr Sonderbares erlebt. Ich war damit beschäftigt, jemandem zu helfen, der sich in einer sehr unangenehmen Lage befand. [...]
>
> Es handelte sich um einen armen, durch sich selbst gequälten Menschen, dessen Leben nur Leid gekannt hat und dessen Entwicklung daher eine geradezu erstaunliche Richtung genommen hatte. Er starb im Wahne seiner selbstgepeinigten Seele; unerfahren, unverdorben kam er zu uns, wie ein Kind, nichts ahnend, und doch von einer Welt selbstgeschaffener Leidensgedanken umgeben. Wie schwer war es, diesem so ganz verrannten und verirrten Menschen klar zu machen, dass es nun an der Zeit sei, an sich und seine Entwicklung zu denken. Er verstand es gar nicht. Durch unendliche Geduld habe ich ihn endlich so weit gebracht, dass er an mich glaubt, mir mit vollem Vertrauen zuhört und alles annimmt, was ich ihm sage. Schon darüber bin ich froh, denn jetzt öffnet er sich unbewusst den geistigen Strömen, und das andere kommt dann

von selber.

Es gibt da oft ganz sonderbare Fälle bei denen man wie vor einem Rätsel steht. Im Allgemeinen entspringen diese entweder einer grenzenlosen Dummheit oder einer verbohrten Gelehrtheit, welch letztere weit schwerer zur Vernunft zu bringen ist. Bei der Dummheit hat man fast stets Erfolg, wenn man den Weg der Liebe wählt.

Doch bei einer hochgradig verbohrten Gelehrtheit ist Hopfen und Malz verloren. Nur wenige Fälle von Erfolg könnte ich nennen, die mir in der doch langen Zeit seit meiner Trennung vom physischen Leib vorgekommen sind.[57]

Mitteilung vom 17. März 1916

Ich kann heute wieder etwas über mein Leben erzählen. Ich bin in der letzten Zeit viel damit beschäftigt gewesen, jüngst verstorbenen Menschen zu helfen, und das ist mir immer eine interessante Aufgabe, hält man es doch nicht für möglich, dass fast die ganze zur Zeit auf der Erde lebende Menschheit auf einem so materialistischen, tiefen Niveau steht. [...]

Trotzdem bin ich über die meisten, die zu uns kommen, sehr enttäuscht. Statt voll Interesse auf unser Leben hier einzugehen, wollen sie immer wieder alles genau so wie auf Erden haben, und ziehen Vergleiche und beurteilen ihr Leben hier nach dem Erdenleben. Doch ich bin jetzt viel ruhiger über diese ständigen Enttäuschungen, die man bei dieser Arbeit erleben muss.[58]

Mitteilung vom 26. März 1916

Die Verständigung vollzieht sich hier folgendermaßen: Ich denke den ganzen Spruch, und wenn ich will, dass der andere ihn aufnimmt, gebe ich ihm Leben, indem ich mit dem Gefühl denke: »Ich gebe dir diese Hilfe.« Auf diese Art veranlasst man oft die armen Unwissenden, sich der Hilfe zu öffnen, wozu sie aus eigenem Antrieb nicht bereit gewesen wären.[59]

Kapitel 4

An und hinter der Schwelle des Todes
–
Die dreifache Konfrontation mit der eigenen Biografie

[...] und mein ganzes Leben blitzte noch einmal vor meinen Augen auf. Es ging eigentlich nicht in Bildern vor sich, mehr auf Gedankenebene, glaube ich. Ich kann es Ihnen nicht genau beschreiben.

Es war wirklich alles darin enthalten, ich meine, alle Ereignisse meines Lebens kamen zugleich darin vor. Es war nicht so, dass immer nur eine Sache für sich so ein bisschen aufgeflackert wäre, nein – ich sah mein ganzes Leben auf einmal, alle Erlebnisse gleichzeitig.

Meine Gedanken verweilten bei meiner Mutter, bei all den Gelegenheiten, wo ich Unrechtes getan hatte. Nachdem ich die Bosheiten, die ich als Kind begangen hatte, noch einmal vor mir gesehen und mir dann meine Eltern ins Gedächtnis gerufen hatte, da wünschte ich bloß, ich hätte das alles damals nicht getan, und nichts wäre mir lieber gewesen als hinzugehen und alles ungeschehen machen zu können.

 m die drei Motive, die wir in diesem Kapitel betrachten wollen, einordnen und verstehen zu können, müssen wir schon im Vorfeld einen Blick darauf werfen, was der Mensch nach dem tatsächlichen Tod erst in der Ätherwelt und dann im Kamaloka der Seelenwelt erlebt.

Kurze Zeit, nachdem er durch die Pforte des Todes geschritten ist, wird er *dreimal* mit seiner eigenen Biografie, also mit seinem letzten Erdenleben konfrontiert. Von diesen drei Auseinandersetzungen mit dem Erdenleben, die – wenngleich sie letzten Endes demselben Ziel dienen – eine unterschiedliche Qualität, Bedeutung und Dauer haben, berichten auch viele Menschen, die Nahtod-Erlebnisse hatten. Um es auf einen gemeinsamen Nenner zu bringen, dienen diese drei Konfrontationen dazu, dass dem Menschen gewahr werden kann, welche Bedeutung bzw. welchen Wert sein Leben mit all seinen Worten, Gedanken und Taten hatte. Man könnte – insbesondere bei der zweiten und dritten

Konfrontation – von einer »Selbst-Reflexion« bzw. »Selbst-Beurteilung« sprechen. Dadurch soll die Selbst-Erkenntnis, die im Leben nach dem Tod von fundamentaler Bedeutung ist, angeregt und gefördert werden.

Nach dem tatsächlichen Tod wird der Mensch diese Erfahrungen – soweit überhaupt von einer Zeitlichkeit im Nachtodlichen die Rede sein kann – nacheinander, also in einer gewissen Reihenfolge, haben. Den Schilderungen vieler Menschen, die schon an der Schwelle des Todes standen, kann man entnehmen, dass sie diese mehr oder weniger gleichzeitig hatten. Allerdings berichten nicht alle von der zweiten und dritten Konfrontation. Wir wollen diese drei Stufen der Selbst-Reflexion in getrennten Abschnitten behandeln.

Die Lebensrückschau

Die erste Konfrontation oder Auseinandersetzung mit der eigenen Biografie ist eines der Motive, die in besonders vielen Berichten von Nahtod-Erlebnissen vorkommen und von denen viele Zeitgenossen schon wenigstens einmal gehört haben: die sogenannte *»Lebensrückschau«*. Es wird geschildert, dass eine unglaubliche Fülle ganz *konkreter Bilder* aus dem Erdenleben vor dem ›Seelenauge‹ aufgetaucht sei. Einige hatten den Eindruck, einen Film zu sehen, der unfassbar viele Szenen – bedeutende, weniger bedeutende und eher belanglose –, bei denen sie selbst im Mittelpunkt standen, gezeigt habe. Sie gaben an, die Szenen ihres Lebens wie auf einer Leinwand oder wie in einem großen Panorama gesehen zu haben.

Anstelle von »Lebensrückschau« spricht man auch von *»Lebensrückblick«*, *»Lebensrückblende«*, *»Lebensfilm«*, *»Lebenspanorama«*, *»Lebensrevue«*, *»Lebensreminiszenz«* oder *»Lebensrevision«*.

Diese Lebensrückschau unterscheidet sich sehr stark von einer Rückbesinnung, die viele Menschen bisweilen in ihrem ganz normalen Erdenleben anstrengen und bei der auch etliche Erinnerungsbilder auftauchen. Sie weist vielmehr Merkmale auf, die sie von jedem gewöhnlichen Erinnerungsprozess unterscheiden. Zunächst einmal umfassen die unzähligen Bilder nicht nur einen kleinen Ausschnitt des Lebens. Vielmehr ist in dieses Erinnerungstableau alles einverwoben, was der Mensch *jemals* erlebt hat. Dann wird berichtet, dass die Bilder in einer unfassbar großen Geschwindigkeit ›abgerollt‹ worden seien und dass man den subjektiven Eindruck gehabt habe, dass trotz der unglaublichen Vielzahl der geschauten Szenen kaum Zeit vergangen sei. Weiter schildern einige, die Nahtod-Erlebnisse hatten, dass diese Bilder nicht so blass, schattenhaft und ungesättigt wie normale Erinnerungen seien. Sie seien vielmehr ungleich realer, plastischer und lebensechter.[1]

Die Menschen, die eine solche Lebensrückschau erlebten, schilderten diese im Prinzip recht einheitlich. Dennoch gibt es ein paar Unterschiede.

So gaben manche an, dass sich ihnen die Lebensbilder in einer gewissen chronologischen Reihenfolge dargeboten hätten – entweder beginnend oder endend mit ihrer Geburt. Wieder andere berichteten, dass keine Chronologie erkennbar gewesen sei, dass sämtliche Bilder gleichzeitig da gewesen seien.

Viele waren sich der Anwesenheit des Lichtwesens, bei dem es sich im Normalfall um ihren persönlichen Engel – vielleicht aber auch um den Christus – gehandelt haben dürfte, bewusst. Auch wenn einige dieses Wesen nicht ›sehen‹ bzw. imaginativ wahrnehmen konnten, waren sie sich seiner Gegenwart sicher. Sie schilderten, dass dieses Wesen sie zu einer Art Selbst-Beurteilung oder Selbst-Bewertung ihres bisherigen Lebens ermuntern wollte. Von einer *Verurteilung* war allerdings nie die Rede. Manche sagten sogar, dass dieses Wesen die Blicke auf den Lebensfilm gelenkt, dass es gewissermaßen Regie geführt habe.

Das Schildern dieser Lebensrückschau bereitete den Betreffenden die wenigsten Schwierigkeiten. Schließlich handelt es sich dabei um ganz konkrete Erlebnisse aus dem Erdenleben, an die sie sich *zum Teil* sogar bei normalem Bewusstsein zumindest einigermaßen erinnern konnten. Hierbei stellte sich also nicht das Problem, geeignete Worte zur Beschreibung zu finden. Allerdings wird auch von unzähligen Ereignissen berichtet, an die man sich im üblichen Wachbewusstsein nicht hätte erinnern können.

Betrachten wir ein paar konkrete Berichte dieser Lebensrückblende, die von manchen nur ganz kurz, von anderen sehr ausführlich geschildert wurde. Letztere geben wir hier gekürzt wieder:

Zitat 4.1

> Die Szenen aus meinem Leben blitzten vor mir auf; Szene um Szene, Ereignis um Ereignis schlüpfte vor mir vorbei. Es war, wie einen Film ohne Projektor und Leinwand anzusehen.[2]

Zitat 4.2

> Dann lief mein Leben vor mir ab, als ob ich es auf einem himmlischen Panorama-Bildschirm sehen würde.

Ich sah mich als Kind krabbeln, wie ich jünger als ein Jahr war, dann als Kleinkind und so weiter. Danach die Geburt meiner Kinder, der Verlust meines Mannes, bis zu dem Augenblick, als sich der Unfall ereignete.[2]

Zitat 4.3

Die ›Rückblende‹ lief in Form von ›geistigen Bildern‹ ab, würde ich sagen, die jedoch verglichen mit gewöhnlichen Bildern ungleich lebendiger waren. Ich erlebte nur die Höhepunkte, und zwar so rasend schnell, dass es mir vorkam, als durchblätterte ich im Lauf von Sekunden mühelos das ganze Buch meines Lebens.

Es zog wie ein ungeheuer rasch ablaufender Film an mir vorüber, und doch war ich in der Lage, alles richtig aufzunehmen und zu verarbeiten. Die Bilder riefen jedoch nicht die Gefühle der Vergangenheit noch einmal in mir wach, weil es dafür viel zu schnell ging.[3]

Zitat 4.4

Ich weiß noch, dass sie sagten: »Er hat einen Herzanfall.« Dann wurde ich bewusstlos …

Während dieser Phase zog mein Leben blitzartig an meinem Gesicht vorbei. Mein ganzes Leben … Ereignisse aus meinem Leben, beispielsweise meine Hochzeit, zogen blitzartig an meinen Augen vorüber, sie waren kurz zu sehen und waren dann wieder weg. Auch die Geburt unseres ersten Kindes war dabei. Am längsten war die Zeit zu sehen, in der ich Jesus entdeckt hatte, und das war vor ein paar Jahren.[4]

Zitat 4.5

[...] dann begann ein phantastisches vieldimensionales Theaterstück, das sich aus unzähligen Bildern zusammensetzte und Szenen aus meinem Leben wiedergab. Um irgendeine Größenordnung zu bekommen, habe ich damals die Zahl 2.000 angegeben, aber es könnten vielleicht 500 oder 10.000 Bilder gewesen sein.

In den ersten Wochen nach dem Unfall erinnerte ich mich noch an einige Hundert davon. Leider konnte ich dies nicht alles auf dem Tonband festhalten.

Die Zahl ist im Grunde genommen nicht wichtig. Jede Szene war vollständig abgerundet. Der Regisseur hat dieses ganze Theaterstück seltsamerweise von hinten aufgerollt, so dass ich als erste Szene meinen Tod auf der Straße sah, während der letzte Akt dieser Vorstellung meine Geburt bei Kerzenlicht zu Hause in Budapest zeigte.

Ich begann also damit, meinen Tod wieder zu erleben. In der zweiten Szene
fuhr ich als Beifahrer über den Gotthard. Bei strahlender Sonne sah ich die
kleinen weißen Schneekappen auf den Bergen. Ich fühlte mich sehr entspannt
und glücklich.

Ich sah alle Szenen so, dass ich nicht nur Hauptdarsteller, sondern gleichzeitig auch Beobachter war. Mit anderen Worten: Es schien, als ob ich über mir
und meiner Umgebung im vier- oder mehr-dimensionalen Raum geschwebt
und von oben, von unten und von allen Seiten gleichzeitig das ganze Geschehen miterlebt hätte.[5]

Zitat 4.6

Ich näherte mich immer mehr dem Licht, es war gar nicht weit vor mir, da sah
ich mein ganzes Leben in bewegten Bildern, lauter einzelne Szenen. Es war
kein Ablauf wie in einem Film – Bild für Bild – sondern alles geschah gleichzeitig um mich herum; ich befand mich wie in einer kugelförmigen Wolke aus
diesen wimmelnden Bildern bekannter Menschen und Geschehnisse.

 Ich begriff auch gleichzeitig alle Bilder und Handlungen auf einmal und das
erstaunte mich gar nicht, es war selbstverständlich [...]

Ich war nicht mehr Person sondern eher wie ein theoretisches Ergebnis meines Lebens, nur noch meine Taten und Erlebnisse machten mich aus. [...]

Bei diesem Rückblick, bei dieser Wiedergabe meines Lebens war keinerlei
Wertung oder Beurteilung oder gar Verurteilung zu spüren. Es wurde nur alles
ausgebreitet und dargestellt und so angenommen, wie es gewesen war.[6]

Zitat 4.7

[...] und mein ganzes Leben blitzte noch einmal vor meinen Augen auf. Es ging
eigentlich nicht in Bildern vor sich, mehr auf Gedankenebene, glaube ich. Ich
kann es Ihnen nicht genau beschreiben.

Es war wirklich alles darin enthalten, ich meine, alle Ereignisse meines Lebens kamen zugleich darin vor. Es war nicht so, dass immer nur eine Sache für
sich so ein bisschen aufgeflackert wäre, nein – ich sah mein ganzes Leben auf
einmal, alle Erlebnisse gleichzeitig.

Meine Gedanken verweilten bei meiner Mutter, bei all den Gelegenheiten,
wo ich Unrechtes getan hatte. Nachdem ich die Bosheiten, die ich als Kind
begangen hatte, noch einmal vor mir gesehen und mir dann meine Eltern ins
Gedächtnis gerufen hatte, da wünschte ich bloß, ich hätte das alles damals
nicht getan, und nichts wäre mir lieber gewesen als hinzugehen und alles ungeschehen machen zu können.[7]

115

Aus der folgenden Aussage, die von einem der Interviewpartner aus Dr. Paxinos Nahtod-Studien stammt, geht auch wieder hervor, als wie wirklich und klar die Erlebnisse einschließlich der Lebensrückschau empfunden wurden. Sehr bemerkenswert sind auch die Ausführungen zu dem Zeitbegriff:

Zitat 4.8

> Gleichzeitig war eine Flut von Licht da, ich möchte nicht sagen, das kam von irgendwoher, ja, es war einfach Licht da, als ob es so floss durch den ganzen Raum. Und verbunden damit war ein Gefühl von Wirklichkeit, wie ich es zuvor noch nie erlebt habe. Und es war auch das Gefühl, als würde ich zum ersten Mal in meinem Leben wirklich sehen, als ob ich all das, was ich davor für Sehen oder Wahrnehmen gehalten habe, diesen Namen eigentlich gar nicht verdient. [...]
>
> Und ... ich sah dann, und alles zur gleichen Zeit, mein gesamtes Leben. Es war alles da, es fehlte nichts, es war ... jedes Detail da und es war alles gleichzeitig. [...]
>
> Und in dem Augenblick war mir auch klar, dass Zeit ein Begriff ist, der vielleicht innerhalb eines ganz kleinen Bezugsrahmens eine Gültigkeit hat. Aber darüber hinaus gibt es diese Gültigkeit nicht. Ich glaube, wir haben die Wahl, uns innerhalb der Zeit oder außerhalb der Zeit, das heißt in der Gegenwart, uns aufzuhalten. So dieses Gefühl von Zeitlosigkeit oder von Augenblicklichkeit oder von Gegenwärtigkeit. ...
>
> All das kam aus diesem Bild zurück auf das Leben, es war wirklich ein Blick zurück, denn das, was ich sah, war nicht vor mir, sondern es war hinter mir, diese Lebenslandschaft. Es war hinter mir und trotzdem sah ich es, als ob es vor mir wäre.[8]

Eine solche Gleichzeitigkeit, wie man sie an und hinter der Schwelle des Todes erlebt, lässt sich nur ansatzweise und *völlig* unzureichend mit einer ›Gleichzeitigkeit‹, wie man sie aus dem Erdenleben kennt, wenn man etwa parallel einen Film im Fernseher schaut, dabei etwas isst und noch mit seinem Ehepartner redet und seine Katze streichelt, vergleichen.

»Für unser Vorstellungsvermögen ist es schwer verständlich, wie eine lebensumfassende Abfolge von Bildern und Erlebnissen, also ein zeitlich dynamischer und überaus komplexer Verlauf, als fast gleichzeitiges Erscheinen wahrgenommen werden kann, zudem noch in dieser detaillierten Weise. [...] Die physische Welt ist die Welt des Getrenntseins, von daher ist die Tatsache, dass die Verstorbenen parallel zum Erleben ihres Rückblickes ihre Hinterbliebenen wahrnehmen können, ein weiterer Aspekt, der unser physisches Eingebundensein in Zeit und Raum durchbricht.«[9]

Es gibt allerdings einige ganz bestimmte Situationen im *normalen* Erdendasein, die einen Zeitaspekt oder eine Zeitqualität haben, die man wenigstens annähernd mit der Tatsache, dass Menschen an und hinter der Todesschwelle so vieles gleichzeitig erlebten und dabei den Eindruck hatten, als würde die Zeit stillstehen, vergleichen könnte. Denken Sie etwa daran, dass man spazieren geht, wandert, joggt oder mit dem Fahrrad unterwegs ist und plötzlich stürzt. Wie viele Gedanken gehen einem da im Bruchteil einer Sekunde zwischen dem auslösenden Moment des Sturzes und dem Aufschlagen auf dem Boden durch den Kopf! In diesen Zehntelsekunden hat es den Anschein, als würde sich die Zeit ausdehnen oder als würde sie jemand anhalten. Manchmal stellt man in dieser extrem kleinen Zeitspanne sogar noch Überlegungen an, wie man den Sturz vermeiden oder seine Folgen mildern könnte.

Ein anderer Interviewpartner von Dr. Paxino, der während eines Herzinfarktes Nahtod-Erlebnisse hatte, sah in der Rückblende neben zahlreichen anderen Szenen auch recht detailliert den Moment seiner Geburt:

Zitat 4.9

> Das war so, dass es da begann, wo ich den Schweißausbruch hatte [damit ist sein Herzinfarkt gemeint], und dann ging es rückwärts, jedes Ereignis, was ich hatte, zurück bis da, wo ich auf die Welt kam.
>
> Ich war ja eine Sturzgeburt, das wusste ich ja von meiner Mutter, aber das konnte ich mir nicht vorstellen, was das ist, eine »Sturzgeburt«. Und da konnte ich sehen, wie meine Mutter so gestützt dasaß, und mein Vater war vor dem Bett gekniet, er hat praktisch schon auf mich gewartet. Ich konnte ihn sehen, wie er mit offenen Armen praktisch schon dasaß. Und dann in Sekundenschnelle war ich da, ich sehe, wie mein Vater mich empfangen hat in seine Arme. [...][10]

Eine besonders ausführliche Schilderung der Lebensrückschau, die wir hier in Auszügen wiedergeben wollen, finden wir bei George Ritchie:

Zitat 4.10

> Wenn ich sage, er [der Christus] wusste alles über mich, dann war das ganz einfach eine sichtbare Tatsache. Denn gleichzeitig mit seiner strahlenden Ge-

genwart – wenn ich davon erzähle, muss ich beides getrennt beschreiben – war in diesem Raum jede einzelne Episode meines Lebens eingetreten. Alles, was um mich herum geschehen war, war einfach da, in voller Sicht, gleichzeitig und fließend, so, als ob in einem Moment alles zu gleicher Zeit stattfinden konnte.

Wie dies möglich war, wusste ich nicht. Nie zuvor hatte ich in solch einem Lebensraum, in dem ich nun zu sein schien, Erfahrungen gesammelt. Das kleine Einbettzimmer war noch sichtbar, aber es engte uns nicht länger ein. Dagegen war an allen Seiten um uns herum etwas, was ich nur mit einer Art Wandgemälde bezeichnen könnte – nur, dass die Gestalten dreidimensional waren, sich bewegten und sprachen.

Und viele dieser Gestalten waren anscheinend ich selbst. Wie gebannt starrte ich mich an, wie ich vor der Wandtafel in der dritten Klasse stand. Wie ich mein Adlerabzeichen vor meiner Pfadfindergruppe erhielt. Wie ich Papa Dabney [Großvater, mütterlicherseits] auf die Veranda in Moss Side schob. Ich sah mich als ein winziges Dreieinhalb-Pfund-Baby, das im Brutkasten nach Luft schnappte. Gleichzeitig (es schien kein früher und später zu geben) sah ich, wie ich durch Kaiserschnitt aus der Gebärmutter der kranken und sterbenden jungen Frau, die ich niemals zu Augen bekommen hatte, befreit wurde.

Ich sah mich wenige Monate älter, wie ich auf dem Schoß einer freundlichen Frau mit einer Silberrandbrille und einer krummen Nase saß. Das drei Jahre alte Mädchen, das auf dem Boden neben uns spielte, musste Mary Jane [Schwester] sein, obwohl ich mich natürlich nicht an sie in diesem Alter erinnern konnte. Aber Miss Williams [Krankenschwester und Haushaltsmitglied der Familie Ritchie] sah genauso aus, wie ich sie kannte. Sie erschien in vielen der Szenen; mit einem Ausdruck lang vergessener Sehnsucht sah ich, wie sehr ich sie liebte.

Seite an Seite mit diesen Szenen sah ich, wie Vater eine schlanke, schwächliche Brünette nach Moss Side brachte; die Frau, die er heiraten wollte. Ich sah Mary Jane und mich beim Umzug in das Haus 4306 an der Brook Road, sah mich selbst ängstlich am Esszimmerfenster stehen, voller Sehnsucht, hinauszugehen, aber auch voller Angst vor dem Jungen, der neben uns wohnte.

Neben den schönen Szenen gab es auch schreckliche. Ich beobachtete mich, wie ich von dem Jungen verprügelt wurde, beobachtete meine Demütigung, als meine Schwester aus dem Haus eilte, um den Kampf für mich zu führen. Ich sah mich in Tränen, als Vater sich für eine Woche, zwei Wochen, einen Monat verabschiedete, seine Arbeit nahm ihn für immer von uns.

Viel Not entstand in mir selbst. Ich sah mich, wie ich mich von der Stiefmutter abwandte, wenn sie sich über mich beugte, um mir den Gute-Nacht-Kuss zu geben, sah sogar den Gedanken selbst: »Ich werde diese Frau nicht lieb haben. Meine Mutter starb. Miss Williams ging weg. Wenn ich sie liebe, wird sie mich auch verlassen.« Ich beobachtete mich im Alter von zehn Jahren, wie ich an demselben Esszimmerfenster stand, als der Vater ins Krankenhaus ging, um Mutter und unseren neuen Bruder Henry nach Hause zu holen. Ich sah mich, wie ich, bevor ich ihn sah, entschied, dass ich diesen Neuling nicht gern haben würde.

Es gab andere Szenen, Hunderte, Tausende, alle beleuchtet von dem brennenden Licht, in einem Zustand, in dem die Zeit anscheinend stillstand. Es hätte in normaler Zeit Wochen gebraucht, um auch nur einen flüchtigen Blick auf die vielen Ereignisse zu werfen, und dennoch hatte ich nicht den Eindruck, dass überhaupt Minuten vergingen. [...]

Da waren die Episoden aus meinen Oberschuljahren – Verabredungen mit Mädchen, Chemieprüfungen, oder als ich die schnellste Meile unserer Schule lief. Ich sah meinen Schulabschluss, sah mich in die Universität von Richmond eintreten. Und die ganze Zeit sah ich eine Halsstarrigkeit gegenüber Mutter, meinem Bruder Henry und sogar dem kleinen Bruce Gordon [Halbbruder] gegenüber. Ich sah, wie Vater in seiner Majorsuniform nach Hause kam, sah mich selbst zum Postamt gehen, um mich für den Wehrdienst eintragen zu lassen. Ich beobachtete die Musterung im Camp Lee, und wie ich und Hunderte von Rekruten den Zug nach Camp Barkeley bestiegen...

Jede Einzelheit eines zwanzigjährigen Lebens war zu sehen. Das Gute, das Schlechte, die Höhepunkte, das, was zum Davonlaufen war. Und mit dieser Allesinklusiv-Schau entstand eine Frage. Sie war in jeder Szene gegenwärtig, und, wie die Szenen selbst, schien sie von dem lebendigen Licht neben mir gesteuert zu sein.

Was hast du aus deinem Leben gemacht?

Es war offensichtlich nicht eine Frage der Art, dass er Auskunft wünschte, denn was ich aus meinem Leben gemacht hatte, war klar zu erkennen. In jedem Fall kam das totale Abrufen der Vergangenheit detailliert und perfekt von ihm, nicht von mir. Ich hätte mich nicht an ein Zehntel von dem erinnern können, was ich sah, bevor er es mir zeigte.

Was hast du aus deinem Leben gemacht?

Es schien eine Frage nach den Werten und nicht nach den Fakten zu sein: Was hast du mit der kostbaren Zeit, die dir zugeteilt worden war, gemacht?[11]

✳ ✳ ✳ ✳ ✳ ✳ ✳ ✳ ✳ ✳

hinter der Schwelle des Todes

Die Lebensrückschau wird sich *jedem* Menschen, der tatsächlich und unumkehrbar die Schwelle des Todes überschritten hat, schon ganz kurz nach dem Tod, wenn er in die Ätherwelt kommt, darbieten. Wodurch kommt diese zustande?

Nun, wie gewiss jeder Leser bestätigen wird, gelingt es uns allen doch nur in einem sehr begrenzten Maße, etwas zu erinnern, was wir vor Jahren oder gar in unserer Kindheit erlebt haben. Nehmen wir ein konkretes Beispiel: Wer vermag sich noch in allen Einzelheiten an seinen allerersten Schultag, den Tag seiner Einschulung zu erinnern? Wer kann sich noch in Erinnerung rufen, welche Kleidung er an diesem Tag trug, was er gefrühstückt hat, wer ihn auf dem Weg zur Schule begleitete, wie das Klassenzimmer beschaffen war, wie viele und welche Mitschüler er hatte, wie diese sowie sein Lehrer ausschauten, was der Lehrer alles gesagt hat, wie dieser auf ihn gewirkt hat, was er, als er wieder zu Hause war, erzählt und gemacht hat usw.? Nicht einmal an unsere letzte Familienfeier – selbst wenn diese erst vor ein paar Tagen stattgefunden haben sollte – können wir uns, solange wir verkörpert sind, bis ins *kleinste Detail* erinnern. Die Reminiszenzen an unsere ersten etwa drei Lebensjahre, als unser Ich-Bewusstsein noch nicht erwacht war, sind zu Lebzeiten gar nicht abrufbar. Obwohl der Ätherleib (☞ Kapitel 2, S. 48ff.), der ja der Träger des Gedächtnisses ist, *alle* Erinnerungen, die diesem eingeprägt sind, treulich aufbewahrt, ist die Erinnerung an unser bisher verflossenes Leben mehr als lückenhaft. Zudem sind die Erinnerungsbilder, die in unserem Inneren aufsteigen, sehr blass und schattenhaft.

Woran liegt das? Das liegt daran, dass der Ätherleib – namentlich das Äthergehirn – zu Lebzeiten sehr stark von dem physischen Gehirn eingeschränkt wird. Das physische Gehirn kann mit dem ätherischen nicht Schritt halten; es ist viel zu starr und fest.

Unmittelbar nach Eintritt des Todes legt der Mensch seinen physischen Leib ab. Der Ätherleib, der im Erdenleben immer – auch im Schlaf – mit dem physischen Leib verbunden ist, löst sich endgültig von diesem ab. Dadurch wird der Ätherleib frei von dem physischen Leib und dem physischen Gehirn, das ihn jetzt nicht mehr begrenzen, behindern und einschränken kann. Das hat dann zur Folge, dass es über einen Zeitraum von etwa drei Tagen für den Verstorbenen zu einem grandiosen Erlebnis kommt: Wie mit einem Schlage steht das gesamte verflossene Erdenleben vor seiner Seele. Er schaut wie in einem gewaltigen Panorama imaginativ auf die gigantische Fülle aller Bilder seines abgelaufenen Lebens. Er sieht sämtliche Szenen seines Lebens in allen Einzelheiten. Alles, was er denkend oder vorstellend in seinem Leben erlebte, taucht in diesen Bildern auf. Es ist immer das *ganze* verflossene Erdenleben in dieser Lebensrückschau da, und zwar auf einmal, nicht erst in einer zeitlichen Reihenfolge. Die Zeit wird gewissermaßen zum Raum. Die Tatsache, dass alle Erinnerungsbilder gleichzeitig auftauchen, wird von vielen Menschen, die Todesnähe-Erlebnisse hatten, bestätigt (☛ Zitate 4.6 bis 4.8, S. 115f.).

Der durch die Todespforte Geschrittene wird gewahr, dass er jetzt außerhalb der Erdensphäre angekommen ist. In dieser Zeit besteht für den Toten eine nahezu *vollkommene* Erinnerung an das letzte Erdenleben. Sein Ätherleib beginnt, sich mehr und mehr in den Kosmos auszudehnen. Er steht jetzt dem sich ganz in den Kosmos ausgebreiteten Ätherleib *gegenüber*. Der abgelegte Ätherleib gehört jetzt etwa so zu seiner Welt, wie im Erdendasein das Firmament zu seiner Welt gehörte. Die schier unendlich vielen Bilder dieses Panoramas umgeben ihn nun in einer *ähnlichen* Weise wie ihn im Erdenleben Berge, Wälder, Sonne, Mond und Sterne umgeben haben. In mächtigen Bildern sind *gleichzeitig* sowohl solche Ereignisse da, die erst kurz vor dem Tod, als auch diejenigen, die schon in seinen mittleren Lebensjahren oder in seiner Kindheit stattfanden. Selbst auf seinen eigenen Geburtsvorgang kann er schauen (☛ auch Zitate 4.9 und 4.10, S. 117f.). Erst jetzt kann er auch alles wahrnehmen, was er – um auf obiges Beispiel zurückzukommen – am Tage seiner Einschulung bis in die kleinste Einzelheit erlebte, dachte und fühlte. Der Tote sieht in diesen Tagen von seinem individuellen Gesichtspunkte aus wie in einem ›beseelten Film‹, bei dem er Zuschauer und Hauptdarsteller zugleich ist (☛ auch Zitat 4.5, S. 114f.), insbesondere alles dasjenige, woran er selbst beteiligt war, was für ihn eine Bedeutung hatte. Nichts wird ausgelassen oder beschönigt. Er sieht die Beziehungen, die er im Leben zu anderen Menschen hatte in der Weise, dass ihm gewahr wird, welche Früchte diese Beziehungen für ihn selbst getragen haben. Bei allem und überall sieht er sich im Mittelpunkt. In dieses Tableau sind auch die Bilder solcher Erlebnisse einverwoben, die ihm zu Lebzeiten gar nicht bewusst geworden sind, die aber doch einen Eindruck in seiner Seele hinterlassen haben. Er empfindet dieses Panorama als ein Stück seiner Wesenheit, ja als seine Welt. Das Selbsterlebte wird zu seiner Welt. In dem Maße wie ihm das irdische Dasein entschwindet, taucht alles, was er von seiner Geburt an bis zu seinem Tod in der Welt erleben konnte, auf. Dieses ganze Leben hat er nun als ein intensiv lebendiges, mit deutlichem Bewusstsein durchzogenes Bilderpanorama vor sich. Alles erscheint ihm so hell und überdeutlich, als wären es gar keine Erinnerungen, sondern etwas, was er gerade frisch erlebt. In Ansätzen erfährt der leibbefreite Mensch schon jetzt, wie sein Verhalten auf andere Menschen gewirkt hat (☞ auch Zitat 4.7, S. 115).

Der Verstorbene sieht nicht nur diese Bilder, sondern es lebt auch alles wieder in ihm auf, was er in irgendeiner Weise jemals erlebt oder getan hat. Jedes einzelne Gespräch, das er mit Menschen geführt hat, ›hört‹ er jetzt wieder; alles, was er mit anderen Menschen zusammen erfahren hat, alles was er mit ihnen ausgetauscht hat, erfährt er nun wieder. Diese Rückschau ist nicht von starken Gefühlen und Empfindungen durchzogen. Der Verstorbene gibt sich ganz passiv dieser Rückschau hin. Er betrachtet das Lebenspanorama mit der nüchternen Distanz eines neutralen Beobachters.

»Man steht diesem Erinnerungstableau ebenso objektiv gegenüber wie einem Gemälde. Wenn dasselbe einen Menschen darstellt, der traurig, der von Schmerzen erfüllt ist, so sehen wir ihn objektiv an. Wir können wohl seine Traurigkeit nachfühlen, doch empfinden wir nicht unmittelbar den Schmerz, den der Mensch gehabt hat. So ist es mit den Bildern dieses Tableaus unmittelbar nach dem Tode: es breitet sich aus, und man sieht in Zeiträumen, die erstaunlich sind, weil sie so kurz sind, alle Einzelheiten, die sich im Leben zugetragen haben.«[12]

Bei allen Szenen, die er nun sieht, hat der Tote den Eindruck, als wollte sein Engel oder Christus ihn fragen, was er aus seinem Leben gemacht habe, wie er es genutzt habe. Bei dieser Frage, die auch George Ritchie deutlich vernommen hat und mit den Worten »Was hast du aus deinem Leben gemacht?« wiedergibt (☞ Zitat 4.10, S. 117ff.), geht es selbstverständlich nicht etwa darum, welche weltlichen Verdienste sich der Verstorbene bzw. der ›Beinahe-Verstorbene‹ im Leben erworben hat, sondern um das, was er an Bedeutungsvollem für seine Mitmenschen und die ganze Welt geleistet hat.

Während dieser Zeit wird der über die Schwelle des Todes Geschrittene von seinen Erlebnissen derart in Beschlag genommen, dass er sich noch nicht sehr *intensiv* anderen Seelen – weder denen von verstorbenen noch von lebenden Menschen – zuwenden wird. Er hat mit sich und seiner Welt genug zu tun.

Diese Art der Rückschau, der Rückerinnerung ist außerordentlich wichtig, da aus ihr eine Kraft fließt, die der Verstorbene benötigt, um im ganzen Leben zwischen Tod und neuer Geburt sein Ich-Bewusstsein bewahren und somit weiterhin ein selbstbewusstes und eigenständiges Wesen bleiben zu können. Diese Fähigkeit geht nicht nur, aber doch ganz wesentlich von diesem Anschauen des letzten Erdenlebens aus.

Diese Lebensrückschau wird nach irdischen Zeitmaßstäben etwa drei Tage dauern. Wenn der Verstorbene dann seinen Ätherleib – gewissermaßen als seinen zweiten Leichnam – nach etwa drei Tagen abgelegt hat, so bleibt dieser ihm doch für sein ganzes weiteres nachtodliches Leben sichtbar. Der Ätherleib vereinigt sich mit dem Kosmos, aber das, was da mit ihm geschieht, bleibt für den Toten immer wahrnehmbar. Dasjenige, was er zu irdischen Lebzeiten an Gedanken in sich trug, das schaut er dann als etwas, was der Welt einverwoben wurde, so dass es jetzt zu seiner Welt, nicht zu seinem Ich gehört.

Der Mensch legt aber, nachdem die Erinnerungsbilder des Lebenspanoramas verglimmt sind, nicht den *kompletten* ätherischen Leib ab, sondern nur den größten Teil desselben. Der Rest verbleibt ihm wie eine Essenz oder ein Extrakt als Erträgnis bzw. Frucht seines Lebens. In diesem Extrakt, der dem Menschen auf der Wanderung durch seine zukünftigen Erdenleben niemals verlorengehen kann, sind insbesondere die Erinnerungsbilder *sämtliche*r Erdenleben einverwoben. Man könnte ihn auch als »Lebensbuch« bezeichnen. Nach jedem Tod wird dem Lebensbuch ein Blatt hinzugefügt. Daher ist es umso reichhaltiger, je öfter der Mensch schon auf der Erde inkarniert war.

»Nach jedem Leben legt sich ein neues Blatt zu dem Lebensbuch hinzu. Das vermehrt die Lebensessenz und bewirkt, wenn die vergangenen Leben fruchtbar waren, dass sich das nächste in der entsprechenden Weise entfaltet. Darin liegt die Ursache, weshalb ein Leben reich oder arm an Talenten, Anlagen und so weiter ist.«[13]

Wenn man bedenkt, wie unglaublich viele Bilder die Menschen, die Nahtod-Erfahrungen hatten, in dieser kurzen Zeitspanne wahrnehmen konnten, kann man sich unschwer vorstellen, dass die drei Tage nach dem Tod für den Verstorbenen absolut hinreichend sind, um sein komplettes Erdenleben in *allen Einzelheiten* zu sehen.

Das, was Rudolf Steiner aus seiner Geistesschau über die Lebensrückschau sagte, deckt sich ja ganz erstaunlich mit den Berichten, die Menschen, welche temporär exkarniert waren, geben. Das, was wir oben beschrieben haben, gilt aber für Menschen, die tatsächlich gestorben sind. Wie lässt sich jetzt erklären, dass auch ein Mensch, der nur beinahe gestorben wäre, diese Lebensrückschau haben kann?

Nun, dieser Lebensrückblick, das Aufleuchten des Lebenspanoramas, kann bereits dann einsetzen, wenn sich nur ein Teil des ätherischen Leibes löst oder wenn der ätherische Leib sich sehr stark lockert, so dass der restliche Teil noch mit dem physischen Leib verbunden bleibt. Das tritt im Normalfall dann ein, wenn der Mensch ganz nah an der Schwelle des Todes steht. Dieses Lebenspanorama kann dadurch erlebt werden, dass der Ätherleib als Träger der Erinnerungen sich von der hemmenden Wirkung des physischen Leibes befreit, aber zugleich vom Bewusstseinslicht des Astralleibes durchzogen bleibt. Ansonsten hätte man es mit der gleichen Konstellation wie sie im unbewussten traumlosen Schlaf vorliegt zu tun, dass Äther- und Astralleib sich nicht durchdringen, sondern komplett voneinander getrennt sind. Dass jemand, der, obwohl er nur für sehr kurze Zeit exkarniert war, in dieser sehr kleinen ›Zeitspanne‹ allein so unfassbar viele Szenen aus seinem Leben wahrnehmen kann, liegt nicht zuletzt darin begründet, dass die Wahrnehmungsfähigkeit – wie auch nach dem tatsächlichen Tod – extrem gesteigert ist.

Man muss nicht einmal unbedingt klinisch tot sein, wie das bei Menschen die Nahtod-Erfahrungen hatten, meistens der Fall ist, um diese Lebensrückschau zu erleben. Auch bei Menschen, die in akuter Todesgefahr waren, wie das etwa bei einem drohenden Bergabsturz oder einem sonstigen Unfall oder bei der Gefahr zu ertrinken geschehen kann, kann sich der Ätherleib ein wenig lockern, so dass die Betroffenen – oftmals nur für den Bruchteil einer Sekunde – Bilder ihres Lebens wahrnehmen können. Selbst ein gewaltiger Schreck, wenn also jemand buchstäblich »zu Tode erschrocken« ist, kann dazu führen.

»Nun habe ich auch schon erwähnt, dass eine solche Rückschau auf das Leben auch eintritt, wenn der Mensch in irgendeiner Todesgefahr ist oder sonst irgendein gewaltiger Schreck, ein Schock, auf ihn ausgeübt wird. Sie wissen es ja schon aus Erzählungen, dass der Mensch, wenn er dem Ertrinken oder einem Bergabsturz nahe ist und er das Bewusstsein nicht verliert, wie in einem großen Tableau sein ganzes bisheriges Leben erlebt.«[14]

Von einem solchen Fall berichtet Michael Sabom. Ein Mann, der nach einer Minenexplosion auf dem Schlachtfeld in Vietnam schwer verwundet auf dem

Boden lag und noch bei Bewusstsein, aber ganz nah an der Todesschwelle war, schilderte:

»Als ich [nach der Minenexplosion] auf dem Boden aufgeschlagen war, setzte ich mich auf und sah, dass mein rechter Arm und mein rechtes Bein weg waren und dass mein linkes Bein links von mir lag.

Ich fiel zurück ... und mein ganzes Leben spulte sich blitzartig vor mir ab, und ich dachte an die Dinge, die ich getan oder auch nicht getan hatte.«[15]

Hubert Knoblauch gibt in seinem Buch *»Berichte aus dem Jenseits – Mythos und Realität der Nahtod-Erfahrung«* den Nahtod-Bericht des Admirals *Francis Beaufort* wieder, der als Kind im Jahre 1795 aus einem Schiff in das Hafenbecken fiel und beinahe ertrank. Dieser Bericht wurde schon im frühen 19. Jahrhundert in den Zeitungen gedruckt.

Der Admiral schilderte sein Erlebnis später mit folgenden Worten:

»Sie [die Bilder der Rückschau] dehnten sich sodann aus – unsere letzte Seefahrt, eine vorangegangene Reise und ein Schiffswrack, meine Schule, die Fortschritte, die ich dort gemacht hatte, und die Zeit, die ich verschwendet hatte und sogar alle meine kindischen Unternehmungen und Abenteuer. So rückwärts reisend schien jedes vergangene Ereignis meines Lebens in meiner Erinnerung in rückläufiger Reihenfolge vorüberzuziehen; nicht jedoch bloß schemenhaft, so wie ich es hier wiedergebe, sondern mit vielen minuziösen und bis in alle Einzelheiten gehenden Bildern gefüllt; kurz gesagt schien die vollständige Periode meiner Existenz vor mir in einer Art panoramische Rückschau gelegt zu werden, und jede einzelne Handlung von einem Bewusstsein von recht oder falsch oder von einer Reflexion auf deren Ursache oder dessen Konsequenzen begleitet zu sein; in der Tat viele belanglose Fälle, die lange vergessen gewesen waren, schossen dann mit dem Eindruck aktuellster Vertrautheit in meine Phantasie.«[16]

Rudolf Steiner erwähnte ebenfalls einen solchen konkreten Fall:

»Der ausgezeichnete Kriminalanthropologe und auf vielen anderen Gebieten der Naturforschung bedeutsame Forscher Moritz Benedikt erzählt in seinen Lebenserinnerungen den von ihm selbst erlebten Fall, dass er einmal, als er dem Ertrinken in einem Bade nahe war, wie in einem einzigen Bilde sein ganzes Leben in der Erinnerung vor sich gesehen habe.

[Es ist] kein Einwand, wenn jemand z.B. dem Ertrinken einmal nahe war und das geschilderte Erlebnis nicht gehabt hat. Man muss eben bedenken, dass dieses nur dann eintreten kann, wenn wirklich der Ätherleib von dem physischen getrennt ist und dabei der erstere mit dem Astralleib verbunden bleibt. Wenn durch den Schreck auch eine Lockerung des Ätherleibes und Astralleibes eintritt, dann bleibt das Erlebnis aus, weil dann wie im traumlosen Schlaf völlige Bewusstlosigkeit vorhanden ist.«[17]

Das ›Gericht‹

Bei der zweiten Konfrontation mit der eigenen Biografie, die ein wenig einem ›Gericht‹ ähnelt, geht es darum, dass der Mensch einen ersten *kritischen* Blick auf sein Leben wirft. Nun soll ihm voll bewusst werden, was in seinem Leben gut, was weniger gut und was schlecht war. Sowohl über seine konstruktiven wie auch seine destruktiven Gedanken und Taten soll er sich Klarheit verschaffen, um daraus Schlüsse für sein weiteres Leben (bei temporär Exkarnierten) bzw. für die nächste Inkarnation (bei Verstorbenen) ziehen zu können.

In vielen Nahtod-Berichten findet man zumindest einen Anklang an dieses Gericht (☛ etwa Zitate 4.7, S. 115 und 4.10, S. 117ff.). Es wird allerdings meistens ein wenig mit der Schilderung der Lebensrückschau vermischt. Dieses Erlebnis findet bei einem tatsächlich Verstorbenen unmittelbar im Anschluss an die Lebensrückschau statt und ist in gewisser Weise mit ihr verknüpft.

Stefan von Jankovich, bei dem es nach einem schweren Autounfall zu einem Herzstillstand kam, schildert in seinem Buch *»Ich war klinisch tot – Der Tod, mein schönstes Erlebnis«* recht eindrucksvoll von diesem Ereignis:

Zitat 4.11

> Meine Seele, bzw. mein Gewissen war ein sensibles Gerät. Es wertete mein Handeln und meine Gedanken sofort aus und beurteilte mich selbst, ob diese oder jene Tat gut oder schlecht gewesen war. Es war sehr merkwürdig, dass harmonische, positive Erinnerungen auch in jenen Szenen auftauchten, die nach unserer gegenwärtigen Gesellschafts- oder Religionsmoral als schlechte Taten bezeichnet werden oder gemäß unserer religiösen Auffassung als Sünden oder sogar Todsünden gelten. Andererseits sind viele im Erdenleben bewusst vollbrachte, so genannte »gute Taten« als negativ, als schlecht bewertet worden, sofern die Grundidee negativ, die Abwicklung kosmisch gestört und nicht harmonisch war, z.B. wenn die Tat egoistischen Zielen entsprang. [...]

Gut und böse werden im Jenseits mit einem ganz anderen Maßstab gemessen. Dieser ist absolut und daher nicht durch menschliche vorprogrammierte Meinungen und Denkmodelle begrenzt, nicht durch willkürliche Formulierungen und Interpretationen verdreht. [...]

Dieser kosmische Maßstab in der Beurteilung der Taten erschien mir zuerst merkwürdig, aber nach jahrelangem Nachdenken erkannte ich, dass sich hier die wunderbare göttliche Gerechtigkeit manifestiert und so mit dem Grundprinzip der Welten übereinstimmt. [...]

Ich betrachte seither die Erde als ein Trainingslager, eine Erziehungsanstalt, einen Ort, wo fegefeuerähnliche Zustände für den Einzelnen möglich sind. Falls wir die Prüfungen des jetzigen Lebens nicht bestehen, ist es selbstverständlich, dass wir diese wiederholen müssen. Dies kann nur unter den gleichen Umständen, d. h. in der gleichen Zeit-Raum-Dimension der materiellen Welt, hier auf dieser Erde geschehen. Wir werden reinkarniert, um etwas besser zu machen als zuvor. Hier manifestiert sich die unendliche Güte Gottes.[18]

hinter der Schwelle des Todes

K urz bevor ein Verstorbener nach durchschnittlich drei Tagen seit Eintritt des Todes den größten Teil seines Ätherleibes ablegt und sein kurzes Leben in der Ätherwelt beendet, kommt es im unmittelbaren Anschluss an die Lebensrückschau für ihn zu einem überaus bedeutsamen Erlebnis. Bevor wir dieses charakterisieren werden, wollen wir zunächst noch auf einen ganz grundsätzlichen Aspekt, der das Leben des Menschen zwischen Tod und neuer Geburt betrifft, zu sprechen kommen.

Es wäre völlig falsch zu glauben, dass das nachtodliche Leben so wie es in unserer heutigen Zeit verläuft, schon immer so verlaufen wäre und keiner Wandlung oder Veränderung unterläge.

Sie wissen vielleicht, dass es im Alten Testament ein paar Verse gibt, die besagen, dass der Mensch nach dem Tod *nicht* mit einem hellen Bewusstsein begabt sei, sondern dass er sich in einer Art Schlafzustand befinde. Auch die alten Griechen konnten keine Sympathien zu dem Reich der Toten, das sie »Hades«, »Unterwelt« oder »Schattenreich« nannten, aufbringen. Sie wollten lieber ein Bettler in der Oberwelt, also in der irdischen Welt, als ein König in der Unterwelt sein. Davon, dass der Mensch nach dem Tod *grundsätzlich* und *permanent* ein unbewusstes, schattenhaftes Leben führen müsse, kann heute keine Rede mehr sein.

Wie kann man diesen vermeintlichen Widerspruch auflösen? Nun, es wäre ein großer Irrtum zu glauben, dass sich das nachtodliche Leben, wie wir es in diesem Buch für unser *heutiges Zeitalter* zumindest in seinen groben Zügen skizzieren, schon immer so gestaltet hätte, dass die Verstorbenen all dasjenige erleben konnten, was heute als Normalfall betrachtet werden kann. Auch das, was der Mensch nach seinem Tod durchzumachen hat, unterliegt einem Wandel. Es verändern sich nicht nur die Verhältnisse der physischen, sondern auch die der seelischen und der geistigen Welt. *Alle* Welten und Wesen machen eine Entwicklung durch. Das Wort »Geschichte« hat nicht nur für das Leben auf der Erde eine Berechtigung.

In der Tat war das Leben nach dem Tod in der *vorchristlichen* Zeit für *alle* menschlichen Seelen ein sehr schattenhaftes und düsteres. Zur Zeitenwende vor 2.000 Jahren drohte eine Verfinsterung der Welt, in der sich die Seelen der Verstorbenen befanden. Die Gefahr der völligen Verdunkelung konnte nur durch Christus gebannt werden. Erst dadurch, dass ein Gott einen fleischlichen Leib angenommen hat und durch den Tod gegangen ist und diesen besiegt hat, konnten gewaltige Veränderungen eintreten. Der Christus hat sich mit dem Leiden und dem Sterben der Menschen verbunden. Dadurch, dass er als einziges göttliches Wesen den Tod kennenlernte, war es ihm möglich, in das Schattenreich hinabzusteigen und die Toten zu erlösen. Durch Christi Erscheinen und Wirken in dem Reich des Todes wich dort die Finsternis. Die jenseitigen Welten wurden wie von einem Lichte durchstrahlt. Die Verstorbenen konnten von da an alles wahrnehmen, was dort zwar schon immer war, sich aber bisher ihrer Wahrnehmung entzog. Es war, wie wenn ein dunkler Raum beleuchtet würde und dadurch alle Gegenstände sichtbar wurden. Die Verstorbenen konnten sich wieder mit den Seelen derer, mit denen sie karmisch verbunden sind, vereint fühlen. Seitdem können die Menschen nach dem Tode immer besser in die geistige Welt hineinwachsen. Eine Zeit des Aufblühens in der geistigen Welt hatte begonnen. Christi Tat war nicht nur ein Segen für die Seelen, die zur Zeitenwende im nachtodlichen Leben weilten, sondern für *alle* Menschen, die später durch die Pforte des Todes gingen und noch gehen werden.

Kommen wir jetzt auf das höchst bedeutungsvolle Erlebnis zurück, das jeder Verstorbene nach durchschnittlich drei Tagen, unmittelbar vor Beginn seines Kamalokalebens hat.

Er tritt zwei geistigen Gestalten gegenüber. Sofern er in seinen letzten Inkarnationen in einem Zusammenhang mit der Kultur des Abendlandes stand, wird er in dem einen Wesen *Moses* erkennen können. Moses hält ihm nun die Gesetzestafeln vor. Der Mensch weiß in seiner Seele genau, inwiefern er von diesem Gesetz abgewichen ist. Das andere Wesen ist ein Repräsentant der Cherubim (☛ Kapitel 6, S. 215ff.) und wird im Okkultismus *»der Cherub mit dem feurigen Schwert«* genannt.[19] Der Cherub entscheidet über die Abweichungen des Menschen von dem Gesetz, dessen strenger Hüter Moses ist. Dem Menschen wird also gewissermaßen sein ›Sündenregister‹ oder – wie man besser sagen könnte – sein »karmisches Kontobuch« vorgehalten. Auf der einen Seite dieses ›Buches‹ stehen alle gescheiten, schönen, guten und verständigen Taten und Gedanken. Auf der anderen Seite steht alles Böse, Schlechte, Dumme, Törichte und Hässliche. Es handelt sich hierbei nicht etwa um einen bildlichen, sondern um einen äußerst realen Vorgang.

Die katholische Kirche nennt dieses Ereignis das *»besondere Gericht«*. Rudolf Steiner verwandte den Terminus *»karmisches Gericht«*.

An dieses Ereignis erinnert ganz offensichtlich der folgende Nahtod-Bericht, in dem sogar von einem »Buch« gesprochen wird. Freilich darf man sich dieses nicht ähnlich einem denken, das wir aus der Sinneswelt kennen. Auch darf der Begriff »Tisch« nicht im üblichen Sinne verstanden werden:

Zitat 4.12

> Auf einem endlosen Tisch lag ein Buch von der Größe einer Zeitungsseite. Das war das legendäre Buch der Aufzeichnungen, das für jede Seele existiert. Es wird gesagt, dass in jedem Buch alle Gedanken der Seele aufgezeichnet sind, jedes Wort und jede Tat der Seele von ihrem Uranfang und von ihren Existenzen in dieser und in anderen Welten. Die Seiten meines Buches breiteten sich schnell von selbst aus, der normalen Richtung entgegengesetzt, um jedes Detail meines gesamten Lebens der zeitlichen Reihenfolge nach in dreidimensionalen, lebendigen Farben zu offenbaren. Das faszinierte mich, obwohl ich mein halbes Jahrhundert langes Leben in kaum zehn Sekunden vergleichbarer irdischer Zeit beobachtete und aufnahm. Meine Nachlässigkeiten wurden durch den Rückblick enttäuschend offensichtlich; noch erschrockener jedoch war die Erkenntnis, dass ich mein Ziel des irdischen Lebens nicht erreicht hatte.[20]

Nun hat sich aber auch für das karmische Gericht eine ganz wesentliche Verwandlung vollzogen. Dieses karmische Richteramt ist vor knapp 100 Jahren an keinen Geringeren als Christus übergegangen. Heute ist der Christus der »Herr des Karma«.[21] Somit tritt der Verstorbene dem Christus gegenüber. Es ist wohl das einzige Mal, bei dem *jeder* Mensch – selbst ein überzeugter Atheist – ganz real dem Christus begegnen wird. Wenn der Mensch zu Lebzeiten einen Weg zum übersinnlichen Christus gefunden hat, so wird er dieses Wesen auch als den Christus wahrnehmen und *erkennen* können. Der Christus wächst immer mehr mit unserem Karma, mit unserem Schicksal zusammen. Er bringt Ordnung in das karmische Konto der Menschen. Dadurch wird unser Karma zu etwas Wesenhaftem.

Man darf sich dieses karmische Gericht aber gewiss nicht so vorstellen, dass der Mensch nun von Christus abgeurteilt würde, wie man das in Analogie zu weltlichen Gerichten vermuten könnte. Es handelt sich hier eher darum, dass dem Menschen urbildlich gezeigt wird, dass er sich im Leben häufig nicht im Sinne der Weltenordnung verhalten hat. Schon durch die Lebensrückschau konnte er seiner Fehler, Schwächen und Abirrungen vom rechten Pfad gewahr werden. Die eigentliche Beurteilung seines abgelaufenen Erdenlebens wird der Mensch im weiteren Verlauf seines Lebens in der Seelenwelt dann weitgehend selbst vornehmen, wobei allerdings sein persönlicher Engel sowie auch andere geistige Wesenheiten maßgeblich beteiligt sind. Iris Paxino schreibt über diese Begegnung mit Christus:

»Es findet nun ein inniges, zutiefst wesensberührendes Zwiegespräch statt. Die Seele schaut dabei, gemeinsam mit Christus, ein zweites Mal auf ihr vergangenes irdisches Leben. Hier spielt sich keine Abfolge von Lebensszenen ab, entsprechend des ›Lebensfilms‹ in der Äthersphäre, sondern der Mensch steht vor dem ›Gemälde‹ seines Erdenlebens. Die Essenz seines irdischen Seins, alles, worauf es ankam, die Dinge, die das Lichte und das Dunkle seines Erdenweges ausgemacht haben, zeigen sich nun wie die plastische Ausgestaltung eines Gesamtkunstwerks. In der Gegenwart des Christus-Wesens wird die Seele in einem weit stärkeren Maße mitfühlend und einsichtig. Das, was im ätherischen Lebensrückblick lediglich gestreift wurde, wird hier intensiver, fokussierter und bewusster erlebt.«[22]

Kommen wir noch einmal auf die Lebensrückschau, die George Ritchie schilderte, zurück (☞ Zitat 4.10, S. 117ff.). Sie geht offensichtlich nahtlos in die zweite Konfrontation mit seiner Biografie über. George Ritchie vernahm die Frage, die Christus an ihn richtete: »Was hast du aus deinem Leben gemacht?« Ritchie war sofort klar, dass es nicht darum ging, eine Auskunft über sein Leben zu geben, denn das wusste Er viel besser. Als Christus die Frage wiederholte, ahnte er, dass es darum ging, wie er seine kostbare Zeit, die ihm bisher auf der Erde geschenkt wurde, genutzt hat, was er für andere Menschen getan hat. Nachdem Ritchie in seinem Lebensrückblick noch einmal bis ins Einzelne alles sehen konnte, was er in seinem Leben bewirkt hatte, wurde ihm klar, dass er zwar keine großen Sünden auf sich geladen, aber auch nichts wirklich Wesentliches geleistet hatte.

Dann fiel ihm ein, dass er einmal voller Stolz eine Pfadfinderauszeichnung bekommen hatte. Und wieder schienen – so schreibt er – Worte von dem Licht neben ihm auszugehen: »Das ehrte dich.«

Ritchie wurde offenbar, dass irgendwelche weltlichen Verdienste vor Christus nicht zählen. Weiter wird Ritchie bewusst, dass er sich in seinem bisherigen Leben nur um sich selbst kümmerte und nichts vorweisen konnte, das auch für andere Menschen von Wert gewesen wäre. Die Frage Christi hätte er mit »Nichts« beantworten müssen.[23]

Aber Christus verurteilte ihn nicht; er tadelte ihn nicht einmal. Er wollte George Ritchie anhalten, sich selbst Rechenschaft abzulegen und selbst eine Beurteilung vorzunehmen. Von einem »Gericht« im weltlichen Sinne konnte also keine Rede sein.

Wie der Gottessohn die Sünden eines Menschen bewertet, kann man dem Johannes-Evangelium entnehmen. Es geht um die Szene mit der Ehebrecherin, von der Johannes im 8. Kapitel erzählt.[24] Diese Schilderung wird heute vielfach nicht verstanden, weil man eben das Karmagesetz nicht kennt oder ignoriert.

Die Schriftgelehrten und Pharisäer brachten ein Weib, das man auf frischer Tat beim Ehebruch ertappt hatte. Nach jüdischem Recht hätte die Ehebrecherin gesteinigt werden müssen, was im Normalfall zum Tod geführt hätte. Um Christus-Jesus zu prüfen, fragten sie ihn, was Er dazu zu sagen hätte. Der Herr antwortete zunächst nicht, sondern bückte sich nieder und schrieb mit dem Finger in die Erde. Als sie ihn erneut nach seiner Meinung befragten, sprach Er: »Wer von euch ohne Sünde ist, werfe als erster einen Stein auf sie.«[25] Danach bückte Er sich erneut und schrieb noch einmal mit dem Finger in die Erde.

Welch intellektuellen Kräfte haben die Theologen im Laufe der Jahrhunderte darauf verwandt, diese Geste des Herrn zu deuten! Welch geistreiche und auch welch triviale Erklärungen sind von ihnen gefunden worden, wie man heute in vielen Bibelkommentaren nachlesen kann! Lassen Sie uns versuchen, diese Geste im rechten Licht sehen zu können, indem wir die Forschungsergebnisse Rudolf Steiners heranziehen.

Zunächst einmal wird klar, dass Christus-Jesus nicht dazu rät, die Steinigung durchzuführen. Das mag schon etwas erstaunlich sein. Diese Art der Bestrafung

hat Moses den Juden immerhin per Gesetz geboten, und der Herr macht in mehreren Reden deutlich, dass er nicht gekommen sei, um die Gesetze aufzuheben. Im Prolog, dem 1. Kapitel des Johannes-Evangeliums, heißt es aber auch:
»Denn das Gesetz ist durch Moses gegeben, die Gnade und die Wahrheit sind durch Jesus Christus entstanden.«[26]

Was will der Christus-Jesus denn nun mit seinen Worten und mit seiner Geste in der Szene mit der Ehebrecherin die Menschen lehren? Er weist damit auf das Gesetz vom Karma hin. Das Karmagesetz ist ein geistiges Gesetz, das in der Erdenwelt greift und gültig ist. Es ist gewissermaßen in die Erde *eingeschrieben*. Es besagt, dass sich kein Mensch zum Richter über das Innerste eines Mitmenschen machen solle. Die Ehebrecherin wird die Konsequenzen ihrer Tat im nächsten Erdenleben zu tragen haben. Ihr wird die Gnade zuteil, ihre Verfehlungen selbst ausgleichen und dadurch ihre eigene Entwicklung vorantreiben zu können. Der Christus-Jesus will den Umherstehenden also sinngemäß sagen:

»Kümmert euch um euch selbst! Der Erde obliegt es, die Strafe zum Ausdruck zu bringen. Schreiben wir es also in die Erde ein, wo es ja ohnehin als Karma eingeschrieben ist!«[27]

Der Herr schreibt die Sünde gewissermaßen in die geistige Welt ein, durch deren Gesetzmäßigkeiten sie in der Zukunft ihren Ausgleich finden wird. Er übergibt ihre Tat symbolisch dem Karma, der ausgleichenden Gerechtigkeit.

Da nach unseren Recherchen nur wenige Menschen, die temporär exkarniert waren, über diese zweite Aufarbeitung ihres Lebens berichten, wollen wir noch auf eine von Iris Paxino inspirativ empfangene ›Mitteilung‹ einer jungen Frau, die bei einem Autounfall gestorben ist, zurückgreifen. Die Seele der Frau befand sich am Anfang ihrer Zeit in der Astral- bzw. Seelenwelt, die sie als eine Welt aus tanzenden, strömenden, webenden, sich bewegenden und sich durchdringenden Farbspielen beschrieb.[28]

Dann schilderte die Verstorbene von ihrer zweiten Konfrontation mit ihrer Biografie:

»Ich bin dem Christus begegnet! Ich habe mit Ihm mein Leben geschaut. Liebevoll wie ein innigster Freund hat Er in den Bildern des Gewesenen Knospen und Blüten meines Schicksals hervorgeholt und sie mir einzeln gezeigt: lauter Wunder in allen Falten und Ecken meines Seins, verborgene, wundersame Geheimnisse. Sie waren wie unsichtbare Perlen bestickt auf meinem kostbaren Lebensmantel.

Und durch Ihn wurden sie jetzt sichtbar für mich. Er hat mir gezeigt, wie diese Blüten in späteren Jahren ganz als Blumen aufgehen werden und sich dann zu Früchten meines Wesens, zu wirklichen Ergebnissen meines Werdens entfalten werden. So vieles war in meinem Leben angelegt, sanft verborgen unter der Decke des Tagesbewusstseins und des Alltagsgeschehens. Christus ließ mich all das neu erkennen, zutiefst begreifen, mich selbst und mein Schicksal. Ich wusste nicht, wie viel ein Menschenleben bedeuten kann, wie unendlich viel Weisheitsvolles, Kostbares da hineingetröpfelt wird von den Schicksalskräften. All das ist über Jahrtausende hinweg mit dem weiteren Werden unseres Wesens verbunden. Der Bogen unserer Menschwerdung ist immens!

Er hat mir in die Augen geschaut – der Christus! ... So viel Milde und Licht, die unendliche Liebe hat mich angeschaut! Unbeschreiblich, unbeschreiblich schön und erhaben! Er ist uns allen Bruder, ein Bruder voller Verständnis und Mitgefühl – jedoch mit einem anderen Blick auf unser Sein. Väterliche Weisheit spricht aus Seinem Haupt, heilende Liebe strömt aus Seinem Herzen. Erkannt-Werden vermittelt Seine ganze Gestalt. Und aus Seinen Augen spricht der Urgrund der All-Liebe.

All mein Kummer und Schmerz ist vergangen, ein heilendes und heiligendes Durchströmt-Werden, das von Ihm ausging, hat mein ganzes Wesen gereinigt. Ich fühle mich nun wie neu geboren, wie neu ›geschöpft‹, obwohl mein Wesen schon so lange besteht! Befreit von allen Sorgen und dem Ballast, den ich meinte, im Menschsein mittragen zu müssen. Und ich bejahe nun neu das Menschsein mit innigster Liebe und mit dem lebendigen Willen, mich auf ein neues [Menschsein; Anm. IP] vorzubereiten. Ganz JA bin ich geworden, eins mit dem Himmel und mit meinem Weg!«[29]

Wir dürfen davon ausgehen, dass der Christus uns nach dem Tod mit größter Liebe und Gnade empfängt und uns nicht verurteilt, sondern uns vielmehr zu einer Selbst-Reflexion anhält, um uns unserer vielen Schwächen, Abirrungen und Verfehlungen bewusst werden zu können, die wir dann in unserem nächsten Erdenleben wieder gutmachen können und sollen.

Das erneute ›Durchleben‹ des letzten Erdenlebens

In einigen Nahtod-Berichten findet sich ein Motiv, das auf den ersten Blick an die Lebensrückschau erinnert und meistens auch so eingeordnet wird. Allerdings unterscheiden sich diese Schilderungen in einem Punkt ganz *wesentlich* von den übrigen. Während fast alle, die von dem Lebensrückblick in Übereinstimmung mit den Erkenntnissen der anthroposophisch orientierten Geisteswissenschaft berichten, dass sie der Rückblende eher wie ein neutraler Beobachter gegenübergestanden hätten, heißt es jetzt, dass die Lebensrückschau nicht frei von Emotionen gewesen sei und dass die Berichterstatter die Folgen ihrer schlechten wie auch ihrer guten Taten zu spüren bekommen hätten. Sie nahmen wahr, wie diese auf ihre Mitmenschen gewirkt hätten. Diese dritte Konfrontation mit der eigenen Biografie kann im Gegensatz zu der Lebensrückschau von heftigen Gefühlen durchzogen sein. Wie in einem Rollentausch erlebten die temporär Exkarnierten Freude und Schmerz nach, welche sie ihren Mitmenschen beschert bzw. zugefügt hatten.

Diese Berichte sind oft mit dem Motiv der Lebensrückschau (erste Konfrontation) vermischt. Oftmals beginnt die Schilderung mit dieser Rückblende, um dann nahtlos in das andere Motiv (dritte Konfrontation) überzugehen.

Betrachten wir ein paar Beispiele, wie Menschen, die Nahtod-Erfahrungen hatten, später über dieses Motiv berichteten:

Zitat 4.13

> Eines Menschen ganzes Leben ist da im Nu. Man sieht bei diesem Lebenspanorama nicht nur jede einzelne Handlung, die man im Leben je ausgeführt hat, sondern nimmt auch unmittelbar die Folgen wahr, die jede Handlung auf die Beteiligten hat.
>
> Wenn ich zum Beispiel sehe, dass ich mich lieblos verhalte, dann nehme ich sofort das Bewusstsein des Menschen an, den ich lieblos behandelt habe, und fühle seine Traurigkeit, seine Kränkung und seinen Schmerz. Umgekehrt werde ich auch bei liebevollen Handlungen sofort in den anderen Menschen hineinversetzt und kann seine Empfindungen von Glück und Freude spüren.[30]

Zitat 4.14

> Zusammen mit ihm [dem Lichtwesen; vermutlich der persönliche Engel] ging ich durch mein ganzes fünf Jahre altes Leben, Ereignis für Ereignis. Aber das war nicht wie ein Video mit hoher Geschwindigkeit anzusehen. Ich erlebte noch einmal, was geschehen war, und gleichzeitig sah ich es als Zuschauer mit ihm. Das meiste war über mich und meinen Bruder, auf den ich sehr eifersüchtig war. ... Die Betonung lag nicht darauf, wer Schuld hatte oder wer angefangen hat [zu streiten]. Statt dessen lag meine Aufmerksamkeit auf unserem Austausch an Gefühlen. Wieder erlebte ich meine Einsamkeit und Eifersucht. Wenn

ich ihn schlug, fühlte ich meinen Triumph, und wenn ich ihn weinen sah, meine Bosheit. Und wenn ich gelegentlich freundlich zu ihm war, fühlte ich meine widerwillige Freude, ihn glücklich zu sehen.

Und das war nicht nur ein grundsätzliches Verstehen. Ich erlebte direkt, wie es war, er zu sein, mich als großen Bruder zu haben. ... Ich erlebte seine Gefühle so klar wie meine eigenen. Auf diese Weise war dies eine starke und harte Lehre über die Folgen meiner eigenen Taten.

Es ist schwierig und schmerzlich, sich und seine Taten zu sehen, so wie man ist. ... Nachdem ich nun durch alles gegangen war, was ich meinem Bruder getan habe, war ich in einer Situation, in der es mir möglich war, zu sehen, was in meinen Taten gut und was schlecht war.[31]

Zitat 4.15

...dazu kamen all die kleinen Beleidigungen, die ich anderen unbewusst angetan hatte, durch meine gedankenlosen Worte und Blicke und Versäumnisse. In diesem Albtraum der Kränkungen war offenbar nichts ausgelassen, aber das Schrecklichste an ihm war, dass ich jeden Schmerz, den ich anderen verpasst hatte, nun selbst an mir erlitt [...][32]

Zitat 4.16

[...] ich war fasziniert, als ich mein Leben ablaufen sah, denn ich war mir nicht nur meiner eigenen Gefühle bewusst, sondern auch der Gefühle jener um mich herum sowie jener, deren Leben berührt waren. Ich erfuhr deren Schmerz oder Freude und verstand, was ihre Taten gegenüber mir und anderen bewegte.[33]

Zitat 4.17

Es gab schöne Rückblicke und weniger schöne, doch ich habe niemals ein Urteil damit verbunden. Ich sah, wie ich meiner Freundin in der Kriegszeit ein Bonbon schenkte. Das fand ich damals eine ganz normale Geste. Ich hatte mir dabei nicht viel gedacht. Doch sie war so glücklich mit dem einen Bonbon. Ich spürte ihre Freude voll und ganz, als sei ich auch sie selbst. In gleicher Weise spürte ich auch die Freude eines jeden Menschen in seinem persönlichen Umfeld – die Freude seiner Eltern, seiner Oma seines Opas. [...]

Ab diesem Moment wusste ich, dass auch das Kleinste, was man für einen anderen tut, Auswirkung auf das Ganze hat. Ich erhielt die Einsicht, dass wir alle miteinander verbunden sind und an dem Guten wachsen, das wir füreinander tun. Wieder spürte ich Staunen, dass eine solche Geste so viel bedeuten kann! Dieses Verständnis hatte ich niemals zuvor gehabt.[34]

Zitat 4.18

> Es war, als wäre ich wieder dort gewesen ... als hätte ich es noch einmal durch-
> lebt ... Es war wirklich, wie noch einmal zu leben.[35]

Zitat 4.19

> Man spürt seine Gefühle und auch die der anderen, denen man wehgetan hat,
> auch ihren Schmerz und ihre Gefühle spürt man. Das dient dazu, dass man
> nun aus einer anderen Perspektive erkennt, was für ein Mensch man war und
> wie man andere behandelt hat. Dabei beurteilt man sich selbst härter als jeder
> andere.[36]

Elisabeth Kübler-Ross schreibt zu diesem Motiv:

»Wir nehmen nochmals jeden Gedanken, jedes Wort und jede Tat unserer Er-
denexistenz wahr und erkennen gleichzeitig, was diese bei unseren Mitmenschen
bewirkt haben.«[37]

hinter der Schwelle des Todes

U m *vielleicht* eine Erklärung für solche ungewöhnlichen Wahrnehmungen im Rahmen der *vermeintlichen* Lebensrückschau finden zu können, müssen wir auf eine gewaltige Erfahrung, die ein Verstorbener in
den ersten vier Regionen der Seelenwelt, also im Kamaloka, macht, zu sprechen
kommen.

Schon zu Beginn der Kamalokazeit, die im Regel- bzw. Normalfall etwa drei
Tage nach Eintritt des Todes beginnt, kommt es für jeden, der durch die Pforte
des Todes geschritten ist, dazu, sein komplettes Erdenleben gewissermaßen
noch einmal zu ›durchleben‹.

Die Seele entwickelt ein starkes Verlangen, auf das zurückzuschauen, was ihr
das Leben geboten hat und wie sie dieses genutzt hat. Dadurch kommt zustande, dass die gesamte Biografie in einem zurückschauenden *Erleben* auftritt. Der
Mensch *durchlebt* gewissermaßen noch einmal *bewusst* und auf eine äußerst
intensive Weise, was er im Erdenleben erlebt hat. Das ist der ganz wesentliche
Unterschied zu der Lebensrückschau, die er unmittelbar nach dem Tod hatte
und der er sich nur passiv und emotionslos hingegeben hat. Er ›durchwandert‹
noch einmal sein ganzes Leben, und zwar rückwärts, beginnend mit seinem

Todestag bis hin zum Tage seiner Geburt. Von diesem erneuten Durchleben ist auch in einem der obigen Nahtod-Berichte die Rede, in dem es heißt: »Es war wirklich, wie noch einmal zu leben.« (☛ Zitat 4.18, S. 136)

Während dem Menschen in der ersten Auseinandersetzung mit seinem Erdenleben alle Ereignisse, die er tagsüber ganz normal aus seiner eigenen Sicht erlebt hat, auch wenn sie ihm gar nicht bewusst geworden sind, wie im Zeitraffer entgegenkommen, durchlebt er jetzt im Kamaloka noch einmal alles das, was er während des Schlafes unbewusst aus der Perspektive seiner Mitmenschen durchlebt hat (☛ Kapitel 2, S. 63f.). Daher wird dieses Durchleben nach *irdischer* Zeitrechnung in etwa so lange dauern, wie er im Erdenleben geschlafen hat, also im Durchschnitt etwa ein Drittel seiner Lebensdauer.

»Man kann [als Geistesseher] **mit dem Toten weiterhin gehen. Man sieht das, was er in den Tagen vor seinem Sterben hier auf Erden erlebt hat, das erlebt er zurück, das Letzte zuerst, das Vorletzte als zweites und so weiter. Er lebt alles zurück. Bis zu dem Zeitpunkte seiner Geburt lebt er sich zurück in einem Drittel der Lebenszeit. Wenn einer sechzig Jahre alt geworden ist, lebt er ungefähr zwanzig Jahre zurück, das ganze Leben rückwärts durchlaufend. Da kann man ihm folgen.«**[38]

Iris Paxino schreibt dazu ergänzend:

»Wenn man sich innerlich zu einem Astralverstorbenen [Verstorbener, der sich in der Astralwelt befindet] hinbegibt, so findet man ihn häufig in einer einzelnen Sequenz seines gewesenen Lebens vor. Diese Szenerie gibt Aufschluss darüber, welche Ereignisse er gerade durchlebt und in welcher Phase seiner Lebensaufarbeitung er sich befindet. Da die Auseinandersetzung mit der eigenen seelischen Biografie hier zeitlich rückwärtsgerichtet stattfindet, erlebt man den Verstorbenen in einer immer jünger werdenden Gestalt.«[39]

Jetzt ist es natürlich auch wieder so, dass der Verstorbene während dieser Phase nur eine bestimmte ›Zeit‹ mit diesem nochmaligen Durchleben verbringt. Es treten ja in diesem Zeitraum noch viele andere Erlebnisse, Erfahrungen und Erfordernisse an ihn heran, die wir in den beiden folgenden Kapiteln thematisieren werden.

Dieses ganze Rückerleben hat einen ungleich realeren und innigeren Charakter als alles, was das Erdenleben dem Menschen jemals bieten konnte. Gemessen an der Tiefe und Eindringlichkeit dieses Erlebens erscheint das gesamte Erdenleben fast wie ein Traum. Auch Ereignisse und Begebenheiten, die ihm zu Lebzeiten gar nicht recht zu Bewusstsein gekommen sind, stehen jetzt klar und deutlich vor dem Seelenauge. Er kann nun auch alles durchleben, von dem er fühlt, dass er es auf der Erde *hätte* erleben können, was ihm das Leben *hätte* bringen können. Insbesondere das, was die Seele nach ihrer Empfindung zu tun versäumt hat, tritt als starke und intensive innere Erlebnisse auf. Alles, was die Seele im Erdenleben aus mangelnder Liebe anderen Menschen schuldig geblieben ist, alles, was sie anderen angetan hat, wird ganz intensiv empfunden.

Alles, was der Mensch im Zusammensein mit anderen Menschen konkret erlebt hat, durchlebt er erneut in intensivster Weise. Dieses rückwärts verlaufende Erleben nimmt sich so aus, dass er es nicht aus seiner Sicht erlebt, sondern aus der der Mitmenschen.

»Dass man so sein vergangenes Leben in allen Einzelheiten zurücklebt, das hat den Sinn, dass man jetzt erst seine eigenen Handlungen wahrhaft kennenlernt, indem man deren Wirkungen an sich selber erlebt. Denn nun stellt sich für den Menschen bei jeder Handlung der Seelenzustand ein, den derjenige gehabt hat, gegen welchen die Handlung sich gerichtet hat. Sie erleben die Schmerzen und Freuden, die sie anderen Menschen bereitet haben, von innen aus. Nichts von dem, was man anderen zugefügt hat, gibt es, das nicht in Kamaloka eigenes Erlebnis wird. Hier gilt der Satz: Was du säest, das wirst du ernten.«[40]

Wenn der Verstorbene also beispielsweise einmal einen anderen Menschen beleidigt oder beschimpft hat, so erlebt er das jetzt zum entsprechenden Zeitpunkt aus der Sicht des anderen. Er ›steckt‹ gewissermaßen im anderen Menschen ›drin‹. So kann er nun fühlen, wie sich sein Gegenüber damals gefühlt hat. Wenn er etwa einen anderen Menschen beleidigt hat, so empfindet er in seinem eigenen Inneren, wie dem anderen damals zu Mute war, wie ihn das geschmerzt hat.

Dass bei dieser Auseinandersetzung mit der eigenen Biografie alles aus der Warte der Mitmenschen empfunden wird, wird ja in vielen der oben zitierten Nahtod-Berichte exakt so zum Ausdruck gebracht. So hieß es etwa:

»Wenn ich zum Beispiel sehe, dass ich mich lieblos verhalte, dann nehme ich sofort das Bewusstsein des Menschen an, den ich lieblos behandelt habe, und fühle seine Traurigkeit, seine Kränkung und seinen Schmerz.« (☞ Zitat 4.13, S. 134)

»Ich erlebte direkt, wie es war, er zu sein, mich als großen Bruder zu haben. … Ich erlebte seine Gefühle so klar wie meine eigenen.« (☞ Zitat 4.14, S. 134f.)

»[...] aber das Schrecklichste an ihm war, dass ich jeden Schmerz, den ich anderen verpasst hatte, nun selbst an mir erlitt [...]« (☞ Zitat 4.15, S. 135)

»[...] denn ich war mir nicht nur meiner eigenen Gefühle bewusst, sondern auch der Gefühle jener um mich herum sowie jener, deren Leben berührt waren. Ich erfuhr deren Schmerz oder Freude und verstand, was ihre Taten gegenüber mir und anderen bewegte.« (☞ Zitat 4.16, S. 135)

»Man spürt seine Gefühle und auch die der anderen, denen man wehgetan hat, auch ihren Schmerz und ihre Gefühle spürt man.« (☞ Zitat 4.19, S. 136)

Rudolf Steiner erläuterte die Vorgänge anhand eines praktischen Beispiels:

»Nehmen wir an, Sie haben drei Jahre vor Ihrem Tode jemandem eine Ohrfeige gegeben – ich will ein derbes Beispiel nehmen. Da haben Sie Zorn gehabt über ihn. [...] Also nehmen wir an, Sie haben einen Zorn gehabt, der Zorn ist übergesprudelt, Sie haben einem anderen seelisch, physisch Schmerz gemacht. Sie haben Ihre Befriedigung gehabt. Sie waren zufrieden. Sie haben ihn gestraft für das, was er Ihnen angetan hat. Jetzt, wenn Sie zurückgehen und bei diesem Ereignis ankommen – nach einem Jahre kommen Sie bei diesem Ereignis an –, da erleben Sie nicht das, was Sie erlebt haben als Ihren Zorn, sondern was er als Seelenleid, als Körperleid erlebt hat. Sie leben sich ganz in ihn hinein. Sie bekommen dann die Ohrfeige im Seelischen. Sie haben den körperlichen Schmerz richtig nachzufühlen. Und so für alle Ereignisse. Sie erleben die Ereignisse so, wie sie die anderen erlebt haben.«[41]

Man kann sich leicht ausmalen, was ein verstorbener Mensch, der anderen weitaus Übleres angetan hat, alles zu ertragen hat. Selbstverständlich durchlebt er nicht nur die Schmerzen, sondern auch die Freuden und Wohltaten, die er einem Mitmenschen bereitet hat. So heißt es in zwei Nahtod-Berichten:

»[...] Umgekehrt werde ich auch bei liebevollen Handlungen sofort in den anderen Menschen hineinversetzt und kann seine Empfindungen von Glück und Freude spüren.« (☞ Zitat 4.13, S. 134)

»Ich spürte ihre Freude voll und ganz, als sei ich auch sie selbst.« (☞ Zitat 4.17, S. 135)

Alles Gute und Förderliche, was der Verstorbene in seinem Leben bewirkt hat, beschenkt ihn jetzt mit einem Gefühl von Glückseligkeit. Erst jetzt kann er *wirklich* wissen, welche Bedeutung seine Handlungen und Worte für seine Mitmenschen hatten. Es sind ja oftmals scheinbare Kleinigkeiten, die wir im irdischen Dasein verrichten und die dann aber für andere sehr segensreich sein können. Das wird dem leibbefreiten Menschen alles bewusst. Das tritt in aller Deutlichkeit und Klarheit vor sein Seelenauge. Die Wirkungen seines eigenen Verhaltens haben sich in den Kosmos eingeschrieben. Jetzt fallen diese Wirkungen auf ihn selbst zurück. In dieses Erleben der Biografie mischt sich wieder eine moralische Beurteilung, die ganz wesentlich von seinem Engel ausgeht. Der Mensch kann erkennen, welchen objektiven Wert seine Handlungen, Gedanken und Gefühle für seine Umwelt und die übersinnlichen Welten hatten. Es ist nun sein innigster Wunsch, sein Fehlverhalten wieder gutmachen zu können. Diese Möglichkeit ist aber in den höheren Welten im Leben nach dem Tod nicht gegeben. Diese Erkenntnis kann ihm noch mehr Leid bereiten als die Schmerzen, die er einem anderen Menschen zugefügt hat und die er nun selbst empfindet. Er fühlt, dass er seine Verschuldungen erst im nächsten Erdenleben wieder ausgleichen kann. Auch alle Schmerzen, die er den Wesen der Tierwelt angetan hat, muss er jetzt selbst aushalten und durchmachen.[42] Dieses erneute Erleben der eigenen Biografie bringt ihm eine gewisse Selbsterkenntnis, die eine der wichtigsten Grundlagen für das nachtodliche Bewusstsein darstellt.

Während dieses nochmaligen Durchlebens hat der Mensch das Gefühl, wie wenn er im Raume ›aufgeteilt‹ wäre. Er fühlt sich stückweise überall da, wo er sich durch sein Rückerleben zu befinden hat.

»Man fühlt sich so, dass man sich zum Beispiel mit einem Teil seines Wesens in München, einem andern in Mainz, einem dritten in Basel und noch mit einem andern Teile weit außerhalb des Erdkreises, vielleicht auf dem Monde fühlt. Man fühlt sich sozusagen zerstückelt und die dazwischenliegenden Räume als nicht zu sich gehörig. Das ist die eigentümliche Art, sich astral zu fühlen: wie ausgebreitet im Raum, an verschiedene Orte hinversetzt, aber den dazwischenliegenden Raum nicht ausfüllend. Und diese Empfindung dauert die ganze Kamalokazeit hindurch, die der Mensch rückläufig bis zur Geburt durchlebt. Es ist immer ein Durchleben solcher Stücke, die zu einem gehören. Das gliedert sich dann zusammen mit dem ganzen übrigen Kamalokaleben. Es ist wichtig, das zu wissen, um eine Vorstellung davon zu erhalten, wie eigentlich das Karmagesetz wirkt. Man fühlt sich zunächst in dem Menschen drinnen, mit dem man zuletzt verbunden war, und dann zurück in allen Menschen und andern Wesen, mit denen man zu tun hatte während des Lebens.«[43]

Wenn also der Mensch, den er beleidigt und beschimpft hat, zum gegenwärtigen Zeitpunkt etwa in München wohnt, so fühlt er einen Teil seines Wesens in München und empfindet dort, wie das auf den anderen gewirkt hat. Wenn derjenige, dem er eine Ohrfeige versetzt hat, schon gestorben ist, so fühlt er sich mit einem anderen Teil seines Wesens im Kamaloka, wo er jetzt ja selbst ist.

Durch dieses rückwärtige Durchleben des letzten Erdenlebens, kann der Mensch wirklich und ganz konkret *erkennen*, welche seiner Taten, Worte und Gedanken gut, konstruktiv und gerecht und welche schlecht, destruktiv und ungerecht waren. Er entwickelt nun den starken Wunsch, seine schlechten, destruktiven und ungerechten Handlungen wieder gutzumachen. Dadurch wird schon sein Karma, also alles, was er im nächsten Leben auszugleichen hat, keimartig veranlagt. Der Mensch beginnt zu ahnen, dass er diesen Menschen, denen gegenüber er sich verschuldet oder lieblos verhalten hat, in einem folgenden Erdenleben wieder begegnen muss. Es erwächst in ihm der Wille, das wieder gutzumachen. Diese Tatsache, dass der Mensch jetzt alle seine irdischen Taten und ihre Folgen noch einmal in aller Deutlichkeit erlebt, bestätigt die Wahrheit des Bibelwortes: *»Denn ihre Werke* [bzw. Taten] *folgen ihnen* [den Toten] *nach.«*[44]

Die oben zitierten Nahtod-Erfahrungen sowie einige ähnliche, die hier nicht angeführt sind, legen die Vermutung nahe, dass die Betreffenden bereits ein kleines Stück dieses nochmaligen Durchlebens erfahren durften. Es könnte ja möglicherweise sein, dass manche, während sie klinisch tot waren, bereits so eine Art Vorauserleben auf das hatten, was nach dem wirklichen Tod erst etwas später geschieht. Es ist also durchaus möglich, dass bei einem Menschen, der nur temporär exkarniert ist, diese Erlebnisse quasi vorweggenommen werden und gewissermaßen in Kombination mit der Lebensrückschau erlebt werden.

Kapitel 5

An und hinter der Schwelle des Todes
—
Wahrnehmungen, Erleben, Begegnungen und Wirken in den verschiedenen Welten und Sphären

> In meinen Ohren erklang noch die für mein Gefühl überirdische Musik, die ich während meines Schlafes gehört hatte. Es war, als ob ein großes Orchester musizierte, ohne dass ich jedoch einzelne Instrumente unterscheiden konnte, auch war kein Leitmotiv in dem Ganzen, es war alles ein einziger harmonischer Wohllaut, eine Sphärenmusik von der höchsten Schönheit und Reinheit. Nie hatte ich eine Ahnung von solcher Musik gehabt.

Ein weiteres Motiv, von dem in zahlreichen Nahtod-Berichten die Rede ist, stellt unseren begrenzten ans physische Gehirn gebundenen Verstand auf eine besonders harte Probe. So schildern viele, dass sie in der Lage gewesen seien, sich an einen beliebigen Fleck irgendwo auf der Erde hinversetzen zu können, wo sie dann die unterschiedlichsten Wahrnehmungen machen konnten. Manche berichten, dass sie diese ›Reise‹ mehr oder weniger aus eigenem Antrieb gemacht hätten, andere, dass sie von einem Geistwesen zu einem bestimmten ›Reiseziel‹ geführt worden seien. In vielen Fällen handelte es sich dabei sogar um ›Schauplätze‹, die außerhalb der Erdensphäre zu finden sind. Meistens wurden diese als »Himmel« oder »Hölle« identifiziert.

In der einschlägigen Literatur spricht man bei diesem Phänomen meistens von »Gedankenreisen« oder »Astralreisen«. Man könnte vielleicht auch den Begriff »Bewusstseins-Wanderung« wählen, da es ja letztlich das Ich-Bewusstsein ist, das sich auf diese ›Reise‹ begibt. Die Ausdrücke »Reise« bzw. »Wanderung« dürfen natürlich nicht im üblichen Sinne verstanden werden. Es bedarf dazu keiner *körperlichen* Fortbewegung.

›Reise‹ an verschiedene Orte der Erdenwelt

Bei einigen ›Reisezielen‹ handelte es sich oftmals um ganz normale, konkret-reale Orte der Erdenwelt. Manche dieser Orte waren den temporär Exkarnierten bekannt, andere hatten sie in der Wirklichkeit nie zuvor gesehen. Die Personen, welche dieses Phänomen erlebt haben, sagen, dass sie sich *willentlich* und in rasender Geschwindigkeit von einem Schauplatz zum anderen ›fortbewegt‹ hätten. In einigen Fällen konnten sich diese Personen später davon überzeugen, dass die Orte, an denen sie vorher im Erdenleben nie waren, exakt so aussahen, wie sie es während ihrer Nahtod-Erlebnisse wahrgenommen hatten. Dieses Motiv ist bisweilen mit anderen vermischt – zum Beispiel mit der »Begegnung mit (anderen) Verstorbenen« (☞ Kapitel 3, S. 96ff.) oder mit der »Wahrnehmung Lebender und Beziehung zu ihnen« (☞ Kapitel 6, S. 222ff.).

Einige der Menschen, die im Rahmen ihrer Nahtod-Erfahrungen dieses Erlebnis hatten, versuchten zu beschreiben, wie es ihnen gelang, an ein bestimmtes ›Reiseziel‹ irgendwo auf der Erde zu gelangen. Es reichte, ihre Gedanken einfach auf dieses zu richten:

Zitat 5.1

> Wissen Sie, wie ein Teleobjektiv funktioniert? Ich konnte es einfach einstellen, wie ich wollte. Ich konnte alles näher an mich heranholen oder mich näher zu allem hinbringen. Ich musste nur denken: Es wäre schön, ein bisschen näher dort zu sein – und schon war ich dort.[1]

Zitat 5.2

> Ich konnte mich jederzeit von meinem Körper wegbewegen. ... Da war absolut nichts Mechanisches dabei wie bei einem Auto oder so.
>
> Das war ganz einfach ein Gedankenprozess. Ich hatte das Gefühl, ich könne mich sofort überallhin denken. ... Ich war ganz einfach in Hochstimmung und hatte ein Gefühl der Macht. Ich konnte tun, was ich wollte. ...
>
> Es war realer als hier, wirklich.[2]

Wie der folgende Bericht zeigt, kann es sich bei diesen Orten um solche handeln, die der Erzähler bereits kennt. In den Aufzeichnungen von Dr. Sabom findet sich die Schilderung eines verwundeten Soldaten, der während der anschließenden Operation das Gefühl hatte, den Operationssaal zu verlassen und zum Schlachtfeld ›zurückgereist‹ zu sein:

Zitat 5.3

> Während sie damit [mit der Operation] beschäftigt waren, bewegte ich mich
> plötzlich zum Schlachtfeld zurück, wo ich verwundet worden war.
>
> Ich sah all die Männer, die an diesem Tag gefallen waren, und beobachtete,
> wie sie in diese Ponchos eingerollt wurden und wie die Verwundeten eingesam-
> melt wurden...
>
> Ich kannte einen aus der Gruppe, und ich erinnere mich noch ganz deutlich
> daran, dass ich versuchte, ihn daran zu hindern, die Körper wegzuschaffen.
> Das gelang mir aber nicht, und ganz plötzlich war ich wieder im Lazarett...
>
> Es war fast so, als ob man sich an einem Ort materialisiert und im nächsten
> Augenblick wieder hier ist. Es dauerte nur den Bruchteil einer Sekunde.[1]

In den wohl meisten Fällen wurden aber Orte oder Gegenden ›bereist‹, welche
die Betreffenden vorher definitiv nie gesehen haben.

Wie der Bericht-Erstatter, der den Vergleich mit dem Teleobjektiv anstellte (☛
Zitat 5.1, S. 143) weiter erzählte, führten ihn seine ›Reisen‹ an Stellen, die sich
außerhalb der Notaufnahme, in der er wiederbelebt wurde, befanden:

Zitat 5.4

> Ich konnte überall hinsehen, wohin ich wollte. Ich konnte auf den Parkplatz
> hinausschauen, aber ich war noch immer im Gang ...
>
> Ich musste lediglich sagen: »Was ist denn da draußen auf dem Parkplatz
> los?« Und schon schaute ein Teil meines Gehirns nach und kam wieder zurück
> und informierte mich – oder so ähnlich ... ich dachte mir, dass sie in der Wä-
> scherei einen fürchterlichen Krach machten. In dem Raum standen große Kes-
> sel, und ich dachte mir: Mensch, das ist doch zu viel Lärm. Ich bin sicher, die
> Patienten im Stockwerk darüber kriegen das alles mit. Warum polstern die
> denn die Türen nicht? Warum verkleiden die denn die Wände nicht mit schall-
> dämmenden Fliesen? ...
>
> Als ich [Monate später] jemanden dort im Krankenhaus besuchte, ging ich
> auch in die Cafeteria, und dort schaute alles genauso aus wie damals, als ich es
> gesehen hatte.[3]

George Ritchie beschreibt eine seiner Gedankenreisen, die er wie ein Fliegen
empfand, sehr ausführlich. Hier nur ein kurzer Auszug:

Zitat 5.5

> Die Lichter einer Stadt tauchten unter mir auf, Warnlichter blinkten auf den

Kreuzungen. Dies war lächerlich. Ein menschliches Wesen kann ohne Flugzeug nicht fliegen – für ein Flugzeug flog ich jedoch zu niedrig.

Das Land schien jetzt bewaldeter: breite, schneebedeckte Felder, umgeben von dunklen Bäumen. Gelegentlich sah ich die Straße. Aber zu dieser Nachtzeit war nur wenig Verkehr unterwegs, und die Städte, an denen ich vorüberzog, waren dunkel und still.

Ich ging nach Richmond; irgendwie hatte ich das von dem Augenblick an gewusst, als ich durch die Krankenhaustür stürmte. Ich ging hundertmal schneller nach Richmond, als irgendein Zug auf dieser Erde mich hätte befördern können. Aber … nachdem ich jetzt darüber nachdachte, wie konnte ich mir sicher sein, dass dies der Weg nach Richmond war? Ich war zwischen Texas und Virginia nur einmal gereist, und dazu in der anderen Richtung, und ein großer Teil der Bahnfahrt war nachts gewesen. Was bestärkte mich in dem Gedanken, dass ich allein meinen Weg nach Richmond finden würde?

Ein besonders breiter Fluss war unter mir zu sehen. Dort war eine lange, hohe Brücke, und an dem anderen Ufer die größte Stadt, die mir bis jetzt begegnet war. Ich wünschte, dass ich dort hinunter könnte, um irgendjemanden zu finden, der mir die Richtung sagen würde.

Fast zur gleichen Zeit bemerkte ich, wie ich mich langsamer fortbewegte. Gerade vor mir, wo zwei Straßen zusammenkamen, entdeckte ich ein flackerndes, blaues Licht. Es kam von einem Neonschild über der Tür eines einstöckigen Gebäudes mit einem roten Dach, mit einem »Pabst-Blue-Ribbon-Beer«-Schild im Fenster. »Café«, entzifferte ich die tanzenden Buchstaben über der Tür, und aus den Fenstern fiel der Lichtschein auf das Pflaster.[4]

Es sei noch angemerkt, dass George Ritchie ein paar Jahre später tatsächlich zufällig in die Gegend kam, die er in seiner Gedankenreise aufsuchte. Er erkannte alle Straßen und Gebäude wie etwa das Café wieder.

Vielleicht mag es einem Skeptiker leichter fallen, diesen Berichten Glauben zu schenken, wenn man weiß, dass auch einige berühmte Persönlichkeiten der Weltgeschichte solche Erfahrungen gemacht haben. Der bekannte Psychiater und Begründer der analytischen Psychologie, *Carl Gustav Jung*, der gewiss über jeden Verdacht, etwas zu erzählen, das er lediglich phantasiert oder gar ausgedacht hat, erhaben ist, hatte im Jahre 1944 infolge eines Herzinfarktes ein Nahtod-Erlebnis.

Er schrieb in einem Brief, dass er sich in den Weltraum über Ceylon (heute Sri Lanka) erhoben sah und dabei einen weiten Bereich mit dem indischen Subkontinent und dem Himalaya sowie Arabien überblicken konnte und einen Tempel auf Ceylon ›besuchte‹. Dann schrieb er weiter:

»Das, was jenseits des Todes sich ereignet, ist so unaussprechlich großartig, dass unsere Imagination und unser Gefühl nicht ausreichen, um dies auch nur einigermaßen richtig aufzufassen. ... Um dieses Wesen wissen wir aber in dieser Wirklichkeit wenig oder nichts, und was werden wir jenseits des Todes noch von der Erde wissen? Die Auflösung unserer zeitbedingten Form in der Ewigkeit ist kein Verlust an Sinn. Vielmehr lernt der kleine Finger seine Zugehörigkeit zur Hand erkennen.«[5]

hinter der Schwelle des Todes

Zunächst einmal könnte man – wenn man die obigen Berichte liest – zu einer mehr exoterischen Deutung greifen und vermuten, dass es sich bei diesen Wahrnehmungen um sogenannte *»Wahrträume«* gehandelt haben könnte. Bei einem solchen träumt man von Ereignissen, die dann später wirklich stattfinden, oder von Orten, die man später wirklich erstmals bereist.

Das wäre allerdings eine sehr flache Erklärung, welche den Sachverhalt nicht trifft.

Im Grunde haben wir in Kapitel 2 schon über Astralreisen geschrieben, wenngleich wir dort nicht diesen Terminus verwandt haben. In jeder Nacht, wenn unser Ich mit dem Astralleib die Leibesorganisation verlässt, geht jeder von uns auf eine Astralreise. Diese beiden Wesensglieder bewegen sich dann irgendwo in der Erden- oder Astralsphäre, bisweilen auch in der Geisteswelt. Nach dem Aufwachen haben wir allerdings keinerlei Erinnerung mehr daran, wo wir uns überall ›herumgetrieben‹ haben und was wir dort erlebt haben. Wir können all dasjenige, was wir im Schlaf erlebt haben, nicht in unser Wachbewusstsein transportieren, weil der Träger der Erinnerungen, unser Ätherleib, mit dem physischen Leib verbunden im Bette war und die Reise nicht mitgemacht hat.

Und das verhält sich bei einem Verstorbenen und auch bei einem, der fast gestorben wäre, ganz anders. Bei diesen hat sich auch der Ätherleib vollständig bzw. zumindest zu einem großen Teil vom physischen Leib gelöst, so dass er mit auf die Reise gehen kann. Etwas Räumliches wie etwa Entfernungen spielen in den höheren Welten keine Rolle. Das ›Bewusstseinszentrum‹ eines Toten

kann also in Blitzesschnelle erst etwa irgendwo in den Weiten der Monden-
sphäre und dann sogleich auf irgendeinem Fleck der Erde sein.

Im Grunde sind solche *bewussten* Astralreisen gar nicht so selten, wie man vielleicht glauben könnte. Auch verkörperten Menschen, die nicht dem Tode nahe
sind, können solche möglich sein. In gewissen esoterischen Kreisen werden
sogar Seminare angeboten, in denen man diese ›Technik‹ lernen kann, was
nachweislich einigen, die eine bestimmte Veranlagung dazu mitgebracht haben,
gelungen ist.

Es sind auch Berichte von einigen namhaften Persönlichkeiten aufgezeichnet
worden, die solche Erfahrungen, bei denen sie außerhalb ihres physischen Leibes waren, gemacht haben. So sagte der Arzt, Philosoph und Mathematiker
Hieronymus Cardanus, der im 16. Jahrhundert lebte, dass er es vermochte, ganz
nach Belieben aus seinem physischen Leib herauszutreten.

»Ich empfinde in der Nähe des Herzens gleichwie eine Lostrennung, die dem
ganzen Körper sich mitteilt, als ob die Seele hinwegginge, wie wenn ein gewisses
Pförtchen sich öffnete. [...] und das eine fühle ich, dass ich außer mir selbst bin.«[6]

Insbesondere ist es Geistessehern möglich, bewusst und gezielt astrale und geistige Sphären ›aufzusuchen‹, wo sie dann mit ›geistigen Augen‹ wahrnehmen
können. Auch diese müssen außerhalb ihres Körpers sein, also ihren Ätherleib
ein Stück weit aus der Leibesorganisation lösen.

Blick in die Hölle

I im letzten Abschnitt haben wir nur diejenigen Bewusstseins-Wande-
rungen betrachtet, welche die Betreffenden an einen ganz normalen Ort
der Sinneswelt führten. Interessanter sind gewiss diejenigen, welche ihnen
einen Blick in übersinnliche Welten bzw. Sphären gewährten und sie geistige
Wesen sowie Verstorbene wahrnehmen ließen. Darauf werden wir in diesem
und den folgenden Abschnitten zu sprechen kommen.

Die nach unseren Recherchen weitaus meisten Menschen, die an der Todesschwelle standen, schildern vorwiegend – zum Teil fast ausschließlich – von
angenehmen und erfreulichen Wahrnehmungen und Erlebnissen. Es gibt allerdings auch einige, die von äußerst verstörenden und beängstigenden Eindrücken
berichten.

Diese wurden auf ihrer ›Reise‹ bzw. durch die Verlagerung ihres Geistbewusstseins – meistens von einem geistigen Wesen gelenkt – in einen Bereich geführt, wo sie andere Verstorbene wahrgenommen haben, die sich in einem sehr elenden, qualvollen und höchst bedauernswerten Zustand befanden.

Die Berichtenden waren zumeist davon überzeugt, einen Blick in die »Hölle« geworfen zu haben. Nun ist es aber nicht so, dass sie sich selber in der Hölle wähnten. Vielmehr nahmen sie entkörperte Seelen wahr, die in einer höchst misslichen und beklagenswerten Situation waren.

Bei der Deutung dieser Berichte muss man differenzieren. Das Geschilderte spielt sich nach unserer Ansicht in *verschiedenen* Sphären ab und hat eine jeweils andere Qualität und Bedeutung. Daher haben wir dieses Thema in vier Abschnitte unterteilt: »Blick in die Hölle«, »Blick in die physisch-ätherische Welt (Teil 1)«, »Blick in die physisch-ätherische Welt (Teil 2)« und »Blick ins Kamaloka«.

Auch bei den folgenden Erfahrungsberichten muss man wieder berücksichtigen, dass es nahezu unmöglich ist, solche Erlebnisse in halbwegs passende Worte kleiden zu können:

Zitat 5.6

Ich wurde an den Ort in der Geisterwelt geführt, der Hölle heißt. Es ist ein Ort der Strafe für alle, die Jesus Christus ablehnen. Ich sah nicht nur die Hölle, sondern spürte die Qualen, die alle, welche dorthin kommen, erleiden werden.

Die Finsternis in der Hölle ist so intensiv, dass sie buchstäblich auf jeden Quadratzentimeter drückt. Es ist eine extrem schwarze, bedrückende, trostlose, schwere, düstere Form von Finsternis. Sie verleiht dem Menschen ein überwältigendes, verzweifeltes Gefühl von Einsamkeit.

Die Hitze ist von einer trockenen, ausdörrenden Art. Die Augäpfel sind so trocken, dass sie sich anfühlen wie glühende Kohlen in ihren Höhlen. Zunge und Lippen sind ausgedörrt und von der fürchterlichen Hitze aufgesprungen. Die Luft, die man einatmet, wie auch der Atem, den man ausstößt, kommen einem vor wie Hitze aus einem Hochofen. Von außen fühlt sich der Körper an, als wäre er in einem weißglühenden Ofen eingeschlossen. Von innen hat man das Gefühl, als würde glühendheiße Luft durch einen hindurchgepresst.

Die Qual und die Einsamkeit der Hölle lässt sich mit Worten nicht deutlich genug beschreiben, dass der Mensch sie im Innersten erfassen könnte. Man muss sie erlebt haben.[7]

Es dauerte kurze Zeit, da wurde ich angezogen, bzw. angesaugt, wie immer man das nennen will. Ich kam in eine Art schwarzes Loch hinein. Die Geschwindigkeit wurde immer schneller und immer rasender und mir fielen Sterbeerlebnisse anderer Menschen ein, die schön gewesen waren. Sie sahen ihre verstorbene Familie wieder und wurden von ihnen begrüßt. Sie sahen das Licht am Ende des Tunnels.

Ich erlebte etwas ganz anderes! Ich rauschte in eine Sphäre hinein, die war rot-schwarz. Ich sah einen roten Schein am Ende des Tunnels. Auf dem Boden sah ich eine Art Schwamm und es brodelte, ich sah Feueradern. Ich befand mich wie in einer Glaskugel, wie in einer Art Plastikkugel. Ich schwebte über diesen Feueradern.

Dann sah ich etwas ganz Entsetzliches: Aus diesen Feueradern tauchten menschliche Gestalten auf, die auftauchten und wieder untergingen und wieder auftauchten und wieder untergingen. Ich hörte in meiner Glaskugel ein Stimmengewirr in vielen Sprachen, die ich komischerweise alle verstand. Das waren alles Menschen, die entweder Gott fluchten oder Gott lästerten oder aber Gott um Gnade anflehten, dass er sie doch erlösen möge von ihrer Pein und ihren Schmerzen. Sie waren vor Schmerzen einfach von Sinnen. Meine Reise ging eine ganze Weile über diesen (Ab)Grund hinweg.

Die Leute schienen eine Art Asbesthaut zu haben; sie hatten Gesichter, in denen die Augen tief in den Höhlen lagen. Das Feuer tat ihnen keinen Schaden. Offenbar war unter der Asbesthaut ein Nervensystem. Dieses Nervensystem verursachte bei ihnen offenbar diese schlimmen Schmerzen. Wie ich diese Menschen schreien, leiden und betteln sah, da konnte ich mir vorstellen, dass ein Tropfen Wasser auf ihrer Zunge sehr viel Linderung gebracht hätte.

Es ging noch weiter, ich sah Orte, die mehr Höhlen glichen, aber diese Höhlen waren hervorragend und phantastisch eingerichtet. Dort standen Leute in weißen Kleidern, die überlegten, wie sie die Menschen auf der Erde am besten verführen könnten. Sie machten regelrecht Pläne. Sie starteten Werbefeldzüge. Was ich so im ›Vorbeifliegen‹ mitnahm, waren Aussprüche wie: »Es gibt keinen Gott, mit dem Tod ist alles aus. Esst und trinkt, denn morgen seid ihr tot.« Sie hatten nur das eine Ziel: Die Leute dazu zu bringen, dass sie sterben. Je eher sie tot waren, um so eher waren sie im Besitz desjenigen, der auch der Fürst der Hölle ist. Das war die ganze Strategie.

Was ich sah, war so abscheulich, dass ich es hier nicht wiedergeben will. Wenn die Gequälten keine Schmerzen mehr empfanden, dann holte man sie aus diesem Schwamm heraus, ließ sie sich regenerieren, damit sie dann die Schmerzen neu spürten. Die Hölle wurde von einem Einzigen regiert, der nur eines im Sinn hatte: Die Menschen zu quälen. Er hat nur eine einzige Freude: Je mehr Menschen gequält werden, je mehr Schmerzen sie leiden müssen, um so besser geht es ihm. Ich sah diesen Obersadisten auf einem Thron aus Menschenleibern.

Ich hatte nur eine einzige Furcht: Was passiert, wenn die Kugel platzt oder Schäden bekommt und ich auch an diesem Ort bleiben muss? Ich bekam eine unwahrscheinliche Erleichterung, als die Kugel mit immer schnellerem Tempo, wie an einem Gummizug durch den Tunnel zurückgezogen wurde.[8]

hinter der Schwelle des Todes

Wohl jeder hat den Begriff »Hölle« schon einmal gehört. Die Frage, die sich viele stellen, ist, ob es sie überhaupt gibt. In vielen spirituellen Lehren wird ihre Existenz heftig bestritten. Auch unter den heutigen Anthroposophen wird sie kontrovers diskutiert. In den Religionen – namentlich im Christentum – spielt sie eine durchaus große Rolle. In der Bibel wird sie in zwanzig verschiedenen Versen erwähnt. Im *»Katechismus der katholischen Kirche«* heißt es:

»Die Lehre der Kirche sagt, dass es eine Hölle gibt und dass sie ewig dauert. Die Seelen derer, die im Stand der Todsünde sterben, kommen sogleich nach dem Tod in die Unterwelt, wo sie die Qualen der Hölle erleiden, ›das ewige Feuer‹. Die schlimmste Pein der Hölle besteht in der ewigen Trennung von Gott, in dem allein der Mensch das Leben und das Glück finden kann, für die er erschaffen worden ist und nach denen er sich sehnt.«[9]

Die althergebrachte Vorstellung der Hölle sieht in dieser Sphäre einen finsteren Bereich, irgendwo in den Tiefen der Erde, in dem die abgrundtief schlechten Menschen wie Mörder und sonstige Schwerverbrecher in ein Feuer geworfen werden, das sie aber nicht verzehrt, und vom Teufel auf das Heftigste gequält und gepeinigt werden. Schon die Tatsache, dass in allen religiösen und vielen alten philosophischen Schriften von der Hölle gesprochen wird, legt nahe, dass es einen solchen Bereich gibt.

Nach geisteswissenschaftlichen Erkenntnissen ist es aber keineswegs so, dass diese Sphäre den Schwerverbrechern vorbehalten ist. In diesen fürchterlichen Bereich kommen *insbesondere* – vielleicht sogar ausschließlich – solche Menschen, welche die wohl schlimmste Sünde begangen haben, die es überhaupt gibt, nämlich »die Sünde wider den Heiligen Geist«. Dieses Vergehen kann im Gegensatz zu allen anderen Sünden und Verfehlungen nicht einfach vergeben oder nach der Läuterung im Kamaloka (☞ S. 167ff.) im nächsten Erdenleben ausgeglichen werden. Darauf wies auch Jesus Christus ganz deutlich hin:

»Darum sage ich euch: Jede Sünde und Lästerung wird den Menschen vergeben werden; aber die Lästerung des Geistes wird nicht vergeben werden. Auch wenn jemand ein Wort gegen den Menschensohn spricht, wird ihm vergeben werden; wenn aber einer gegen den heiligen Geist spricht, wird ihm nicht vergeben, weder in diesem noch im künftigen Zeitenkreis.«[10]

Was versteht man unter dieser schweren Sünde?

Eine solche Sünde begeht derjenige, der alles Göttlich-Geistige ablehnt oder gar verhöhnt und bekämpft, der seinen eigenen göttlichen Wesenskern verleugnet und sich somit im Grunde als ein hochentwickeltes Tier, einen ›Tier-Menschen‹, betrachtet, wenngleich er das gewiss niemals so formulieren würde. Hier fallen einem gleich die »Transhumanisten« ein.

Da dieses Thema so brandaktuell und entscheidend für die Zukunft der gesamten Menschheit ist, wollen wir uns ein wenig mit dieser Dystopie beschäftigen. Die in diesem Bereich tätigen Forscher, die alles Geistige für einen althergebrachten Aberglauben halten, streben eine regelrechte Verschmelzung von Mensch und Maschine an. Darin sehen sie ein hohes Ideal. Diese hoch intelligenten und äußerst kreativen, aber letztlich doch sehr armseligen Wissenschaftler identifizieren das Wesentliche des Menschen mit seinem Gehirn. Sie gehen davon aus, eines nicht allzu fernen Tages einen ›perfekten‹, vielleicht sogar unsterblichen ›Menschen‹ konstruieren zu können. Ihr Credo ist ein perfekter ›Maschinen-Mensch‹, ein ›Bio-Roboter‹. Ein solcher ›Mensch‹ – besser gesagt eine solche Kreatur – soll durch Verschmelzung von menschlicher und künstlicher Intelligenz geschaffen werden. Sein Bewusstsein soll nach Belieben in einen fremden Körper oder Rechner geladen werden können. Erreicht werden soll das durch modernste Nanotechnologie oder eine Kombination aus Gentechnologie, neuraler Schnittstellen, gedächtniserweiternder Drogen und implantierter Computertechnologie. Ein solcher Homunkulus wäre natürlich auch – zumindest nahezu – unsterblich. Um genügend ›menschenartige‹ Körper verfügbar zu haben, will man künstliche Embryonen im Labor züchten. Jeder halbwegs gesund fühlende Mensch müsste schon bei der bloßen Vorstellung dieses ›Zukunftsideals‹ von schauderhaftem Ekel erfüllt werden.

Viele Zeitgenossen glauben – sofern sie überhaupt schon einmal etwas über den Transhumanismus gehört haben –, dass es sich hierbei um Science Fiction handele, um etwas, das niemals Wirklichkeit werden könnte. Das ist aber ein gewaltiger Irrtum! Die Forschungen und Experimente sind vielmehr schon sehr weit fortgeschritten. Sollte eines Tages die Gesellschaft, nachdem ihr mit den unterschiedlichsten Propaganda-Maßnahmen vorgegaukelt wurde, dass diese Technik nur zu ihrem Wohl und moralisch unbedenklich wäre, sich blenden lassen und bereitwillig mitmachen, so wird dieses Teufelswerk wohl in die Tat umgesetzt.

Wenn diese Bestrebungen in vielen Teilen der Erde realisiert werden sollten, so wird es schon in spätestens ein, zwei Jahrhunderten kaum noch natürliche menschliche Embryonen geben. Eine der fürchterlichen Folgen wäre, dass für die Menschen-Iche, die sich auf eine neue Inkarnation vorbereiten, nicht mehr genügend viele menschliche Hüllen vorhanden wären, in die sie sich inkarnieren könnten. Selbst in die halbwegs natürlichen, aber durch Technik verdorbene Menschenleiber könnten sie möglicherweise nicht hinabsteigen. Zwar könnten sie als Geister unter Geistern in den übersinnlichen Welten ihr Dasein fristen, ähnlich wie ein Mensch – wenn Sie diesen plakativen Vergleich gestatten –, der nie eine Schule besucht und keinen Beruf erlernt hat, auch in der menschlichen Gesellschaft ›mitschwimmen‹ könnte. Allerdings könnte die gesamte Entwicklung des Menschen nicht weitergehen. Das großartige Ziel, das die guten Götter für die Menschen vorgesehen haben, wäre in höchstem Maße gefährdet, es drohte zu scheitern.

Kommen wir jetzt wieder auf das eigentliche Thema dieses Abschnittes zurück. Dieser Bereich, den man »Hölle« nennt, befindet sich im Erdinneren, in der neunten, der tiefsten Erdenschicht. Davon sprach schon *Dante* in seiner »Göttlichen Komödie«. Das Wissen von diesem finsteren Bereich verdanken wir in erster Linie den geistigen Forschungen der Geistesseherin *Judith von Halle*.

Über das Erleben der Seelen in dieser Sphäre, die man als *»untersinnliche Welt«* oder *»Unterwelt«* bezeichnen könnte, schreibt sie:

»Wie viele Seelen muss doch das in die Todesschicht der untersinnlichen Bewusstseinsdumpfheit hinabsteigende initiierte Ich [das Ich eines eingeweihten Menschen] hier antreffen!

Umfangen von Bewusstseinsfinsternis sind nicht nur Seelen, die abgrundtief Böses im Erdenleben begangen haben. Das Desinteresse an der geistigen Welt, die Ablehnung der Idee von einer göttlichen Schöpferkraft verdunkelt ihnen nach dem Tode das Dasein.«[11]

»So unfassbar groß die Fülle der Gnade, Freude und Kraft, der Erkenntnis und der Liebe ist, die allen Menschenseelen zuteilwird, die vom Aufgeben ihres unterbewusst eigenwollenden Wesen zum bewussten Leben in der Erkenntnis ihres Ichs aufsteigen und von dort aus beginnen – dem Gott-Sein sich nähernd – uneigennützige Geistesopfer für den Menschheits-Leib zu vollbringen, so unbeschreiblich ist die Qual derer, die in die geistige Wirklichkeit eintreten, ohne nach ihr verlangt oder auch nur zweifelnd fragend nach ihr gesucht, sie zumindest für möglich gehalten haben und sich nun im Jenseits auf die schmerzlichste Weise körperlos zu fühlen. Denn im Jenseits kann die seelische Empfindung, sich in sich beheimatet zu fühlen, ausschließlich der eigene höhere Geist verleihen, der die geistige Umgebung als seine eigene Natur erkennt. Doch eben diesen Geist entbehren die betreffenden Seelen, weil sie ihn im Erdenleben nicht für wahr gehalten haben und kennenlernen wollten. Er ist noch da, ihr geistiger Wesenskern, denn die Seelen selber sind noch als solche vorhanden, aber er ist ihnen unsichtbar und zur Untätigkeit erstarrt, wie betäubt, unfähig gemacht, ihnen die Augen für die geistige Wirklichkeit, für die Schönheit einer aus Bewusstsein gewobenen Welt aufzuschließen. Die Leere, die sich in solchen Menschenseelen ausbreitet, ist maßlos, und ebenso maßlos ist ihr Leiden unter dieser Leere. Es gibt keine Worte, die beschreiben vermöchten, was die Leere, die Abwesenheit des Geistes bedeuten, was eine Seele empfindet, die sie erleben muss. [...]

Wahrlich, jeder andere Schmerz verblasst im alles Wahrnehmen und Begreifen vertilgenden Schein der Schwärze geistiger Entbehrung, die [...] so abgrundtief und alles umfassend ist, dass sie für das geistige Schauen einem vernichtenden Gleißen gleicht.«[12]

In kaum einem der Nahtod-Berichte, in denen von der Hölle geschildert wird, ist auch davon die Rede, dass der »Teufel« wahrgenommen wurde. Heute glaubt ja kaum noch einer an den Teufel oder an Satan, obwohl von beiden in der Bibel und den kirchlichen Lehren viel gesprochen wird.

Selbstverständlich gibt es sie. In der Anthroposophie werden sie als *Luzifer* und *Ahriman* bezeichnet. Da diese beiden Widersacherwesen – so gefährlich sie für uns Erdenmenschen sind – in den Nahtod-Berichten nahezu keine Rolle spielen und um den Rahmen unseres Themas nicht zu übersteigen, werden wir uns mit ihnen in diesem Buch nicht befassen. Ein Leser, der Näheres über die Widersacher erfahren möchte, sei auf unsere am Ende dieses Buches empfohlenen Werke hingewiesen (☛ S. 307f.). Wir möchten nur kurz einflechten, dass das, was die Transhumanisten planen, ganz gewiss von Ahriman inspiriert ist. Denn zu seinen Zielen gehört es, den Menschen alles Geistige auszutreiben und sie möglichst für alle Zeiten an die Erdenwelt zu ketten. Dazu benötigt er freilich menschliche Handlanger. Dann gibt es noch eine weitere Gruppe sehr böser Geistwesen, die »Asuras«. Die Hölle ist das Reich der Asuras, denen die Seelen, die sich dort befinden, ausgesetzt sind.

Judith von Halle schreibt weiter über das Erleben der Seelen in der Höllensphäre:

»Doch anders als im physischen Sinnesbereich, wo der atomare Blitz und die Folgen der Explosion das in deren Nähe befindliche Leben mit einem Schlag zunichtemachen, ist in der schwarzen Sphäre der Asuras die Vernichtung des geistigen Lebens, der dort gefangenen Seelen eine ununterbrochen anhaltende, weil jenseits der Sinneswelt die Zeit nicht ist. Wie ein unaufhörliches Blitzen endlos einander folgender atomarer Explosionen ist das durchgängige Gleißen der geistigen Schwärze in der betroffenen Seele in der untersinnlichen Zeitlosigkeit. [...]
Wenn der Mensch die Qual der Verbrennung seines materiellen Leibes [bei der Kremation] durch die Hitze der atomaren Explosion in zeitloser Dauer erfahren müsste, so erlebt die materialistisch selbstbetäubte Seele in ihrer Existenz nach dem Tod in der schwarzen Sphäre der neunten Erdschicht die Abwesenheit des geistigen Lebens als unaufhörlichen exorbitanten seelisch-geistigen Schmerz.«[13]

Des Weiteren schreibt sie, dass es seit der Zeitenwende immer wieder Menschen gegeben habe, deren Geist-Bewusstsein im Zuge einer Einweihung (☛ auch Kapitel 2, S. 66f.) durch die Erdentiefen in diese Sphäre hinabgedrungen seien. Sie hätten den unbeschreiblichen Schmerz der dort gefangenen Seelen wahrgenommen und mit ähnlichen Worten beschrieben, um ihre Mitmenschen wachzurütteln und sie auf die unbedingte Notwendigkeit hinzuweisen, dass sie sich ihr wahres geistiges Wesen und ihre göttliche Heimat bewusst machen müssten, damit ihnen nach ihrem Tod ein solch grausames Schicksal erspart bliebe.

Die obigen Nahtod-Berichte legen bei allen verständlichen Unzulänglichkeiten der verwendeten Worte und Bilder nahe, dass den betreffenden Persönlichkeiten tatsächlich ein Blick in die Hölle gewährt wurde.

Iris Paxino schreibt ebenfalls über diese Sphäre. Sie verwendet allerdings nicht den Begriff »Hölle«. Sie spricht von »dunklen Geisteswelten« oder von einem Reich »welches einen anderen Ursprung hat und von geistiger Warte aus gesehen, das *rein Böse* und somit die Gegenmaxime der Göttlichkeit verkörpert«.[14] Gemäß ihren Forschungsergebnissen drohen die fürchterlichen Erlebnisse in diesem finsteren Reich nicht nur Menschen, die alles Göttlich-Geistige verleugnet haben, wenngleich diese Verleugnung letztlich die tiefere Ursache für viele andere Missetaten ist. Mit dem Terminus »dunkle Hierarchien« sind die verschiedenen Reiche derjenigen geistigen Wesen gemeint, die man als Gegenspieler der guten Götter bezeichnen kann. Hierzu gehören insbesondere die Asuras, die luziferischen und die ahrimanischen Wesen.

»Wenn die Selbstliebe und der Egoismus eines Menschen über den Belangen der anderen steht, wenn seine Habgier und sein Machtbestreben ihn in einer lebensverachtenden Weise über andere bestimmen lässt, wenn er den Moralinstinkt, der in jedem menschlichen Wesen angelegt ist, übergeht, wenn er das Leben anderer in welcher Form auch immer missbraucht, dann ist er dem Bösen sehr nahe. Solche Menschen können dumm oder intelligent, naiv oder wohlüberlegt, wissend oder unwissend sein; gemeinsam ist ihnen ein fehlendes Mitempfinden mit dem anderen Geschöpf und ein mangelhaftes Einfühlungsvermögen. Sie sind sich selbst die ganze Welt geworden, alles andere hat für sie kaum noch Wert und Gültigkeit. Ihr Wesen erkennt nicht mehr, dass alles Leben göttlichen Ursprungs ist. Ihr Herz ist ausgehöhlt, es hat vergessen zu staunen, zu achten, zu verehren, zu glauben und zu lieben. Ihr Handeln dreht sich egozentrisiert nur noch um das eigene Selbstprinzip. So wie unsere tiefste Menschlichkeit im Christus-Wesen gründet, so gründet die Entmenschlichung in Wesenheiten, die Gegenprinzipien vertreten. Somit ist das Ich solcher Menschen nicht im Christus verankert, sondern in den dunklen Hierarchien.«[15]

Bis hierhin stimmt alles mit der traditionellen Höllenlehre noch ganz gut überein. Aber jetzt kommt der große Unterschied: Es ist ein Irrtum, dass der Aufenthalt in dieser Sphäre *ewig* dauert. Nach einer Aussage von Rudolf Steiner sei es *Aristoteles* gewesen, der gelehrt habe, dass ein schlechter Mensch ewig mit seiner Schlechtigkeit leben müsse. Daraus sei später die Lehre von den »ewigen Höllenstrafen« entstanden, die auf einem Konzil festgelegt worden sei.

Wie konnte es überhaupt zu dieser Lehre kommen?

Nun, zu der völlig abstrusen Vorstellung einer Hölle, in der gewisse Seelen bis ›in alle Ewigkeit‹ leiden müssen, in der sie die Ewigkeit ›absitzen‹ müssen, ohne auch nur die geringste Chance zu haben, ihre Entwicklung in eine andere Richtung zu lenken, kann man nur gelangen, wenn man die Wahrheit von den wiederholten Erdenleben ignoriert.

Wenn jeder Mensch wirklich nur *ein einziges* Erdenleben durchlaufen würde, so gäbe es ein Problem: Was macht man mit den abgrundtief schlechten Menschen? Da diese dann keine Gelegenheit hätten, in folgenden Inkarnationen sich zu ändern, sich zu veredeln, muss man zu einer Krücke greifen. Diese Krücke ist die Hölle, in die man solch böse Seelen *für alle Zeiten* einsperren muss!

In Wahrheit hat jeder Mensch viel mehr die große Chance, sich im Verlaufe seiner folgenden Erdenleben immer mehr zu vervollkommnen, um sich so mehr und mehr dem Menschheitsideal anzunähern.

Es ist von unermesslicher Wichtigkeit, dass die Menschen die geistigen Gesetze der Reinkarnation und des Karmas annehmen und zu verstehen lernen. Ohne diese beiden Gesetze kann man insbesondere vieles von dem, was der Mensch in der übersinnlichen Welt nach dem Tod erlebt und zu leisten hat, nicht verstehen.

Dennoch ist es laut Judith von Halle für die Seelen in der Unterwelt nicht ganz einfach, sich aus diesem Dasein zu befreien. Sie können sich nicht selbst helfen.

»Erlöste Christus einst bei Seinem Abstieg durch die Erde die Seelen im Reich des Todes [☛ Kapitel 4, S. 128], weil das Ich, mit dem sie sich aus ihm hätten befreien können, noch nicht zu höherem Bewusstsein auferweckt war, so kann seit der Erweckung der Seelen durch Christus nur noch Mensch für Mensch die Erlösungsarbeit im Reich des Todes leisten!«[16]

»Eine breite Sphäre liegt zwischen den Erdentiefen und den Geisteshöhen, in denen viele Seelen eine unterschiedlich lange ›Frist‹ – so sie in der Zeit messbar wäre – verbleiben, bis sie aus ihrem Dämmerzustand allmählich etwas Licht, das heißt ein wenig Klarheit und ein wenig Hoffnung, hinzugewinnen und sich langsam in höhere Geistessphären erheben lernen, weil sie ›einsichtig‹ werden – jedenfalls bis zu dem Grade, den sie sich durch das, was sie in ihrem Erdenleben erreicht haben, vorgegeben haben. – Während in den Seelen derer, welche in die tiefsten Bereiche der geistigen Bewegungslosigkeit hineingebannt sind, sich nicht einmal mehr die Empfindung einer Entbehrung regt, sondern die pure Qual dieser Entbehrung der einzige Inhalt ihres Daseins ist, an dem sie aber wie magnetisiert selbstwollend festhalten, gibt es unzählige Seelen, welche ihren Verlust zumindest ahnend bemerken, bis hin zu solchen, die in der Lage sind, ihn verzweifelt zu beklagen und nach Hilfe zu ›rufen‹, was schon der erste Schritt aus diesem Zwischenreich hinaus und hinauf in lichtere Bewusstseinsgefilde vorbereitet.«[17]

Auch Iris Paxino weist darauf hin, dass diese Verstorbenen nur durch andere Menschen aus ihrem dunklen Dasein befreit werden können:

»Das einzig Hilfreiche hier ist, mit Ich-Bewusstsein einzugreifen. Je mehr wir die Wirklichkeiten und die Nöte der Welt erkennen und uns vergegenwärtigen, dass wir mit unserem Ich, im Christus gründend, das Gute bewirken können, so können wir es auch erlernen, diese besetzten und verdunkelten Bereiche unserer Welt zu erkennen, zu durchlichten und zu befreien.«[18]

So fürchterlich das Dasein einer Menschenseele, das sie in der Hölle fristen muss, auch immer ist, wäre es falsch von einer göttlichen Strafe zu sprechen. Wenn jemand im Erdenleben nichts von seinem wahren Menschsein, das ja darin begründet ist, dass er ein geistiges Wesen ist, wissen will, so hat er – zumindest zunächst – auch keinen Anspruch auf die übersinnlichen Sphären, die den *Menschen* vorbehalten ist.

Blick in die physisch-ätherische Welt (Teil 1)

Die Nahtod-Berichte, die in diesem Abschnitt zitiert werden, scheinen auf den ersten Blick ebenfalls wieder von Szenarien zu handeln, die sich in der Hölle abgespielt haben. Auch die Berichtenden haben diese Wahrnehmungen in die Hölle verortet. Ihr Bewusstsein ›wanderte‹ allerdings in eine andere Sphäre.

Zitat 5.8

Ich konnte Geräusche im Dunkel hören. Es klang wie die Notaufnahme eines Krankenhauses. Dort waren verzweifelte Menschen und ein dichter Nebel. Ich konnte Weinen und Herumhuschen hören.

Ich wusste, wenn die Menschen nur zum Licht aufschauen würden, würden sie aus dem Nebel erhoben, aber sie waren zu störrisch dazu. Sie würden es nicht tun.

Seither frage ich mich, ob das vielleicht die Hölle war.[19]

Zitat 5.9

Sie schienen von gar nichts ein Bewusstsein zu haben, weder von der Körperwelt noch von der Geisterwelt. Sie schienen irgendwo dazwischen festzusitzen, weder im Geistigen noch im Körperlichen. Es muss auf einer Zwischenstufe gewesen sein, nicht mehr ganz hier und noch nicht ganz dort – jedenfalls hatte ich diesen Eindruck. Es kann sein, dass sie noch Berührungspunkte haben mit der Körperwelt. Sie werden von irgendetwas niedergezogen, denn allesamt schienen vornübergeneigt und abwärts zu schauen, hinunter auf die Körperwelt vielleicht ... Vielleicht erblickten sie auch etwas, was sie nicht getan hatten oder was sie hätten tun sollen. Sie konnten sich nicht für etwas entscheiden, was sie nun tun wollten, das sah man an ihren tieftraurigen Gesichtern, aus denen jeder Lebensfunke entwichen war.[20]

Zitat 5.10

Es war ein schreckliches Erlebnis, weil alles, was ich sehen konnte, Leute aus meiner Vergangenheit waren, Leute die schon tot waren, die mir irgendetwas getan oder etwas gesagt hatten, was mich in der einen oder anderen Weise verletzt hatte. Sie lachten und schrien, bis ich dachte, ich könnte es nicht mehr aushalten.[21]

Zitat 5.11

[...] sah ich, wie die Tunnelwände, die dem Licht am nächsten waren, Feuer fingen. Jenseits des flammenden Tunnels brannte ein riesiger Feuersee. Es sah aus wie ein brennendes Ölfeld. Ein Hügel an der entgegengesetzten Seite war mit Felsplatten bedeckt. Längliche, dünne Schatten ließen erkennen, dass da Menschen sein mussten, die ziellos hin und her liefen, wie Tiere in einem Zoo.[22]

Auch George Ritchie nahm sehr schlimme Szenen wahr. Er schreibt:

Zitat 5.12

[...] obwohl wir offensichtlich immer noch irgendwo auf der Erdoberfläche waren, konnte ich jetzt keinen lebenden Menschen entdecken. Die Ebene wimmelte, ja sie war gedrängt voll von Horden körperloser Wesen; nirgends war eine irdische, lichtumgebene Person zu sehen. Alle diese Tausende von Menschen waren anscheinend nicht mehr körperlich, wie ich selbst. Und sie waren die enttäuschtesten, ärgerlichsten, rundum miserabelsten Wesen, die ich jemals gesehen hatte.

»Herr Jesus!«, schrie ich. »Wo sind wir?«
Zuerst dachte ich, wir schauen auf einen großen Kriegsschauplatz; überall waren die Menschen dazu verdammt, einen Kampf miteinander zu führen, sie

krümmten sich, sie schlugen sich, kämpften wie wild. Es konnte nicht ein Krieg unserer Tage sein, denn es gab weder Panzer noch Gewehre. Keine Waffen irgendwelcher Art sah ich, als ich näher hinschaute, nur nackte Hände und Füße und Zähne. Und dann beobachtete ich, wie anscheinend niemand verwundet wurde. Es floss kein Blut, auf dem Boden lagen keine Körper; der Schlag, der einen Gegner erledigen sollte, ließ ihn in der Verfassung, in der er vorher gewesen war.

Obwohl sie buchstäblich übereinander zu liegen schienen, war es doch so, als ob jedermann in die Luft schlug; schließlich erkannte ich natürlich, dass sie sich nicht wirklich berühren konnten, weil sie ja keine Körper waren. Sie konnten nicht töten, obwohl sie den eindeutigen Wunsch dazu hatten, ihre Opfer waren bereits tot. Und so stürmten sie aufeinander im Wahnsinn machtloser Raserei.

Wenn ich bereits vorher angenommen hatte, dass ich die Hölle erlebte, dann war ich jetzt dessen sicher. Bis zu diesem Augenblick hatte ich die ganze Misere beobachtet, die darin bestand, an die irdische Welt gebunden zu sein, an der wir nicht mehr teilhatten. Jetzt sah ich, dass es noch andere Arten von Ketten gab. Hier gab es keine Dinge oder Menschen aus festen Substanzen, die die Seele fesseln konnten. Diese Kreaturen schienen an Gewohnheiten der Sinne und Gefühle, an Hass, Lust und zerstörerischen Gedanken und Vorstellungen gebunden zu sein.

Noch scheußlicher als die Bisse und Tritte, die sie einander verpassten, waren die sexuellen Misshandlungen, die viele von ihnen in fieberhafter Pantomime zur Schau trugen. Perversionen, von denen ich niemals geträumt hatte, wurden vergeblich um uns herum versucht. Es war unmöglich zu sagen, ob das enttäuschte Geheul, das uns erreichte, wirkliche Töne waren oder nur eine Übertragung der verzweifelten Gedanken. In dieser körperlosen Welt schien es egal zu sein. Was jemand dachte, ob flüchtig oder unwillig, war sofort um ihn herum für alle sichtbar, vollständiger, als Worte es hätten ausdrücken können, schneller als der Schall.[23]

hinter der Schwelle des Todes

Das Bewusstsein der Persönlichkeiten, die diese Wahrnehmungen hatten, wurde weder ins Erdinnere noch in höhere astrale oder gar geistige Sphären, sondern in die physisch-ätherische Welt geführt. Diese Sphäre ist eine Art *Zwischenbereich* zwischen der Erdenwelt und der Ätherwelt. Das wird in Zitat 5.9 (☞ S. 157f.) durchaus treffend formuliert: »Sie schienen irgendwo dazwischen festzusitzen, weder im Geistigen noch im Körperlichen. Es muss auf einer Zwischenstufe gewesen sein, nicht mehr ganz hier und noch nicht ganz dort [...]«. Man könnte diesen Bereich auch als »unerlöste Äthersphäre« bezeichnen.

Um was handelt es sich bei diesen Szenarien, die in den obigen Zitaten geschildert werden? Klar ist zunächst einmal, dass es bei allen Wesen, welche die Bericht-Erstatter wahrnahmen, um entkörperte Seelen geht, die ein friedloses und verzweifeltes Dasein fristen.

Aus anthroposophischer Sicht liegt die Deutung nahe, dass es sich bei diesen Verstorbenen um sogenannte *»erdgebundene«* oder *»erdgebannte Seelen«* handelt.

Was kann man sich unter solchen Seelen vorstellen?

Nun, es gibt heute etliche Verstorbene, die Tage, Wochen, Monate, im Extremfall sogar Jahre keine rechte Beziehung zu den höheren Welten finden können, die sich noch viel zu sehr mit dem abgelegten physischen Leib identifizieren und noch eine zu starke Hinneigung zu der verlassenen Erdenwelt haben. Sie können sich zunächst nicht zu der Erkenntnis aufschwingen, dass das, was nur mit der irdischen Welt zu tun hat, wie etwa Besitz, Macht, Wohlstand und dergleichen, nun nicht mehr von Bedeutung sind. Diese Seelen waren in ihrem Leben zumeist solche, die eine materialistische Gesinnung hatten und die von einem Leben nach dem Tod nichts wissen wollten. Jetzt, nachdem sie ihr nachtodliches Leben angetreten haben, kommen sie mit diesem nicht zurecht. Sie wollen mit der Astral- bzw. Seelenwelt, die für sie jetzt die rechtmäßige Sphäre wäre, nichts zu tun haben. Sie sind nicht fähig oder nicht bereit, ihren Blick in die lichten Regionen zu wenden. In Zitat 5.8 (☞ S. 157) heißt es: »Ich wusste, wenn die Menschen nur zum Licht aufschauen würden, würden sie aus dem Nebel erhoben, aber sie waren zu störrisch dazu. Sie würden es nicht tun.« Am liebsten würden sich diese Toten wieder mit ihrem physischen Leichnam verbinden. Nun schweben sie für lange Zeit über der irdischen Sphäre, in einem erdnahen Bereich der Ätherwelt, von dem sie sich nicht lösen können. Sie hängen also gewissermaßen zwischen den Welten fest. Von dort aus versuchen sie, die unterschiedlichsten – meist negativen – Einflüsse auf die lebenden Menschen auszuüben. Dieser unglückselige Zustand, in dem sie sich befinden, kann auch etliche destruktive Emotionen wie etwa Zorn, Hass und Zerstörungswut in ihnen hervorrufen (☛ auch Zitat 5.12, S. 158f.).

Nach den geistigen Forschungsergebnissen Rudolf Steiners *können* solche Menschen zu erdgebundenen Seelen werden, die sich im Erdenleben keine spirituellen Erkenntnisse angeeignet haben, die geeignet wären, nun nach dem Tod das Leben in der Seelenwelt beleuchten zu können. Diese Menschen haben sich in ihrem Leben ausschließlich Vorstellungen, Begriffe und Empfindungen über materielle, sinnliche Tatbestände, Begebenheiten und Zusammenhänge gemacht und haben es verschmäht, spirituelle Vorstellungen zu erwerben. Daher ist es für solche Menschen lange Zeit unmöglich, rechtmäßig in die übersinnlichen Welten einzuziehen. Sie können die höheren Welten nicht mit ihrem Erkenntnislicht beleuchten. Sie verbleiben in der Erdensphäre und ›laufen‹ gewissermaßen noch als Tote auf der Erde herum.

»Also, ob wir hier geistige Begriffe aufnehmen oder nicht, das bestimmt unsere Umgebung drüben. Viele von denen, die – man kann es nur mit Mitleid sagen – sich gesträubt haben oder verhindert waren, geistige Begriffe hier im Leben aufzunehmen, die wandeln auch noch als Tote auf Erden umher, bleiben mit der Erdensphäre in Verbindung. Und da wird dann die Seele des Menschen, wenn sie nicht mehr abgeschlossen ist von der Umgebung durch den Leib, der nun nicht mehr verhindert, dass sie zerstörerisch wirkt, da wird die Seele des Menschen, wenn sie in der Erdensphäre lebt, zum zerstörenden Zentrum. Also betrachten wir diesen, ich möchte sagen, mehr normalen Fall, dass unter den gegenwärtigen Verhältnissen Seelen nach dem Tode in die geistige Welt hinüberkommen, die ganz und gar nichts wissen wollten von spirituellen Begriffen und Empfindungen: sie werden zu zerstörerischen Zentren, weil sie in der Erdensphäre aufgehalten werden. Nur Seelen, welche schon hier durchdrungen sind von einem gewissen Zusammenhang mit der geistigen Welt, gehen durch die Pforte des Todes so, dass sie in der richtigen Weise in die geistige Welt aufgenommen, der Erdensphäre entrückt werden und jene Fäden spinnen können auch zu den hier Zurückgebliebenen, welche fortwährend gesponnen werden.«[24]

Diese bedauernswerten Menschen müssen so lange in diesem Zustand bleiben, bis sie hinreichend viele geistige Begriffe aufgenommen haben, dass sie dadurch in die höheren Welten getragen werden können.

Vieles, was an zerstörerischen, destruktiven Kräften und Impulsen innerhalb der Erdensphäre wirkt, rührt von diesen erdgebannten Toten her, die gewissermaßen an die Erdenwelt ›angekettet‹ sind. Man muss mit diesen Menschen Mitleid haben, denn die Erfahrung, jetzt in einer Sphäre bleiben zu müssen, die dem leibbefreiten Menschen nicht angemessen ist, kann äußerst schlimm und bedrückend sein. Sie kommen an das *rechtmäßige* Erleben in den höheren Welten nicht richtig heran. Sie nähern sich ihm mit einer gewissen Scheu und Furcht und fallen immer wieder in das Reich zurück, für das alleine sie sich im Erdenleben Vorstellungen gebildet haben.

Gerade in unserem gegenwärtigen materialistischen Zeitalter muss man von einer durchaus erheblichen Anzahl von Seelen ausgehen, die dieser erdnahen Sphäre nicht entrinnen und unter Umständen sogar schädlich auf die Lebenden einwirken können. Das wird auch durch die aktuellen geistigen Forschungsergebnisse von Dr. Iris Paxino bestätigt: Eine besondere Disposition, in der erdnahen Sphäre verhaftet zu bleiben, haben nicht nur Materialisten und Atheisten. Selbst durchaus religiös gesinnte bzw. spirituell interessierte Menschen können unverhältnismäßig lange in der Erdensphäre hängenbleiben, sofern ihre Vorstellungen über geistige Themen, also auch ihre Gedanken über das Leben nach dem Tod, zu dogmatisch, starrsinnig oder autoritätsgläubig waren. Das gleiche Schicksal kann auch Drogentoten, Selbstmördern und Schwerverbrechern drohen.[25]

Im Krieg gefallene Soldaten, die gegeneinander kämpften, können ihren Hass und ihre Aggressionen oftmals nach dem Tod nicht gleich ablegen, so dass sie ebenfalls in der unerlösten Äthersphäre hängenbleiben. Davon berichtete Sigwart, der auch sagte, dass sowohl ver- als auch entkörperte Menschen diesen erdgebundenen Seelen helfen können:

Mitteilung vom 29. Januar 1916

Ich wollte dir weiter erzählen von den Kriegsentwicklungen hier in unserer Welt. So höre:

Die große Enttäuschung dauert an, aber die Gefallenen haben durch diejenigen, welche über ihr derzeitiges Tun bestimmen, erfahren, dass ihnen für ihre Weiterentwicklung sehr geholfen wird. Leider wollen das einige von ihnen gar nicht, denen ist dann überhaupt nicht zu helfen. Den anderen hingegen werden nun Wege gezeigt, durch die sie viel schneller vorwärtskommen können.

Ich glaube, wir werden dadurch mehr Ruhe bekommen, und ich werde erleichtert aufatmen, wenn diese Unruhe und Unzufriedenheit ihr Ende haben wird.

Etwas muss aber vorher noch geschehen, nämlich der vollkommene Ausgleich zwischen Gut und Böse unter diesen unzufriedenen Kriegern, die sich gegenseitig in Streit und Missgunst bedrängen. Obwohl es nicht meine Pflicht ist, habe ich ein starkes innerliches Bedürfnis, gerade ihnen zu helfen. Meist ist es auch erfolgreich.

Auch ihr könntet da *viel* Gutes tun, indem ihr euch vor dem Einschlafen ernst vornehmt: Heute Nacht will ich den unzufriedenen Kriegern helfen, so gut ich nur irgend kann – und schon eilt euer Geist hin in diese Sphären, um Hilfe zu leisten.[26]

Ritchies Schilderung (☛ Zitat 5.12, S. 158f.) handelt vermutlich ebenfalls von solchen Kriegern aus dem 2. Weltkrieg.

Freilich wird nicht jeder Verstorbene, der nicht aus der physisch-ätherischen Welt in die Astralwelt aufsteigen kann, schädliche Einflüsse auf die Lebenden ausüben.

Es müssen auch nicht immer unedle Motive sein, durch welche ein Toter an die Erde gebunden bleibt. So können es etwa Sorgen sein, die er sich wegen seiner zurückgelassenen Verwandten, Freunde und insbesondere seiner unversorgten Kinder macht. Auch eine unverhältnismäßig große Trauer, die er bei seinen Hinterbliebenen wahrnehmen muss, kann ihm die ersten Phasen des nachtodlichen Lebens gewaltig erschweren. Sie kann ihn eine Weile an die Erdensphäre ketten.

Sigwart wies seine Geschwister oftmals darauf hin. Eine Mitteilung lautete:

Mitteilung vom 2. Juni 1916

Gerade in dieser Beziehung sind die physisch Gestorbenen in einer so bedauernswerten Lage, weil sie mit geringen Ausnahmen unendlich leiden müssen durch den unverständigen Schmerz der Zurückgebliebenen. Dieser Schmerz wächst ins Riesenhafte und quält den armen Geist ununterbrochen. Davor kann er sich nicht retten, alles erreicht ihn doch, jeder Gedanke legt sich um ihn wie eine dichte schwarze Wolke, in der er schließlich zu ersticken droht.[27]

Auf die Tatsache, dass eine übertriebene Trauer der Hinterbliebenen einen Verstorbenen grundsätzlich sehr belasten kann – auch wenn er dadurch nicht unbedingt zu einer erdgebundenen Seele werden muss –, werden wir im nächsten Kapitel noch etwas ausführlicher zu sprechen kommen (☛ S. 231ff.).

Blick in die physisch-ätherische Welt (Teil 2)

Die folgenden Berichte handeln auch wieder von Seelen, die sich noch nicht von der physisch-ätherischen Welt lösen konnten, die noch nicht so recht ihr normales Leben im Kamaloka antreten können. Der Grund für dieses Dilemma wird relativ schnell deutlich: Sie haben Selbstmord begangen.

Eine Frau, die während ihrer Nahtod-Erfahrung Selbstmördern begegnet ist, berichtete:

Zitat 5.13

> Sie hätten gerne rückgängig gemacht, was sie getan hatten, konnten es aber nicht. Sie kannten die ganze Wahrheit, den Zweck des Lebens und waren sich der Schmerzen bewusst, die ihre Entscheidungen, als sie noch auf der Erde waren, ihnen selbst und anderen verursacht hatten. Sie waren sich des großen Leides bewusst, das sie erzeugt hatten.[28]

George Ritchie nahm ebenfalls einige dieser bedauernswerten Menschen wahr:

Zitat 5.14

> So schnell wie ein Gedanke reisten wir von Stadt zu Stadt, wahrscheinlich auf bekannter Erde, wenigstens auf einem Teil Erde – den Vereinigten Staaten und möglicherweise Kanada – die mir bekannt war, ausgenommen diese Tausende von körperlosen Wesen, von denen ich nun wahrnahm, dass sie auch diesen ›normalen‹ Raum einnahmen. In einem Haus folgte ein junger Mann einem älteren von einem Raum in den anderen. »Es tut mir leid, Pa!«, sagte er immer wieder. »Ich wusste nicht, dass es Mama so treffen würde! Ich habe es nicht besser verstanden.«
>
> Aber obwohl ich ihn ganz klar hören konnte, war es offensichtlich, dass der Mann, zu dem er sprach, ihn nicht verstand. Der alte Mann trug ein Tablett in einen Raum, in dem eine ältere Frau im Bett saß. »Es tut mir leid, Pa«, sagte der junge Mann wieder. »Es tut mir leid, Mama.« Ohne Ende, immer wieder, in Ohren, die nicht hören konnten.[29]

Und weiter berichtet er:

Zitat 5.15

> Verschiedene Male hielten wir vor ähnlichen Szenen an. Ein Junge verfolgte ein Mädchen durch die Gänge der Schule. »Es tut mir leid, Nancy!« Eine junge Frau in mittleren Jahren bat einen grauhaarigen Mann, ihr zu vergeben.

»Was tut ihnen so leid, Jesus?«, bat ich. »Warum hören sie nicht auf, mit Menschen zu reden, die sie nicht verstehen können?«

Von dem Licht neben mir kam der Gedanke: »Sie sind Selbstmörder, gebunden an die Folgen ihres Handelns.«

Dieser Gedanke schockierte mich, obwohl ich wusste, dass er von ihm und nicht von mir kam, denn ich sah keine Szenen dieser Art mehr, so, als ob ich die Wahrheit gelernt hatte, die er mich hatte lehren wollen.[30]

Ritchie wurde offenbart, dass es sich bei dem jungen Mann (☛ Zitat 5.14) sowie dem Jungen und der jungen Frau (☛ Zitat 5.15) um Menschen handelte, die sich selbst das Leben genommen haben. Nun, einige Zeit, nachdem sie gestorben sind, wird ihnen bewusst, eine wie schreckliche Tat sie begangen haben. Ihnen wird jetzt klar, was sie ihren Eltern bzw. ihrer Freundin Nancy sowie dem grauhaarigen Mann damit angetan haben. Aber die Menschen, denen sie so viel Leid und Kummer bereitet haben, können sie nicht hören. Auch die Seelen der Selbstmörder, die von der Frau (☛ Zitat 5.13) wahrgenommen wurden, waren sich der Folgen ihrer Tat bewusst.

hinter der Schwelle des Todes

Der Suizid stellt die dramatischste Ausprägung eines gewaltsamen Todes dar. Das, was ein Mensch nach seinem Tod durchzumachen hat, der sich selbst das Leben genommen hat, gehört – wenn man von den Menschenseelen, die ein langes Dasein in der Hölle fristen müssen, absieht – zu den schlimmsten und härtesten Schicksalen, die eine Seele ertragen muss. Man muss hier allerdings diejenigen Menschen weitgehend ausnehmen, die diese Tat nicht in voller Bewusstheit und aus eigenem Willen begangen haben, weil sie etwa an einer schweren psychischen Krankheit litten oder weil sie mit Gewalt zum Selbstmord gezwungen wurden.

Bei einem Menschen, der selbst Hand an sich gelegt hat, der im Grunde sowohl Täter als auch Opfer ist, stellt sich die Loslösung des Astralleibes, der nicht darauf vorbereitet ist, *dauerhaft* außerhalb des physischen Leibes zu leben, als sehr dramatisch dar. Das Gleiche gilt wohl auch für Menschen, die durch die sogenannte »aktive Sterbehilfe« die Schwelle des Todes überschritten haben, sofern es ihr eigener, freier Entschluss war, auf diese Art zu sterben.

Der Astralleib reißt sich unter Schmerzen von der physischen Organisation los. Ein schreckliches Gefühl der Leere kann bei einem, der sich selbst das Leben genommen hat, die Folge sein. Ein solcher Mensch hat auf abruptem, künstlichem Weg seinen physischen Leib verlassen. In seiner Seele verbleiben noch alle Gefühle, die mit dem Leib zusammenhängen, in unveränderter Weise. Eine solche Seele wird das Kamaloka-Dasein (☛ S. 167ff.) als besonders qualvoll erleben. Wenn ein psychisch unauffälliger Mensch Hand an sich legt, so hat er dafür ja Gründe, die er für hinreichend hält, um eine solche Tat zu begehen. In vielen Fällen begeht er die Tat, weil er ganz bestimmte Wünsche, Triebe oder Begierden nicht befriedigen konnte. Diese unbefriedigten Wünsche, Triebe und Begierden bereiten der Seele nun noch zusätzliche Qualen.

Jeder Selbstmord ist immer ein erschütterndes Missverständnis. Schließlich kann man sein Selbst, sein Ich, *nicht* umbringen. Das, was man töten kann, ist lediglich der physische Leib. Genau nach diesem Leib hat ein Selbstmörder nach dem Tod eine große Gier, die ihn in der Nähe der physischen Welt festhält.

»Je mehr der Mensch vor dem Tode vom physischen Leben losgelöst, je leichter also sein Sterben gewesen ist, um so leichter wird er sich von der sinnlichen Welt entwöhnen. Am schwersten wird dieses Entwöhnen dem Selbstmörder. Denn dieser täuscht sich: Er bedenkt nicht, dass er die Trennung vom sinnlichen Leben gewaltsam vollzog und dass ihn deshalb eine unsägliche Gier nach seinem physischen Leibe erfasst, die ihn in der Nähe der physischen Welt festhält.«[31]

Ein Mensch, der sich selbst umgebracht hat, kann zu einer erdgebundenen Seele werden. Er wird sich schwer tun, zu einem angemessenen Ich-Bewusstsein zu finden und sich alle nötigen Kräfte und Weisheiten, welche die geistigen Wesen der höheren Hierarchien (☛ Kapitel 6, S. 215ff.) darbieten wollen, zu empfangen.

Das, was Iris Paxino aufgrund ihrer jahrelangen geistigen Forschungen über das Schicksal von Selbstmördern schreibt, passt genau zu den Schilderungen von George Ritchie (☛ Zitate 5.14 und 5.15, S. 164f.).

»Nicht nur auf der ätherischen Ebene, sondern auch in der Seelenwelt haben sie [Selbstmörder] meist große Schwierigkeiten, die Auswirkungen ihrer Tat auszuhalten und sich selbst zu vergeben. Sie realisieren, dass sie sich durch die Selbsttötung von der geistigen Welt abgewandt und das Schöpfungsprinzip missachtet haben. [...]

Ihre verdunkelte Innenwelt umgibt sie über längere Zeiträume in düsteren, erschreckenden Bildern, gleichzeitig erleben sie ›am eigenen Leib‹ den tiefen Schmerz der Hinterbliebenen. Das erfüllt sie mit Trauer und Bedauern und zieht sie häufig zu ihren Angehörigen zurück.«[32]

Menschen, die sich selbst das Leben genommen haben, verdienen unser größtes und aufrichtigstes Mitgefühl und unseren Beistand. Es gehörte zu den größten Verirrungen der Kirche, dass sie diesen noch bis ins letzte Jahrhundert hinein nicht einmal ein kirchliches Begräbnis gewährte.

Das, was man der geisteswissenschaftlichen Forschung über das Schicksal eines Selbstmörders entnehmen kann, klingt äußerst hart. Man darf aber wohl annehmen, dass in einem solchen Fall etwas differenziert werden darf. Es dürfte zunächst einmal nachvollziehbar sein, dass jemand, der sich das Leben genommen hat, in der ersten Zeit nach dem Tod und in der Kamalokazeit aus den geschilderten Gründen unsagbar Leid- und Qualvolles durchzumachen hat. Bei einem Menschen, der in seinem Leben vor dieser schrecklichen Tat sehr viele positive Akzente gesetzt haben sollte, der sich etwa sehr um das Wohl seiner Mitmenschen gekümmert hat, ist aber durchaus anzunehmen, dass er doch irgendwann zu einem rechtmäßigen Leben finden und sich die notwendigen Kräfte, Impulse und Weisheiten aneignen kann. Schließlich geht im Kosmos nichts verloren, so dass auch seine guten Taten wieder in segensreicher Weise auf ihn zurückwirken dürften.

Den bedauernswerten Seelen, die – aus welchem Grund auch immer – in der unerlösten Äthersphäre festhängen, können die Hinterbliebenen Hilfe leisten, indem sie immer wieder für sie beten und ihnen Gedanken der Liebe sowie der Vergebung senden. Das können die Verstorbenen durchaus wahrnehmen.

Blick ins Kamaloka

Betrachten wir weitere Wahrnehmungen, die George Ritchie machte. Sein Bewusstsein wurde von dem ›Licht‹, dem Christus, in eine ganz andere Sphäre geführt, in der er beängstigende Szenen beobachten konnte. Ritchie war sich wieder ziemlich sicher, einen Blick in die Hölle geworfen zu haben.

Er schreibt, dass er das, was ihm alles gezeigt wurde, kaum ertragen hätte, wenn der Christus ihm, als seine außergewöhnliche Reise begann, nicht gesagt hätte: *»Richte deine Augen auf mich!«*[33] Nur dadurch, dass er den Rat befolgte, sei seine Angst gewichen.

Zitat 5.16

> Wiederholt beobachtete ich dieses Phänomen, Menschen, die sich nicht der Gegenwart anderer direkt neben ihnen bewusst waren.
>
> Ich sah eine Gruppe von Fließbandarbeitern, die sich in der Kantine versammelt hatten. Eine der Frauen bat eine andere um eine Zigarette, sie bettelte regelrecht so, als wünschte sie sich diese mehr als alles andere auf der Welt. Aber die andere, die mit ihren Freundinnen sprach, beachtete sie gar nicht. Sie nahm eine Packung Zigaretten aus ihrer Arbeitskleidung, und ohne sie der Frau überhaupt anzubieten, die so begierig danach griff, nahm sie eine und zündete sie an. Zielbewusst, wie eine vorwärtsschnellende Schlange, griff die Frau, die nicht beachtet worden war, nach der angezündeten Zigarette in dem Mund der anderen. Wieder griff sie zu. Und wieder …
>
> Mit einem Schauder der Erinnerung sah ich, dass sie unfähig war, danach zu greifen.[34]

Es ist ganz offensichtlich, dass es sich bei der Gruppe der Fließbandarbeiterinnen um verkörperte, also lebende Menschen handelt. Bei der Frau, die um die Zigarette bettelt, die ihr aber aus naheliegenden Gründen natürlich nicht angeboten wird und die sie trotz mehrerer Versuche nicht ergreifen kann, haben wir es hingegen mit der Seele eines Verstorbenen, also eines entkörperten Menschen zu tun.

Freilich können die Fließbandarbeiterinnen die entkörperte Seele nicht sehen. Nur ein hellsichtiger Mensch könnte eine solche Seele wahrnehmen. Dass ein Verstorbener sowohl andere Verstorbene als auch lebende Menschen wahrzunehmen vermag, haben wir bereits gesehen bzw. werden wir noch sehen. Dann schreibt Ritchie von einer sehr ähnlichen Beobachtung:

Zitat 5.17

> An dieser Stelle führte mich das Licht in das Innere einer schmierigen Bar in der Nähe eines, so wie es aussah, großen Marinestützpunktes. Eine Menge Leute, viele von ihnen Matrosen, standen zu dritt an der Bar, während sich andere in die mit Holz getäfelten Sitzgruppen an der Wand zwängten. Obwohl einige Bier tranken, schienen die meisten von ihnen so viel Whisky hinunterzukippen wie zwei schwitzende Barkeeper nur eingießen konnten.
>
> Danach beobachtete ich etwas Sonderbares. Eine Anzahl der Männer, die an der Bar standen, schienen unfähig zu sein, die Gläser an ihre Lippen zu setzen. Immer wieder beobachtete ich, wie sie nach ihren Gläsern griffen, wie sie mit ihren Händen durch massive Becher hindurchgriffen, hindurch durch die

schwere hölzerne Theke, hindurch durch die Arme und Körper der Trinker um sie herum.

Und auch diese Männer, so war es bei jedem zu beobachten, hatten nicht die Lichthülle, mit der die anderen umgeben waren.

Demnach musste der Lichtkokon nur zu den lebenden Körpern gehören. Die Toten, wir, die wir unsere feste Materie verloren hatten, hatten damit diese »zweite Haut« ebenfalls verloren. Und es war offensichtlich, dass nur diese lebenden Menschen, die von einem Licht umgeben waren, in Wirklichkeit tranken, redeten, durstig miteinander anstießen.

Sie sahen weder die verzweifelt durstigen körperlosen Wesen um sie herum, noch fühlten sie ihr wahnsinniges Stoßen, um an eines jener Gläser heranzukommen. (Trotzdem war mir beim Beobachten klar, dass die körperlosen Wesen sich sehen und gleichzeitig hören konnten. Immer wieder entstanden wütende Streitereien wegen der Gläser, die niemand von ihnen tatsächlich an die Lippen brachte.)[35]

Genau wie bei der Frau, die um eine Zigarette bettelt und vergeblich nach ihr greift, handelt es sich auch bei den Männern, denen es nicht gelingt, die Gläser zu ergreifen, um leibbefreite, also verstorbene Menschen.

Ritchie nimmt wahr, dass die verkörperten Menschen im Gegensatz zu den entkörperten in einen »Lichtkokon« bzw. in eine »Lichthülle«, die er auch als »zweite Haut« bezeichnet, eingeschlossen sind. Damit ist zweifellos der Ätherleib gemeint, den ja ein Verstorbener schon wenige Tage nach dem Tod ablegt.

George Ritchie glaubte nach diesen verstörenden Wahrnehmungen, dass es diesen Toten bis in alle Ewigkeit nicht erspart bliebe, ein solches trostloses Dasein führen zu müssen. Es kamen ihm die folgenden Gedanken:

Zitat 5.18

Als sie [die Toten, die er wahrnahm] dann ihren Körper verloren hatten, waren sie für alle Ewigkeit von dem abgeschnitten, nach dem sie sich ständig gesehnt hatten [...]

Eine Ewigkeit wie diese – der Gedanke durchzuckte mich wie ein kalter Schauer – musste in Wahrheit eine Art Hölle sein. Wenn ich überhaupt darüber nachgedacht hatte, dann stellte ich mir die Hölle immer wie einen feurigen Ort unten in der Erde vor, wo böse Menschen wie Hitler für immer brennen würden. Aber was, wenn eine Ebene der Hölle direkt hier an der Oberfläche existierte – ungesehen und unvermutet von den Lebenden, die den gleichen Raum einnahmen?[36]

George Ritchie konnte diese Sphäre nicht mit seiner überkommenen Vorstellung von der Hölle in Einklang bringen.

hinter der Schwelle des Todes

Die beklagenswerten exkarnierten Seelen, die George Ritchie wahrnahm, befanden sich gewiss nicht in der Hölle, aber auch nicht in der unerlösten Äthersphäre. Es handelt sich bei ihnen *nicht* um erdgebundene Tote. Die Frage ist also: Um welche Sphäre handelt es sich?

Wie wir schon gesehen haben, bietet sich dem Menschen, sobald er durch die Pforte des Todes schreitet, die grandiose Lebensrückschau dar. Solange er sich noch ganz den unzähligen Bildern des Lebenspanoramas hingibt und sich in der übersinnlichen Sphäre zurechtzufinden lernt, wird er noch nichts – oder zumindest nicht viel – von den Menschen, die er auf der Erde zurücklassen musste, mitbekommen. Nach etwa drei Tagen, wenn der Lebensrückblick vorüber ist und das karmische Gericht stattgefunden hat, wird er den größten Teil seines Ätherleibes ablegen.

Der Mensch ist im Normalfall schon, wenn er durch die Pforte des Todes geschritten ist, mit einem Bewusstsein begabt, das ungleich klarer und heller ist als das, was er jemals im Erdenleben haben konnte. Er muss nun erst lernen, sich in diesem übermäßig hellen Bewusstsein zu orientieren. Es *kann* nun durchaus der Fall eintreten, dass er dieses überaus helle Bewusstsein nicht sofort ertragen kann, dass dieses ihn regelrecht blendet und überfordert. In diesem Fall muss es erst ein wenig herabgedämpft und seinen individuellen Verhältnissen angepasst werden. Dadurch tritt für ihn eine Art Dämmerzustand oder Benommensein ein. Die Dauer dieses Zustands ist nicht zuletzt davon abhängig, inwieweit sich der Verstorbene zu seinen Lebzeiten mit geistigen Themen und dem Leben nach dem Tod beschäftigt hat.

Sigwart teilte seinen Geschwistern mit, wie er die erste Zeit nach seinem Tod erlebte.

Mitteilung vom 2. Juni 1916

> Die erste Zeit im Juni [1915, kurz nach seinem Tod] war mir alles rätselhaft; ich lebte eine Art Traumleben, von Wachmomenten unterbrochen; ich fühlte mich immer umgeben von euch, als ob sich nichts verändert hätte. Manchmal begriff

ich nicht, was mit euch vorgefallen war, ich war doch oft so fröhlich, ihr aber stumm.

Dann kam die Beisetzungsfeier in der Heimat, und da wurde mir erst klar, dass sich alles um *mich* drehte, doch fiel es mir immer noch schwer, genau zu erkennen, was sich mit mir vollzogen hatte.

Als dann der Augenblick eintrat, wo ich alles wusste, da fühlte ich zum ersten Mal eure ganze Liebe und eure Trauer, verbunden mit erhebenden Himmelsempfindungen.[37]

Nun könnte man ja annehmen, dass alles, was die Hinterbliebenen einem Verstorbenen an liebenden Gedanken und Gebeten in diesen ersten Tagen zusenden sowie das Begräbnisritual ihn nicht erreichen würden. Das ist aber nicht der Fall.

Alle Gedanken, Gebete, Gefühle usw., die an den Toten in den ersten Stunden und Tagen nach seinem Übergang gerichtet werden, bekommt er sehr wohl mit, allerdings – wenn wir so sagen dürfen – mit einer zeitlichen Verzögerung. Erst wenn er nach etwa drei, vier Tagen seinen Ätherleib abgelegt hat, hat er – zumindest im Normalfall – ganz zu sich selbst gefunden. Es ist also – wenn wir diesen banalen Vergleich heranziehen dürfen – so ähnlich, wie wenn wir einem Freund, der am anderen Ende der Welt wohnt, einen Brief schreiben. Das, was wir ihm auf diese Weise mitteilen, kann er auch erst erfahren, wenn er den Brief ein paar Tage später bekommen hat und lesen kann.

Sobald die Zeit seines Dämmerzustands vorüber ist, wird der Verstorbene im Normalfall ganz zu sich selbst gefunden haben. Dann erhebt sich seine geistig-seelische Wesenheit über die Ätherwelt hinaus. Die nächste Welt, die er nun ›betritt‹, ist das sogenannte *»Kamaloka«* der Seelenwelt. Er gewinnt jetzt ein Bewusstsein, das ihm erlaubt, in dieser Sphäre Wahrnehmungen haben zu können. Der Begriff »Kamaloka« kann mit »Ort der Begierden« oder »Ort des Verlangens« übersetzt werden. Natürlich darf man den Begriff »Ort« auch hier nicht wörtlich nehmen. Das Kamaloka umfasst die ersten vier Regionen der Astral- bzw. Seelenwelt, also die untere Seelenwelt. Im Gegensatz zu dem Gefangensein in der Unterwelt bzw. in der unerlösten Äthersphäre gehört das Kamalokaleben zu den ganz *regulären* Erfahrungen, die der Mensch kurz nach dem Tod für längere Zeit durchzumachen hat. Hier geht es für den Verstorbenen um verschiedene Aufgaben. Eine dieser Aufgaben haben wir bereits in Kapitel 4 (☞ S. 133ff.) erläutert. Dabei geht es darum, dass er zum dritten Mal mit seiner Biografie konfrontiert wird, indem er sein gesamtes Leben noch einmal in rückwärtiger Reihenfolge durchlebt, um es vollständig aufarbeiten zu können.

Ein Verstorbener dehnt schon kurz nach dem Tod seine geistig-seelische Wesenheit, in dessen Zentrum sein Ich steht, immer mehr im Kosmos aus. Er wird sozusagen immer größer und größer. Solange er noch im Kamaloka weilt, hat er sich so weit ausgedehnt bis er in etwa den kugelförmigen Raum ausfüllt, der sich durch die Erdumlaufbahn des Mondes als äußere Grenze ergibt. Für ihn entsteht der Eindruck, wie wenn der Erdenkörper bis dahin erweitert wäre, wo der Mond die Erde umkreist. Später dehnt er sich immer weiter in den planetarischen Kosmos aus. Auch die übrigen Regionen der Seelenwelt und der Geisteswelt korrespondieren mit Planetensphären (☞ Anhang, Tabelle 2, S. 290). Der Verstorbene wird jetzt also gewissermaßen zum *»Sphärenmenschen«*. Dadurch wird der Radius seines Bewusstseins immer größer. Wenn der Mensch sich also immer mehr in den Kosmos ergießt, wenn er immer größer wird, so folgt daraus natürlich, dass sich alle Wesenheiten in der jeweiligen Sphäre gegenseitig *durchdringen* – ähnlich wie sich ja auch die verschiedenen Welten bzw. Sphären gegenseitig durchdringen.

Die Vorstellung, dass sich viele Menschen durchdringen können, fällt nicht ganz leicht, solange man an die Verhältnisse denkt, die man von der Erde her gewohnt ist. Auf der Erde sind die Menschen in ihre festen physischen Leiber ›eingesperrt‹. Feste Körper können sich bestenfalls berühren, sie können aneinander stoßen, sich aber niemals durchdringen. In eine solche feste Hülle ist der Mensch nun aber nicht mehr eingeschlossen. Seine geistig-seelischen Hüllen, die ihn nun bekleiden, sind feinstofflicher Art. Diese können sich sehr wohl durchdringen, ähnlich wie sich in unserer Welt etwa verschiedene Luftströmungen oder Flüssigkeiten durchdringen können. Aus der Tatsache, dass sich die Wesen durchdringen, folgt aber nicht zwangsläufig, dass sie sich auch gegenseitig wahrnehmen und ein Beisammensein pflegen können. Es ist durchaus möglich, dass zwei Seelen gar nichts voneinander wissen, obwohl sie denselben ›Raum‹ ausfüllen. Inwieweit diese sich vereint fühlen können, hängt nicht von äußeren, sondern von inneren Verhältnissen ab. Wie wir schon gesehen haben kann ein Sphärenmensch einen anderen in der *ersten Zeit* nach dem Tod nur dann wahrnehmen, wenn sich beide schon im Erdenleben nahestanden.

Um was geht es außer dem nochmaligen Durchleben des letzten Erdenlebens für die Seele des Verstorbenen im Kamaloka sonst noch? Welche weiteren Aufgaben hat sie in dieser Sphäre zu leisten?

Nun, nahezu alle Menschen nehmen noch eine starke Hinneigung zum Irdischen, zum Sinnlichen mit in die höheren Welten, in denen Sinnliches keine Berechtigung mehr hat. Sie haben noch viele Begierden, Triebe, Wünsche und Leidenschaften, die nur in der Sinneswelt befriedigt werden können. All dieser Begierden, Triebe, Wünsche und Leidenschaften muss der Mensch sich nun entwöhnen; er muss sie überwinden; er muss sich läutern, um zunächst die Anwartschaft für die drei höchsten Regionen der Seelenwelt und dann die für die Geisteswelt zu gewinnen.

Für die Zwecke dieses Buches ist es hinreichend, wenn wir uns auf dasjenige beschränken, was der entkörperte Mensch in der *ersten Region* der insgesamt vier Regionen des Kamaloka erlebt und durchzumachen hat. Diese erste Region nannte Rudolf Steiner *»Region der Begierdenglut«*. Der Mensch empfindet nun, wie er von Wärme, die aus ihm selbst entströmt, durchglüht wird.

»[Die] Kamalokazeit ist eigentlich im Grunde genommen eine Zeit, in der die Seele sich berufen fühlen muss, sich nach und nach alles abzugewöhnen, was noch in ihr lebt an unmittelbaren Zusammenhängen mit der letzten Erdenverkörperung.«[38]

Was muss sich die Seele nun in dieser Region abgewöhnen?

Es geht hier im Wesentlichen darum, die niedrigsten und gröbsten Begierden auszutilgen, die mit dem Leben im physischen Leib zusammenhängen. Der durch die Pforte des Todes geschrittene Mensch hängt immer noch an den Sinneseindrücken, die er in seinem Leben haben konnte. Er kann für lange Zeit immer noch die Begierde, immer noch den Wunsch haben, sinnlich wahrnehmen und empfinden zu können. Er sehnt sich danach, mit Augen sehen, mit Ohren hören, mit Zunge und Gaumen schmecken zu können usw. Die Organe, die ihm solche Eindrücke bescheren könnten, hat er aber im Augenblick des Todes mit seinem physischen Leib abgelegt. Seine Begierden und Triebe konnte er aber nicht mit seinem physischen Leib ablegen. Diese befinden sich ja im Astralleib, den er in seiner gesamten Kamalokazeit noch trägt. In der Welt, in der er nun ist, haben Sinneseindrücke keine Bedeutung mehr; sie sind hier nicht mehr möglich. Solange er noch ein Verlangen nach diesen Sinneseindrücken, nach diesen sinnlichen Genüssen hat, verbleibt er in dieser Region. Es ist hier die Aufgabe der Seele, sich dieses Begehren abzugewöhnen. Dieses Entwöhnen, das mit einer Entziehungskur verglichen werden könnte, kann für die Seele einen sehr schmerzlichen Prozess darstellen.

Selbst solche Seelen, die in ihrem Erdenleben nicht allzu stark an sinnlichen Eindrücken Wohlgefallen hatten, müssen sich von ihrer Hinneigung zur sinnlichen Wahrnehmung befreien. Dieser Prozess kann bei einem Menschen, der zu Lebzeiten eine starke Begierde nach sinnlichen Genüssen hatte, besonders schmerzhaft und mit großen Qualen verbunden sein. Ein solcher hat das Gefühl, als würde er innerlich brennen. Seine Begierden werden wie durch Feuer verzehrt. Diese Tatsache gibt dem Namen dieser Region – »Begierdenglut« – seine Berechtigung. Nun wird auch verständlich, warum die katholische Kirche früher vom »Fegefeuer« sprach. Seit einigen Jahrzehnten bevorzugt sie die Bezeichnung »Purgatorium«. Auch dieser Begriff ist gewiss passend, da es für die Seele ja darum geht, sich zu reinigen und zu läutern. Rudolf Steiner brachte als Beispiel häufig einen genuss*süchtigen* Menschen, einen extremen Feinschmecker.

»Wir wissen, dass der Mensch, wenn er gestorben ist, nicht gleich mit seinem Sterben seine Begierden und Wünsche verliert. Nehmen wir an, der Mensch ist im Leben ein Feinschmecker gewesen, der einen großen Genuss empfunden hat an leckeren Speisen. Wenn er gestorben ist, verliert sich nicht sogleich diese Genusssucht, dieser Wunsch nach leckeren Speisen. Der Mensch hat ja diese Wünsche nicht in dem physischen Leibe, sondern im Astralleib. Daher, weil der Mensch nach dem Tode den Astralleib behält, behält er auch den Wunsch, aber ihm fehlt das Organ, um diese Wünsche zu befriedigen: der physische Leib. Der Wunsch nach der Speise hängt nicht ab vom physischen Leib, sondern vom Astralleib, und da tritt nach dem Tode eine wahre Gier auf im Menschen nach demjenigen, was ihn im Leben am meisten befriedigte. Daher leidet der Mensch nach dem Tode so lange, bis er sich den Wunsch nach dem Genuss abgewöhnt hat, bis er abgeworfen hat alles, was er durch die physischen Organe an Begierden großgezogen hat.«[39]

Da der Mensch solche Begierden – das Gleiche gilt auch für Leidenschaften und Triebe – nicht einfach mit seinem physischen Leib ablegen konnte, setzt er zunächst alles daran, sich Befriedigung zu verschaffen, so wie er das im Erdenleben zu tun pflegte. Er hat auch jetzt in der ersten Zeit nach seinem Tod nach wie vor die Begierde nach diesen Genüssen. Er findet aber keine Möglichkeit mehr, diese zu befriedigen, denn dazu bräuchte er eine Zunge, einen Gaumen usw. Nun ›schaut‹ er in die physische Welt, die er verlassen hat, ›hinunter‹ und hält ›Ausschau‹ nach etwas, was ihm Genuss bereiten könnte. Aber die Möglichkeit des Genusses ist nicht mehr gegeben. Die fehlende Möglichkeit, seine

Begierden befriedigen zu können, bereitet ihm ein Gefühl, das man mit einem brennenden Durst vergleichen könnte.

So bekommt auch die Mahnung des Apostels Paulus, die er im *»Brief an die Römer«* formulierte, eine konkrete Bedeutung im Hinblick auf das nachtodliche Leben:

»Und wenn ihr euch um die Angelegenheiten des Leibes kümmert, so tut es so, dass eure Begierde euch nicht daran bindet.«[40]

Selbstverständlich darf ein Erdenmensch seinen physischen Leib, der ja der »Tempel Gottes« ist, nicht geringschätzen. Es ist seine Pflicht, ihn zu pflegen, damit er ein würdiges und tragfähiges Gefäß für seinen Geist, sein Ich, sein kann.

Sigwart drückte es so aus:

Mitteilung vom 2. November 1915

Solange man auf Erden lebt, muss man jedoch an seinen Körper denken, Die größten Meister haben während der Zeit ihres Erdenlebens auch ihre physischen Körper geliebt und gepflegt, weil sie Träger des Höheren waren, würdig, diese Geister einzuschließen.

Darum ist der Mensch verpflichtet, für den physischen Körper zu sorgen, denn ist dieser krank, unschön und gebrechlich, so fühlt sich der Geist unglücklich, und seine Erdenzeit, die er ausleben muss, wird ihm zu lang und zur Qual. Wenn sich der Geist ganz wohl fühlen soll, muss er daran denken, den Körper in entsprechender Weise zu pflegen. *Nicht* aber aus Liebe zum Körper schwelgen und genießen aus Freude am Materiellen, *das ist unrecht.* Nur sich pflegen, damit der *Geist* mit seiner Hülle zufrieden ist.[41]

Auch diese qualvollen Erlebnisse, die der Mensch im Kamaloka durchzumachen hat, sind nicht als Strafe aufzufassen. Sie haben auch nichts mit dem Karmagesetz zu tun. Vielmehr stellen diese eine Notwendigkeit dar, damit er sich solche Begierden und Wünsche abgewöhnt, die in übersinnlichen Welten keine Berechtigung haben und die ihm den Eintritt in die höheren Regionen der Seelenwelt und später in die Geisteswelt verwehren würden. Es mag nun durchaus vom Erkenntnisstand des Menschen, den er sich zu Lebzeiten erworben hat, abhängen, inwieweit er mit dieser harten Situation zurechtkommt. Man darf vermuten, dass ein krasser Materialist diese als sinnlose Bestrafung auffassen könnte. Jemand, der sich, während er noch verkörpert war, Kenntnis vom Kamaloka erworben hat, wird die Leiden als einen notwendigen und förderlichen

Reinigungsprozess ansehen und – vielleicht sogar dankbar – akzeptieren. Er weiß, dass seine ungeläuterten Begierden ihn daran hindern, in die höheren Sphären aufsteigen zu können. Er wird regelrecht nach dieser Läuterung verlangen.

Die Dauer dieser Phase hängt natürlich davon ab, wie viele solcher Begierden der Mensch zu Lebzeiten hatte und wie stark diese waren. Dieser Zustand, dieser ›Aufenthalt‹ in der ersten Region der Seelenwelt dauert so lange, bis die Seele gelernt hat, nicht mehr nach etwas zu verlangen, was nur durch einen physischen Leib befriedigt werden kann. Bei einem Menschen, der nur wenige solcher Begierden hatte, wird die Läuterung nur kurze Zeit dauern. Für einen Menschen, der es im Erdenleben schon gelernt hat, auf die Befriedigung bestimmter sinnlicher Genüsse zu verzichten, kann die Zeit im Kamaloka sogar sehr angenehm sein. Bei jemandem, der zu Lebzeiten ganz in den Genüssen aufgegangen ist, die ihm die Sinneswelt bieten konnte, kann diese Zeit lang und äußerst qualvoll sein.

Sigwart teilte seinen Geschwistern mit, dass sie ihm durch ihr Verstehen und Begleiten dabei geholfen haben, seine Begierden abzustreifen:

Mitteilung vom 26. November 1915

> Ihr habt bei dem Abstreifen meiner Begierden – wie man das so nennt – auch eine sehr große Rolle gespielt, weil diese durch euer geistiges Verstehen und Mitgehen nicht mehr von irgendwelchen physischen Empfindungen angezogen wurden. Ich selber habe Gott sei Dank während meines Erdenlebens keine großen materiellen Leidenschaften gehabt. Euer weltlicher Schmerz hätte mir aber gewisse physische Fähigkeiten erhalten können, und es wären dadurch Wünsche in mir wachgerufen oder erhalten worden. Durch euer geistiges Streben habt ihr mir aber meinen jetzigen Zustand in einer Weise erleichtert, die ihr kaum für möglich halten würdet.[42]

Wenn ein Erwachsener stirbt, so geht er durch die ›Pforte des Todes‹, sozusagen ›nach vorne‹, ›in die Zukunft hinein‹. Kinder sind noch sehr eng mit der geistigen Welt verbunden, aus der sie ja erst kürzlich heruntergestiegen sind, die sie eigentlich noch gar nicht zur Gänze verlassen haben. Ein Kind geht im Augenblick des Todes gewissermaßen ›rückwärts‹ wieder durchs ›Himmelstor zurück‹, durch das es erst vor kurzer Zeit ins Erdenleben geschritten ist und das für es noch offen steht. Kinder, die vor dem vierzehnten Lebensjahr sterben, sind im spirituellen Sinne noch nicht schuldfähig. Daher ist klar, dass ihnen all diejenigen leid- und qualvollen Erlebnisse und Erfahrungen, die sehr viele verstorbene Erwachsene in der Astralwelt durchmachen müssen, erspart bleiben. Sie müssen das Kamaloka nicht durchlaufen. Vielmehr kehren sie sofort in den vorgeburtlichen Zustand, also in die Geisteswelt, zurück.

Kommen wir nun auf die Schilderungen von George Ritchie zurück (☞ Zitate 5.16 und 5.17, S. 168f.).

Die entkörperten Seelen, die er wahrnahm, befanden sich gerade zweifelsfrei im Kamaloka. Die Frau, die um eine Zigarette bettelte, hatte eine große Gier nach diesem Tabakgenuss. Sie schaute sich in der Erdenwelt um, wo es eine Möglichkeit geben könnte, diese Gier zu stillen. Sie fand die rauchenden Fließbandarbeiterinnen in der Kantine. Natürlich hatte sie jetzt keine physischen Geschmacksorgane mehr, so dass es ihr selbst dann nichts genutzt hätte, wenn sie eine Zigarette erwischt hätte. Aber nicht einmal erwischen konnte sie eine, da sie natürlich auch keine Hände mehr hatte, mit denen sie eine hätte ergreifen können.

Völlig analog ist die Schilderung der Männer in der Bar zu werten, die vergeblich versuchten, eines der Whisky-Gläser zu fassen zu kriegen.

Ritchies Erzählung zeigt auch wieder, dass die höheren Welten nicht fernab der Erdenwelt sind, sondern sich vielmehr durchdringen. Die Toten sind im Grunde immer um die Lebenden herum. Ritchie vermutete: »Aber was, wenn eine Ebene der Hölle direkt hier an der Oberfläche existierte – ungesehen und unvermutet von den Lebenden, die den gleichen Raum einnahmen?« (☞ Zitat 5.18, S. 169)

Dr. Paxino schreibt zu dem Kamaloka-Erleben der entkörperten Seelen aufgrund ihrer geistigen Beobachtungen und Forschungen:

»Süchte und Zwänge, die einen der ausgeprägtesten Prototypen von Abhängigkeiten darstellen, haben überaus starke Auswirkungen nach dem Tod. Sowohl die stoffgebundenen Süchte, wie Alkohol-, Drogen- und Esssucht, als auch die stoffungebundenen Süchte, wie Spielsucht, Sexsucht, Kaufsucht, Genusssucht, Computersucht, Arbeitssucht etc. entspringen tief liegenden, verdrängten und nicht gelösten psychischen Problemen. Dieses gesamte Abhängigkeitsfeld fällt also in den Bereich des unverarbeiteten Seelischen eines Menschen und zeigt in der Astralwelt gravierende Folgen auf.

Der physische Leib kann nun nicht mehr als Instrument der Suchtbefriedigung dienen, doch die seelische Abhängigkeit bleibt nach dem Tod weiterhin bestehen. So kommt es recht häufig vor, dass der Verstorbene bestrebt ist, seine noch immer bestehende Sucht durch die Besetzung von inkarnierten Menschen zu stillen, bei denen er sich eine gewisse Befriedigung seiner Sucht erhofft. Seine unerlösten Seelenanteile haften sich an die astralische Aura des inkarnierten Menschen, sie nähren sein Abhängigkeitsgefühl und verstärken sein Suchtverhalten; oder sie hängen sich an Orten mit entsprechenden Schwingungen fest, wie beispielsweise Drogenumschlagsplätze, Spielhallen, Bordelle, Kneipen, Einkaufszentren etc. Solche Orte bilden ein in der entsprechenden Weise wirkendes energetisches Feld und haben eine fühlbar drückende oder saugende Atmosphäre.«[43]

Übrigens, schon in der griechischen Mythologie war bekannt, dass die Seele nach dem Tod sehr darunter zu leiden hat, dass sie ihre sinnlichen Bedürfnisse nicht mehr befriedigen kann. Sehr deutlich kann man das dem »11. Gesang« der »Odyssee« entnehmen. Hier schreibt *Homer*:

»Auch den Tantalos sah ich, mit schweren Qualen belastet. Mitten im Teiche stand er, das Kinn von der Welle bespület, lechzte hinab vor Durst, und konnte zum Trinken nicht kommen. Denn so oft sich der Greis hinbückte, die Zunge zu kühlen, schwand das versiegende Wasser hinweg, und rings um die Füße zeigte sich schwarzer Sand, getrocknet vom feindlichen Dämon. Fruchtbare Bäume neigten um seine Scheitel die Zweige, voll balsamischer Birnen, Granaten und grüner Oliven, oder voll süßer Feigen und rötlichgesprenkelter Äpfel. Aber sobald sich der Greis aufreckte, die Früchte zu pflücken, wirbelte plötzlich der Sturm sie empor zu den schattigen Wolken.«

Die Kamalokazeit kann man in gewisser Weise mit der Embryonalzeit eines Erdenmenschen vergleichen. Nachdem der Mensch das Kamaloka durchlaufen und sich dadurch eine bestimmte Reife erworben hat, kann er nun mit voller Hingabe an die höheren Welten eine neue Daseinsstufe betreten. Die Offenbarung der höheren Welten in all ihrer Fülle ist schon vorhanden; allerdings schieben sich die Begierden, die nur in der physischen Welt Befriedigung finden können, wie eine verfinsternde Wolke vor sie hin. Wie Rudolf Steiner in einem seiner Vorträge sagte, könne die Kamalokazeit für einen Menschen auch äußerst angenehm sein, falls er es in seinem Erdenleben bereits gelernt habe, zu entbehren und Verzicht zu leisten.

»Das Gefühl des Entbehrens im physischen Leben wird zur Seligkeit in der Kamalokazeit. Es treten also die entgegengesetzten Gefühle ein, denn alles, was man im Leben gelernt hat, gern zu entbehren, wird in der Kamalokazeit zum Genuss.«[44]

Hier muss man sicherlich nicht unbedingt an Asketen denken, sondern an solche Menschen, die sich ganz bewusst die Befriedigung bestimmter *niedriger* sinnlicher Begierden versagt haben, was einer gewissen Einsicht und großer Willenskräfte bedurfte. Aber auch Menschen, die aufgrund einer langen schweren Erkrankung oder Behinderung vieles entbehren mussten, dürfte die Kamalokazeit viel leichter werden.

Es sei nur noch kurz erwähnt, dass der entkörperte Mensch, wenn sein Kamalokaleben vorüber ist – was nach irdischer Zeitrechnung im Durchschnitt etwa einem Drittel der Zeit entspricht, die er auf der Erde verkörpert war –, den größten Teil seines Astralleibes ablegt. Ähnlich wie es beim Ätherleib der Fall war, behält er allerdings einen gewissen Extrakt, den er als Frucht seiner bisherigen Inkarnationen auf seinen weiteren Weg mitnimmt.

Selbstverständlich geht es für einen Sphärenmenschen im Kamaloka nicht nur darum, sein letztes Erdenleben noch einmal zu durchlaufen und sich zu läutern. Er wird hier kein einsamer Mensch sein. Insbesondere mit den Seelen der Verstorbenen, die ihm im Erdenleben nahe standen, kann er ein inniges Zusammenleben führen (☛ Kapitel 3, S. 102ff.). Wie Sigwart in einer Kundgebung sagte, können an den Sphärenmenschen allerdings auch solche herantreten, die nichts Gutes im Schilde führen.

Mitteilung vom 29. März 1916

> Über die Kraft möchte ich euch heute erzählen, über die Kraft in unserer geistigen Welt [gemeint ist vermutlich das Kamaloka], damit ihr seht, wie sich auch hier alles bekämpft, und zwar das Stärkere, also Höhere, mit dem Tieferen. Dieses Tiefe hat oft so große Kraft, dass ein wirkliches Ringen entsteht. Natürlich findet das nur auf den Stufen statt, wo das Tiefe noch existiert. Dieses hat aber durch seine großen Kräfte und die erworbenen Fähigkeiten auch die Macht, auf höhere Stufen zu kommen, so dass ich im Anfang geradezu staunte.
>
> Dann gibt es aber eine Grenze, und die können die Bösen gottlob *nicht* überschreiten. Da sie sich in Formen kleiden, die einen faszinieren können, ist man oft in großer Gefahr.
>
> Mir ist es zum Glück nur ein einziges Mal geschehen, dass ich mich durch so eine Verwandlung täuschen ließ, doch merkte ich sehr bald die Absicht. Ich erzählte euch noch nie davon, weil ich noch nicht die Stufe erreicht hatte, wo ich über tiefere Elemente sprechen konnte, ohne dass unangenehme Folgen daraus entstanden wären. Jetzt besteht aber keine Gefahr mehr dabei, denn ich

befinde mich in der Sphäre über diesen Elementen und verfüge selber über stärkere Kräfte.

Diese Wesen treiben hier ihr Spiel mit armen Unwissenden, genau so, wie sie es auf Erden mit schwachen Menschen getan haben. Das ist sogar ein sehr häufiger Fall, der auf der Erde genau so verhängnisvoll ist wie hier. Darin besteht auch die große Gefahr bei allen medialen Betätigungen, denn solche Geister sind dann *sofort* zur Stelle und ergötzen sich mit ihren Betrügereien an dem Ernst, der Angst oder der Unruhe der Sitzungsteilnehmer.

Auch ich habe im Anfang sehr gekämpft, bis mich niemand mehr störte, wenn ich zu euch sprach. Jetzt ist es ganz ausgeschlossen, dass sich ein wirklich schlechtes Element an euch drängt, wenn ich dabei bin.[45]

›Paradieses-Visionen‹ – Vermeintlicher Blick in die Geisteswelt

Es gibt eine ganze Reihe von Nahtod-Berichten, in denen die Personen die Überzeugung vertreten, den Himmel wahrgenommen oder sich gar in ihm aufgehalten zu haben.

Viele dieser Schilderungen ähneln sich. So berichten die Betreffenden von idyllischen Landschaften mit herrlichen Blumen, blauem Himmel, saftig grünen Wiesen, goldfarbenen Bäumen usw. Alles sei so wunderschön, wie sich wohl viele Menschen den Himmel vorstellen. Manche haben diese Sphären nur von ›oben‹ gesehen, andere wähnten sich inmitten dieser. Häufig handelt es sich um Landschaften, die man theoretisch in dieser oder ähnlicher Form irgendwo in der Erdenwelt vorfinden könnte. Manchmal waren es aber solche, die nichts mit der Sinneswelt gemein haben.

Betrachten wir ein paar solcher Berichte:

Zitat 5.19

Ich ›sah‹ eine wunderschöne Landschaft mit grünem Gras und vielen Blumen, eine idyllische Landschaft, so ruhig, mit einem wunderbaren, mehr oder weniger zerstreuten Licht.[46]

Zitat 5.20

Ich kam in einen Garten, der in wunderschönen Farben schillerte, die ich aber nicht beschreiben kann. Es war pastellfarbig, obwohl diese Beschreibung nicht zutrifft. Ich befand mich in einer Welt von Farben, die im Grunde Vibrationen waren. In diesen wunderschönen Garten, bin ich einige Schritte hineingegangen und habe mich auf eine Bank gesetzt. Das hört sich vielleicht merkwürdig an, denn ich hatte schließlich keinen physischen Leib mehr, aber ich erlebte es so. ...

Da der Garten lichterfüllt war, suchte ich nach einer Sonne oder einer anderen Lichtquelle, aber wohin ich auch schaute, stand ich im Licht selbst. Man konnte nicht sehen, woher das Licht kam. Es war ein sanftes Licht, das überhaupt nicht blendete, und es war angenehm und schön.[46]

Zitat 5.21

Ich sah schöne Landschaften und herrliche Felder. ... Ich ging zu einem kleinen Haus am Ende des Waldes. ... Ich sah eine breite, riesige Straße, die mit funkelndem Sand bedeckt war und leuchtete wie Diamanten. [...] Ich sah die schönsten Blumen, die man sich vorstellen kann. [...] Ich habe am Ende auf einer hohen Klippe gestanden, weit unterhalb war ein grünes Tal. ... Die Luft war so klar, ein herrlicher blauer Himmel, und ein schwacher Hauch einer warmen Brise. Es war ein sehr schöner Tag. Die Felder schwangen mit einem Gemisch aus Farben. Sie sahen aus wie weicher goldener Hafer oder Weizen mit Flecken aus leuchtend farbigen Blumen. Immer war da dieses weiche Licht und das überwältigende Gefühl der Liebe.[46]

Zitat 5.22

Es sah aus wie ein wunderschöner Sonnenuntergang. Der Himmel war überhaupt nicht blau und das Wasser überhaupt nicht grün. Das Wasser, durch das er [ihr verstorbener Mann] auf mich zukam, leuchtete gelb. ...

Alles war ganz einfach wunderschön. Es gab auch Bäume dort, aber die waren goldfarben. Ich sah nichts Grünes, nichts Blaues.[47]

Zitat 5.23

Während dieser Vision konnte ich mich zwar selbst nicht sehen, ich stand aber irgendwo oben und konnte unter mir eine wunderschöne, saftige grüne Wiese sehen. Ich sah einen kleinen Hügel, und rechts von mir war die Wiese ...

Ich schaute auf die Kühe und Schafe und auf diesen Hirten hinunter, die Kühe waren rechts und die Schafe links, und er stand auf einem kleinen runden Hügel, der 20 oder 30 Fuß hoch war. ... Alles sah aus wie an einem strahlenden Sonnentag. ... Ich wurde an das Grün eines gepflegten Golfplatzes erinnert...

Er drehte mir den Rücken zu, und irgendwie erinnerte er mich an eine biblische Gestalt. Er hatte ein langes Gewand an, und auf dem Kopf trug er ein Tuch, das von einem Band festgehalten wurde, und er hatte auch irgendetwas in der Hand. Ich sah einen Stab, aber ich weiß nicht, ... ich weiß nicht, wer es war.[48]

Zitat 5.24

[...] sah ich eine noch herrlichere Person, ein Wesen, das auf einer Erhebung in einem Sessel oder auf einem Thron saß. Dieser edle, schöne Mann strahlte Herrlichkeit aus – mit einem wundervollen flatternden weißen Bart, einem phantastischen Lächeln und herrlichen, liebenden Augen. Dort war dieser nikolausartige Großvater. Gottväterlich schaute Gott-Vater selbst in meine Augen und winkte mich mit seiner rechten Hand herbei.[49]

hinter der Schwelle des Todes

Viele dieser Schilderungen *scheinen* den Kritikern und Skeptikern der Nahtod-Erfahrungen, die behaupten, dass es sich bei diesen Erlebnissen um Halluzinationen oder Phantasien handele, recht zu geben. Wir sind aber der festen Überzeugung, dass es sich bei diesen Erzählungen durchaus um etwas handelt, was die Betreffenden *tatsächlich* wahrgenommen haben.

Allerdings wollen wir uns nicht anmaßen, diese mit absoluter Bestimmtheit einzuordnen und zu interpretieren. Wir halten drei Varianten für möglich:

Zunächst einmal ist es nicht gänzlich auszuschließen, dass diesen Persönlichkeiten ein Blick in die obere Seelenwelt oder gar ins Devachan gewährt wurde, dass sie sich aber bei der Beschreibung des Wahrgenommenen *zu sehr* an irdische Verhältnisse angelehnt haben. Zumindest einige Berichte könnte man so interpretieren (z.B. Zitat 5.20, S. 180f.).

Des Weiteren wäre es möglich, dass die Bericht-Erstatter eine Gedankenreise zu einem *realen Erdenort* gemacht und diesen etwas blumig beschrieben haben. Dann wären wir wieder bei dem Motiv, über das wir im ersten Abschnitt geschrieben haben (☛ S. 143ff.). Damit *könnten* die Zitate 5.19 sowie 5.21 bis 5.23 erklärt werden.

Unserer Einschätzung nach dürfte ein drittes Erklärungsmodell, das wir nun näher betrachten wollen, das wahrscheinlichste sein.

Hand aufs Herz! Wer von uns hätte sich in seinen Kindertagen den Himmel nicht ähnlich einem ›irdischen Paradies‹ vorgestellt, wie er in den obigen Zitaten beschrieben wird? Wer hätte sich nicht den ›lieben Gott‹ als einen gütigen alten Mann mit weißem Bart, der auf seinem Thron sitzt, vorgestellt (☞ Zitat 5.24, S. 182)? So wurde es uns vermutlich von unseren Eltern oder im Religionsunterricht erzählt; und das war auch völlig in Ordnung.

Das Problem ist, dass viele Menschen, nachdem sie längst erwachsen sind, über diese naive Vorstellung nicht hinauskommen. Oftmals machen sie sich überhaupt keine Gedanken mehr über geistige Welten, sofern sie überhaupt noch an so etwas glauben sollten. Freilich ist ihnen längst klar, dass ihre kindliche Anschauung über den Himmel und Gott nichts mit Tatsachen zu tun hat. Aber diese haben sich tief in den Ätherleib eingeschrieben. Wenn ein Mensch dann eines Tages an oder gar hinter die Schwelle des Todes schreitet, wird seine frühere Innenwelt mit allen Gedanken, Vorstellungen, Erinnerungen zur Außenwelt. Er schaut jetzt auf diese Dinge, wie er im Erdenleben auf Berge, Wälder, das Firmament usw. geschaut hat. So kommt ja auch die Lebensrückschau zustande. Somit kann es verständlich werden, dass er etwa glaubt den *wahren* Himmel zu sehen, obwohl er nur auf seine Vorstellungen, die er sich im Erdenleben darüber gebildet hat, schaut.

Rudolf Steiner sagte, dass Menschen, die mit solch völlig unzutreffenden Vorstellungen durch die Pforte des Todes schreiten, in der fünften Region der Seelenwelt – also unmittelbar nach Abschluss des Lebens im Kamaloka – eine Sphäre vorfinden, die diesen Vorstellungen entspricht! Sie finden jetzt *tatsächlich* ganz real beispielsweise ein ›Paradies‹ oder dergleichen vor.

»Sie finden im ›Seelenlande‹ dieses Paradies; aber nur zu dem Zwecke, um die Wertlosigkeit desselben zu durchschauen.«[50]

Man muss wohl davon ausgehen, dass es sich dabei nicht einmal nur um eine Illusion handelt. Eine mit solchen Vorstellungen behaftete Seele wird sich also in der Tat eine Zeit lang in einem solchen Dasein befinden. Das kann natürlich eine sehr ›angenehme‹ Zeit sein. Aber was ist der Sinn dieses ›paradiesischen Lebens‹? Es geht hier nicht etwa um eine Belohnung, sondern um eine *Läuterung*! Die Seele muss nun langsam erkennen lernen, dass ein solches Paradies völlig wertlos und nichtig ist, dass ein solches Leben, so erfreulich das auch immer sein mag, diese Seele niemals weiterbringen könnte! Man kann sich vorstellen, dass das ein recht schmerzlicher Erkenntnisprozess sein dürfte.

Die diesbezügliche Aussage Steiners steht völlig in Einklang mit dem, was viele heutige Jenseitsforscher behaupten. Diese sagen nämlich, dass ein Mensch vieles nach dem Tod wirklich genauso erleben würde, wie er sich das zu Lebzeiten vorgestellt hätte. Das nachtodliche Leben wäre also eine Projektion der irdischen Vorstellungen.

So ist wohl auch die Aussage von Elisabeth Kübler-Ross zu deuten: »Jeder bekommt den Himmel, den er sich vorstellt.«[51]

Blick in die Geisteswelt

Einem Menschen, der nur für kurze Zeit an der Schwelle des Todes stand, wird wohl nur in äußerst seltenen Fällen ein Blick in die *wirkliche* Geisteswelt, ins Devachan, ermöglicht werden, wenngleich viele das so interpretiert haben mögen. In den meisten Fällen dürfte es sich dabei aber um Paradieses-Visionen bzw. projizierte Realitäten gehandelt haben, wie wir das im vorigen Abschnitt beschrieben haben.

Es gibt allerdings auch Schilderungen, die nach unserer festen Überzeugung von realen Wahrnehmungen der Geisteswelt handeln. So berichten viele von ›Hörerlebnissen‹, von einer wundervollen, geradezu ›himmlischen‹ Musik, die sie ›gehört‹ bzw. inspirativ wahrgenommen hätten. Die Betreffenden fanden kaum Worte, um diese Musik zu beschreiben, da es in der Sinneswelt nichts Vergleichbares gebe.

Betrachten wir ein paar Zitate:

Zitat 5.25

> In meinen Ohren erklang noch die für mein Gefühl überirdische Musik, die ich während meines Schlafes gehört hatte. Es war, als ob ein großes Orchester musizierte, ohne dass ich jedoch einzelne Instrumente unterscheiden konnte, auch war kein Leitmotiv in dem Ganzen, es war alles ein einziger harmonischer Wohllaut, eine Sphärenmusik von der höchsten Schönheit und Reinheit. Nie hatte ich eine Ahnung von solcher Musik gehabt.[52]

Zitat 5.26

> Ich schien durchs Weltall zu schwirren! Dort war auch ein ungeheurer Lärm. Es war, als ob all die großen Orchester der Welt auf einmal spielen würden; keine spezielle Melodie, und sehr laut, kraftvoll, aber irgendwie beruhigend. Es war

eine schnelle, bewegte Musik, anders als all jenes, an das ich mich erinnern kann, und doch vertraut, wie aus der der Ecke meiner Erinnerungen.[53]

Zitat 5.27

Es war eine Art Instrumentalmusik oder Stimmen, ich weiß wirklich nicht. Ich erinnere mich aber, dass ich zuhörte und dachte: Ich wusste gar nicht, dass es neben all den Noten, die wir kennen, noch so viele andere gibt. Sie alle ergaben einen harmonischen Klang. Ich hörte zu, und die Musik machte mich sehr glücklich. Es war wirklich wunderschöne Musik.[54]

Den eher wenigen temporär exkarnierten Menschen, denen ein Einblick ins Devachan, gewährt wurde, offenbarten sich freilich nur einzelne Facetten dieser alle unsere Vorstellungen übersteigenden Himmelswelt.

Eine sehr ausführliche Schilderung von George Ritchie steht ganz gewiss nicht in Einklang mit den Vorstellungen, die viele Zeitgenossen über den Himmel bzw. die Geisteswelt hegen. Nachdem ihm viele schreckliche Szenen, von denen er glaubte, sie hätten sich in der Hölle abgespielt, gewahr wurden, wurde ihm nun etwas ganz Unfassbares offenbart, was wir hier in stark gekürzter Form wiedergeben wollen. Sein Bewusstsein wurde auf eine ganz bestimmte Sphäre gelenkt, in der er ein emsiges Treiben beobachten konnte:

Zitat 5.28

Wir waren wieder in Bewegung. Oder vielmehr, die Szene vor uns – sie änderte sich irgendwie. Sie öffnete sich. Die Qualität des Lichtes war anders, so, als ob die Luft plötzlich durchsichtiger wurde und mich in die Lage versetzte, das zu sehen, was anscheinend schon immer da war.

Und wieder war es so, als ob Jesus mir nur so viel offenbaren konnte, wie meine Sinne erfassten. Zuerst hatte er mir ein höllisches Reich gezeigt [...] Jetzt, dahinter, darüber, durch all das hindurch, fing ich an, ein ganz neues Reich wahrzunehmen. Gewaltige Gebäude standen in einem schönen sonnigen Park, und es war eine Verwandtschaft zwischen den verschiedenen Konstruktionen festzustellen, ein Muster, nach der Art ihrer Anordnung, das mich irgendwie an eine gut geplante Universität erinnerte; mit dem Unterschied, dass es lächerlich war, das, was ich sah, mit irgendetwas auf der Erde zu vergleichen. Es war vielmehr, als ob alle Schulen und Universitäten dieser Welt nur stückweise Reproduktionen dieser Wirklichkeit hier waren. [...]

Als wir eins der Gebäude betraten und durch einen hohen Korridor mit großen Einprägungen gingen, war es so still um uns herum, dass ich erschrak,

Menschen darin gehen zu sehen.

Ich konnte nicht sagen, ob es Männer oder Frauen waren, alt oder jung, denn alle waren von Kopf bis Fuß in locker fließende Kapuzenmäntel eingehüllt, was mich dunkel an Mönche erinnerte. Aber die Atmosphäre dieses Ortes war nicht im Geringsten das, was ich mir unter einem Kloster vorstellte. Es war mehr wie ein riesiges Studien-Zentrum, gewaltig, voller Begeisterung über eine große Entdeckung. [...]

Durch die offenen Türen erspähte ich gewaltige Räume, voll mit komplizierter Einrichtung. In einigen der Räume beugten sich Kapuzenfiguren über schwierige Tabellen und Diagramme [...] Aber wenn das hier wissenschaftliche Arbeiten irgendwelcher Art waren, dann waren sie so weit entfernt von all dem, was ich kannte, dass ich nicht einmal den Studienzweig erraten konnte, an dem sie arbeiteten. Irgendwie fühlte ich, dass ein gewaltiges Experiment durchgeführt wurde, vielleicht Dutzende und Dutzende solcher Experimente. [...]

Und so folgte ich ihm [Jesus, wie Ritchie den Christus nannte] in andere Gebäude. Wir betraten ein Studio, in dem eine komplizierte Musik komponiert und vorgetragen wurde, der ich einfach nicht folgen konnte. Es gab schwierige Rhythmen, Töne, die sich auf einer mir unbekannten Tonleiter befanden. »Toll«, dachte ich, »Bach ist wohl lediglich der Anfang!«

Danach gingen wir durch eine Bibliothek, die die Größe der gesamten Universität von Richmond hatte. Aufmerksam blickte ich in die Räume, die vom Fußboden bis zur Decke mit wertvollen Dokumenten angefüllt waren aus Pergament, Ton, Leder, Metall, Papier. »Hier«, kam mir der Gedanke, »wurden alle wichtigen Bücher des gesamten Universums gesammelt.«

Ich wusste sofort, dass dies unmöglich war. Wie konnten Bücher irgendwo außerhalb der Erde geschrieben werden! Aber der Gedanke blieb bestehen, obwohl mein Verstand ihn ablehnte. »Die Standardwerke des Universums«, der Ausdruck kehrte ständig wieder, als wir die Leseräume mit ihren Kuppeldecken durchstreiften, überfüllt von schweigenden Schülern. Dann plötzlich, an der Tür zu einem kleinen Raum, fast einem Nebenraum: »Hier befindet sich der zentrale Gedanke dieser Erde.«

Wir begaben uns wieder hinaus in den stillen, uns erwartenden Park. Anschließend in ein Gebäude voller technologischer Maschinerie. Hinein in ein fremdes Weltraumgebilde, in dem ein Gang über einen Tank führte, der anscheinend mit gewöhnlichem Wasser gefüllt war. Hinein in das, was wie große Laboratorien aussah, und hinein in das, was eine Art Weltraumbeobachtungsstation sein konnte. Im Vorübergehen wuchs meine Bewunderung.

Zugegeben, auf den ersten Blick scheint sich George Ritchies Bericht nur dadurch von denen, die wir im vorigen Abschnitt betrachtet und als Schilderung einer Scheinwelt bezeichnet haben, zu unterscheiden, dass sie ungleich umfangreicher und viel detailreicher ist. Dennoch sind wir davon überzeugt, dass er von etwas Realem spricht, was er in den unteren Regionen der Geisteswelt, des Devachan, wahrgenommen hat. Diese Ansicht vertritt im Übrigen auch Calvert Roszell[56]. Auf Ritchies Schilderung werden wir etwas später noch ausführlich zu sprechen kommen (☛ S. 201ff.).

Der folgende Bericht von Eben Alexander *scheint* auf den ersten Blick ebenfalls wenig mit der Geisteswelt zu tun zu haben, zumal er auch wieder sehr bildhaft ist. Man muss aber immer wieder bedenken, dass die Verhältnisse im Devachan so radikal verschieden von denen in der Erden- und selbst in der Seelenwelt sind, dass man zu Bildern greifen *muss*, um sie zumindest annähernd und einigermaßen verständlich beschreiben zu können.

Zitat 5.29

Die hier angeführten Nahtod-Berichte handeln von drei verschiedenen Motiven bzw. Wahrnehmungen, die ein Sphärenmensch in der Geisteswelt haben kann: »inspiratives Hören einer überirdischen Musik« (☛ Zitate 5.25 bis 5.27, S.

184f.), »Schaffen der Sphärenmenschen und der geistigen Wesen der höheren Hierarchien« (☞ Zitat 5.28, S. 185ff.) und »Metamorphose der Gefühle« (☞ Zitat 5.29, S. 187).

hinter der Schwelle des Todes

Bevor wir auf diese drei Motive zu sprechen kommen, möchten wir zunächst noch einmal einen Überblick über die Stationen bzw. Entwicklungsstufen, die ein Verstorbener im Leben zwischen Tod und neuer Geburt ›durchläuft‹, werfen. Hierbei gehen wir von dem Regelfall aus, das heißt, wir lassen das Schicksal, das einen Verstorbenen erwartet, der eine Zeit lang in der unerlösten Äthersphäre hängenbleibt oder gar in die dunkle Unterwelt hineingebannt ist, unberücksichtigt.

Ein Mensch, der durch die Pforte des Todes schreitet, wird zunächst ein paar Tage in der Ätherwelt verbringen, wo er in einem gewaltigen Panorama auf sein verflossenes Erdenleben schaut. Dann – nach dem karmischen Gericht – legt er den größten Teil seines Ätherleibes ab und durchläuft das Kamaloka, wo es insbesondere zu seinen Aufgaben gehört, sich seiner Begierden, Triebe und Leidenschaften, die in den höheren Welten keine Berechtigung haben, zu entwöhnen. Außerdem wird er sein komplettes Erdenleben noch einmal in rückwärtiger Folge durchlaufen, wodurch ihm gewahr werden kann, wie sich seine Taten, Worte und Gedanken auf seine Mitmenschen ausgewirkt haben. Im Durchschnittsfall wird die Zeit, die er im Kamaloka verbringt, einem Drittel seines letzten Erdenlebens entsprechen.

Nach seiner Kamalokazeit erschließen sich dem Sphärenmenschen nach und nach die drei Regionen der oberen oder höheren Seelenwelt, die mit den Planeten Merkur, Venus und Sonne korrespondieren (☞ Anhang, Tabelle 2, S. 290). Seine geistig-seelische Wesenheit wird immer größer und sein ›Bewusstseinshorizont‹ somit immer weiter. Insbesondere die Sonnensphäre ist schon ein sehr geistiger Bezirk, in den die eigentliche Geisteswelt, das Devachan oder der Himmel, schon hineinleuchtet. Am Ende seines Lebens im Kamaloka hat der Mensch den größten Teil seines astralischen Leibes abgelegt. Nun ist es aber nach dem Tode nicht so, dass das Ich das einzige Wesensglied des Menschen in den höheren Welten bleibt. Ähnlich wie der Mensch seinen Wesenskern, sein Ich, mit dem astralischen, ätherischen und physischen Leib umhüllt, wenn er ins

Erdenleben tritt, umhüllt er sein Ich nach dem Tod nach und nach mit *»Geist-gliedern«*. Während des Erdenlebens ist das Ich das höchste Wesensglied des Menschen. Wenn der Mensch in die Sonnensphäre übergeht, ist sein Ich das unterste Wesensglied. Darüber hinaus hat er die drei Geistglieder, die er im physischen Dasein erst in ferner Zukunft haben wird, so dass er auch nach dem Tod wieder ein *vier*gliedriges Wesen ist. Das Geistselbst, den Lebensgeist und den Geistesmenschen, die im gegenwärtigen Erdenleben nur der Anlage nach vorhanden sind, entwickelt er im Leben zwischen Tod und neuer Geburt in geistiger Beziehung.

Es hängt ganz wesentlich von der geistig-seelischen Entwicklung und vom Karma des Menschen ab, wie lange er in diesen Regionen bleibt. Bei einem Durchschnittsmenschen dürfte es sich um viele Jahrzehnte handeln. Dann erst ist er reif, in der Geisteswelt Einlass zu finden. Auch jetzt ist es wieder individuell sehr verschieden, wie lange er in den jeweiligen Regionen bleibt und wie wach sein Bewusstsein ist.

Es würde den Rahmen dieses Buches sprengen, wenn wir detailliert auf alles eingehen würden, was ein Sphärenmensch in der langen Zeit bis zur neuen Geburt in der Geisteswelt erlebt, erfährt und zu leisten hat. Wir wollen uns hier *im Wesentlichen* auf diejenigen Aspekte beschränken, die in den oben zitierten Nahtod-Berichten anklingen und die sich vorwiegend auf die ersten Jahre und Jahrzehnte des Lebens im Devachan beziehen. Dennoch wollen wir versuchen, diese Welt mit ein paar Strichen zu charakterisieren.

Die Geisteswelt ist unserer physischen Welt noch sehr viel unähnlicher als es schon die Seelenwelt ist. Vergleiche zu unserer Sinneswelt können nur noch in Form von Bildern oder Vergleichen gezogen werden. Wie Rudolf Steiner betont, kann die Beschaffenheit dieser Welt mit keinen wirklich passenden Worten einer menschlichen Sprache wiedergegeben werden.

Genau wie die Seelenwelt kann man auch im Devachan sieben Regionen oder Sphären unterscheiden. Die ersten drei korrespondieren wieder mit Planetensphären: Mars, Jupiter und Saturn. Die geistig-seelische Wesenheit eines Sphärenmenschen dehnt sich also bis in diese fernen Regionen aus, sofern er eine Anwartschaft für sie hat. Die oberen vier Partien befinden sich *außerhalb* unseres planetarischen Kosmos in den Tierkreisregionen bzw. im Fixsternhimmel.

Auch Sigwart sprach davon, dass die Himmelswelt sieben Regionen, die er »Stufen« nannte, habe.

> Die Welt, die mir jetzt Himmel und Heimat geworden, besteht aus 7 Stufen.
> Jede dieser Stufen hat wieder ihre Unterstufen, welche alles einschließen, was
> man zur Erreichung der höheren Stufe braucht.[58]

Diese Regionen sind natürlich *immer da*. Es hängt vom Entwicklungszustand
bzw. Bewusstsein des Verstorbenen ab, ob und wann er in welchen Sphären
wahrnehmen kann. Beim Übergang von einer Region zur nächsten darf man
nicht an ein ›Betreten‹ einer Räumlichkeit oder dergleichen denken. Vielmehr
muss man sich vorstellen, dass der Sphärenmensch jetzt die innerliche Fähigkeit erlangt hat, etwas wahrzunehmen, was er vorher noch nicht wahrzunehmen
vermochte. Ritchie drückte es so aus: »[...] und mich in die Lage versetzte, das zu
sehen, was anscheinend schon immer da war.«

Die Geisteswelt ist die Sphäre der Götter, der geistigen Wesen der höheren
Hierarchien, die hier weben und wesen. Auf diese Wesenheiten, mit denen der
Sphärenmensch mehr und mehr zusammenkommt, werden wir in Kapitel 6 (☛
S. 215ff.) ausführlich zu sprechen kommen.

Sigwart charakterisierte in einigen Mitteilungen die Geisteswelt, das Devachan.
Es muss betont werden, dass er in seiner geistig-seelischen Entwicklung recht
weit fortgeschritten war. In seinen letzten Lebensjahren hat er sich tief mit spiri-
tuellem, namentlich anthroposophischem Gedankengut befasst. Daher und auch
aufgrund der Tatsache, dass er schon in sehr jungen Jahren die Pforte des Todes
durchschritten hat, konnte er das Kamaloka schnell hinter sich lassen und sich
schon in die höhere Astral- bzw. Seelenwelt und schließlich ins Devachan erheben.

> Ich hörte vorhin, was ihr beim Lesen meiner Mitteilung gesagt habt, und will
> euch die Sache erklären.
> *Devachan ist der Himmel.* Eintritt haben dort nur diejenigen, die alles über-
> wunden und abgestreift haben. Über das Devachan zu schreiben bin ich kaum
> fähig, da ich dafür keine Ausdrucksweise finde.
> Ihr müsst wissen, dass ich diese Sphäre noch nicht ganz erreicht habe. Es ist
> eine Übergangsstufe zwischen der letzten Astralsphäre und dem Devachan, auf
> der ich mich befinde. Ich könnte glauben, schon dort zu sein, weil ich ein Vor-
> gefühl davon in mir trage und innerlich schaue, was jenseits dieser Sphären-
> schicht ist.

Diese Himmelswelt übertrifft alle Vorstellungen, die ihr Menschen euch machen könnt, denn sie ist so reich an umfassendem Erleben und höchstem Schauen, dass man diese gewaltigen Eindrücke nie in Worte wird kleiden können.

Ihr wundert euch sicher, dass ich davon spreche, ohne selber in der Sphäre zu sein, das verhält sich aber so: Ich sehe hier, was dort ein- und ausgeht, und nachdem ich in kürzester Zeit selber im Devachan aufgenommen werde, fühle ich die Erlebnisse der anderen, die oft für kurze Augenblicke zurückkommen, um sich nach ihren Freunden umzusehen.

Ich sagte euch schon vor einiger Zeit, ich sei im Devachan. Damals glaubte ich wirklich, es wäre die Himmelssphäre, als ich meine jetzige Sphäre erreichte. Erst mit der Zeit merkte ich, dass es noch etwas anderes gab, was mir bis jetzt verschlossen ist. Darum müsst ihr den Irrtum verzeihen. Ihr werdet aber nun verstehen, dass ich es glauben konnte, denn schon hier hat man alles, was einem zur höchsten Seligkeit gereicht. Nur das vollkommene Schauen und Erkennen aller Lichtwesenheiten muss ich mir noch erarbeiten. Das fehlt mir noch. – Dennoch ist es ein Lichtmeer, das mich umgibt, [...][59]

Mitteilung vom 23. April 1916

Auch das Leben in der geistigen Welt wird einem Außenstehenden anfangs immer wie ein Märchen erscheinen, bis er dann sieht, dass alles klare Tatsachen sind.[60]

Mitteilung vom 7. Juni 1916

Ich, Sigwart, spreche und will euch heute Großes berichten von der neuen Welt, in die ich eingegangen bin.

Licht, alles nur Licht!

Die Sterne durchwandere ich, die Sonnensysteme überblicke ich. Ich verstehe das Werden, das Vergehen, das All mit seinen Millionen Entwicklungsstufen. Ich verharre in Schweigen, wenn sich alles vor mir abspielt.

Ich bin ganz Ich!

Nicht mehr behaftet mit störenden Gedankenschichten, die um mich lagen, wenn auch kaum fühlbar mehr, schon getrennt von mir, aber doch noch bei mir. – Im Lichte, frei, erhobenen Hauptes stehe ich hier.

Von meinen Augen sind die *letzten* Schleier gewichen. – Sehend! Dieses Sehen ist zugleich das höchste Fühlen, und im Fühlen höre ich. Dieses Hören weist mir eine Welt, in deren Ruhe himmlisches Genießen liegt.

Alles, was ich sehe, höre, fühle, wird von nun an nur mit einem einzigen

Organe wahrgenommen, dessen Ursprung Liebe war und das nun in dieser Himmelswelt wieder neu als *Eins* empfunden wird. [...]

Jeder Stern, der mir einst ein Rätsel war, liegt nun offen da vor mir, und ich weiß den Ursprung mir zu deuten, seine Laufbahn und sein Wesen – alles! Nichts mehr ist mir fremd!

Nur die hohen Götter zu erschauen, ist mir noch versagt. Ihre Welt liegt eingehüllt vor mir in lichten Wolken, deren Glanz mir nur von ihrer Nähe spricht![61]

Mitteilung vom 11. Juni 1916

Das Wesen des sogenannten Devachan oder der höheren Himmelssphäre, wie wir es nennen wollen, besteht hauptsächlich aus der harmonischen Ruhe, die aus den gleichmäßigen Empfindungen entsteht. Das ist das *erste* so herrlich wohltuende Gefühl, das man hier hat. Da ist nichts mehr, was gegeneinander fließt, keine Ströme, die nur halb sind, keine Gedanken, die sich verkörpern wollen zu allen möglichen Zwecken, wie man es oft erlebt und als große Unruhe empfunden hat. Unendlich wohltuend ist die plötzliche Ruhe inmitten der Millionen Strömungen, Farbenspiele, Klänge, Gedanken, die aber alle ganz harmonisch ineinander übergehen.

Das ist ein Zustand der höchsten Glückseligkeit. Nie ein störender Gedanke, nie etwas Unharmonisches – einfach unbeschreiblich!![62]

In einer weiteren Mitteilung schilderte er die verschiedenen Stufen, auf denen die Wesen der Geisteswelt stehen:

Mitteilung vom 28. Juni 1916

Ich will heute von den verschiedenen Entwicklungsstufen der hiesigen Himmelswelt erzählen. Es gibt hier weit weniger als auf der astralen Welt, denn das, was über den Devas [göttliche Wesen (☛ Kapitel 6, S. 215ff.)] steht, gehört nicht hierher. Hier sind es die Devas, die wir als Höchste empfinden.

Unterhalb der Devas gibt es verschiedene Zustände oder Entwicklungen. Die tiefste Entwicklungsstufe ist die der hier schlafenden Menschen. Das sind diejenigen, die auf der Erde stets nur den Leidenschaften gefrönt haben.

Auf der nächsten Stufe befinden sich jene, die auf Erden vielleicht groß, doch klein an Geist waren. Diese verbringen die Devachanzeit auch meist schlafend.

Dann folgen die Halbwachen. Diese sind schon viel entwickelter, aber doch noch nicht reif, um alles bewusst zu erleben. Wohl der größte Teil der Menschen steht auf dieser Halbstufe.

Sodann kommen die Reiferen, die bestrebt waren, das Geistige auf Erden zu finden, die aber noch nicht befreit sind von den vielen *falschen* Begriffen.

Dann folgen die Entwickelteren, die schon weiter sind durch ihre letzten Erdenleben. Diese sind bewusst, und sie sind es, die auch meine Umgebung hier bilden. Ich sagte euch ja schon, ich lebe *ganz* und *vollbewusst* in dieser Himmelswelt.

Auf diese folgen noch die ganz hoch entwickelten Menschen, mit allerlei Kräften begabt, die alles beherrschen, die, wenn sie es wollen, wieder zur Erde herabsteigen können – sogar gesehen von der Menschheit. Das sind die verschiedenen Lehrer und Meister. [...] Das sind unsere Helfer, unsere gütigen Meister.

Als letztes kommen andere Wesenheiten, die nicht auf der physischen Erde waren, – mit den dienenden Devas beginnend und aufhörend in einer Welt, die mir unbekannt ist.[63]

Nach diesen wenigen Andeutungen über die Geisteswelt wollen wir jetzt an die Motive anknüpfen, die in den oben zitierten Nahtod-Berichten auftauchen, und sie zu erklären versuchen. Zunächst einmal wollen wir auf das Motiv der »himmlischen Musik« zu sprechen kommen, die viele an der Schwelle des Todes wahrnahmen (☞ Zitate 5.25 bis 5.27, S. 184f.). Da stellt sich zunächst einmal die Frage, woher diese überirdische Musik rührt?

Wir kennen doch alle noch die Vorstellung von dem Leben im Himmel, die wir in unseren Kindertagen hegten und die gewiss noch im Unterbewusstsein vieler Erwachsener verhaftet ist, dass die Himmelsbewohner sich um Gottes Thron scharen und den ganzen lieben langen Tag auf der Harfe spielen und »Hallelujah« singen. Diese Anschauung scheint auf den ersten Blick durch die Nahtod-Berichte, in denen von einer wundervollen und geradezu himmlischen Musik die Rede ist, die man mit Worten kaum beschreiben könne, bestätigt zu werden.

Dennoch sind wir der Überzeugung, dass den Beinahe-Verstorbenen, die von dieser Musik berichten, etwas ganz Reales aus der Geisteswelt offenbart wurde.

Das Devachan ist eine erhabene Welt majestätischer Schönheit. Es ist eine klangdurchdrungene, tönende Welt der Sphärenmusik und der leuchtenden Sphärenharmonien. Rudolf Steiner schrieb in seinem Buch *»Theosophie«*, dass sich einem Geistesseher und natürlich auch einem Verstorbenen, sobald er in die Geisteswelt aufgestiegen ist, nicht nur das Sehen mit ›geistigen Augen‹, also die imaginative Wahrnehmung, die ihm schon in der Seelenwelt vertraut war, sondern auch das Hören mit ›geistigen Ohren‹, also die inspirative Wahrnehmung, erschließt.

Das, was er nun geistig hören kann, nimmt kontinuierlich an Bedeutung zu. Die ›geistigen Geräusche‹, die er nun zu vernehmen vermag, stammen unter anderem von dem Gang, dem Zusammenwirken und Zusammenklingen der Planeten. Das Tönen des Kosmos, das Lauschen der Sphärenmusik macht eine ganz wesentliche Wahrnehmung der Sphärenmenschen aus.

»Alles was ist, wird wahrgenommen, indem es uns aus dem Umkreis des Kosmos entgegentönt. Doch so, wie wenn man lauter Harmonien vernehmen würde, tönt es heraus aus dem Kosmos, nicht wie die Klänge aus der physischen Welt. Man gelangt zu einem Punkte des Erlebens, wo man sich selbst wie im Mittelpunkte des Kosmos fühlt, und von allen Seiten hereinklingend nimmt man die Weltentatsachen durch diese Sphärenmusik wahr.«[64]

»Der Beobachter [Hellseher oder Verstorbener] fühlt sich wie in einem Meere von Tönen. Und in diesen Tönen, in diesem geistigen Klingen drücken sich die Wesenheiten der geistigen Welt aus. In ihrem Zusammenklingen, ihren Harmonien, Rhythmen und Melodien prägen sich die Urgesetze ihres Daseins, ihre gegenseitigen Verhältnisse und Verwandtschaften aus. Was in der physischen Welt der Verstand als Gesetz, als Idee wahrnimmt, das stellt sich für das ›geistige Ohr‹ als ein Geistig-Musikalisches dar. (Die Pythagoreer nannten daher diese Wahrnehmung der geistigen Welt ›Sphärenmusik‹. Dem Besitzer des ›geistigen Ohres‹ ist diese ›Sphärenmusik‹ nicht bloß etwas Bildliches, Allegorisches, sondern eine ihm wohlbekannte geistige Wirklichkeit.) Man muss nur, wenn man einen Begriff von dieser ›geistigen Musik‹ erhalten will, alle Vorstellungen von sinnlicher Musik beseitigen, wie sie durch das ›stoffliche Ohr‹ wahrgenommen wird. Es handelt sich hier eben um ›geistige Wahrnehmung‹, also um eine solche, die stumm bleiben muss für das ›sinnliche Ohr». [...]

Man hat sich nur vorzustellen, dass alles, was als ›Bild‹, als ein ›Leuchtendes‹ beschrieben wird, zugleich ein Klingendes ist. Jeder Farbe, jeder Lichtwahrnehmung entspricht ein geistiger Ton, und jedem Zusammenwirken von Farben entspricht eine Harmonie, eine Melodie und so weiter. Man muss sich nämlich durchaus vergegenwärtigen, dass auch da, wo das Tönen herrscht, das Wahrnehmen des ›geistigen Auges‹ nicht etwa aufhört. Es kommt eben das Tönen zu dem Leuchten nur hinzu.«[65]

Es ist also durchaus möglich, dass auch einige Menschen, die nur temporär exkarniert waren, diese Sphärenmusik inspirativ wahrgenommen haben. Das, was Rudolf Steiner charakterisierte, stimmt ja auch bestens damit überein, was in einigen der obigen Zitate zum Ausdruck kommt, in denen von einer ganz außergewöhnlichen Musik die Rede ist.

Es gibt allerdings noch eine weitere Quelle, der diese Musik entsprungen sein kann. Dazu müssen wir zunächst ein wenig ausholen:

Auf etlichen Grabsteinen, auf vielen Kranzschärpen sowie in Todesanzeigen kann man immer wieder lesen: »Ruhe in Frieden«, »Ruhe sanft«, »Zur letzten Ruhe« o.ä. Das wird dann meistens so aufgefasst, dass die Verstorbenen nichts zu tun hätten, dass sie keine Aufgaben hätten, dass sie ein durch und durch beschauliches Dasein führten.

Das nachtodliche Leben eines Menschen hat mit »Ruhe« allerdings nicht das Geringste zu tun. In den übersinnlichen Welten gibt es kein Schlafen, kein Ruhen, kein Pausieren oder Verweilen. Alles ist in fortwährender Tätigkeit, in fortwährendem Schaffen. Gemessen an der Fülle der Tätigkeiten, die der Mensch im Leben zwischen Tod und neuer Geburt zu leisten hat, erscheint das gesamte Erdenleben fast wie ein langer Urlaub. *»Wer weiß denn, ob das Leben nicht Totsein ist und das Totsein Leben?«* Diese Frage stellte sich schon der große griechische Tragödiendichter *Euripides*. Rudolf Steiner drückte es wie folgt aus:

»Nun, dadurch vervollständigt sich das Bild der geistigen Entwickelung der Menschheit, wenn man immer die sogenannten Toten dazunehmen kann, denn sie sind ja eigentlich viel lebendiger als diejenigen, die die sogenannten Lebendigen sind.«[66]

Zumindest diejenigen Sphärenmenschen, die mit Bewusstseinswachheit in der Geisteswelt verweilen, werden mit großartigen und beseligenden Arbeiten bzw. Aufgaben betraut. Dieses Schaffen ist äußerst vielschichtig und vielseitig. Das, was ein bestimmter Verstorbener an Aufgaben wahrzunehmen hat, hängt nicht zuletzt von seinem geistig-seelischen Entwicklungsstand bzw. von dem, was er in die höheren Welten mitbringt, ab.

Betrachten wir zunächst einen Spezialfall. Zu diesen Aufgaben kann es gehören, dass die Verstorbenen, also die Sphärenmenschen, die schon aus ihrem Erdenleben eine gewisse Affinität zur Musik mit ins Devachan bringen, sich hier weiter auf diesem Gebiet ausleben können. Jemand, der sich wie Sigwart schon zu Lebzeiten mit Freude und Liebe der Musik verschrieben hatte, wird im

Devachan auch Musik *schaffen* dürfen. Darüber sprach Sigwart in einigen Mitteilungen an seine Geschwister:

Mitteilung vom 4. August 1915

Heute war ein großer Tag für mich! Ich habe sehr viel erlebt, bin um einen Grad weiter gekommen und wurde wieder aufgenommen in eine große Gemeinschaft, der ich schon früher angehörte, der ich aber durch mein Erdenleben entfremdet worden war. Darin muss ich die Mission erfüllen, von der ich euch auch schon in meinem Erdenleben oft sprach.

Es handelt sich um die Musik! – Ich habe etwas zu schaffen, das höher ist als alles das, was ihr unter Musik versteht.

Hier ist das Arbeiten ganz anders, viel intensiver.[67]

Mitteilung vom 6. August 1915

Von meinem Leben hier wollt ihr sicher etwas wissen: Ich lebe nur für die große Arbeit, von der ich euch schon oft gesprochen habe. Die heilige Musik, die der Menschheit von großem Nutzen sein wird.[68]

Mitteilung vom 8. August 1915

Heute kann ich euch erzählen, woran ich gerade arbeite. Es ist eine Reihe ungeheuer schwerer Symphonien, die ich zu schaffen habe. Die eine ist fast vollendet. Ihr würdet staunen, wenn ihr sie hören könntet, denn diese Musik ist doch ganz anders als alles, was ich auf Erden schuf, nur der Grundton ist der gleiche. Ich habe im Ganzen 7 Symphonien zu schaffen, dann ist der kleinste Teil der großen Dichtung vollendet.

Natürlich arbeiten auch viele andere daran, aber mir wurde etwas ganz Besonderes zuteil: Ich habe sozusagen die Oberaufsicht mit noch zwei großen Meistern. Alles war bereit für mich. Das war auch der Grund meines frühen Sterbens.

Begreift ihr nun, dass ich glücklich bin, dies machen zu dürfen? – Der Hauptzweck ist, die Gesinnung auf der Erde in eine andere Bahn zu leiten. Diese Musik verteilt sich in die verschiedensten Sphären, die eure Welt umgeben, und dieser Einfluss ist gewaltig. Vielleicht könnt ihr nicht recht begreifen, dass durch Musik die Menschheit durchgeistigter werden soll, aber es ist so. Die Musik ist die höchste Kunst, nur sie kann indirekt auf den Menschen einwirken. Er weiß und hört nichts davon, da seine irdische Umgebung ihn ganz erfüllt, und doch muss er auf diese Stimme hören.

Das sind wir, *unser Werk*!

Ihr werdet es spüren, wenn ihr noch einige Grade weiter gekommen seid. Hören könnt ihr es noch nicht, das geschieht aber nach eurem Tod.[69]

Mitteilung vom 8. November 1915

Nun beginnen für mich die großen Tage. Die Symphonische Dichtung wird aufgeführt zum Heile der Menschen und zur höchsten Seligkeit von uns allen. [...]

Die Einteilung ist grundverschieden von den Aufführungen auf eurer Erde. Zuerst kommen die Töne der Reihenfolge nach, dann konstruiert man sich den Zusammenklang, und schon tönt aus tausend geistigen Wesenheiten der Einklang, der durch die Kraft jedes Einzelnen verschiedene Dimensionen annimmt.

Nachher kommen die großen Gesänge, von denen ich viele schuf. Gesänge ohne Worte, ohne Kehle und doch gesungen mit der Vollkommenheit des allerhöchsten Erlebens.

Was das bedeutet, kann ich euch schwer erklären. Denkt euch zum Beispiel, dass tausend herrliche Tenöre ein und dasselbe Lied singen und dieser Gesang von den höchsten Bergen in den mannigfaltigsten Änderungen und Betonungen herunter klingt in die stillen Täler, – so ungefähr bekommt ihr vielleicht einen Begriff.[70]

Mitteilung vom 24. Dezember 1915

Unermessliches habe ich heute schauen dürfen. Ich erzählte schon von den wunderbaren Klängen, die hinabquellen bis in die innersten Schichten der Erde. Aber nun habe ich noch etwas anderes erschaut, was viel höher ist und weit tiefer als alle Gesänge. Ich habe meinen Erlöser fühlen dürfen! Meinen Erlöser »Christus-Jesus«. Wellen, die von ihm ausgingen, durchströmten mich, und ich empfing sie mit dem heiligsten Erkennen: Wellen von Ihm, von Ihm!

Ich musste ganz ruhig verharren, nichts wurde mir vorher erklärt. Da kam ein Strom der Liebe an mir vorbei, ich wusste gleich: der war Gott, der war von IHM! Ich aber verlor in seligstem Taumel das Bewusstsein. – Er kam vorbei, um weiter zu rauschen, andere zu beglücken, andere zu beseligen.[71]

Mitteilung vom 9. Oktober 1916

Auch alle Tonwellen vernehme ich, die durch dieses Ineinanderfließen von selbst zu schwingen beginnen. Das ist für mich die größte Wonne, da ich als Musiker, der ich doch noch immer bin, weit mehr herausfühle als ein anderer. Für mich schwingt alles doppelt, dreifach, – ja zuweilen ist es ein Verstärken aller Tongruppen, das euch vorzustellen ihr gar nicht imstande seid.

Das ist das Schaffen um uns, das selbständige Schaffen, dem gegenüber alles früher Geschaffene nichtig erscheint. Doch stammt auch dieses aus dem Reich der Götter und ist von ihnen ins Leben gerufen.[72]

Sigwarts Beschreibung dieser überirdischen Musik stimmt ganz gut mit denen zusammen, welche die Menschen, die temporär exkarniert waren, gaben. Das gilt insbesondere für das, was George Ritchie über die von ihm vernommene Musik sagte (☛ Zitat 5.28, S. 185ff.): »Es gab schwierige Rhythmen, Töne, die sich auf einer mir unbekannten Tonleiter befanden. ›Toll‹, dachte ich, ›Bach ist wohl lediglich der Anfang!‹ «

Man ist ja immer geneigt zu glauben, dass die großen Komponisten ihre wundervollen und viele Menschen erhebenden Werke während ihres irdischen Daseins rein aus ihren eigenen Seelenkräften schaffen würden. Das ist aber im Allgemeinen nicht der Fall. Vielmehr werden sie dazu aus der Geisteswelt, wo diese Musik urständet, inspiriert. Diese Inspirationen können sie in begnadeten Momenten empfangen. Der deutsche Arzt und Philosoph *Benedict Franz Xaver* Ritter *von Baader* hatte im 19. Jahrhundert dazu einmal gesagt: »Wer Musik macht, erzeugt sie nicht, sondern öffnet nur mehr oder minder die Türe, durch welche wir die immerwährende Ur-Musik hören.«[73]

Der berühmte deutsche Komponist und Pianist *Johannes Brahms* wurde einmal gefragt, wie er mit der göttlichen Allmacht in Verbindung trete. Seine Antwort, die er gab, zeigt, auf welche Weise er aus der Geisteswelt inspiriert wurde:

»Es kann nur durch die inneren Seelenkräfte geschehen – durch das wirkliche Ich, das den Tod körperlich überlebt. ... Wenn ich den Drang in mir spüre, wende ich mich zunächst direkt an meinen Schöpfer und stelle ihm zuerst die drei in unserem Leben auf dieser Welt wichtigsten Fragen – woher, warum, wohin?

Ich spüre unmittelbar danach Schwingungen, die mich ganz durchdringen. Sie sind der Geist, der die inneren Seelenkräfte erleuchtet, und in diesem Zustand der Verzückung sehe ich klar, was bei meiner üblichen Gemütslage dunkel ist; dann fühle ich mich fähig, mich wie Beethoven von oben inspirieren zu lassen. Vor allem wird mir in solchen Augenblicken die ungeheure Bedeutung der höchsten Offenbarung Jesu bewusst: ›Ich und der Vater sind eins.‹

Diese Schwingungen nehmen die Form bestimmter geistiger Bilder an, nachdem ich meinen Wunsch und Entschluss bezüglich dessen, was ich möchte, formuliert habe – nämlich inspiriert zu werden, um etwas zu komponieren, was die Menschheit aufrichtet und fördert – etwas von dauerhaftem Wert.

Sofort strömen die Ideen auf mich ein, direkt von Gott; ich sehe nicht nur bestimmte Themen vor meinem geistigen Auge, sondern auch die richtige Form, in die sie gekleidet sind, die Harmonien und die Orchestrierung. Takt für Takt wird mir das fertige Werk geoffenbart, wenn ich mich in dieser seltenen, inspirierten Gefühlslage befinde ... Ich muss mich im Zustand der Halbtrance befinden, um solche Ergebnisse zu erzielen – ein Zustand, in welchem das bewusste Denken vorübergehend herrenlos ist ... Ich muss jedoch darauf achten, dass ich das Bewusstsein nicht verliere, sonst entschwinden die Ideen. ...

Alles, worüber wir hier sprechen, betrifft genau das, was Sie über meine geistigen und psychischen Vorgänge beim Komponieren wissen möchten, nämlich dass die Kraft, aus der alle wirklich großen Komponisten, wie zum Beispiel Mozart, Schubert, Bach und Beethoven, ihre Inspirationen schöpfen, die gleiche ist, die es Jesus ermöglichte, seine Wunder zu wirken. [...] Wenn ich komponiere, fühle ich immer, dass ich mir den gleichen Geist aneigne, auf den Jesus so oft hinwies.«[74]

Die Tätigkeiten der Verstorbenen, die sich mit wachem Bewusstsein in der Geisteswelt befinden, beziehen sich freilich nicht nur auf das Musizieren. Vielmehr haben sie hier die mannigfaltigsten Aufgaben zu übernehmen bzw. Arbeiten zu leisten. Die Art dieser Aufgaben hängt natürlich davon ab, was sie an Voraussetzungen mitbringen. Rudolf Steiner konnte schon als junger Mann das Wirken einiger großer deutscher Dichter im Devachan imaginativ wahrnehmen:

»Dann werden Sie etwas verspüren davon, wie eigentlich diese Seele doch etwas ganz anderes wird in ihrem Erleben, wenn sie aus der physischen in die geistige Welt aufsteigt. Und ein Teil der Aufgabe, die die Verstorbenen haben, besteht darin, dass sich ihr Blick, ihr geistiger Blick wendet zu den auf der Erde noch Lebenden, dass sie gleichsam mit ihren Kräften die auf der Erde Lebenden betrachten, dass die auf der Erde lebenden Seelen von den toten Seelen wahrgenommen werden. Und die Bedeutung des Ausdruckes werden die Menschen durch Geisteswissenschaft lernen: Die durch die Pforte des Todes Gegangenen schauen mich an, sie beleben mich, sie sind mit mir, ihre Kräfte strahlen auf mich hernieder. – Und das werden die Menschen lernen, von den Toten als von Lebenden zu sprechen, von geistig Lebenden. [...] denn wahrhaftig Lessing, Goethe, Schiller, Herder sind nicht untätig in der geistigen Welt nach dem Tode, sie beschäftigen sich mit denen, die da unten auf der Erde sind, sie schauen sie an, nehmen sie wahr, beleben sie nach Maßgabe der Kräfte, die sie von den höheren Hierarchien erhalten.«[75]

Sigwart versuchte, seinen Geschwistern das Schaffen bzw. Arbeiten in der Geisteswelt, das nicht mit dem, was wir aus unserem Erdenleben kennen, vergleichbar ist, *mehr grundsätzlich* zu erläutern:

Mitteilung vom 18. April 1917

Ich, Sigwart, will euch wieder einmal von mir berichten, von meinen verschiedenen Arbeiten, wie wir es nennen wollen, obgleich ein Arbeiten im eigentlichen Sinne immer mit gewisser Mühe verbunden ist; diese Mühe fällt hier vollständig fort. Trotzdem ist es ein Arbeiten, ein Schaffen mit der *vollsten* Kraft, mit dem *ganzen* Bewusstsein.[76]

Mitteilung vom 16. Mai 1916

Das hat mich all die Tage sehr in Anspruch genommen, denn ich musste zum Ziel kommen. Ganz fertig bin ich noch nicht damit, aber das Schwerste habe ich lange hinter mir.

Was nun daraus entstehen wird, kann ich euch erst dann sagen, wenn ich es so zusammengebracht habe, dass ich anfangen kann, es in die neue Schöpfung umzusetzen. Es ist mir kaum möglich, euch den genauen Vorgang richtig verständlich zu machen, weil es eben Dinge sind, die den physischen Begriffen vollständig fremd sind. Man kann derartige Beschreibungen nur *fühlen*, sie aber nicht logisch erklären.[77]

Mitteilung vom 23. Juni 1916

Es gibt hier keinen Tag, keine Nacht, nur glückliches Genießen, aber in dem Genießen gibt es ein ewiges Schaffen, nicht das Schaffen der sich plagenden Menschen und auch nicht das Schaffen der sich viel mühenden Wesen (auch Menschen nach dem physischen Tod), sondern ein Schaffen, das nur mit Freude erfüllt ist, da es *nie* mit irgendeiner Schwierigkeit verbunden ist. Oh, das ist so wunderbar! Man ist der Beherrscher seiner Taten und Gedankenwelt, man schöpft aus dem höchsten, eigenen Inneren, das man erst jetzt in seiner ganzen Fülle aufnehmen kann.

Man ist selbst Gott! Fühlt ihr, wie ich das meine? Alles Große, Schöne strömt einem zu, und alles, was man in sich trägt an höchsten Empfindungen, strahlt aus in die Welt, die einen umgibt. So schwebt man in seiner Welt, in seinem Himmel, in dem man sich selbst »in Gott« fühlt.[78]

Mitteilung vom 28. Juni 1916

Und nun zu meinem Schaffen, das nur Genießen ist. Ich schaffe immer weiter,

wie es jeder tut, der bewusst hier lebt, denn jeder Gedanke ist ja auch ein
Schaffen. Male ich mir z.B. aus, was ich komponieren will, so sind die Töne
schon alle da, vereint oder allein, genau wie ich sie mir vorhöre. Die schönsten
Melodien, die ich schaffen will und zuerst nur in Gedanken höre, *sind* bereits
geschaffen durch diesen Wunsch und das In-Gedanken-Hören. Sie sind nun
selber ein Stück von mir. So lebe ich in meiner Kunst und in meinem Reich der
Töne!

Begreift ihr nun, *wie* ich hier lebe in der Welt der Töne, die ich schaffe ohne
Schaffensmühe, wie ich ständig selber mich berausche an der wunderbaren
Wirkung nur gedachter Klänge. Hunderttönig schwingen die Akkorde, dass ich
ganz vergehe im Genießen meiner Werke. – Ewig schaff´ ich Neues und das
alte löst sich nicht mehr auf. Alles, was ich hier geschaffen habe, bleibt in
Ewigkeit. – Also auch für euch! Wie beglücken wird es euch, wenn ihr einst die
Tore öffnet und die Flut der Klänge schwingend sich in euer Herz ergießt.[79]

Mitteilung vom 29. Juli 1915

Ich habe meinen Tod selber geschaffen, weil ich hier viel Größeres zu tun hatte. Von diesen Arbeiten macht ihr euch keine Begriffe, ja nicht einmal ahnen
könnt ihr, wie schön, wie groß, wie vollkommen sie sind!

Heil dem, der sie erfüllen darf![80]

Kommen wir nun auf den Bericht von George Ritchie zurück (☞ Zitat 5.28, S.
185ff.). Dass wir ausgerechnet diese Schilderung für etwas halten, was er in der
Geisteswelt, im Devachan oder Himmel, erlebt hat, mag viele Leser überraschen.

Um Ritchies Schilderung einordnen zu können, muss nochmals auf das große
Problem hingewiesen werden, das sich jedem stellt, der etwas Geistiges, das er
ganz real wahrgenommen hat, in Worte einer Menschensprache, die dafür absolut nicht geeignet ist, gießen muss. Somit dürfen freilich Begriffe bzw. Bilder
wie etwa »Park«, »Universität«, »eins der Gebäude betraten«, »Kapuzenmäntel«, »Studio«, »Bücher« usw. nicht im wortwörtlichen Sinne aufgefasst werden. George Ritchie sagt ja selbst, »dass es lächerlich war, das, was ich sah, mit
irgendetwas auf der Erde zu vergleichen« und »Ich wusste sofort, dass dies unmöglich war. Wie konnten Bücher irgendwo außerhalb der Erde geschrieben werden!«

Wir nähern uns dem Verständnis dessen, was George Ritchie wahrnahm, wenn
wir berücksichtigen, was er im letzten Kapitel seines Buches schreibt. Dort er-

zählt er, dass er neun Jahre nach seiner Nahtod-Erfahrung etwas in einer Zeitschrift entdeckte, was er kaum fassen konnte:

»Es war im Dezember 1952 [...] als ich im Wohnzimmer saß und die Zeitschrift ›Life‹ las. [...] und ich blätterte die Zeitschrift ohne großes Interesse durch, als plötzlich meine Finger wie gelähmt waren.

Auf der Seite, die vor mir lag, sah ich die Zeichnung einer gigantischen kugelförmigen Konstruktion mit einem Querschnitt, der Menschen und Maschinen in ihrem Inneren darstellte. Eine Art fahrbarer Kran war an Stahlträgern befestigt, Turbinen, ein gewaltiges rundes Becken, Treppen, Gänge, in einer Ecke unten ein kleiner Kontrollraum.

Das, was mein Herz bis zum Hals schlagen ließ, war nicht die fremde, in die Zukunft gerichtete Erscheinung dieser Dinge, sondern die Gewissheit, dass ich all das zuvor gesehen hatte. Allerdings nicht erst vor kurzem. Irgendwie, Jahre zuvor hatte ich davor gestanden. Ich hatte nicht auf eine Zeichnung gestarrt, die dieses großartige Kugelgebäude wiedergab, sondern ich hatte das Ding selbst gesehen. Ich war auch durch die seltsame Einrichtung gegangen; ich hatte gerade jenes Treppenhaus gesehen und das riesige Wasserbecken gespäht.

Aber ... das konnte doch nicht sein! Als ich den Text überflog, erkannte ich, dass meine Erinnerung mich täuschen musste: ›In der letzten Woche hat die Kommission für Atomenergie den Schleier des Geheimnisses teilweise gelüftet und den Zeichnern von ›Life‹ erlaubt, die Skizze von einigen Details des Prototyps des zweiten atomangetriebenen U-Boot-Motors der USA, zusammen mit dem seltsamen Haus, in dem sie sich befindet anzufertigen. Das Gebäude, das in der Nähe von Schenectady, N. Y., entsteht, wird der Welt größtes, von Menschenhand gebautes Kugelgebäude sein, ein Zwei-Millionen-Dollar-Projekt mit 70 Metern Durchmesser.‹

Der Artikel berichtete weiter, dass die Wissenschaftler den U-Boot-Motor innerhalb der Kugel bauen würden, um mögliche radioaktive Verseuchung zu vermeiden und ihn schließlich im großen Wasserbecken zu testen. Verblüfft legte ich die Zeitschrift auf meinen Schoß. Ich war so sicher gewesen, dass ich das ganze Unternehmen schon gesehen hatte, und doch war ich niemals in Schenectady gewesen. Wie dem auch sei, woran ich mich erinnerte, es lag einige Zeit zurück, und dies hier befand sich gerade im Bau. Das, was ich gesehen hatte, war fertig und in Betrieb, obwohl ich niemals eine Vorstellung davon hatte.

Plötzlich erinnerte ich mich. Es war in jenem ruhigen Reich, das einem Campus glich und von Wesen bewohnt wurde, die in Gedanken verwickelt waren, so wie Mönche in ihre Kutten, wo ich 1943 [während seiner Nahtod-Erfahrung] nach irdischer Zeitrechnung stand, und wo ich das gewaltige kugelförmige Gebäude anstarrte, um anschließend durch die verzwickte Einrichtung zu gehen ...«[81]

In der Geisteswelt befinden sich die Urbilder bzw. die schöpferischen Quellen für *alles* Geschaffene, also für alles Seelische, Lebendige, aber auch für alles Materielle. Wie Steiner sagte, ist die geistige Welt aus dem gleichen ›Stoff‹ gewoben, aus dem die menschlichen Gedanken bestehen. Allen Gedanken, die in den Köpfen von Erdenmenschen auftauchen, entspricht in der Geisteswelt eine reale Wesenheit, ein *»Gedankenwesen«*. Dem Menschen kann sich nun diese Umgebung offenbaren als eine **»Welt lebendiger Gedanken oder Geistwesen«.**[82] In dieser Welt sind **»die geistigen Urbilder aller Wesen und Dinge«**[82] zu ›sehen‹. Alles, was in der physischen Welt und auch in der Seelenwelt vorhanden ist, urständet in der Geisteswelt. Alles hat hier sein geistiges *»Urbild«*, von denen die Dinge in den niederen Welten nur Abbilder sind. Alles ist hier in fortwährender Tätigkeit, in fortwährendem Schaffen. Auch **»die Urbilder sind schaffende Wesenheiten. Sie sind die Werkmeister alles dessen, was in der physischen und seelischen Welt entsteht.«**[83]

»Aber durch ihn [den Menschen] **sind in der Welt die Schöpfungen der Künste und Wissenschaften, der Technik, des Staates und so weiter, kurz alles das, was er als originale Werke seines Geistes der Welt einverleibt. Zu alledem wären, ohne sein Zutun, keine physischen Abbilder in der Welt vorhanden. Die Urbilder nun zu diesen rein menschlichen Schöpfungen finden sich in der vierten Region des ›Geisterlandes‹. Was der Mensch an wissenschaftlichen Ergebnissen, an künstlerischen Ideen und Gestalten, an Gedanken der Technik während des irdischen Lebens ausbildet, trägt in dieser vierten Region seine Früchte. Aus dieser Region saugen daher Künstler, Gelehrte, große Erfinder während ihres Aufenthaltes im ›Geisterland‹ ihre Impulse und steigern hier ihr Genie, um bei einer Wiederverkörperung in verstärktem Maße zur Fortentwicklung der menschlichen Kultur beitragen zu können.«**[84]

Sigwart sagte dazu in einer seiner Mitteilungen:

Mitteilung vom 30. Mai 1931

Das ist eine Sphäre [in der Geisteswelt], aus der alle großen Erfinder und Komponisten schöpfen. *Beide*, so sonderbar euch das erscheinen mag, tauchen dort unter, um die Fähigkeiten zu erlangen, in ihrem Geist ein tönendes oder wirkendes Modell zu schaffen, das auf dem physischen Plan – vom Gedanken zur Tat gebracht – sein eigenes, schwingendes Dasein beginnt. [...]

Auch wir holen uns mit unseren in höchste Sphären gerichteten, sehnenden Gedanken die lichtesten und binden sie zu den welterschütternden Harmonien, die aus unseren Reichen in eure Welt dringen. – Und so macht es jeder, auch der, der im irdischen Kleid die Fähigkeit hat, sich hineinzufühlen in diese Welt der Urklänge. –

Oft geschieht es, dass die Mentalität des Musikers an sich schon in die Klangwelt hineinwirkt und dort Verbindungen schafft, die weit über sein Vermögen, weit über das gehen, was sein Geist auszudenken imstande wäre. Das ist dann das, was ihr transzendental nennt. Er hat dann nicht das Werk geschaffen, sondern durch den Impuls ein mentales Abbild seiner eigenen Seele ohne sein Zutun geformt.[85]

Es gibt in unserer Erdenwelt nichts, was nicht sein geistiges Urbild in der Geisteswelt hat. Kein künstlerisches Werk, keine Erfindung ist *ursächlich* einem besonders genialen Menschen zuzuschreiben. Solche Menschen empfangen die Impulse zu ihrem Schaffen durch eine Inspiration aus dem Devachan – sei es durch Sphärenmenschen, sei es durch hohe Engelwesen. Natürlich bedarf es letztlich eines verkörperten Menschen, der diese Impulse aufnimmt und sie der Erdenwelt einprägt. Oftmals sagt man: »Dieser oder jener Mensch hatte einen guten *Einfall*.« Das deutsche Wort »Einfall« drückt sehr treffend aus, um was es sich dabei handelt: Es *fällt* etwas aus der Geisteswelt in die Erdenwelt *ein*.

Oftmals ist es so, dass mehrere Menschen irgendwo in der Welt nahezu gleichzeitig einen solchen Einfall haben, damit die Wahrscheinlichkeit steigt, dass er von wenigstens einem von ihnen aufgegriffen und umgesetzt werden kann. Patentämter werden bestätigen, dass häufig innerhalb kürzester Zeit Patente zu gleichen Erfindungen eingereicht werden.

Heute lernt jedes Kind in der Schule, dass es der US-amerikanische Forscher *Thomas Alva Edison* war, der im Jahre 1879 die Glühbirne erfand. An dieser Idee arbeitete aber auch der britische Physiker und *Chemiker Joseph Wilson Swan*, der dieses Projekt sogar ein Jahr zuvor zum Abschluss brachte. Edison gewann den Patentstreit und gilt somit offiziell als der Erfinder der Glühbirne.

George Ritchie hatte offensichtlich einen Einblick in diejenige Region der Geisteswelt, in der sämtliche auf der Erde realisierten Erfindungen ihren Ursprung haben. Er ›sah‹ die urbildliche ›geistige Skizze‹ des ersten durch Atomkraft angetriebenen U-Bootes der USA, das dann ein paar Jahre später tatsächlich auf der Erde gebaut wurde.

Vierzehn Jahre nach seinem Tod erläuterte Sigwart in einer seiner Mitteilungen die Bedeutung des Schaffens – sowohl in der Geisteswelt als auch im Erdendasein:

Mitteilung vom 2. Juni 1929

> Meine Musik muss jetzt längere Zeit ruhen. Ich empfinde es nicht schmerzlich, da ich in all der Zeit sehr viel geschaffen habe, und so ist dies alles jetzt ein Aufnehmen neuer Ideen. Das ist ja das Wunderbare hier: keine einzige und noch so kleine »Idee« geht verloren, wird auch nicht vergessen, sondern besteht. Auch mit großen technischen Talenten arbeiten wir hier, denn diese haben ja ihr Urwissen auf einem anderen Gebiet gehabt, und es hat sich in der Neuzeit als technisches Talent gezeigt, weil es der Zeit entsprach, dann sich aber wieder hier zum Urwissen verwandelt.
>
> Deshalb ist jedes Schaffen, jedes Talent, jedes Wissen und jedes Genie eine *ewige* Kraft, und Heil dem, der sich immer weiter in ihr vervollkommnet.
>
> Darum verzagt nicht immer wieder, wenn ihr seht, dass euer Schaffen ungesehen, ungehört nach euren Begriffen schlummert. Es lebt ja doch, und an ihm habt ihr euch entwickelt. Und an eurer Entwicklung haftet dieses Geschaffene und verfeinert euch jedes Mal mehr.
>
> So sollt ihr euer Schaffen betrachten: als eine Kraft, die eure Entwicklung fördert.[86]

Die Geistesseherin Judith von Halle weist in einem ihrer Bücher darauf hin, dass das Arbeiten der Verstorbenen in der Geisteswelt absolut *notwendig* ist. Sofern diese nicht imstande sind, diese Aufgaben zu verrichten, müssen die Erdenmenschen ihnen helfen, um sie in den Stand zu versetzen, diesen gerecht zu werden.

»Die geistwache, konstruktive Arbeit der Verstorbenen, der in der geistigen Wirklichkeit lebenden Seelen, an der sinnlich-physischen Welt ist für die diesseitige Sphäre unverzichtbar. Kann diese Arbeit nur kümmerlich oder gar nicht versehen werden, müssen jene, die der geistigen Wirklichkeit gegenüber wach im Sinnesleben stehen, den Seelen jenseits der Schwelle helfen, damit diese allmählich in einen Stand versetzt werden, der ihnen gestattet, die notwendige Arbeit zu verrichten.«[87]

An dieser Stelle sei noch kurz erwähnt, dass es selbstverständlich auch Erfindungen bzw. technische Innovationen gibt, die alles andere als förderlich sind und der Menschheit gewiss nicht zum Segen gereichen. Um ein konkretes Beispiel zu haben, kann man wieder an die geradezu untermenschlichen Pläne der Transhumanisten denken (☛ S. 151f.). Diese greifen die Impulse auf, die von den dunklen oder bösen Geistwesen herrühren. Diese wollen nicht, dass die Entwicklung der Erde und der Menschheit denjenigen Verlauf nimmt, der in den Absichten der guten Götter liegt.

Wir wollen noch einen Blick auf weitere ganz konkrete Tätigkeiten werfen, die Menschen jenseits der Schwelle zu verrichten haben, wenngleich von diesen in den uns vorliegenden Nahtod-Berichten nicht geschildert wird.

Der ach so zivilisierte und gescheite Mensch ist es ja heute gewohnt, alle Naturerscheinungen – denken Sie etwa an die Planetenbewegungen, an meteorologische Phänomene, an geologische Umwälzungen und dergleichen – auf »wesenlose Kräfte«, auf »wesenlose Energien« zurückzuführen. Solche *wesenlosen* Kräfte bzw. Energien sind aber ein Hirngespinst! Alle diese Phänomene werden vielmehr von »kraftvollen *Wesen*«, etwa von den geistigen Wesen der höheren Hierarchien bewirkt (☛ auch Kapitel 6, S. 215ff.).

Aber es sind nicht nur die hohen göttlich-geistigen Wesen, die auf diesem Gebiet ihre Tätigkeiten entfalten. Auch die Menschen, die durch die Pforte des Todes gegangen sind, können hier in einigen Teilbereichen mitwirken. Sie haben wichtige Arbeiten zu leisten, die für den Fortbestand der Erdenentwicklung vonnöten sind. Wenn diese Seelen später wieder geboren werden, so hat sich in der Zwischenzeit die Erde in vielerlei Hinsicht gewandelt. An diesen Wandlungen, an diesen Umgestaltungen – im positiven wie im negativen Sinne – arbeiten die Toten selbst mit, während sie sich in der geistigen Welt aufhalten. Sie verwandeln das Antlitz der Erde; sie arbeiten an der Umgestaltung der Tier- und Pflanzenwelt sowie insbesondere an der Umgestaltung der festen Erde.

»Erdenarbeit ist Totenarbeit. Auch in den Naturkräften haben wir die Handlungen der entkörperten Menschen zu sehen. Und wie gewaltig arbeiten diese Naturkräfte die Erde um!«[88]

Wenn also beispielsweise irgendwelche Landmassen im Laufe langer Zeiten zu Ozeanen werden – wie das etwa beim Atlantischen Ozean der Fall war –, so ist darin auch das Werk der Toten zu sehen.

»Alle Tätigkeit, alles Arbeiten hat einmal vor Zeiten einen Anfang genommen. Da gab es noch keine Pyramiden, da gab es auch noch keine Werkzeuge. Alles war da, wie die Götter, oder wie die Materialisten sagen, die Naturkräfte es gege-

ben hatten, und der Mensch war in das hineingesetzt. Jetzt ist rund um uns her die Erde durch äußere Menschenarbeit umgestaltet; und was hier [im Erdenleben] nicht erreicht werden kann, was der Mensch hier nicht tun kann, das tut er in der Zeit zwischen Tod und neuer Geburt. Somit hängt unsere eigene Entwickelung zusammen mit der Veränderung der ganzen Erde. Der Bau und die Evolution der Erde ist die Arbeit des Menschen auf den höheren Planen, und je höher sich der Mensch selbst entwickelt, um so rascher und vollkommener schreitet die Umgestaltung der physischen Erde und der Fauna und Flora vorwärts. Je höher er entwickelt ist, desto länger hat er zu arbeiten in den höheren Partien des Devachan. [...] In vielen Sagen und Märchen hat der scheinbar kindliche, in Wirklichkeit aber von hohen Kräften inspirierte Menschengeist diese Tatsachen zum Ausdruck gebracht.«[88]

Für die Toten ist das keineswegs ein wundersames Geschehen, sondern eine ganz natürliche Arbeit. Auch in den Kräften der Natur haben wir die Arbeit der Toten zu suchen. Bei all diesen Arbeiten werden sie von hohen Geistwesen angeleitet und geführt. In ähnlicher Weise wie für die Lebenden die Luft, die sie atmen müssen, wirkt, wirkt in der Welt der Toten das Licht. Die Toten weben und wesen im Licht.

»In dem ausgebreiteten Licht sieht der Eingeweihte die Wesen der Toten. So sind zum Beispiel für den Seher die Pflanzen umgeben von den Geistern der Verstorbenen, und indem das Licht die Pflanze wandelt und wachsen lässt, sind es die Geister der Toten, die das vollbringen.«[89]

Iris Paxino schreibt über das Wirken der Sphärenmenschen:

»Die Welt des Devachan ist eine Welt der geistigen Brüderschaft. So wirken Devachanverstorbene immer in Gemeinschaften, die sich aus zahlreichen gleichgesinnten Sphärenmenschen wie auch aus höheren Geistwesen bilden. Aus ihrem Ausgedehntsein heraus konzentrieren sie ihre Kräfte auf ein konkretes Aufgabengebiet, in welchem sie dann tätig werden. Ihr Bestreben ist es, die Zukunft der Erde vorzubereiten. Sie selbst befinden sich bereits auf dem Weg zu einer neuen Inkarnation hin, für welche sie bestimmte Bedingungen im Irdischen benötigen werden. An diesem Wesen der Erde bauen sie, für ihre eigene und für die gesamte Menschheitsentwicklung. So gesehen ist es der Mensch selbst, der das Antlitz der Erde formt und sich seine künftige Welt erschafft.

Dies kann beispielsweise im substanziellen Pflanzenwachstum, im Wirken mit den Elementen, in Licht- und Naturphänomenen geschehen. [...]

Auch in allen Erscheinungen der Jahreszeiten, in der Pflege von Landschaften, in der Gestaltung von Orten leisten die devachanischen Sphärenmenschen Dienst an der Erde.«[90]

Man muss wohl zugeben, dass diese Tatsache für jemanden, der sich die heute übliche materialistische Weltauffassung zu eigen gemacht hat, wie ein Märchen anmuten dürfte.

Kommen wir nun auf den Bericht von Eben Alexander (☛ Zitat 5.29, S. 187) zu sprechen, der etwas kryptisch anmutet und nur schwer mit realen Verhältnissen der Geisteswelt in Einklang zu bringen scheint. Diese Schilderung kann allerdings verständlich werden, wenn man Rudolf Steiners Darstellungen, die er über die dritte Region der Geisteswelt, die Saturnsphäre, gegeben hat, heranzieht.

In dieser Region sind die Urbilder alles Seelischen zu finden. Das Element, in dem man sich hier befindet, ist noch viel feiner und dünner als in den ersten beiden Regionen. Alles, was in den einzelnen Seelen in der physischen Welt und in der Seelenwelt vorgeht – also das Astralische wie Gefühle, Empfindungen, Leidenschaften usw. – hat hier sein ›geistiges Gegenstück‹.

»Wie ein leises Wehen erscheint hier das Sehnen einer Menschenseele; wie ein stürmischer Luftzug ein leidenschaftlicher Ausbruch.«[91]

Vergleichsweise nannte Rudolf Steiner daher diese Region *»Luftregion«*. Der Mensch wird gewahr, dass alles Seelische, also alle Gefühle, Empfindungen, Begierden usw., eine Einheit bilden, dass *alle* diese Gefühle *aller* Wesen *eine gemeinsame* Welt darstellen.

Der Mensch nimmt zunächst das wahr, was im verflossenen Leben in seiner Seele lebte: Leid, Lust, Freuden, Schmerzen usw. Er nimmt also all diese Gefühle und Empfindungen aus seinem letzten Erdendasein erneut wahr. Diese Wahrnehmung hat jetzt aber eine andere Qualität als im Kamaloka. Nun sind alle seelischen Erlebnisse aus dem letzten Erdenleben als Außenwelt für lange Zeit vor seiner Seele ausgebreitet. Dieses Wahrnehmen seiner Gefühle ist aber nicht etwas, was ihn jetzt traurig machen würde. Alle Leiden und Schmerzen sind dort um ihn vorhanden wie ein Gewitter, und alle Freuden sind dort wie herrliche Wolkenerscheinungen vorhanden. Alle Gefühle sind als himmlische Gebilde objektiviert.

»Es ist so um uns herum, als ob es in Bildern, Tönen oder atmosphärischen Erscheinungen um uns wäre; es ist objektiviert als himmlisches Gebilde. Dass zum

Beispiel die Schmerzen uns entgegenstrahlen, sagte ich, ist nicht traurig, so wenig es hier im Leben traurig ist, wenn Blitz und Donner uns umgeben; denn der, welcher den Zusammenhang einsieht, der weiß, was wir gerade den Schmerzen verdanken. Gerade wer Leid und Schmerz erfahren hat, wird immer sagen, dass zwar Freuden und Lust dankbar hingenommen werden, dass man aber die Schmerzen und Leiden nie missen möchte. Alle unsere Weisheit verdanken wir den Leiden und Schmerzen der verflossenen Erdenleben.«[92]

Eine Anwartschaft auf diese Region haben sich diejenigen Seelen erworben, die es im Erdenleben dazu bringen konnten, sich in selbstloser Weise und voller Hingabe in den Dienst ihrer Mitmenschen zu stellen. Je mehr sie sich um andere Menschen gekümmert haben, je mehr sie um das Wohl der menschlichen Gemeinschaft besorgt und bemüht waren, desto eher werden sie die Wahrnehmung für diese Region gewinnen. Dieses Verhalten trägt hier seine Früchte.

Ein Sphärenmensch wird im Devachan nicht einsam sein. Er kann hier vielmehr nach wie vor ein Zusammenleben mit anderen Sphärenmenschen führen. Während er in der Seelenwelt vorwiegend mit Verstorbenen aus seinem Schicksalskreis zusammenkam, wird sich jetzt sein ›Bekanntenkreis‹ mehr und mehr erweitern. Wie wir schon gesehen haben, bilden sich in der Geisteswelt Gemeinschaften gleichgesinnter Sphärenmenschen, die etwa gemeinsam an bestimmten Aufgaben arbeiten. Dieses Zusammensein ist viel inniger als es noch in der Seelenwelt oder gar im irdischen Dasein jemals sein könnte.

Sigwart sagte:

Mitteilung vom 23. Juni 1916

> Das ist ja wohl das Schönste an dieser Himmelswelt, dass man stets sofort mit seinen Lieben vereint ist, wenn nur ein leiser Wunsch sich regt, mögen sie auf Erden oder sonst wo sein, das ist ganz gleich.[93]

Ein Sphärenmensch wird aber nicht permanent die Geselligkeit mit anderen pflegen. Diese Phasen wechseln sich ab mit solchen, in denen er eine gewisse Einsamkeit bevorzugt, in der er eine Selbstbetrachtung oder Selbstbesinnung anstrebt. Sigwart drückte es folgendermaßen aus:

Mitteilung vom 11. Februar 1916

> Ich bin augenblicklich wieder sehr viel allein, was mir aber angenehm ist, kann man doch immer nur in der stillen Selbstbetrachtung wirklich vorwärts kom-

men. Darauf aber verzichten meist alle, obgleich man ihnen sagt, es wäre das
einzige zu einer schnellen Entwicklung. Doch wer liebt die Einsamkeit? Ein
ganz kleiner Prozentsatz der Menschheit auf der Erde und in der hiesigen Welt.
Ich war immer gern allein und habe daher auch hier oft ein starkes Bedürfnis
zur Einsamkeit.

Nur in diesen Augenblicken tiefster Versenkung ahnt man die allerheiligste
Ewigkeit Gottes. Das ist ein Erkennen des Ewigen, und mag dies Erkennen
noch so klein sein, noch so unbestimmt empfunden, es kommt doch aus dem
Urquell der Wahrheit. Ist das nicht Liebe genug, die einem zufließt? Meine
ganze Glückseligkeit ist es, wenn ich über den großen ewigen Werdegang der
Zeit, da es kein Stehenbleiben, kein Verweilen in jeder Entwicklungsstufe gibt,
da man mit muss, mitgerissen von dem großen Strom der Ewigkeit![94]

Ein Mensch wird nach seinem Tod recht lange – in den wohl meisten Fällen
sogar einige Jahrhunderte – die Sphären der geistigen Welt durchlaufen. Zunächst steigt er – wie bereits kurz erläutert – in die Planetensphären hinauf. Es
hängt von seiner geistig-seelischen Entwicklung ab, bis zu welcher Sphäre er
noch ein bewusstes Erleben haben wird.

Dann – wenn etwa die Hälfte seines nachtodlichen Lebens vorüber ist, wenn es
zu dem, was Rudolf Steiner als *»Weltenmitternacht«* bezeichnet hat, kommt –
wandert er wieder durch die Planetensphären zurück. Nun geht es für das Men-
schenwesen bei diesem ›Abstieg‹, bei dem sich seine geistig-seelische Wesenheit immer mehr zusammenzieht, insbesondere ganz wesentlich darum, den
Geistkeim der physischen Leiblichkeit zu entwickeln, die ihn in der nächsten
Inkarnation bekleiden soll, sowie das neue Erdenleben so weit zu planen, dass
sich das notwendige Karma erfüllen kann. Hierbei wird der Mensch von hohen
und höchsten Geistwesen (☛ Kapitel 6, S. 215ff.), deren Weisheit den menschlichen Verstand übersteigt, und auch von den Seelen der Verstorbenen, mit denen er aus schicksalhaften Notwendigkeiten im nächsten Leben wieder zusammenkommen muss, unterstützt.

Wie Sigwart in einer Mitteilung sagte, hatte er schon sehr früh eine Ahnung von
dem späteren Abstieg:

Mitteilung vom 23. Juni 1916

Auch regt sich ab und zu schon ganz leise der kleine Lebensfaden, der zum Abstieg in ein neues Erdenleben benötigt wird.[93]

Zum Abschluss dieses Kapitels wollen wir schon so etwas wie eine ›Bilanz‹ ziehen.

Über die Motive, die wir in den beiden *vorausgegangenen* Kapiteln betrachtet haben, schildern etliche Menschen, die an der Schwelle des Todes standen. Auch ein Mensch, der tatsächlich gestorben ist, wird diese Wahrnehmungen und Erlebnisse nach dem Tod haben. Im Unterschied zu einem Verstorbenen kommen diese bei einem, der nur kurzzeitig exkarniert war, offensichtlich in einer zeitlich stark komprimierten Form zustande. Bei einem solchen scheint die Zeit – von der man in den übersinnlichen Welten ja ohnehin gar nicht sprechen kann – nochmals eine andere Qualität zu haben. Es hat den Anschein, als würde jemand, der Nahtod-Erfahrungen hat, alles im ›Zeitraffer‹ erleben. Genauso gut könnte man sagen, dass sich diese Erlebnisse nach dem tatsächlichen Tod ausdehnen.

Wie auch immer – diese Wahrnehmungen, Begegnungen und Erlebnisse, über welche die Beinahe-Verstorbenen berichten, sind bis auf den merkwürdigen Zeitaspekt durchaus vergleichbar mit dem, was ein Verstorbener in den ersten etwa drei Tagen nach dem Tod erlebt. Das nochmalige Durchleben des letzten Erdenlebens, von dem eher wenige Menschen, die Todesnähe-Erfahrungen gemacht haben, so etwas wie einen kleinen ›Vorgeschmack‹ bekommen haben, wird natürlich *deutlich* länger dauern.

Kommen wir jetzt auf die Motive zurück, die wir in *diesem* Kapitel thematisiert haben. Wir haben einen kurzen Überblick über die Welten bzw. Sphären gegeben, die sich einem Sphärenmenschen nach und nach erschließen können. Außerdem haben wir gezeigt, um welche Aufgaben es dort für ihn geht.

Viele Menschen, die Nahtod-Erfahrungen gemacht haben, durften einen Blick in *eine* oder *einige* dieser Sphären werfen. George Ritchie war von allen, deren Berichte uns vorliegen, der einzige, dem Einblick in *nahezu* alle Welten gewährt wurde. Neben seiner ›Astralreise‹ zu verschiedenen Orten auf der Erde (☛ Zitat 5.5, S. 144f.) schaute er in die Sphäre, in der sich die erdgebundenen Toten befinden (☛ Zitate 5.12, S. 158f. sowie 5.14 und 5.15, S. 164f.), ins Kamaloka der Seelenwelt (☛ Zitate 5.16 bis 5.18, S. 168f.) und in die Geisteswelt (☛ Zitat 5.28, S. 185ff.). Dann hatte er noch eine ganz außergewöhnliche, gloriose Imagination, von der wir im nächsten Kapitel schildern werden (☛ S.

235f.). Nur in die Hölle blickte er nicht, wenngleich er die physisch-ätherische Sphäre und das Kamaloka zunächst für die Hölle hielt. Die meisten anderen Bericht-Erstatter wurden nur in eine oder höchstens drei Sphären geführt.

Nun ergibt sich eine ganz wesentliche Frage:

Warum wurden manche während ihrer temporären Exkarnation in die Hölle, manche ins Kamaloka, andere in die Geisteswelt geführt? Wie kann man eine Erklärung dafür finden, dass unterschiedlichen Menschen unterschiedliche Welten offenbart wurden?

Einer Antwort auf diese Frage könnte man sich eigentlich nur dann seriös nähern, wenn man mehr über die Persönlichkeiten, die über ihre Nahtod-Erlebnisse geschrieben oder gesprochen haben, in Erfahrung bringen könnte. Wenn man von den sehr wenigen absieht, die über ihre Erlebnisse an der Schwelle des Todes ein Buch in Form einer Biografie geschrieben haben, so weiß man über diese Menschen nahezu nichts. Insbesondere weiß man nicht, ob sie eher religiös oder spirituell oder materialistisch gesinnt waren. Daher müssen wir hier zu Mutmaßungen greifen.

Sicher ist, dass es als eine große Gnade der geistigen Welt bzw. der göttlich-geistigen Wesen aufzufassen ist, wenn jemand diese großartigen und mit nichts aus der Sinneswelt vergleichbaren Erlebnisse an der Todesschwelle haben durfte. Man kann wohl davon ausgehen, dass der betreffende Mensch nur dasjenige schauen und erleben durfte, was die Götter ihm zu zeigen gewillt waren, was dieser ertragen konnte und was für ihn förderlich war.

Nun könnte es sich bei denjenigen, denen ein Blick in die finstere Unterwelt, in die unerlöste Äthersphäre oder ins Kamaloka gewährt wurde, möglicherweise um solche gehandelt haben, denen aufgrund ihrer bisherigen Lebensführung später nach dem tatsächlichen Tod ein ähnliches Schicksal drohen könnte. So aber bekamen sie die Chance, ihre Einstellungen und ihr Verhalten zu verändern. Unabhängig von den konkreten Erlebnissen, die ein temporär Exkarnierter hatte und von den Sphären oder Welten, in die er geführt wurde, *konnte* dadurch zumindest jedem klar werden, dass es wohl auch nach dem Tod ein Dasein gibt, an das er womöglich zuvor nicht glauben konnte.

Die Götter verteilen ihre Gnade gewiss nicht mit dem ›Salzstreuer‹. Im Weltensein geschieht nichts Zufälliges; alles hat seinen Grund. Die Menschen, die Nahtod-Erfahrungen hatten, haben sich diese ganz sicher ›verdient‹, was meistens in deren Karma begründet ist.

Wie wir in Kapitel 7 (☛ S. 261ff.) noch sehen werden, haben in der Tat viele der Beinahe-Verstorbene diesen ›Weckruf‹ verstanden und von diesem Tage an ihrem Leben eine gänzlich andere Richtung gegeben.

Kapitel 6

An und hinter der Schwelle des Todes
–
Weitere Wahrnehmungen, Erlebnisse und Begegnungen

Mit Erstaunen konnte ich spüren, wahrnehmen, wie viele Menschen in dieser Zeit an mich gedacht haben. Ich habe gespürt, dass meine ganze Familie für mich gebetet hat, und diese Liebe, diese Gedanken, die an mich gerichtet waren, die habe ich so empfunden, dass sie mir behilflich waren. ... Diese Liebe wirkte wie Wellen, wie Vibrationen, wie Schwingungen, das tat mir gut. Sie hatten auf jeden Fall eine ... ja, heilende Wirkung für meinen Zustand. Auch Menschen, von denen ich es überhaupt nicht gedacht hatte, also junge Menschen, da konnte ich auch wahrnehmen, dass sie für mich eine Kerze in der Kirche angezündet haben oder so.

In diesem Kapitel wollen wir uns zunächst mit zwei weiteren Motiven befassen, die einige Menschen an der Schwelle des Todes erlebt haben. Diese Erlebnisse bzw. Begegnungen wird jeder Mensch, der unumkehrbar gestorben ist, im Leben zwischen Tod und neuer Geburt *definitiv* haben. Für einen Verstorbenen sind diese Begegnungen von größter Bedeutung. Zum Abschluss dieses Kapitels werden wir uns noch mit einem ganz außergewöhnlichen Motiv befassen, von dem nur sehr wenige Menschen, die temporär exkarniert waren, berichten und das nicht ganz leicht zu verstehen ist.

Begegnungen mit Engelwesen

Wie wir bereits in Kapitel 3 gesehen haben, wurde das Lichtwesen, dem fast alle Menschen, die Nahtod-Erfahrungen hatten, zu Beginn ihrer temporären Exkarnation begegnet waren, von einigen als Engel identifiziert.

Manche gaben an, unabhängig von diesem Ereignis einen Engel wahrgenommen zu haben. Die Beschreibungen dieses Wesens sind meistens sehr dürftig. Werfen wir dennoch einen Blick auf einige dieser Aussagen:

Zitat 6.1

> Ich war bei meinem Engel oder bei Gott oder bei irgendjemandem, mit dem ich vollkommen harmonierte und mit dem ich mich wortlos verständigte. ... Ich war bei einem Geist oder Engel oder so. Ich weiß nicht, wer bei mir war, aber es war auf jeden Fall jemand da.[1]

Zitat 6.2

> Ich sah einen großen Engel mit riesigen Flügeln, die weiß und golden waren. Er trug ein weißes Gewand. Der Engel sprach zu mir: »Dein Leben ist nicht zu Ende. Geh zurück zur Erde!«[2]

Zitat 6.3

> [...] ein großer Engel mit riesigen Schwingen, weiß und golden ... weißes Kleid, goldene Flügel, Licht [...][3]

Zitat 6.4

> [...] ich traf einen leuchtenden Engel [...][3]

Zitat 6.5

> Unser Leben hier unten mag uns unbedeutend vorkommen, denn es ist winzig im Vergleich zu anderen Leben und anderen Welten in den sichtbaren und unsichtbaren Universen. Aber es ist auch außerordentlich wichtig, denn hier ist es unsere Aufgabe, dem Göttlichen entgegenzuwachsen. Und dieses Wachstum wird von Wesen aus höheren Welten genau beobachtet – von Seelen und durchsichtigen Lichtkugeln (von jenen Wesen, die ich ursprünglich weit über mir im Eingangsbereich gesehen habe und von denen ich glaube, dass sie der Ursprung für die Vorstellung sind, die sich unsere Kultur von Engeln macht.)[4]

hinter der Schwelle des Todes

I n den bisherigen Kapiteln sind ja schon des Öfteren Begriffe wie »Engel«, »Götter«, »göttliche Wesen« oder »geistige Wesen der höheren Hierarchien« verwendet worden. Wir wollen nun erläutern, was man überhaupt unter den Wesen, die man mit diesen Bezeichnungen versieht, versteht.

Es gehört zu den elementarsten Glaubensgrundlagen *aller großen Religionen*, dass es ein mit höchster Weisheit und Güte begabtes Wesen, das wir »Gott« zu nennen gewohnt sind, sowie zahlreiche weitere geistige Entitäten wie Engel, Erzengel usw. gibt. Noch vor gut fünfzig Jahren hätte man kaum einen Christen getroffen, der daran gezweifelt hätte, wenngleich die Vorstellungen, die man sich über diese Wesen gebildet hatte, recht dürftig und bisweilen sehr naiv waren. In unserem heutigen geistlosen materialistischen Zeitalter nimmt die Zahl der *sogenannten* Christen stetig zu, die zwar noch ein nebulöses Gottesbild haben, aber an der Existenz von Engeln Zweifel anmelden, weil sie das Verständnis für diese Wesen völlig verloren haben.

Bis vor wenigen Jahrtausenden war in den alten Kulturen noch ein vitales Bewusstsein für diese Wesen vorhanden. Man wusste etwa noch, dass sich kein Stern am Firmament halten könnte, dass kein Planet seine exakte Umlaufbahn absolvieren könnte, dass kein Blitz und kein Donner möglich wären, wenn es nicht durch die Macht bestimmter Geistwesen, die sie als Götter verehrten, bewirkt würde. Wenn heute jemand vom »Wettergott« redet, so ist das natürlich zumeist scherzhaft, bestenfalls allegorisch gemeint. Heute sieht man in den Naturkräften und Naturgesetzen nur wesenlose Kräfte oder Energien und lacht über die Naivität der Menschen früherer Epochen. Wie bereits im vorigen Kapitel erwähnt gibt es aber im gesamten Kosmos keine wesenlosen Kräfte oder Energien. Das, was es in großer Mannigfaltigkeit gibt, sind keine wesenlosen Kräfte, sondern vielmehr *kraftvolle Wesen*. Alles, was wir als Wirkungen in der Welt wahrnehmen können, sind *Offenbarungen*, die letztendlich von geistigen Wesenheiten ausgehen. In dem Bewusstsein dieser Wesen liegt der Ursprungsquell und die eigentliche Substanz, aus der die Wirklichkeit gewoben ist.

Selbstverständlich gibt es auch heute noch etliche religiös gesinnte Menschen, die sehr wohl an göttliche Schöpfermächte glauben. Viele von ihnen kommen allerdings nicht darüber hinaus, sich unter der »Gottheit« ein *einziges* und völlig unergründliches Wesen vorzustellen. Dieses *eine Wesen* – so glauben sie – habe sozusagen im Alleingang alle Welten und alle anderen Wesen geschaffen, dieses Wesen lenke und leite die ganzen Weltenverhältnisse, beschütze die Menschen vor Unheil usw. Diese Vermutung ist genauso eine leere Abstraktion, wie wenn jemand die Frage, wer den Kölner Dom gebaut habe, mit »Die Menschheit« beantworten würde. Auch wenn man diese Antwort nicht als völlig falsch bezeichnen kann, so trägt sie nicht sonderlich zum Verständnis bei. Wie jeder weiß, musste es zunächst einmal einen Menschen – vielleicht auch mehrere – geben, der die Idee zu diesem Bauprojekt hatte. Man könnte hier vom Bauherrn sprechen. Dieser hat dann einen oder mehrere Architekten beauftragt, die seine Vorgaben in einen Bauplan umgesetzt haben. Dann bedurfte es zur Realisierung des Projektes vieler weiterer ganz *konkreter* Menschen, solcher Menschen, die ganz bestimmte Berufe oder Fähigkeiten hatten: Maurer, Zimmerer, Steinmetze, Stuckateure, Maler, Bildhauer, Handlanger usw. Alle diese menschlichen Persönlichkeiten, die an dem Schaffungsprozess des Kölner Domes beteiligt waren, hatten einen Namen und eine ganz bestimmte Aufgabe im Rahmen des Gesamtprojektes. Auch heute bedarf es noch ganz konkreter Menschen, die etwa dafür sorgen, dass alle notwendigen Restaurierungen oder bauliche Änderungen, Erweiterungen und Verbesserungen am Kölner Dom vorgenommen werden können.

Ähnlich verhält es sich auch in den übersinnlichen Welten. Hier webt und west eine schier unfassbar große Anzahl *ganz konkreter* göttlich-geistiger Wesen, die alle ihre Aufgaben im göttlichen Weltenplan haben. Diese hohen und erhabenen Wesenheiten sind permanent schöpferisch und schaffend tätig und tragen damit entscheidend dazu bei, die göttlichen Ziele zu verwirklichen. Zur Realisierung eines großen Menschenprojektes – denken Sie etwa wieder an den Bau des Kölner Domes – sind viele menschliche Wesen vonnöten, die je nachdem, was sie konkret zu leisten haben, in verschiedene Hierarchien oder Stufen eingeteilt werden können. So steht etwa der Architekt, der ja das gesamte Projekt überblicken muss, auf einer viel höheren Stufe als etwa ein Bildhauer, der für seine Arbeit vielleicht lediglich eine ganz bestimmte Heiligenfigur oder dergleichen im Blickpunkt hatte. Während der Bildhauer nur ein Bewusstsein von seiner Figur hat, hat der Architekt ein Bewusstsein von dem gesamten Dom.

Analog verhält es sich bei den ›Götterprojekten‹. Auch hier sind unzählige göttliche Wesen notwendig, um ein solches Projekt verwirklichen zu können.

Alle diese höchst erhabenen göttlich-geistigen Wesen, die zur Realisierung der göttlichen Ziele im Weltensein benötigt werden, bezeichnet man meistens mit einem sehr pauschalen Begriff als »Engel«. Dieser Begriff wird heute häufig recht undifferenziert verwandt, so dass der Eindruck entstehen könnte, als wäre er eindeutig, als gäbe es nur *eine* Art oder *eine* Ordnung von Engeln, als gäbe es nur *ein* Engelreich. Würde man *alle* Engelwesen *einem einzigen* Reich zuordnen, so wäre das eine genauso unzulässige Vermischung bzw. Gleichschaltung, wie wenn man sagen würde: Mineralien, Pflanzen, Tiere und Menschen gehören auf der Erde zu ein und demselben Reich und es gibt keinerlei Notwendigkeit zwischen diesen vier Wesenheiten zu differenzieren; sie sind im Grunde alle gleich oder zumindest ähnlich und haben gleiche oder ähnliche Fähigkeiten und Aufgaben. Eine solche Behauptung käme vermutlich jedem absurd vor.

Man muss vielmehr *neun* verschiedene Arten von Engeln bzw. neun verschiedene Engelreiche unterscheiden. Auch wenn der Vergleich etwas grob sein mag, so kann doch gesagt werden, dass der Unterschied zwischen den Wesen zweier benachbarter Engelreiche ebenso groß ist wie der zwischen Menschen und Tieren oder zwischen Tieren und Pflanzen.

In der Tat müssen diese Wesen in verschiedene Hierarchien sowie Reiche, Stufen oder Kategorien eingeteilt werden. Mit diesen Reichen werden die vier Reiche von Wesenheiten, die in der physischen Welt vertreten sind – Mineral-, Pflanzen-, Tier- und Menschenreich – nach ›oben‹ fortgesetzt. Daher bezeichnet man diese Wesen als *»geistige Wesen der höheren Hierarchien«*. In der kirchlichen Tradition sind diese *»Engel-Hierarchien«* oder *»Engelchöre«* durchaus bekannt, wenngleich viele damit heute nichts Rechtes mehr zu verbinden verstehen.

Die Engelwesenheiten lassen sich in Abhängigkeit von ihrem Entwicklungsstand, ihrem Bewusstsein, ihren Fähigkeiten sowie ihren Aufgaben in drei *»Hierarchien«* unterteilen. Jede der drei Hierarchien wiederum lässt sich in drei *»Stufen«* oder *»Reiche«* untergliedern, so dass man insgesamt von neun Reichen sprechen muss. So wie das *Reich der Menschen* in der physischen Welt noch drei Reiche unter sich hat (*Tierreich, Pflanzenreich* und *Mineralreich*) hat es im Geistigen neun Reiche über sich.

Das unterste dieser geistigen Reiche ist das der ›eigentlichen‹ *»Engel«* oder *»Angeloi«*. Das Engelreich steht genau so um eine Stufe über dem Menschenreich wie dieses um eine Stufe über dem Tierreich steht. Darüber stehen die *»Erzengel«* oder *»Archangeloi«*, dann die *»Urbeginne«* oder *»Archai«*. Das Reich der Archai steht somit um drei Stufen über dem Reich der Menschen, genau wie das wiederum um drei Stufen über dem Mineralreich steht. Diese drei Reiche ergeben die *»dritte Hierarchie«*. Diese ist die unterste Hierarchie. In der indisch-theosophischen Terminologie werden die geistigen Wesen der dritten Hierarchie unter der Bezeichnung *»Devas«* zusammengefasst.

Die *»zweite Hierarchie«* beginnt von unten mit den *»Exusiai«*. Es folgen die *»Dynamis«*. Auf der höchsten Stufe der zweiten Hierarchie stehen die *»Kyriotetes«*.

Die höchste Engelhierarchie, die *»erste Hierarchie«*, beginnt auf der untersten Stufe mit den *»Thronen«*. Dann kommen die *»Cherubim«* und schließlich noch die *»Seraphim«* (☛ Anhang, Tabelle 3, S. 291).

Wie in Kapitel 3 bereits angedeutet wurde, ist jedem Menschen ein Wesen aus dem Reich der Engel als *»persönlicher Führer«* oder *»Schutzengel«* zugeteilt. Dieser persönliche Engel begleitet seinen Menschen durch alle seine irdischen Inkarnationen, bis dieser so weit entwickelt ist, dass er keiner weiteren Verkörperung mehr bedarf. Der seit Jahrhunderten übliche Begriff *»Schutzengel«* ist durchaus berechtigt, da es zu seinen Aufgaben gehört, seinen ihm anvertrauten Erdenmenschen vor Unheil, das *nicht* in seinem Schicksal liegt, zu bewahren. Der Engel verfügt über die Fähigkeit, alle möglichen Folgen zu überblicken, die eine bestimmte Entscheidung, die der Mensch trifft, nach sich ziehen wird. Dieses Bewahren geschieht in der Regel derart, dass der Mensch einen ganz zarten Impuls – meistens in Form einer Idee oder Eingebung – von seinem Engel empfängt, der ihn davon abhalten oder aber dazu veranlassen soll, etwas ganz Bestimmtes zu tun.

Menschen, die an der Schwelle des Todes standen und ein Wesen aus einem der Engelreiche wahrnahmen, beschreiben dieses meistens sehr ähnlich. So ist in den obigen Zitaten davon die Rede, dass der Engel riesige Flügel, die weiß und golden waren, hatte und ein weißes Gewand trug. Das ist in der Tat eine durchaus treffende Umschreibung dessen, wie sich ein Engel dem imaginativen Blick darbietet. Freilich darf man den Begriff *»weißes Gewand«* oder *»weißes Kleid«* nicht allzu wörtlich nehmen. Dabei handelt es sich um eine Charakterisierung der hellen, strahlenden Geistgestalt der Engel mit den unzureichenden Worten einer Erdensprache. Auch der Evangelist Johannes wählte den Terminus *»weiße Gewänder«*: *»Da schaut sie zwei Engel in weißen Gewändern [...]«*[5]

Nach dem Tod wird der Mensch mehr und mehr mit den geistigen Wesen der höheren Hierarchien zusammenkommen. Je höher die Sphäre, in die er sich erhoben hat, ist, desto höher ist das Reich der Engel, mit denen er Bekanntschaft macht. Diese erhabenen Wesen helfen dem Sphärenmenschen bei seinen sehr vielfältigen Aufgaben – insbesondere auch bei der Vorbereitung seiner neuen Inkarnation. Diesen Arbeiten könnte der Mensch niemals gerecht werden, wenn er dabei nicht von anderen Verstorbenen und insbesondere von den Engelwesen der verschiedenen Reiche, deren Weisheit den menschlichen Verstand übersteigt, angeleitet und unterstützt würde.

Sigwart sprach in einigen Mitteilungen auch über die Engelwesenheiten, die er wahrnehmen konnte, und versuchte ihr Schaffen zu beschreiben:

Mitteilung von Januar 1916

Nach den schweren Kämpfen, die ich habe ansehen müssen, kommt jetzt Schönes, Friedlicheres wieder an die Reihe. Das sind die Schöpfungen der verschiedenen Hierarchien. Es sind Taten von ungeheuren Ausmaßen, von der Urzeit der menschlichen Wesen an bis jetzt.

Hierarchien, so nennen sie sich. Es sind all' die verschiedenen Geistwesen, die mir früher nur Begriffe waren, jetzt sehe ich aber *alle*, die im Devachan leben. Es sind ihrer eine größere Zahl; zu Zeiten steigen sie auch hinab zur Erde, doch immer nur, um Großes zu verrichten. [Mit] diesen Göttern lebe ich jetzt und begeistere mich an ihren Schöpfungen. Die meisten Menschen wissen nichts von ihrer Existenz, und wenn diese Götter sich nahen, segenbringend, dann verstehen sie nicht, woher der Einfluss kommt.[6]

Mitteilung vom 24. Januar 1916

Ich, Sigwart, kann euch heute Großes künden: Die göttlichen Wesenheiten sind gütig gewesen, sie haben uns sehnsüchtige Jünger einen Einblick tun lassen in ihre Welt, in diese Welt der Wunder. Ich wurde belohnt für meine letzte, unerfreuliche Arbeit. So reichen Lohn hätte ich ja nie erwartet, es war herrlich, ich könnte euch stundenlang davon erzählen. [...]

Von Ihnen bekomme ich nämlich alles, auch die Gebete und Meditationen, die ich euch weitergebe. Sie weihten mich ein in die einem Lehrenden vorgeschriebenen Gesetze, und von ihnen hole ich mir stets alle Weisheit. [...]

Als sie mich jetzt zu sich befahlen, war es mir, als ob ich ein Kind wäre, das zum ersten Mal den wirklichen Prinzen aus dem Märchenlande sehen sollte. Doch verlor ich gleich die Scheu, als ich die Güte und Milde fühlte, die um sie war. Die ganze Organisation ist fabelhaft. Man versteht nicht, wie es möglich ist, dass diese wenigen, großen und hohen Wesenheiten das alles in der Hand haben und über jede geistige Entwicklung der Menschen unterrichtet sind.[7]

Mitteilung vom 12. Juni 1916

Ich möchte euch heute gerne von den Himmelsbewohnern erzählen. Nennen wir sie Halbgötter. Es sind sehr hoch entwickelte Wesenheiten, die nie auf der Erde inkarniert waren, sondern ihre physische Entwicklung schon auf einem anderen Planeten durchgemacht haben. »Devas« ist der indische Ausdruck für sie, der euch am geläufigsten sein mag.

Es wird für jetzt für mich immer schwerer, euch alles genau zu erklären, weil man, wie ich schon einmal sagte, gewisse Dinge nicht in Worte kleiden kann, da es weder Worte noch irgendwelche Benennungen dafür gibt. Hier fühlt, sieht und versteht man alles. Aber ich will mein Möglichstes versuchen, damit ihr mit der Zeit ein klares Bild von hier bekommt.

Heute werde ich nur über das Wesen der Devas sprechen. Sie haben hier ganz bestimmte Arbeiten zu leisten und müssen immer in gewissen Zeitabschnitten ihre Aufgabe vollbracht haben. Sie überwachen sozusagen diese devachanische Himmelswelt. An ihnen liegt es, ob einer Einlass hat oder nicht. Sie überblicken die Geister und erkennen sofort, wie weit diese devachanisch reif sind. *Hier* sind sie über alles gestellt, auch die Meister, die unsere Lehrer sind, sind ihnen untertan, weil sie vor nicht allzu langer Zeit noch ein physisches Kleid trugen. Das alles müsst ihr zum Verstehen des Weiteren, das ich euch erzählen will, genau beachten.[8]

»Meister« sind übrigens extrem hochentwickelte *menschliche* Individualitäten, die als Geisteslehrer den anderen Sphärenmenschen hilfreich zur Seite stehen und sie unterrichten. Viele Meister inkarnieren sich noch regelmäßig, um auch die Erdenmenschen als geistige Führer zu leiten und zu unterweisen. Leider werden sie von der großen Masse der Menschheit meistens nicht erkannt.

Mitteilung vom 13. Juni 1916

Das, was ich gestern sagte, war nur der Anfang der Beschreibung der hier herrschenden Devas. Es gibt ihrer sieben und diese »Sieben« haben wieder verschiedene Unterabteilungen. Letztere nennen wir hier die – wie soll ich das sagen, – die dienenden Devas, während die Höheren die Leitenden sind. Diese Dienenden sind unbeschreiblich gütig und nur bestrebt, allen denen, die hilfsbedürftig sind oder irgendwelche Anleitungen benötigen, Gutes zu tun. Ferner helfen und dienen sie hauptsächlich den sieben Hohen. Diese sind viel strenger, weil sie Gottheiten sind, auf denen alles lastet, und weil sie die ganzen Gesetze gestalten und nicht Ausnahmen machen dürfen. Sie sind die Leiter der Erdenentwicklung. Auch sie unterstehen noch Höherem, doch davon kann ich nicht sprechen. Ich sah auch diese sieben Großen noch nicht, nur die vielen dienenden Devas, deren es eine große Menge gibt. An diesen erfreue ich mich, wenn ich ihrem liebenden, heiligen, aufopfernden Wesen begegne. [...]

Als ich von diesen Hohen erfuhr, dachte ich, sie wären die großen Erzengel, von denen so viel gesprochen wird, doch das sind sie nicht. Das sind wieder andere, doch kann ich euch darüber nichts berichten.[9]

Wahrnehmung Lebender und Beziehung zu ihnen

An einigen Stellen dieses Buches haben wir gesehen, dass viele Beinahe-Verstorbene schildern, dass sie in der Lage gewesen seien, *lebende* Menschen ganz ›normal‹ wahrnehmen zu können. Denken Sie nur etwa an die autoskopischen Beobachtungen, über die wir in Kapitel 1 geschrieben haben, und insbesondere an die Schilderungen von George Ritchie, der beispielsweise die Fließbandarbeiterinnen in der Kantine (☛ Zitat 5.16, S. 168) und die Matrosen in der Bar (☛ Zitat 5.17, S. 168f.) zu ›sehen‹ vermochte.

Es gibt nahezu keine Nahtod-Berichte, in denen *ausführlich* davon die Rede ist, dass und *wie* diese Persönlichkeiten einen Lebenden in irgendeiner Form wahrgenommen haben. Allerdings schildern einige Menschen, die bereits an der Schwelle des Todes standen, dass sie die Gedanken und Gefühle bestimmter Erdenmenschen empfangen konnten.

Ein junger Mann, der sich in einem komatösen Zustand befand, war innerlich gerade dabei, sich zu entscheiden, ob er in der übersinnlichen Welt bleiben oder doch wieder in seinen Körper zurückkehren sollte. Seine Wahrnehmung fasste er in die folgenden Worte:

Zitat 6.6

> Mit Erstaunen konnte ich spüren, wahrnehmen, wie viele Menschen in dieser Zeit an mich gedacht haben. Ich habe gespürt, dass meine ganze Familie für mich gebetet hat, und diese Liebe, diese Gedanken, die an mich gerichtet waren, die habe ich so empfunden, dass sie mir behilflich waren. ... Diese Liebe wirkte wie Wellen, wie Vibrationen, wie Schwingungen, das tat mir gut. Sie hatten auf jeden Fall eine ... ja, heilende Wirkung für meinen Zustand. Auch Menschen, von denen ich es überhaupt nicht gedacht hatte, also junge Menschen, da konnte ich auch wahrnehmen, dass sie für mich eine Kerze in der Kirche angezündet haben oder so.[10]

Pim van Lommel schildert in seinem Buch den Fall einer Frau, die in einem tiefen Koma lag und für hirntot erklärt wurde. Trotz ihres komatösen Zustands konnte sie ein Gespräch, das ihr Ehemann mit dem Arzt führte, ›hören‹:

»Während sie offensichtlich in tiefem Koma lag und keine Gehirnaktivität mehr zu erkennen war, führten der zuständige Facharzt und ihr Ehemann an ihrem Bett ein Gespräch. Der Facharzt prognostizierte seiner Patientin ein Leben wie eine ›Treibhauspflanze‹ und schlug ihrem Mann vor, in Betracht zu ziehen, sie von den lebenserhaltenden Geräten zu trennen. Ihr Mann hatte noch Hoffnung, dass sich ihr Zustand bessern würde, daher blieb sie an den Geräten angeschlossen.

Trotz der düsteren Prognose erwachte die Frau nach einigen Monaten aus dem Koma. Da trat zutage, dass sie fast die ganze Zeit ihres Komas alles wie gewohnt gehört hatte, auch das Gespräch zwischen dem Arzt und ihrem Mann über die passive Sterbehilfe!

Sie erzählte, wie schrecklich das gewesen sei. Während sie herausschreien wollte, dass sie noch da ist, dass sie leben möchte, dass sie bei ihrem Mann und ihren Kindern sein möchte, wurde über ihr mögliches Sterben gesprochen.«[11]

Es wäre höchst wünschenswert, wenn aufgrund solcher Berichte endlich mit dem immer noch sehr weit verbreiteten Vorurteil aufgeräumt würde, dass ein Mensch im Koma nichts von dem, was die Mitmenschen sagen, denken und fühlen, mitbekäme. Auch sollten derartige Erfahrungsberichte uns dazu anhalten, an unsere Mitmenschen an und hinter der Schwelle des Todes liebende Gedanken und Gebete zu richten. Sie werden ihre Wirkung nicht verfehlen.

hinter der Schwelle des Todes

Wie bereits geschildert kommt ein Sphärenmensch in den übersinnlichen Welten insbesondere mit den Seelen anderer leibbefreiter Menschen sowie den geistigen Wesen der höheren Hierarchien zusammen. In diesem Abschnitt wollen wir uns nun fragen, ob er auch die noch auf der Erde lebenden Menschen wahrnehmen und inwieweit er eine Beziehung zu ihnen pflegen kann.

Die beiden obigen Berichte sowie einige, die wir schon in den Kapiteln 1 und 3 angeführt und interpretiert haben, zeigen deutlich, dass einige temporär exkarnierte Menschen in der Lage waren, die Gespräche, Gedanken und Gefühle bestimmter verkörperter Menschen wahrzunehmen. Selbstverständlich ist das auch einem Menschen möglich, der die Schwelle bereits überschritten hat.

Sigwart schilderte, dass das Wahrnehmen seiner geliebten Geschwister sogar das erste völlig *klare Erlebnis* gewesen sei, das ihm nach dem Tod *bewusst* wurde:

Mitteilung vom 25. März 1916

Als ich erwachte, wart ihr alle da. Das war ein herrliches Erwachen, da fühlte

223

ich das erste Mal, was wir uns waren und *wie* stark das geistige Band ist, das uns bindet. Denn ob ihr es glaubt oder nicht, *ihr* habt mich emporgetragen und *ihr* habt mich getröstet, als ich bei dem Wiedererkennen so ergriffen war. Das war das erste, völlig klare Erlebnis, das ich in der geistigen Welt hatte. [...]

Ich kann es nicht beschreiben, wie schön der Augenblick war, als ich nach allem Vorangegangenen in dieser Welt ganz erwachte und euch alle im Kreis um mich sah; ich sage euch, der Augenblick war überwältigend.[12]

Die ›geistigen Fäden‹ zwischen den Verstorbenen und den Lebenden, mit denen sie im Erdendasein verbunden waren, werden durch den Tod *nicht* abgerissen. Sigwart sagte zu dieser unzertrennlichen Verbindung:

Mitteilung vom 29. November 1915

Es ist ein feiner Faden, der die Menschen, die sich seelisch nahe stehen, miteinander verbindet. Dieser Faden wird mit den Zeiten so unzerreißbar stark, dass die gleiche Verbindung später auch zwischen Lebenden und denen, die hinübergehen, bestehen bleibt. Solche Verbindung hat immer große Bedeutung und Kraft, wenn ein Kreis geschlossen wird in gemeinsamen Denken und Fühlen und mit den gleichen Wünschen.[13]

Es wurde ja schon gesagt, dass sich unsere Erdenwelt und die übersinnlichen Welten gegenseitig durchdringen. Man darf sich somit auch den ›Aufenthaltsort‹ der Toten *nicht* irgendwo fernab im Universum vorstellen. Auch wenn sie sich in ihrer geistig-seelischen Wesenheit sphärisch immer mehr in den planetarischen Kosmos ausbreiten, so ist es dennoch richtig zu sagen, dass sie ständig *um uns herum* sind. Etwas Räumliches wie etwa Entfernungen spielt in den höheren Welten keine Rolle. Das ›Bewusstseinszentrum‹ eines Toten kann also fast im gleichen Augenblick erst irgendwo in den Weiten des Kosmos und dann auf irgendeinem Fleck der Erde sein. Das Reich, in dem die Toten weilen, ist wirklich nur dadurch von dem der Lebenden getrennt, dass man von einem jeweils anderen Bewusstseinszustand ausgehen muss.

Die weitaus meisten entkörperten Menschen haben noch ein großes Interesse an den Menschen, die sie auf der Erde zurückgelassen haben. Sie können deren Leben auch weiterhin verfolgen. Ein Toter hat *zunächst* allerdings *im Wesentlichen* nur eine Wahrnehmung für die Lebenden, die zu seinem Schicksalskreis gehören, mit denen er durch sein Karma verbunden ist, also in erster Linie für seine Angehörigen, Freunde und guten Bekannten. Besonders in den ersten Jahren und auch noch Jahrzehnten nach dem Tod wird der Verstorbene ein reges Interesse an seinen Hinterbliebenen haben. Für den Verstorbenen ändert sich das Verhältnis zu den Menschen, die er auf der Erde zurücklassen musste, nicht in so gravierender Weise. Er kann dasjenige wahrnehmen, was in den Seelen der Erdenmenschen lebt. Er kann noch unmittelbar an ihrem Leben teilhaben und sie – wie wir bereits in Kapitel 5 beschrieben haben – auf vielfältige Art inspirieren. Dieses Miterleben ist nun sogar sehr viel inniger als es zu Lebzeiten der Fall war, als dieses noch durch die Schranken seines physischen Leibes eingeengt war. Sigwart sagte dazu in einer seiner zahlreichen Kundgebungen:

Mitteilung vom 24. August 1916

> Ja, ich bin wieder in eurer Mitte! [...]
>
> Und dieser Sigwart bin ich noch, nur noch *viel mehr »Ich«* als damals! Auch der Zusammenhang mit euch ist viel näher als je auf Erden, wenn ihr es auch nicht fühlen könnt. [...]
>
> Mir kommt es oft sonderbar vor, dass ihr mich nicht seht, wenn ich so vor euch stehe, euch zulächle, ihr mich anseht und doch nichts davon wisst.[14]

Je konkreter und inniger die Beziehung zweier Menschen im Erdenleben war, desto konkreter und inniger ist sie auch, wenn einer der beiden durch die Pforte des Todes geschritten ist.

»Von Seiten desjenigen, der drüben ist, ist das bewusste Zusammensein mit Seelen, die hier zurückgeblieben sind, ein intensiveres, ein innigeres, als es hat sein können im physischen Leibe.«[15]

Sigwart drückte es folgendermaßen aus:

Mitteilung vom 16. Februar 1918

> Ich kenne euch eigentlich jetzt erst *wirklich*, denn das, was ich zu Lebzeiten an euch liebte, war so stark eingehüllt in Materie, dass ich eigentlich gar nicht wusste, was ich an euch so liebe. Jetzt ist das anders. Jetzt sehe ich euch, wie ihr wirklich seid. Ihr könnt mir nichts verbergen: Nein, meine Lieben, wie ein offenes Buch liegen nun eure Leben vor mir, und ich weiß, *wer* ihr seid! Wie schön ist es, wie herrlich, wenn man alles das überblicken kann, immer mit der seligen Gewissheit, dass es keine Trennungen mehr zwischen uns gibt, dass unsere Leben eine Kette verschiedener Erden- und Himmelsdaseinsepochen sind. – Himmelsepochen schon jetzt in dem Sinne, dass ihr euch nachts loslöst und freimacht. Denn das ist gegen euer Erdenbewusstsein ein himmlischer Zu-

stand, trotzdem ihr noch die Erdenfesseln an euch tragt.[16]

Nun muss man sich fragen, wie das überhaupt möglich sein kann, dass ein Verstorbener – sogar wenn dieser schon lange Zeit in den höheren Welten weilt – noch eine Wahrnehmungsmöglichkeit für die Menschen, die auf der Erde verkörpert sind, hat. Natürlich hat er längst keine physischen Organe mehr, so dass er deren physische Leiblichkeit nicht sehen kann. Auch hat er etwa drei Tage nach Eintritt des Todes den größten Teil seines Ätherleibes abgelegt, so dass er auch nicht mehr auf die in Kapitel 3 (☛ S. 83) beschriebene Art zu ›sehen‹ vermag. Physische Farben und Formen kann er nicht mehr wahrnehmen. Das, was er von einem auf der Erde wandelnden Menschen wahrnehmen kann, ist dessen ›geistiges Gegenbild‹. Alles, was man mit physischen Sinnen wahrnehmen kann, hat in der Geisteswelt ein solches Gegenbild. Wenn der Erdenmensch irgendeine Verrichtung macht oder eine Veränderung erfährt, so kann der Verstorbene das entsprechende geistige Gegenbild sehen. Es ist für einen Menschen, der durch die Pforte des Todes geschritten ist, sogar etwas leichter, einen *vertrauten* Erdenmenschen wahrzunehmen als einen anderen Verstorbenen. Die Seele eines auf der Erde lebenden Menschen tritt in ähnlicher Weise in sein ›Blickfeld‹, wie er das zu Lebzeiten gewohnt war. Die Seelen der lebenden Menschen erscheinen ihm in dem Bild, das er sich im gemeinsamen irdischen Zusammenleben formen konnte. Dieses Bild trägt er immer noch in sich. Insbesondere kann ein Sphärenmensch – zumindest prinzipiell – die Gedanken, Gefühle und Willensimpulse seiner Hinterbliebenen mitbekommen. Auf diese Art kann er gewahr werden, was der Erdenmensch tut und wie es ihm ergeht.

Sigwart erklärte seinen Geschwistern in mehreren Mitteilungen die Art, *wie* er ihre Gedanken und Gefühle wahrzunehmen vermochte:

Mitteilung vom 21. September 1915

Ich sehe euch jetzt anders: Es ist mehr ein Sehen und Fühlen alles Hohen und Geistigen in euch. Jede Gefühlsregung verursacht Schwingungen, die euch umgeben, und danach empfinde ich euch und eure Liebe.[17]

Mitteilung vom 15. Oktober 1916

Es ist mir doch auch von dieser Sphäre aus alles, was euch umgibt und alles, was euch beglückt, ganz bewusst fühlbar. Wenn ich zu euch komme, so komme ich mit dem Interesse eines Menschen, wie ich es war, als ich noch sichtbar unter euch weilte. [...]

Bin ich bei euch und ihr fühlt z.B. etwas, was euch Vergnügen bereitet, dann habe ich genau dieselbe Empfindung wie ihr. Denkt daran, dass ich mich mit euch freue und alles das schaue, was euch bereichert an hohen Gefühlen.[18]

Ich könnte, wenn ich wollte, alle eure Gedanken lesen. Natürlich müsste ich mich dazu anders einstellen. Ich muss mich mit dem Betreffenden ganz durch Fluide verbinden, dann erst fühle ich jeden seiner Gedanken. Ich habe das aber noch *nicht* getan, wenn es sich auf Persönliches bezieht, denn ich finde das indiskret.

Es genügt, wenn ich die Gedanken fühle, die *mich* betreffen. *Die* fühle ich, weil sie zu mir hinschweben und mich immer erreichen. Daher weiß ich auch immer, wenn ihr im Schmerz meiner gedenkt, nichts könnt ihr mir darin verheimlichen.

[...] ebenso dringt auch jedes eurer tiefgeistigen Gespräche zu mir, weil der Grundton doch wieder mit mir, meinem Fortgehen und meinem jetzigen Leben zusammenhängt. Sobald ihr über Geistiges sprecht, bin ich da, höre zu und freue mich über das tiefe Interesse und das vollkommen richtige Empfinden eurerseits.[19]

Ich habe gut gehört, worum sich eure Gespräche drehten. Ich habe nicht nur den Sinn gehört, denn ich sehe und fühle jetzt die Gedanken in euch.[20]

Der geistige Körper, den ich jetzt trage, ist so intensiv auf feinste Gefühle eingestellt, dass ich auf jeden eurer Rufe reagiere wie die zarteste Saite, die erklingt, wenn auch nur ein Hauch sie berührt. Nichts geht mir daher verloren von euren tiefsten Empfindungen, denn sie sind meinem Zustand gleich.[21]

Zu einem ›geistigen Zwiegespräch‹ zwischen einem Verstorbenen und einem verkörperten Menschen kann es freilich nur dann kommen, wenn letzterem sich die inspirative Wahrnehmung erschließt. Eine Patientin von Dr. Paxino erschien ihr kurz nach dem Tod als ätherische Geistgestalt. (Die Aussagen der Verstorbenen sind *kursiv* gedruckt.)

»Sie wirkte still, schwächlich und betrübt, das Licht ihrer Erscheinung war ein wenig matt. Ich frage sie, was ich für sie tun könnte. Zunächst antwortete sie mir nicht. Ich fragte sie erneut und wartete geduldig. Und dann sagte sie ganz zaghaft:

›Niemand zündet ein Licht für mich an, niemand.‹

›Meinen Sie eine Kerze? Ihre Familie zündet keine Kerze für Sie an? Auch ihre Eltern nicht?‹

›Nein, sie glauben nicht daran, dass es mich noch gibt. Ich stehe daneben und sie sehen mich alle nicht, sie schauen nie hin.‹

›Und Ihr Mann?‹

›Er weiß nicht damit umzugehen. Er verdrängt es. Alle kümmern sich um die Kleine und versuchen zu verdrängen. Alle blicken von mir weg. Sie haben Angst, an mich zu denken, mich zu sehen.‹

›Es fehlt Ihnen also nicht nur das Licht einer Kerze. Sie meinen, das Herzenslicht Ihrer Familie fehlt Ihnen.‹

›Ja, auch.‹

›Wenn ich kann, helfe ich Ihnen gerne. Was brauchen Sie? Was kann ich tun?‹

›Könnten Sie einfach eine Kerze für mich anzünden? Das würde reichen.‹

Ich versprach es ihr, dies so lange zu tun, wie sie es bräuchte. Ab da zündete ich jeden Abend eine Kerze für sie an und sprach dabei ein Gebet.

Nach zwei Monaten erschien sie wieder, für mich erneut sehr überraschend, doch dieses Mal wirkte sie nicht mehr so tief bedrückt. Sie bedankte sich in ihrer leisen Art und sagte, das habe ihr geholfen. Sie brauche das Kerzenlicht nun nicht mehr, sie könne ab jetzt selbst weiter ins Licht gehen.

So nahmen wir Abschied voneinander und sie verließ die Ätherwelt.«[22]

Wie die Aussagen dieser Verstorbenen zeigen, kann es für einen Menschen, der durch die Pforte des Todes geschritten ist, sehr schmerzlich sein, wenn seine Angehörigen nicht mehr ganz real mit seiner Existenz rechnen und seiner nicht gedenken. Es ist nicht nur für temporär Exkarnierte (☞ Zitat 6.6, S. 222), sondern auch – und das erst recht – für Sphärenmenschen höchst segensreich, wenn Familienmitglieder und Freunde für sie beten und sich mit liebevollen Gedanken zu ihnen erheben.

Dass diese Form des Gedenkens für die Toten zum Labsal werden kann, wird deutlich, wenn wir die folgende Aussage Rudolf Steiners berücksichtigen, die er aufgrund seiner Geistesschau geben konnte:

»Wenn man auf einen Friedhof geht, am Totensonntag oder am Allerseelentag, und dort viele Menschen sieht, die in dieser Zeit erfüllt sind von dem Bilde ihrer teuren Toten, und man blickt dann hinauf in die Seelen derer, an die da erinnert wird, dann sind das die Dome, die Kunstwerke für diese Toten. Dann durchleuchtet das, was ihnen da von der Erde hinaufstrahlt, für diese Toten die Welt wie ein herrlicher Dom, der uns Geheimnisse kündet, uns die Welt durchleuchtet, oder wie ein Bild, das uns lieb und wert ist, einen lieben Menschen vergegenwärtigt.«[23]

Sigwart sprach noch viele Jahre, nachdem er die Schwelle des Todes überschritten hatte, davon, dass es für ihn äußerst fruchtbar war, dass seine Geschwister oftmals seiner gedachten:

Mitteilung vom 15. Juni 1930

> Tage und Jahre vergingen, in denen ich die lichtgesponnenen Fäden eurer Seelen in meinen Händen hielt. Nun kommt ihr oft, und durch die Gemeinsamkeit eures Mein-Gedenkens fließen die Wellen wie breite, leuchtende Bänder zu mir und landen klingend in Akkorden schönster Harmonien an den Ufern meiner jetzigen Heimat. Das ist ein Tönen, ein Weiterklingen und wieder Zurückschwingen, das für euch unbegreiflich sein würde.
>
> Habt Dank, ihr alle, die ihr mir so Großes zu geben vermögt! Ich hülle mich in diese lichten Wellen. Sie umspülen mich und – entsteige ich ihnen –, bleibt ihr Leuchten mir zurück. Es haftet wie Flitterstaub an dem feinen Gewebe meiner jetzigen Welt. – Das ist eurer Liebe Segen, der mein eigen geworden ist und mich begleitet. – Ihr seid die Segenspender eures Sigwart.[24]

Mitteilung vom 10. Januar 1931

> Als ihr vorhin im Saal vereint wart und so vieles über mich spracht, da hat mein Herz gelacht, denn ich erlebe all die Begebenheiten und Stunden meiner Erdenzeit wieder. Danken muss ich euch dafür, denn wisset, solche Stunden tun mir wohl, solche Stunden sind mir Labsal. Ist es nicht ein Von-Neuem-Zusammen-Gebunden-Werden in gemeinsamen herzerquickenden Stunden?
>
> Gerade wenn ihr öfters über die Zeiten, die ich mit euch noch im Erdenkleide verlebte, sprecht und dabei *freudig* seid, so ist das für mich immer etwas ganz Besonderes, da sonst in solche Erinnerungen sich doch gar zu gerne Schmerzgedanken mischen.[25]

Insbesondere kann es für einen Verstorbenen sehr förderlich und segensreich sein, wenn sich seine Hinterbliebenen des Öfteren zu Gedanken über Göttliches

und Geistiges aufzuschwingen vermögen, denn Gedanken über rein materielle
Belange entziehen sich der Wahrnehmungsfähigkeit eines Sphärenmenschen.
Sigwart wies in mehreren Mitteilungen darauf hin, wie beglückend und hilfreich es für ihn war, dass seine Geschwister und Freunde nach dem Geistigen
strebten und keinen Zweifel an seiner jetzigen nachtodlichen Existenz hatten.

Selbst Sigwart, der in seiner geistig-seelischen Entwicklung schon recht weit
vorangeschritten war, empfand die Gespräche seiner Geschwister und Freunde
über geistige Themen als eine große Bereicherung. Dadurch kann ein Sphärenmensch sein spirituelles Wissen erweitern.

Mitteilung vom 5. August 1915

Ich durchschaue vieles, aber ich weiß noch längst nicht alles, ich habe aber den
intensiven Wunsch, weiter zu kommen. Dieses Wünschen hilft hier natürlich
viel mehr als auf Erden im physischen Körper, da man viel aufnahmefähiger ist.
Aber sonst ist man eben doch noch genau wie auf Erden. Wenn ihr mit geistig
hochstehenden Menschen Fragen über die übersinnliche Welt erörtert, profi-
tiere und lerne ich auch bei euch manches, was ich hier nicht erfahre. [...]

Es ist der größte Irrtum zu denken, dass der Mensch vollkommen ist, wenn
er seinen Körper abgestreift hat. Eure Gespräche, zum Beispiel heute, haben
mir genauso viel geholfen wie euch, ja vielleicht noch mehr, weil ich mit meinen jetzigen Sinnen rascher erfasse und aufnehme, während das menschliche
Gehirn doch oft sehr langsam funktioniert.

Darum müsst ihr begreifen, dass ich glücklich bin, wenn ihr mit solchen
Menschen wie heute zusammen kommt, weil ich dann auch viel lernen kann
und euch während dieser Zeit viel näher stehe als im gewöhnlichen Leben,
wenn ihr euch mit gleichgültigen Dingen beschäftigt.[26]

Mitteilung vom 25. September 1915

Ich hörte eure Gespräche gestern Abend. Wie ist das schön, wenn ihr zusammen seid und geistige Fragen erörtert. Ich antworte euch dann – oft vernehmt
ihr es, aber leider auch manchmal nicht. Ich kann sehen, wie ungemein lehr-
reich für jeden von euch diese Stunde ist, weil ich bei jedem einzelnen die Wirkung fühle. Es ist nicht nur unser Kreis, der dann beisammen ist, sondern eine
Menge anderer schließen sich an, die auch ihre Meinungen austauschen, sich,
mich und euch begleiten.

Wenn ihr fortsetzt, immer um die gleiche Zeit geistige Dinge zu lesen und
euch mit übersinnlichen Fragen zu beschäftigen, kann sich eine gewaltige Kraft
in der Zukunft entwickeln, weil immer höhere Wesenheiten daran teilnehmen,

| die euch beeinflussen und euch auf diese Art die schwierigsten Fragen lösen.[27]

Besonders für einen Verstorbenen, der sich zu Lebzeiten wenig oder gar nicht mit etwas Geistigem befasst hat, ist es von unermesslicher Bedeutung, wenn seine auf der Erde lebenden Angehörigen und Freunde des Öfteren über spirituelle Themen reden oder lesen. Daran kann er teilhaben; das kann für ihn zum Segen werden.

So wohltuend und segensreich Gefühle und Gedanken der Liebe und der Dankbarkeit, der Freude und Zufriedenheit, die ein Sphärenmensch in den Herzen seiner Lieben wahrnehmen kann, für ihn sind, so können ihn deren negative Gefühle und Stimmungen gewaltig niederdrücken. Wir Erdenmenschen tragen eine große Verantwortung für alles, was wir ihnen auf diese Weise entgegenbringen. Ein Sphärenmensch kann nach wie vor das Seelische, also somit auch alle Emotionen derjenigen Menschen, die er zurückgelassen hat, wahrnehmen. Er bekommt also deren Gefühle, ihre Freude, Dankbarkeit, aber auch ihre Trauer und ihren Schmerz sehr wohl mit. Nun kann man sich leicht vorstellen, dass es für den Menschen, nachdem er durch die Pforte des Todes gegangen ist, sehr bedrückend sein kann, wenn er eine tiefe Trauer seiner Hinterbliebenen verspürt. Sie kann ihm sogar die ersten Phasen seines nachtodlichen Lebens gewaltig erschweren. Besonders hinderlich für seine weitere Entwicklung kann es sein, wenn er den Wunsch wahrnehmen kann, dass man ihn am liebsten wieder auf der Erde zurückhaben möchte. Im Extremfall kann ihn das sogar für längere Zeit an die Erdensphäre ketten; er kann zu einer erdgebundenen Seele werden (☛ Kapitel 5, S. 160ff.). Den Toten ist es eine große Erleichterung, wenn sie wahrnehmen können, dass die Trauernden sich in ihr Schicksal fügen und sich zu der Einsicht erheben können:

»Die waltende Weisheit hat ihn uns in der rechten Stunde nehmen wollen, weil sie ihn auf anderen Gebieten des Daseins braucht, als hier das Erdendasein ist.«[28]

»Gute Gedanken sind wie Balsam für die Toten. Nicht egoistische Liebe soll man ihnen senden, nicht trauern, dass man die Toten selbst nicht mehr hat; das stört den Toten und ist für ihn wie Bleigewicht. Die Liebe, die bleibt, die nicht Anspruch macht darauf, den Toten noch hier haben zu wollen, die nützt dem Toten und vermehrt seine Seligkeit.«[29]

Sigwart sagte seinen Geschwistern, dass er durch ihre Gefühle des Schmerzes mitgelitten habe:

Mitteilung vom 10. Januar 1916

> Heute war wieder ein schwerer Tag für mich. Ich habe mit euch gelitten, ich hatte nicht die Kraft gehabt, mich euren starken Stimmungen zu entziehen, und so habe ich all eure Gefühle mitempfunden, und diese Gefühle waren heute mehr Gefühle des Schmerzes als der Größe. Es muss besonders schwer für euch sein, gerade an solchen Tagen darüber zu stehen, wie ihr es jetzt für gewöhnlich tut. Ich kann es euch aber nicht übel nehmen, wäre ich denn anders gewesen?[30]

Als Iris Paxino einmal an der Trauerfeier für eine ehemalige Arbeitskollegin teilnahm, konnte sie deren folgende Gedanken empfangen:

> »Schätzchen, das ist lieb, dass ihr meinen Lieblings-Bach spielt, aber ihr müsst doch nicht flennen! Ich bin doch da! Schätzchen, hör du doch wenigstens auf!«[31]

In einer Kundgebung gab Sigwart einen Rat für eine ihm und seiner Familie bekannte Frau, die sehr unter dem Tod ihres Kindes litt:

Mitteilung von Ende November 1921

> Sagt ihr von mir:
> Es wäre besonders wichtig, dass sie alle Gedanken und Situationen vermeidet, die sie mit dem Leiden, dem Sterben oder mit der irdischen Hülle ihres Kindes in nähere Berührung bringen. Das soll *nicht* sein, denn dieser Schmerz verzögert seine Entwicklung. Er hindert es, zu seiner Mutter zu kommen und sie mit seiner Liebe zu umgeben. – Ich weiß, es sind schwere Opfer, die ich von ihr verlange, aber ich muss es ihr sagen, weil ich weiß, dass ihre Liebe Opfer bringen kann.[32]

Es ist verständlich, dass wir unsere lieben Toten beweinen, aber über dieses Weinen müssen wir hinauskommen. Und wenn wir sie beweinen, dann sollten wir es in dem freudigen Bewusstsein tun, dass sie *leben*, ja sogar *realer* leben als wir! Wenn uns ein lieber Mensch wegstirbt, so sollten wir das lebendige Empfinden in uns rege machen, dass er uns lediglich vorangegangen ist, dass er lediglich eine andere Daseinsform angenommen hat. Der Verstorbene steht unserem Fühlen so gegenüber, wie ein Mensch, der in ein fernes Land gezogen ist, in das wir ihm erst später folgen können. Wenn wir uns diese Tatsache wirklich klarmachen, so kann das ein großer Trost sein. Das Einzige, was wir zu ertragen haben, ist eine gewisse Zeit, in der wir durch unseren Bewusstseinszustand von ihm getrennt sind.[33]

Wie wir schon in Kapitel 2 erörtert haben, sind die Erdenmenschen während des Schlafes in der Welt der Toten, wo sie mit ihnen vereint sind (☞ auch Sigwarts Mitteilung vom 13. September 1915, S. 64). Für die Verstorbenen ist es von großer Bedeutung, wenn sich die Menschen vor dem Einschlafen zu Gedanken über Göttlich-Geistiges erheben. Die Verstorbenen ziehen ihre Nahrung aus den Vorstellungen, Empfindungen und Gefühlen, welche die verkörperten Menschen in den Schlaf hinübertragen. Wenn die Erdenmenschen erfüllt von geistigen Vorstellungen in den Schlaf gehen, können die Toten daraus für lange Zeit Lebenskraft ziehen.

Sigwart gab einer Freundin Rat, die ihn einige Tage zuvor nach ihrer verstorbenen Mutter gefragt hatte:

Mitteilung vom 30. Oktober 1917

Heute kann ich dir über deine Mutter berichten. Ich habe sie gesehen. Ich habe ihr mitgeteilt von unserer gemeinsamen Arbeit und will sie auch fernerhin einweihen in alles, was unseren Kreis erfüllt. Denn dadurch wird auch ihr unendlich geholfen werden. [...]

Hilf deiner Mutter, soviel du kannst! Sie hat noch allzuwenig erfasst von der Weisheit, die hier herrscht. Dennoch leidet sie gar nicht. Sie ist still ergeben, wie sie es im Leben war. Sie klammert sich ganz besonders an dich, angezogen durch deine geistigen Interessen.

Ich will ihr gerne helfen, soweit es mir gestattet ist; denn sie ist die Güte selber, und ich kann fast mit Gewissheit sagen, dass wir ihr bald durch unsere Hilfe das geistige Auge werden öffnen können. Denn das tiefe Schauen fehlt ihr noch. Die Hauptsache aber, die Liebe, die hingebende Liebe, die hat sie in hohem Maße.

Noch einen Rat will ich dir für deine Mutter geben: Nimm dir jeden Abend beim Schlafengehen vor, in der Nacht etwas von deinem Wissen deiner Mutter zu übermitteln, jede Nacht ein anderes Thema. So wirst du allmählich all dein Wissen auf sie übertragen haben.[34]

Ähnlich wie es zu den Aufgaben des Schutzengels gehört, seinen ihm anvertrauten Erdenmenschen vor schlimmen Erlebnissen, die nicht in seinem Schicksal liegen, zu bewahren, ist es auch einem Sphärenmenschen möglich, Menschen aus seinem Lebensumfeld zu beschützen. Es gibt unzählige Berichte, in denen Menschen glaubhaft versichern, dass sie in einer lebensbedrohlichen Situation so etwas wie eine innere Stimme vernommen hätten, die ihnen riet, von etwas Abstand zu nehmen oder etwas Bestimmtes zu tun, was sich dann später als rettend erwies. Oftmals waren sie sich sicher, dass diese Eingebung von einem Verstorbenen, den sie gut kannten, herrührte. Wir wollen hier aus der Fülle solcher Schilderungen nur eine betrachten:

»Es geschah noch in jungen Jahren. Ich war allein zum Fischen auf einem kleinen Boot. Plötzlich hörte ich eine Stimme im Befehlston sagen, ich solle die Angelschnur sausen lassen und an Land rudern. Ich hörte es ziemlich deutlich. Ich tat, wie mir geheißen, ohne zu wissen warum. Merkwürdig fand ich es allemal. Gerade als ich mich dem Hafen näherte, kam mit einem Mal ein heftiger Sturm auf, so dass ich Mühe hatte, anzulegen. Ich konnte die Stimme nicht erkennen, brachte sie später aber mit meinem Bruder in Verbindung, der vor kurzer Zeit ertrunken war.«[35]

Eine solche Hilfe darf aber nur gewährt werden, wenn das Ereignis nicht im Karma bzw. Schicksal des Menschen begründet ist. Dazu sagte Sigwart seinen Geschwistern:

Mitteilung vom 15. Juli 1916

> Merket ihr nicht, wie sich Veränderungen vollzogen, nicht nur der äußeren Tatsachen, sondern auch der geistigen Geschehnisse? Es ist das die Vorbereitung für die große Umwälzung der kommenden Zeit.
> Geht eure Wege ruhig, lasst alles heranstürmen, – bleibt stets *ihr selbst*!
> … Ihr müsst wissen, dass ich sofort bei euch bin, wenn etwas eintritt, was euch von Schaden sein könnte. Ich muss dann unterscheiden, ob es euer Schicksal ist oder nicht. Im ersteren Fall versuche ich, dies so viel wie möglich zu lindern, euch zu trösten und euch Kraft zu geben. Sollte es aber wirklich nur Zufall sein, so werde ich meine ganze Kraft einsetzen, ihn zu verhindern.[36]

Genau wie ein Engel darf auch ein Sphärenmensch nicht in die heilige Freiheit eines Erdenmenschen eingreifen.

Mitteilung von Mai 1916

> Es ist mir nicht erlaubt, auf das, was für euch bestimmt ist, direkt einzuwirken; das wäre eine Beeinflussung eures Karmas, eures eigenen Bestimmungsrechtes, das ich nicht, außer in geistigen Dingen, beeinflussen darf. Euch zu raten ist mir jedoch meist gestattet.[37]

Offenbarung einer *zukünftigen* Welt

Das, was in diesem Abschnitt geschildert werden soll, mag besonders unglaublich klingen und kann nur verstanden werden, wenn man mögliche Vorurteile beiseite räumt und sich ernsthaft um ein Verständnis bemüht.

Das Motiv, um das es nun geht, findet sich nur in sehr wenigen Nahtod-Berichten – unter anderem bei dem von George Ritchie. Nachdem der Christus ihm einiges aus der Geisteswelt gezeigt hatte, wurde ihm als letztes Erlebnis, das er in seinem temporär exkarnierten Zustand hatte, ein Einblick in eine ganz besondere ›Sphäre‹ gewährt.

Ritchie schreibt, dass er den Eindruck gehabt habe, dass diese letzte Reise ihn von der Erdenwelt entfernte. Bei allem, was er bis dahin wahrnehmen durfte, hatte er das Gefühl, nicht weit von der Erdenwelt, die er als *»physikalische Ebene«* bezeichnete, entfernt gewesen zu sein. Damit drückte er implizit aus, dass die Erdenwelt und die höheren Welten in Wirklichkeit nicht voneinander getrennt sind. Es bedarf nur eines jeweils anderen Bewusstseins, um in den verschiedenen Welten Wahrnehmungen haben zu können.

Zitat 6.7

Bis zu diesem Punkt hatte ich den Eindruck gehabt, dass wir auf einer Reise waren – auf welcher konnte ich mir allerdings nicht vorstellen – einer Reise auf der Erde. Sogar das, was ich als eine »höhere Ebene« tiefer Gedanken und des Lernens erkannt hatte, war offensichtlich nicht weit entfernt von der »physikalischen Ebene«, wo körperlose Wesen noch an die feste Welt gebunden waren.

Jetzt dagegen schien es, als hätten wir die Erde hinter uns gelassen. Ich konnte sie nicht mehr sehen. Dagegen waren wir jetzt anscheinend in einem unermesslichen Nichts, nur dass ich immer in Verbindung mit einem furchterregenden Wort daran gedacht hatte, und das war es nicht. Ein ungenanntes Versprechen schien durch die ungeheure Leere zu vibrieren.

Und dann sah ich, unendlich weit entfernt, viel zu weit, um auf irgendeine Weise, meiner Kenntnis nach, gesehen zu werden ... eine Stadt. Eine strahlende, unendlich scheinende Stadt, hell genug, um über die unvorstellbare Entfernung gesehen zu werden. Der Glanz schien von den Mauern und Straßen auszugehen und von den Wesen, die ich nun in ihrer Bewegung erkennen konnte. In der Tat, die Stadt und alles in ihr schien aus diesem Licht geschaffen zu sein, genau wie die Person neben mir aus Licht geschaffen war.

Zu der Zeit hatte ich das Buch der Offenbarung noch nicht gelesen. Ich konnte nur in Ehrfurcht zu diesem entfernten Schauspiel hinübersehen und wunderte mich, wie hell jedes Gebäude, jeder Einwohner sein musste, um aus der Entfernung von so vielen Lichtjahren gesehen zu werden. Konnten diese strahlenden Wesen, so fragte ich mich erstaunt, diejenigen sein, die in der Tat Jesus als den Brennpunkt ihres Lebens behalten hatten? Sah ich am Ende diejenigen, die in allem und jedem auf ihn geschaut hatten? Die so gut und so genau hingesehen hatten, dass sie in sein Ebenbild verwandelt worden waren? Als ich gerade diese Frage stellte, schienen sich zwei strahlende Wesen von dieser Stadt zu entfernen und geradewegs auf uns zuzukommen. Sie jagten über die Unendlichkeit mit der Geschwindigkeit des Lichts.

Aber so schnell sie auch auf uns zukamen, wir zogen uns noch schneller zurück. Der Abstand nahm zu, das Gesicht verblasste. Wenn ich auch über den Verlust laut aufschrie, so wusste ich doch, dass meine unvollkommene Schau jetzt nicht mehr ertragen konnte, als einen winzigen Schimmer dieses Reiches, des endgültigen Himmels.[38]

Unmittelbar danach kam George Ritchie im Lazarettraum wieder zu Bewusstsein.

Eine andere Persönlichkeit sprach von sehr ähnlichen Wahrnehmungen:

Zitat 6.8

Als Jesus mich weiterführen wollte, sah ich auf den Boden hinunter und merkte, dass dieser aus Gold war. Der ganze Weg, den wir gingen, war aus purem Gold. In der Ferne sah ich eine Stadt, auf die wir nun zugingen. Ihr Gold glänzte und sie sah wie eine Märchenstadt aus. Ihre Schönheit kann man nicht beschreiben. Je näher wir zu der Stadt kamen, umso ergriffener wurde ich. Ich wollte unbedingt sehen, wie dieser Ort von innen aussah.

Schließlich kamen wir zu einem der vielen Stadttore. Von außen sah dieses Tor durchsichtig-goldig aus, mit vielen Verzierungen geschmückt. Aber als Jesus das Tor öffnete, war ich sprachlos. Denn ich sah an der Torinnenseite so viele schöne, glitzernde Diamanten. Ich war überwältigt von dieser herrlichen Pracht. Diese unermessliche Schönheit hatte mir fast den Atem geraubt. Die Edelsteine sahen genauso überwältigend prachtvoll aus und funkelten in allen Farben, so wie die auf der Krone von Jesus, waren jedoch noch viel zahlreicher. Je näher ich zu den Diamanten kam, desto mehr glitzerten sie. Aus ihnen kamen Tausende von verschiedenen Farben heraus.

Nun wollte ich unbedingt in diese Stadt hineingehen, aber Jesus hielt mich zurück.[39]

hinter der Schwelle des Todes

Ein Skeptiker, der diese beiden Schilderungen liest, wird sie vermutlich für Phantasiegeschichten halten. Ein Leser, der unseren Ausführungen bisher gefolgt ist, wird möglicherweise zu der Auffassung tendieren, dass die beiden Bericht-Erstatter von einer Scheinwelt erzählen, so wie wir das im vorigen Kapitel thematisiert haben (☞ S. 182ff.). Wir sind allerdings der festen Überzeugung, dass ihnen etwas *Reales* gezeigt wurde.

Wenn man die Schilderung Ritchies aufmerksam liest, wird deutlich, dass es sich bei dem, was ihm offenbart wurde, um nichts Gegenwärtiges, sondern um etwas *Zukünftiges* handelt. Das legen Formulierungen wie »ungenanntes Versprechen«, »unendlich weit entfernt, viel zu weit, um auf irgendeine Weise, meiner Kenntnis nach, gesehen zu werden« und »Schimmer dieses Reiches, des endgültigen Himmels« nahe.

Ein Leser, der des Öfteren das Neue Testament zur Hand nimmt, wird gewiss im letzten Buch der Bibel, der *»Geheimen Offenbarung«*, ähnliche Schilderungen entdeckt haben. Dem Apokalyptiker Johannes wurde in einer grandiosen Geistesschau ein Einblick in die Zukunft des Weltgeschehens gewährt. Im 21. Kapitel schreibt er:

»Und ich sah einen neuen Himmel und eine neue Erde. Denn die erste Erde und der erste Himmel sind vergangen, auch das Meer ist nicht mehr da. Und ich sah die heilige Stadt, das Neue Jerusalem, sich herniedersenkend aus dem Himmel von Gott her, wie eine Braut bereitet, die sich für ihren Mann geschmückt hat. Und ich hörte eine mächtige Stimme vom Throne her sprechen: Siehe, die Hütte Gottes unter den Menschen. Er wird bei ihnen wohnen, und sie werden sein Volk sein. Ja, Gott selbst wird mit ihnen sein und wird alle Tränen aus ihren Augen wischen. Und der Tod wird nicht mehr sein, [...]

Und der Thronende sagte: Siehe, ich schaffe alles neu. [...]
Und er führte mich im Geist auf einen großen hohen Berg und zeigte mir die heilige Stadt Jerusalem, sich herniedersenkend aus dem Himmel von Gott her, im Glanze der Gottesoffenbarung.

Ihr Leuchten ist wie das eines allerkostbarsten Edelsteines, wie das Leuchten eines kristallklaren Jaspis. Sie hat eine lange und hohe Mauer mit zwölf Toren, und auf den Toren zwölf Engel [...]

Das Gefüge ihrer Mauer ist Jaspis, die Stadt selbst aus lauterem Gold, durchsichtig wie reines Glas. Die Fundamente der Stadtmauer sind mit jeder Art Edelgestein geschmückt; das erste Fundament ist Jaspis, das zweite Saphir, das dritte Chalzedon, das vierte Smaragd, das fünfte Sardonyx, das sechste Karneol, das siebente Chrysolyth, das achte Beryll, das neunte Topas, das zehnte Chrysopras, das elfte Hyazinth, das zwölfte Amethyst.«[40]

Zum wiederholten Male muss darauf hingewiesen werden, dass es für *jeden*, der Geistiges schaut, ungeheuer schwierig ist, das Wahrgenommene in Worte einer Menschensprache zu gießen. Daher müssen immer wieder Bilder verwandt werden, die das Geschaute zumindest halbwegs zutreffend und verständlich wiedergeben können.

Wir sind fest überzeugt, dass diesen zwei Persönlichkeiten, deren Schilderungen wir oben angeführt haben und in denen sich viele Anklänge an das finden, was der Apokalyptiker schrieb, die große Gnade zuteilwurde, einen Blick in die Weltenverhältnisse einer urfernen Zukunft werfen zu dürfen. George Ritchie schrieb, dass er *zuvor* nie die Offenbarung gelesen habe, so dass man also ausschließen kann, dass er von etwas ihm bereits Bekanntem berichtete.

Nun stellen sich zwei Fragen. Die erste Frage lautet: Was kann man sich unter diesem »Neuen Jerusalem«, wie es Johannes nennt, vorstellen?

Manche Theologen vertreten die Meinung, dass man sich hierunter einen Ort – vielleicht tatsächlich eine Stadt – vorstellen müsse, die in ferner Zukunft irgendwo auf unserer heutigen Erde entstehen werde. Wiederum andere sind der Auffassung, dass damit ein bestimmter Bereich in der geistigen Welt gemeint sei. Beides trifft gemäß geisteswissenschaftlichen Erkenntnissen nicht das Richtige. Um verstehen zu können, was mit dem »Neuen Jerusalem« tatsächlich gemeint ist, müssen wir ein wenig ausholen.

Wie wir schon an mehreren Stellen angedeutet haben, durchläuft jeder Mensch im Zuge seiner geistig-seelischen Entwicklung und Vervollkommnung sehr viele Erdenleben. Zwischen zwei irdischen Inkarnationen verweilt er für lange Zeit – meistens für einige Jahrhunderte in den übersinnlichen Welten – erst in der Astral- oder Seelenwelt, wo er zunächst sein letztes Erdenleben aufarbeitet und sich dann von allem reinigt, was in der Geisteswelt keine Berechtigung hat. Anschließend hat er die Reife, um in die Geisteswelt bzw. das Devachan einzutreten. Dort geht es für ihn neben dem Ergreifen vieler großartiger Arbeiten und Aufgaben nicht zuletzt darum, im Verein mit den geistigen Wesen der höheren

Hierarchien sowie mit Sphärenmenschen, mit denen er karmisch verbunden ist, sein kommendes Erdenleben zu planen und vorzubereiten.

Ist nun der Mensch das einzige Wesen im Weltensein, das *wiederholte* Inkarnationen durchmacht oder gibt es noch andere Wesen, für die das Gesetz der Reinkarnation gilt?

Diese Frage ist im Grunde ganz leicht zu beantworten. Ein Wesen, das durch mehrere Verkörperungen geht, muss zwei Voraussetzungen erfüllen: Zum einen muss es einen physischen Leib, einen stofflich-mineralischen Körper haben. Ansonsten wäre es ein Unsinn, von Wiederver*körper*ung zu sprechen. Zum anderen muss es ein *individuelles* Ich haben, und zwar ein Ich, das im Erdenleben in die leibliche Organisation integriert ist, das also die Verkörperung mitmacht. Schließlich ist das diejenige Instanz, die den Tod überdauert und durch die vielen Inkarnationen schreitet.

Diese beiden Voraussetzungen erfüllt zunächst einmal nur der Mensch. Bei Tieren kann man freilich nicht von Reinkarnation sprechen, da sie nicht über ein individuelles Ich verfügen. Die Engelwesen der neun Engelreiche haben zwar selbstverständlich ein solches Ich, allerdings kann man bei ihnen nicht von »Verkörperung« sprechen, da sie keinen physischen Leib annehmen.

Dennoch ist der Mensch *nicht* das einzige Wesen im Weltensein, für welches das Gesetz der Reinkarnation gilt!

Es mag einige Leser überraschen, dass dieses große kosmische Gesetz auch für unsere Erde gilt! Dieser Weltenkörper, auf dem wir wohnen und unsere gegenwärtige Entwicklung durchmachen, ist ähnlich wie der Mensch ein *Wesen*, ein *Ich-Wesen*. Genau wie der Mensch macht die Erde und mit ihr das gesamte planetarische System verschiedene Verkörperungen durch. Nach jedem Tod legt der Mensch seinen Körper ab, der sich in der Erdenwelt auflöst, und verbringt dann eine gewisse Zeit in den höheren Welten. Wenn er dann wiedergeboren wird, bezieht er einen neuen Leib. Völlig analog kann man sich das auch bei dem Erdenwesen vorstellen. Nach jedem Untergang des planetarischen Systems zerstiebt alles Materielle. Alles, was physischer Natur ist, verschwindet. Das gesamte Leben spielt sich dann geraume Zeit nur im Geistigen ab. Anschließend wird die Erde in völlig neuer Gestalt wiedergeboren. So wie man einem menschlichen Ich-Wesen, wenn es ein neues Erdenleben antritt, also eine neue Persönlichkeit darstellt, einen neuen Namen gibt, so hat man im Okkultismus den verschiedenen Inkarnationen unserer Erde auch jeweils andere Namen beigelegt. Ein hoher Geistesseher kann heute auf drei vergangene und auf drei zukünftige Verkörperungen bzw. Entwicklungsstufen unseres Weltenkörpers schauen. Die erste wird *»alter Saturn«*, die zweite *»alte Sonne«* und die dritte, die der heutigen unmittelbar vorausging, *»alter Mond«* genannt (☞ Anhang, Tabelle 4, S. 292). Diese früheren Weltenkörper darf man natürlich *nicht* mit den heutigen gleichnamigen Planeten verwechseln oder gar gleichsetzen, wenngleich diese uralten Himmelskörper in einer gewissen Beziehung zu denen stehen, die heute diesen Namen tragen. An der Schaffung bzw. Umgestaltung der jeweiligen Erscheinungsformen unserer Erde waren und sind die geistigen Wesen der höheren Hierarchien ganz wesentlich beteiligt.

Wir wollen einen ganz kurzen Blick auf die drei vergangenen Verkörperungen der Erde werfen. In diesen urfernen Zeiten, von denen die Wissenschaftler nicht einmal zu träumen wagen und von denen auch in den religiösen Schriften nichts zu finden ist, hatte die Erde noch eine ganz andere Substantialität.

Der alte Saturn war ein riesiger reiner Wärmekörper, der sich etwa von der heutigen Sonne bis zum heutigen Saturn, den er umfasst hätte, ausdehnte. Es gab nichts Luftförmiges, Flüssiges oder gar Festes. Wärme war das einzige Element. Schon in dieser urfernen Vergangenheit wurde der *Keim* des physischen Menschenleibes erstmals veranlagt.

Auf der alten Sonne differenzierte sich die Wärme, aus der der alte Saturn bestanden hat, in Licht und Rauch. Dadurch bestand dieser Weltenkörper innerlich aus Luft, aus strömendem Gas. Wie aus einem Keim entfaltete sich wieder das, wozu der physische Leib des Menschen auf dem alten Saturn geworden war. Jetzt erst konnte er sich mit einem Ätherleib durchdringen. Der Mensch wurde also zu einem zweigliedrigen Wesen. Die zweite Stufe der Ausbildung des physischen Menschen war die Durcharbeitung des physischen Körpers mit dem ätherischen Leib. Dadurch wurde er ein lebendiger Organismus. Der physische Leib wurde auf die zweite Stufe seiner Vollkommenheit gehoben.

Auf dem alten Mond kam zu den Elementen der Wärme und des Luft- bzw. Gasartigen jetzt das Wässrige hinzu. Dieser Planet war ein zähflüssiger Körper mit einer von Feuchtigkeit durchzogenen Atmosphäre aus Feuerluft. Es gab auf unserem Vorgängerplaneten noch nichts Mineralisches. Während der physische Leib des ›Mondenmenschen‹ nun schon auf der dritten Stufe stand, stand der Ätherleib auf der zweiten. Neu hinzu kam jetzt der Astralleib, so dass der Mondenmensch ein dreigliedriges Wesen wurde.

Erst auf der heutigen Erde setzt die Bibel ein, die in der *»Genesis«*, dem 1. Buch Mose, von der Schaffung des heutigen planetarischen Systems, der Erde und des »Erdenmenschen« berichtet. Sein Ich bekam der Mensch erst auf der jetzigen Inkarnationsstufe der Erde. Wie bereits erwähnt verdanken wir dieses derzeit höchste Wesensglied keinem Geringeren als Christus.

Werfen wir einen weiteren kurzen Blick auf den alten Mond. Dieser alte Weltenkörper, also die Planetenstufe, die unserer heutigen Erde unmittelbar vorausging, war der »Kosmos der *Weisheit*«. Man könnte nun glauben, dass die Menschen, die dazumal auf dem alten Mond – freilich in einer *völlig* anderen Gestalt im Vergleich zur heutigen Zeit – ihre Wohnstätte hatten, besonders weise gewesen wären. Das war aber nicht der Fall. Von Weisheit konnte bei den Mondenmenschen nicht die Rede sein. Allerdings wurden in dieser urfernen Vergangenheit die Keime gepflanzt, die auf der heutigen Erde aufgegangen sind. Dadurch ist heute so viel Klugheit und Weisheit auf allen Ebenen des Daseins vorhanden. Man muss sich nur ein wenig in der uns umgebenden Natur umsehen. Alles ist von einer Weisheit, die zum Teil den menschlichen Verstand übersteigt, durchzogen. Was es auf dem alten Mond noch nicht gab, war die Liebe. So wie auf dem alten Mond die Weisheit keimartig veranlagt wurde, soll in der Erdenentwicklung die Liebe eingepflanzt werden, so dass auf der nächsten Planetenstufe, dem neuen Jupiter, die Liebe allen Wesen entgegenstrahlen soll, wie uns jetzt überall die Weisheit begegnet. Das ist die große Mission der heutigen Erde. Daher bezeichnet man sie als »Kosmos der *Liebe*«. Dass es bis dahin noch ein sehr weiter Weg ist, kann man Tag für Tag erleben.

Auch die heutige Erde wird also in der Tat untergehen, es wird zum Erdentod, zum Wärmetod der Erde kommen, wie es die Wissenschaft lehrt. Aber es wird nach einer gewissen Übergangsphase, in der sich alles Leben nur im Geistigen vollzieht, eine *neue Erde* entstehen. Diesen neuen Weltenkörper hat Rudolf Steiner als *»Jupiter-Erde«* oder auch *»neuer Jupiter«* bezeichnet. Dieser ist nichts anderes als das, was der Apokalyptiker »Neues Jerusalem« nennt. Die Zeit, in der sich der Übergang zum neuen Jupiter vollzieht, ist das, was man als »Jüngsten Tag« bezeichnet.

Die Jupiter-Erde, die nicht etwa als Teil der geistigen Welt betrachtet werden darf, wird viel feinstofflicher sein als unsere heutige Erde, insbesondere wird es hier kein Mineralreich mehr geben. Auf dieser neuen Erde könnte ein dichter, materieller Leib, wie wir ihn heute tragen, nicht mehr existieren. Die Menschen, die auf der Jupiter-Erde eine Wohnstatt finden, werden dann einen ganz anderen Leib tragen.

Das Menschengeschlecht wird sich in *zwei* Reiche, ein niederes und ein höheres, aufspalten. Das niedere Reich wird von den Menschen gebildet, welche sich als die Nachkommenschaft der auf der Erde entstandenen bösen Gemeinschaft erweist. In dem höheren Reich erscheinen dann die Nachkommen der guten Gemeinschaft der Erdenmenschen, die sich mit dem Christus-Impuls durchdrungen haben. Vom ersten Adam haben wir Menschen unseren heutigen sterblichen Leib. Von Christus, den Paulus den *»zweiten Adam«*[41] nannte, können wir auf der nächsten Planetenstufe, dem neuen Jupiter, den unsterblichen Auferstehungsleib haben. Dann wird es das, was wir heute »Geburt« und »Tod« nennen, nicht mehr geben. Somit könnte man *plakativ* auch durchaus von der »Auferstehung von den Toten« sprechen. Seit dem Mysterium von Golgatha trägt jeder Mensch, der sich inkarniert, in seinem physischen Leib den »zweiten Adam« wie ein zartes Samenkorn. Jeder von uns hat also die einzigartige Möglichkeit, dieses großartige Geschenk anzunehmen und durch sein eigenes Wirken und Verhalten diesen Keim, dieses Samenkorn zur Reife zu bringen, um schließlich eines fernen Tages seinen individuell passenden Auferstehungsleib ›anziehen‹ zu können. Auf dieses Fernziel weist auch Paulus im Brief an die Philipper hin:

»Doch unsere Heimat ist in der Himmelswelt. Von dort erwarten wir auch den Weltenheiler, den Herrn Jesus Christus, der unseren erniedrigten Leib verwandeln und seinem verklärten Leibe gleichgestalten wird, gemäß der Wirkensmacht, mit der er sich das Weltenall unterzuordnen vermag.«[42]

Ritchie spricht hier von »strahlenden Wesen«, die – so kam ihm der Gedanke – »in sein [des Christus] Ebenbild verwandelt worden sein könnten.« In der Tat wird der Mensch dann immer mehr zu einem wirklichen Ebenbild der Gottheit werden.

Auf dem neuen Jupiter wird das erste Geistglied des Menschen, das Geistselbst, zur Reife kommen, das heißt, der Mensch muss sich bis dahin von all seinen Trieben und Begierden befreit und dadurch seinen Astralleib so gereinigt und veredelt haben, dass dieser zum Geistselbst umgewandelt wird. Der Apokalyptiker spricht hier vom »Waschen der Feiergewänder«:

»Begnadet sind, die ihre Feiergewänder waschen. Sie werden Vollmacht haben über den Baum des Lebens und durch die Tore einziehen in die Stadt.«[43]

Diejenigen Menschen, die zu dem höheren Reich gehören, die das Erdenziel erreicht haben, werden die Aufgabe haben, daran zu arbeiten, den anderen noch den Übergang in das höhere, das eigentliche Menschenreich, zu ermöglichen.

Es wird noch langer Zeiträume bedürfen, bis es zur Verkörperung unserer Erde als Jupiter-Erde kommen wird. Bis dahin werden wir alle noch viele Male ein Erdenleben und anschließend jeweils ein nachtodliches Leben durchmachen, um in unserer geistig-seelischen Evolution vorwärtszuschreiten, um uns die Reife für das Leben auf der neuen Erde zu erwerben. Aber selbst wenn wir in ferner Zukunft auf dem neuen Jupiter leben werden, haben wir lediglich ein gewisses großes Etappenziel erreicht. Die Entwicklung ist damit noch lange nicht abgeschlossen. Im Grunde hört diese niemals auf.

Dieser zukünftigen Inkarnations- oder Entwicklungsstufe unserer Erde werden noch zwei folgen, die man als *»neue Venus«* und *»Vulkan«* bezeichnet. Der neue Jupiter bzw. das himmlische Jerusalem ist also *nicht* der »endgültige Himmel«, wie es George Ritchie vermutete. Auf der neuen Venus wird sich der Mensch sein zweites Geistglied, den Lebensgeist, aneignen. Auf dem Vulkan kommt der Geistesmensch hinzu. Dann wird der Mensch vollständig Geist, ein freies schöpferisches göttlich-geistiges Wesen sein.

Einem Leser, der sich ausführlich über die Entwicklungsstufen der Erde informieren möchte, kann unser Buch *»Das Götterprojekt Mensch«* (☛ S. 308) empfohlen werden.

Es wurde bereits gesagt, dass die geistigen Wesen der höheren Hierarchien verschiedene Fähigkeiten und in Abhängigkeit davon verschiedene Aufgaben im Weltensein zu verrichten haben. Nun wollen wir noch kurz der Frage nachspüren, woran das liegt.

Nun, auch diese Götter unterliegen einem unerdenklich langen Entwicklungsprozess. Auf jeder Entwicklungsstufe der Erde steht eine bestimmte Gruppe von Wesenheiten auf der »Menschheitsstufe«. Das heißt natürlich nicht, dass diese Wesen früher in dem Sinne Menschen waren, wie wir es heute sind. Mit diesem Begriff ist vielmehr gemeint, dass sie ein Ich und ein Selbstbewusstsein erwarben. Man darf sich aber nicht vorstellen, dass sie damals ein solches Bewusstsein gehabt hätten, wie wir es heute haben. Sie haben ihre Menschheit vielmehr mit einem ganz anders gearteten Bewusstsein durchgemacht. Eine direkte Wiederholung von etwas, was schon einmal gewesen ist, findet im Weltensein *niemals* statt. Auch haben die göttlich-geistigen Wesen nie einen physischen Leib angenommen.

Bereits auf dem alten Saturn standen die Archai auf der Menschheitsstufe, auf der alten Sonne waren es die Erzengel, auf dem alten Mond die Engel. Daher haben diese Götter auch eine Weisheit sowie Fähigkeiten, welche die des

Menschen *weit* übersteigen. Je früher ein Wesen auf der Menschheitsstufe stand, desto mächtiger und weiser ist es.

Auf dem neuen Jupiter können die Menschen, die dem höheren Reich angehören, auf der Stufe stehen, auf der heute die Engel stehen. Dann können sie ihren Engel von der Aufgabe, sie zu führen und zu leiten, entbinden, so dass dieser seine Entwicklung zum Erzengel durchmachen kann.

Sigwart deutete in einer Kundgebung ebenfalls an, dass die geistigen Wesen nie auf der Erde inkarniert waren und ihre Entwicklung schon – wie er es nannte – auf einem anderen Planeten durchgemacht haben:

Mitteilung vom 12. Juni 1916

> Ich möchte euch heute gerne von den Himmelsbewohnern erzählen. Nennen wir sie Halbgötter. Es sind sehr hoch entwickelte Wesenheiten, die nie auf der Erde inkarniert waren, sondern ihre physische Entwicklung schon auf einem anderen Planeten durchgemacht haben. »Devas« ist der indische Ausdruck für sie, der euch am geläufigsten sein mag.[44]

Die zweite Frage, die sich nun ergibt, lautet: Wie ist es möglich, dass gewisse Menschen etwas ›schauen‹ können, was noch gar nicht existiert, was lediglich ein Zukunftsversprechen ist? Genauso gut könnte man fragen: Wie ist es einem hohen Geistesseher wie etwa Rudolf Steiner möglich, auf längst untergegangene sowie auf zukünftige planetarische Zustände zu schauen und über sie in großer Ausführlichkeit zu berichten? Um nicht gar so weit in die Vergangenheit zurückzugehen, könnte man sich auch die Frage vorlegen: Wie bzw. woher konnte Moses eigentlich wissen, was sich in urferner Vergangenheit vor und bei der Entstehung der physischen Welt in der *heutigen* Form zugetragen hat, wovon er in der Schöpfungsgeschichte, in der Genesis schildert? Wie konnte er die Vorgänge bis zum Entstehen des Erdenmenschen so genau beschreiben?

Diese Berichte können nur dann aus dem Reich der Fabeln erlöst werden, wenn wir die sogenannte *»Akasha-Chronik«* berücksichtigen. Was kann man sich darunter vorstellen?

»Akasha« ist eine der subtilsten Substanzen, die dem geistigen Streben eines hellsichtigen Menschen noch zugänglich ist. In diese Substanz ist alles ›eingeschrieben‹, was sich von Anbeginn der Weltentwicklung abgespielt hat. Nichts von dem, was jemals im Kosmos geschehen ist, geht verloren; alles hinterlässt vielmehr seine ganz konkreten Spuren. Alle Taten, Gedanken, Worte, Gefühle usw. prägen sich in die »Akasha-Substanz« ein. Hierbei ist nicht nur an die großen Taten und Gedanken der göttlich-geistigen Wesen, sondern auch an alle großen und kleinen Taten und Gedanken eines *jeden einzelnen Menschen* zu denken.

Da ein Geistesseher in dieser kosmischen Substanz in gewisser Weise wie in einem Geschichtsbuch lesen kann, spricht man von der »Akasha-*Chronik*«.

Moses sah in einer kurzen Geistesschau zusammengedrängt – sozusagen im Zeitraffer – Geschehnisse, die sich über unermesslich lange Zeiträume erstreckt haben. In der Akasha-Chronik ist nicht nur alles verzeichnet, was von Anbeginn der Welt bis heute geschehen ist, sondern auch dasjenige, was zukünftig zu geschehen hat. Natürlich kann hier nicht in allen Einzelheiten stehen, was etwa ein bestimmter Mensch in der Zukunft erleben wird. Das ist auch weitgehend offen, da es nicht zuletzt dem freien Willen des Menschen unterliegt. Aber die großen ›kosmischen Verhältnisse‹, die längst im göttlichen Weltenplan vorgezeichnet sind, sind hier einverwoben. Daher war es dem Apokalyptiker auch möglich, einen Blick in die ferne Zukunft der Weltenentwicklung zu werfen. Es ist zu Lebzeiten nur hochgradig begnadeten Menschen möglich, in dieser ›Chronik‹, die man auch als »kosmisches Gedächtnis« bezeichnen könnte, zu ›lesen‹.

»Alles, was in der sinnlich-physischen Welt geschieht, das hat ja sein Gegenbild in der geistigen Welt. Wenn sich eine Hand bewegt, so ist nicht nur das vorhanden, was Ihr Auge als die sich bewegende Hand sieht, sondern hinter der sich bewegenden Hand, hinter dem Augenbild der Hand liegt zum Beispiel mein Gedanke und mein Wille: die Hand soll sich bewegen. Es liegt überhaupt ein Geistiges dahinter. Während das Augenbild, der sinnliche Eindruck der Handbewegung vorbeigeht, bleibt das geistige Gegenbild in der geistigen Welt eingeschrieben und hinterlässt immer eine Spur, so dass wir, wenn wir das geistige Auge geöffnet haben, von allen Dingen, die geschehen sind in der Welt, die Spuren verfolgen können, die da zurückgeblieben sind von ihren geistigen Gegenbildern. Nichts kann geschehen in der Welt, ohne dass es solche Spuren gibt. Nehmen wir an, es lässt der Geistesforscher den Blick zurückschweifen bis zu Karl dem Großen oder bis in die römische Zeit oder in das griechische Altertum. Alles, was da geschehen ist, ist seinen geistigen Urbildern nach durch Spuren erhalten geblieben in der geistigen Welt und kann dort geschaut werden. Dieses Schauen der Spuren, welche alle Geschehnisse in der geistigen Welt zurücklassen, nennt man das ›Lesen in der Akasha-Chronik‹. Es gibt eine solche lebendige Schrift, die das geistige Auge sehen kann.«[45]

Natürlich darf man sich das Lesen in der Akasha-Chronik nicht so vorstellen, wie man in einem gewöhnlichen Buch liest.

»Aber Sie dürfen sich nicht vorstellen, dass die Akasha-Chronik, die geistige Geschichte, die wie ein aufgeschlagenes Buch vor dem geöffneten Auge des Sehers daliegt, etwa wie eine Schrift der gewöhnlichen Welt ist. Eine Art lebendiger Schrift ist sie, und wir wollen versuchen, uns das an dem Folgenden klarzumachen. Nehmen wir an, der Blick des Sehers schweift zurück – sagen wir in die Zeit des Cäsar. Cäsar hat dies und das getan, und insofern er es auf dem physischen Plan getan hat, haben es seine Zeitgenossen gesehen. Alles hat eine Spur zurückgelassen in der Akasha-Chronik. Wenn man aber zurücksieht als Seher, dann sieht man die Taten so, wie wenn man ein geistiges Schattenbild oder ein geistiges Urbild vor sich hätte. Denken Sie sich noch einmal die Bewegung der Hand. Das Augenbild können Sie als Seher nicht erblicken; aber die Absicht, die Hand zu bewegen, die unsichtbaren Kräfte, welche die Hand bewegt haben, die werden Sie immer sehen. So ist alles zu sehen, was in den Gedanken des Cäsar gelebt hat, sei es, dass er diese oder jene Schritte machen oder diesen oder jenen Kampf führen wollte. Alles, was die Zeitgenossen gesehen haben, ist ja aus seinen Willensimpulsen hervorgegangen, hat sich ja realisiert durch die unsichtbaren Kräfte, die hinter den Augenbildern stehen. Aber das, was hinter diesen Augenbildern stand, ist wirklich wie der wandelnde und handelnde Cäsar zu sehen, wie ein Geistesbild des Cäsar, wenn man zurückblickt als geistiger Seher in die Akasha-Chronik.«[46]

Man könnte die Akasha-Chronik auch anhand eines vielleicht etwas trivialen und platten materiellen Vergleiches verdeutlichen. Stellen Sie sich eine gigantische Festplatte mit einer unbegrenzten Kapazität vor, auf der vertonte Filme über alles, was jemals auf der Erde geschehen ist, gespeichert sind. Nun könnte jeder, der über die entsprechende Technik und das Know-how verfügt, jederzeit einen gewünschten Film abrufen und anschauen.

Das Lesen in der Akasha-Chronik könnte man etwas plakativ formuliert auch als ›geistige Zeitreise‹ bezeichnen. Nur auf diese Art kann jemand, dem diese Möglichkeit offensteht, beispielsweise wissen, wie sich bestimmte Entwicklungen im Weltenprozess abgespielt haben bzw. in der Zukunft abspielen werden.

Übrigens, nach dem Tod lebt der Mensch gewissermaßen in dieser Akasha-Substanz, etwa so, wie wir hier auf der Erde innerhalb der uns umgebenden Atmosphäre leben. Jetzt können wir auch noch eine andere Frage klären. Wie bereits mehrfach erläutert sind die Erinnerungen an den Ätherleib gebunden.

Dieser ist der Träger des Gedächtnisses und somit auch der Erinnerungen. Nun wurde hier dargelegt, dass der Mensch wenige Tage nach dem Tod den größten Teil seines Ätherleibes dem allgemeinen Weltenäther übergibt. Wie kann es nun möglich sein, dass er trotzdem in der weitaus meisten Zeit seines nachtodlichen Lebens die Erinnerung an seine früheren Erdenleben – namentlich an das letzte – behält?

Nun, auch wenn der Mensch nach wie vor eine Anschauung von seinem abgelegten Ätherleib haben kann, so bekommt das Erinnern einige Zeit nach dem Tod doch eine andere Gestalt als es im Erdenleben der Fall ist. An die Stelle des gewöhnlichen Erinnerns tritt jetzt das ›Lesen‹ in der Akasha-Chronik. Nachdem im Kamaloka die Erinnerung an das Erdenleben mehr und mehr schwindet, tauchen jetzt alle Ereignisse aus diesem Leben so auf, dass sie sich dem Menschen in der Akasha-Chronik entgegenstellen, so dass er der gewöhnlichen Erinnerung nicht mehr bedarf.

»Es bekommen natürlich Erinnerung und Vergessen nach dem Tode eine gewisse andere Gestalt. Sie wandeln sich so, dass dann an die Stelle des gewöhnlichen Erinnerns das Lesen in der Akasha-Chronik tritt. Was in der Welt geschehen ist, ist ja nicht verschwunden, es ist objektiv da. Indem im Kamaloka hinschwindet die Erinnerung an den Zusammenhang mit dem physischen Leben, tauchen diese Ereignisse auf in einer ganz anderen Weise, indem sie sich dem Menschen in der Akasha-Chronik entgegenstellen. Er braucht also dann nicht den Zusammenhang mit dem Leben, der sich ihm aus der gewöhnlichen Erinnerung ergibt.«[47]

Zum Abschluss dieses Kapitels wollen wir wieder auf die zu Beginn dieses Abschnittes zitierten Nahtod-Berichte zurückkommen: Es ist davon auszugehen, dass diesen Persönlichkeiten tatsächlich die Gnade erwiesen wurde, in der Akasha-Chronik auf das Neue Jerusalem bzw. die Jupiter-Erde, die erst in einer urferner Zukunft Realität wird, zu schauen.

Nun könnte man vielleicht noch fragen, ob es einem Verstorbenen in der Geisteswelt auch möglich ist, das Neue Jerusalem zu schauen.

Das dürfte – wenigstens im Normalfall – wohl eher sehr selten sein, dass einem Sphärenmenschen diese Offenbarung gewährt wird.

Allerdings wird *jedem* Menschen in der Geisteswelt eine nicht weniger großartige Offenbarung zuteil.

Wenn die Weltenmitternacht überschritten ist, wenn also etwa die Hälfte des nachtodlichen Lebens vorüber ist, hat der Sphärenmensch eine ganz besondere Vision, deren Erhabenheit und Eindruckstiefe ihn gewaltig berührt. Es kommt zum Höhepunkt dessen, was er in der Geisteswelt erleben kann: Seinem Blick enthüllt sich nun immer deutlicher das großartige *»Menschheitsideal«*. In einer mächtigen, gloriosen Imagination steht vor seinem Geistesauge, was das Ziel der Schöpfermächte bzw. des großen Götterprojektes ist, das der Mensch eines ur-urfernen Tages erreichen kann.

»Nun kommen wir aber, indem wir also von den Göttern unterrichtet werden, an einen bestimmten Punkt des Erlebens zwischen dem Tod und einer neuen Geburt. An einen wichtigen Punkt kommen wir. Es ist, ich möchte sagen, in der Zeiten fernster Ferne, wo wir das Menschheitsideal erblicken; die Kräfte aber, die in uns durch diese unsere göttlich-geistigen Erzieher gelegt werden können, die sind abhängig von dem, was wir im Laufe unserer Inkarnationen, im Laufe unseres vorhergehenden Menschenlebens aus uns gemacht haben. Und so stehen wir, indem wir heranleben von der Weltenmitternacht, gerade in der Mitte zwischen dem Tod und einer neuen Geburt, und immer weiterleben in die Zeiten hinein und in fernsten Zeiten das Menschheitsideal sehen, dann endlich an einem Punkt, an der letzten Perspektive des Menschheitsideals. Aber so stehen wir an diesem Punkt, dass wir uns nun sagen müssen – wir sagen es uns natürlich nicht, wir erleben es ganz innerlich, aber man muss sich mit den Worten des gewöhnlichen Lebens aussprechen –: Göttlich-geistige Kräfte haben an dir gewirkt, sind immer innerlicher in deiner Seele geworden, leben jetzt in dir; aber jetzt bist du an dem Punkte, wo du dich nicht mehr weiter mit diesen Kräften durchdringen kannst, denn du müsstest viel vollkommener sein, wenn du weitergehen wolltest als bis hierher.«[48]

Dieses Menschheitsideal, dieses Götterziel ist gewissermaßen die Religion der göttlich-geistigen Wesen. Es ist für den Sphärenmenschen geradezu unmöglich, diese Imagination zu übersehen. Zu deutlich taucht sie jetzt für lange Zeit vor seinem Geistesauge auf. Er kann erkennen, was die Götter mit ihm vorhaben, wie er eines urfernen Tages selbst sein kann. Er kann dadurch immer mehr seinen Willen befeuern, um diesem Ideal nachzueifern. Er wird von göttlichen Kräften durchglüht, um selbst die Kräfte finden zu können, diesen Weg zu gehen und das Ziel der Götter zu erfüllen. Die Kräfte, die in ihn durch seine

»göttlich-geistigen Erzieher« gelegt werden können, sind davon abhängig, was er in seinen bisherigen Inkarnationen aus sich gemacht hat, wie er sie genutzt hat, wie er seine bisherige Entwicklung vorangetrieben hat. Die geistigen Wesen der höheren Hierarchien sprechen eindringlich in sein Inneres, um ihn mehr und mehr darin zu bestärken, diesem Ideal nachzueifern.

Der Mensch erkennt jetzt, dass die Schöpfermächte seit unerdenklich langen Zeiten an ihm gewirkt haben und jetzt *in ihm* wirken. Er erkennt aber auch, dass er sich mit den Kräften der göttlich-geistigen Wesen nicht weiter durchdringen kann, weil er dazu schon sehr viel vollkommener sein müsste. Er spürt, wie weit er noch von dem Erreichen dieses Ideals entfernt ist.

Die Schöpfermächte wollten mit dem Menschen keine schlichten ›dienstbaren Geister‹ in die Weltenverhältnisse hineinstellen. Sie haben mit dem Menschen ein Wesen in die Weltentatsachen gestellt, das das Göttliche in sich aufnehmen kann. Sie haben ein Wesen geschaffen, dem es in urferner Zukunft vorbestimmt ist, selbst ein schöpferisches, selbstbewusstes, freies, göttlich-geistiges Wesen sein zu können. Das ist das, was als Geheimnis des Werdens betrachtet werden kann, dass jedes Wesen emporsteigen kann von einem, das nur aus der göttlichen Gnade empfangen kann, zu einem, das selbst produktiv werden kann, das selbst schöpferisch tätig werden kann.[49] Das Ziel aller Wesen ist es, selbst Schöpfer zu werden. *»Gott will Götter«* sagten schon *Jakob Böhme* und *Novalis*.

Eben Alexander drückte es so aus (☞ Zitat 6.5, S. 215): »Aber es ist auch außerordentlich wichtig, denn hier [auf der Erde] ist es unsere Aufgabe, dem Göttlichen entgegenzuwachsen.«

Kapitel 7

An und hinter der Schwelle des Todes
–
Rückkehr in den Körper, erworbenes Wissen und Konsequenzen für das weitere Erdenleben

Ich überlegte mir schon, ob ich nicht dort bleiben sollte – doch dann sah ich auf einmal meine Familie, meine drei Kinder und meinen Mann, vor mir. Was jetzt kommt, ist nicht so leicht zu erklären: Als ich dieses Wohlgefühl spürte, da in der Gegenwart des Lichtes, da wollte ich tatsächlich nicht mehr zurück. Die Verantwortung meiner Familie gegenüber nehme ich jedoch sehr ernst, und auch in jenem Augenblick war ich mir meiner Pflicht wohl bewusst. So nahm ich mir denn auch vor, wieder zurückzukommen.

I n diesem letzten Kapitel, in dem wir uns mit Nahtod-Erfahrungen auseinandersetzen wollen, werden wir zunächst den Blick darauf richten, wie die Menschen, die kurzzeitig exkarniert waren, die Rückkehr in ihren Körper, also gewissermaßen ihre volle Inkarnation, erlebt haben. Dann wollen wir noch der Frage nachspüren, welche Erkenntnisse diese Menschen in der Zeit, in der sie temporär exkarniert waren, gewonnen haben und ob bzw. inwieweit sich ihr weiteres Leben nach ihrer außergewöhnlichen Erfahrung verändert hat.

Die Rückkehr in den Körper

D as letzte Motiv vieler Berichte von Todesnähe-Erlebnissen, das wir nun betrachten wollen, ist auch häufig das letzte Erlebnis, an das sich ein Mensch, der an der Schwelle des Todes stand, erinnern kann. Es geht darum, wie es dazu kam bzw. wer oder was ihn wieder dazu veranlasste, in seinen Körper zurückzukehren, sich also wieder richtig zu inkarnieren. Grundsätzlich lässt sich sagen, dass vielen diese Rückkehr nicht leichtgefallen ist. Sie wären lieber in ihrem außerkörperlichen Zustand geblieben.

Es scheint *im Wesentlichen* zwei Motive zu geben, die dazu führten, dass diese Persönlichkeiten letztlich wieder in ihren physischen Leib zurückgingen.

So berichteten manche, dass es ihr eigener Entschluss gewesen sei, wieder in ihren Körper zurückzukehren, weil sie den Eindruck hatten, dass sie von ihrer Familie gebraucht werden oder weil sie noch wichtige Aufgaben im Erdenleben erfüllen wollten. So erzählte ein 62-jähriger Flugzeumechaniker, bei dem es aufgrund eines Herzstillstands zu Nahtod-Erlebnissen kam:

Zitat 7.1

> Ich war über mir und schaute hinunter. Sie arbeiteten an mir herum und versuchten mich wiederzubeleben ...
>
> Ich sah, wie sie versuchten, mich mit diesen Elektroden wiederzubeleben. Sie taten irgendetwas darauf, es sah aus wie ein Schmiermittel, und dann rieben sie diese aneinander und legten sie mir dann auf den Körper. Und dann verpassten sie mir einen Stromstoß. Ich spürte aber überhaupt nichts. Sie machten es noch einmal ... Dann dachte ich an meine Familie und ich sagte: »Maisie, ich gehe besser zurück.«
>
> Ich hatte das Gefühl zurückzugehen und wieder in meinen Körper zu gehen... Dann kam ich wieder zu Bewusstsein.[1]

Dr. Moody zitiert eine Frau:

Zitat 7.2

> Ich überlegte mir schon, ob ich nicht dort bleiben sollte – doch dann sah ich auf einmal meine Familie, meine drei Kinder und meinen Mann, vor mir. Was jetzt kommt, ist nicht so leicht zu erklären: Als ich dieses Wohlgefühl spürte, da in der Gegenwart des Lichtes, da wollte ich tatsächlich nicht mehr zurück.
>
> Die Verantwortung meiner Familie gegenüber nehme ich jedoch sehr ernst, und auch in jenem Augenblick war ich mir meiner Pflicht wohl bewusst. So nahm ich mir denn auch vor, wieder zurückzukommen.[2]

Dr. Sabom schreibt, was ihm ein Mann in einem Interview mitteilte:

Zitat 7.3

> Ich hätte mich jederzeit von meinem Körper wegbewegen können, wenn ich es unbedingt gewollt hätte, aber ich hatte ein schlechtes Gewissen.

Auf der einen Seite wollte ich weg [sterben], aber auf der anderen hatte ich eine Frau und zwei Kinder. Ich wäre so gerne gegangen. Aber ich hatte Gewissensbisse, auch hinterher noch, etwa ein Jahr lang. Es war ein schrecklicher Gedanke, dass ich mein eigenes Wohl beinahe über das von anderen gestellt hätte. Trotzdem hätte ich richtig gerne weggewollt.

Jetzt habe ich keine Gewissensbisse mehr. Ich bin zu der Überzeugung gekommen, dass das alles etwas ganz Normales war. Ich war ganz einfach vor eine Wahl gestellt.[3]

Ein junger Mann erzählte, dass sein Wunsch, sein Studium zu beenden, der Antrieb gewesen sei, sich wieder richtig zu inkarnieren:

Zitat 7.4

Drei Jahre im College hatte ich schon hinter mir; jetzt kam nur noch ein weiteres Jahr. Deswegen sagte ich mir immer wieder: »Ich will jetzt noch nicht sterben!«

Wenn das alles jedoch nur noch ein paar Minuten länger gedauert und ich mich nur noch eine kleine Weile in der Nähe des Lichtes aufgehalten hätte – dann wäre ich ganz in dem aufgegangen, was ich im Augenblick erlebte. Dann hätte ich wahrscheinlich überhaupt nicht mehr an mein Studium gedacht.[4]

Wiederum andere sagten, dass ein verstorbener Verwandter oder ein geistiges Wesen ihnen dazu geraten habe, ›zurückzugehen‹. Die Amerikanerin Pam Reynolds drückte ihre Erinnerungen an die Rückkehr in ihren physischen Leib wie folgt aus:

Zitat 7.5

Irgendwann wurde ich daran erinnert, dass es Zeit sei zurückzukehren. Ich hatte mich natürlich für die Rückkehr schon entschieden, bevor ich auf dem Operationstisch lag. Aber, wissen Sie, je länger ich mich dort aufhielt, desto besser gefiel es mir dort.

Meine Großmutter begleitete mich weder durch den Tunnel noch schickte sie mich zurück. Sie schaute mich nur an. Ich dachte, sie würde mich begleiten. Aber es war mein Onkel, der mich wieder hinab und zurück zu meinem Körper brachte.

Als ich wieder zu der Stelle kam, an der mein Körper lag, sah ich dieses Ding und wollte wirklich nicht mehr zurück. Denn er sah wirklich so aus, wie er war: leblos. Ich glaube, er war ganz zugedeckt. Er machte mir Angst, und ich wollte ihn nicht ansehen. Ich wusste, es würde wehtun, deshalb wollte ich wirklich nicht mehr zurück.

Aber mein Onkel versuchte weiterhin, mich zu überreden. Er sagte: »Du musst nicht eintauchen, spring einfach, wie im Schwimmbad.« Und: »Denk an deine Kinder.« Und ich sagte: »Diesen Kindern geht es doch gut.« Und er antwortete: »Schätzchen, du musst wirklich zurück.« Und dann gab er mir einen Schubs, er half ein bisschen nach. Es hat lange gedauert, aber ich glaube, jetzt bin ich bereit, ihm doch zu verzeihen [lacht].

Ich sah, wie der Körper in die Höhe schnellte. In dem Moment schubste er mich und ich spürte, wie ich innerlich vor Kälte erstarrte. Ich kehrte in meinen Körper zurück, und das fühlte sich an, als tauchte ich in Eiswasser. Es tat so weh. Als ich wieder in meinem Körper war und noch im Operationssaal in der Narkose lag, spielten sie dort »Hotel California«. Und es wurde gerade die Zeile gesungen: »You can check out any time you like, but you can never leave.«[5]

Zwei andere Patienten erzählten, dass sie von einem Engel oder von Gott oder von Jesus aufgefordert worden seien ›zurückzukehren‹.

Zitat 7.6

Der Engel sprach zu mir: »Dein Leben ist nicht zu Ende. Geh zurück zur Erde!«[6]

Zitat 7.7

Ich war bei Gott und bei Jesus. Sie sagten, ich müsse zurück zu meiner Mutter, weil sie verzweifelt sei. Sie sagten, ich müsse mein Leben zu Ende leben. Dann bin ich zurückgekommen und aufgewacht.[7]

Ein weiteres Motiv für die Rückkehr scheint ziemlich selten zu sein. Hierbei handelt es sich darum, dass die Betreffenden das Gefühl hatten, sie seien durch die Liebe und die Gebete ihrer Angehörigen ›zurückgeholt‹ worden. Eine Frau erzählte:

Zitat 7.8

Als ich ›zurückkam‹ und die Augen öffnete, sah ich meine Schwester und meinen Mann vor mir, denen die Erleichterung im Gesicht geschrieben stand. Tränen strömten ihnen die Wangen hinab; ich konnte erkennen, wie grenzenlos erleichtert sie waren, dass ich nun doch am Leben geblieben war.

Ganz deutlich hatte ich das Gefühl, dass die Liebe meiner Schwester und meines Mannes mich zurückgerufen, ja mich mit magnetischer Kraft zurückgezogen hatte. Seit damals glaube ich, dass andere Menschen einen zurückholen können.[8]

Daran, *wie* die Rückkehr in den physischen Leib genau erfolgte, konnte sich kaum einer erinnern. Es sei einfach zu schnell und geradezu ruckartig gegangen. Eher wenige berichteten, sie seien durch einen Tunnel zurückgekehrt. Die meisten sagten einfach, dass sie dann wieder aufgewacht bzw. zu Bewusstsein gekommen seien.

Meistens liest es sich so wie in dem folgenden Bericht, der sich im Buch von Dr. Moody befindet:

Zitat 7.9

> Unter der Decke schwebend, sah ich zu, wie sie mich wieder belebten. Als sie mir die Elektroden auf die Brust setzten und mein Körper sich aufbäumte, stürzte ich jählings wie ein Stein zu ihm hinunter. Das Nächste, woran ich mich erinnere, ist, dass ich dann in meinem Körper erwachte.[9]

Wie wir schon gesehen haben, lösen sich, wenn wir schlafen, Astralleib und Ich aus der viergliedrigen menschlichen Organisation. Sie gehen in die übersinnlichen Welten, in denen sie ganz bestimmte Erlebnisse haben, die aber zu Lebzeiten die Bewusstseinsschwelle nicht überschreiten. Währenddessen bleiben der physische und der ätherische Leib – fest miteinander verbunden – im Bette liegen. Wenn wir dann wieder aufwachen, kehren Astralleib und Ich wieder zurück in die beiden übrigen Leiber, so dass alle vier Wesensglieder vereint sind. Da dann unser Ich-Bewusstsein wieder in unseren Leibeshüllen ist, kann uns die Sinneswelt offenbar werden. Wir befinden uns wieder im normalen Wach- oder Tagesbewusstsein.

Diesen Prozess haben wir alle schon so oft durchgemacht, wie wir geschlafen haben. Ein Mensch, der – sagen wir – 50 Jahre alt ist, wird das schon ungefähr 20.000 Mal erlebt haben. Es ist also nichts Besonderes, so dass wir uns dieses so selbstverständlichen Prozesses gar nicht bewusst werden.

Das schaut natürlich bei einem Menschen, der eine Zeit lang klinisch tot war, völlig anders aus. Bei einem solchen hatte sich auch ein großer Teil des Ätherleibes vom physischen Leib gelöst. Das ist ein Ereignis, das er bisher noch nie erlebt hatte. Wenn dieser nun beispielsweise reanimiert wird oder aus dem Koma erwacht, so müssen nicht nur der Astralleib und das Ich wieder in den physischen Leib zurückkehren, sondern auch der Ätherleib muss sich wieder fest mit diesem verbinden.

Dass das ein sehr ungewöhnlicher und vielleicht sogar schmerzhafter oder zumindest unangenehmer Vorgang ist, kann man sich gut vorstellen. Pam Reynolds formulierte es sehr plastisch (☞ Zitat 7.5, S. 252f.): »Ich kehrte in meinen Körper zurück, und das fühlte sich an, als tauchte ich in Eiswasser.«

Erworbenes Wissen

E inige Menschen, die temporär exkarniert waren, berichteten, dass sie in dieser kurzen Zeit erhabene Einsichten gewonnen hätten und dass ihnen ein gewaltiges Wissen vermittelt worden sei.

Betrachten wir ein paar solcher Berichte:

Zitat 7.10

> Bei meiner Nahtoderfahrung hat Gott mir nicht gesagt, wie er die Welt erschaffen hat ... Mir wurden nicht alle Geheimnisse des Universum offenbart. Aber ich bin Gott im Licht begegnet, und ich habe gesehen, dass wir alle in einem Universum von solch großer Schönheit, dass man sie mit Worten kaum beschreiben kann, auf wundersame Weise miteinander verbunden sind ... Deshalb sehe ich die Welt jetzt ganz anders als früher; jetzt ist alles für mich viel wunderbarer, weil ich weiß, dass alles ein Geschenk Gottes ist – sogar mein Körper.[10]

Zitat 7.11

> Ich bekam alle Antworten, die ich wollte. Ich sah, dass es einen Plan gab und alle Dinge einen Grund haben und dass wir alle so geliebt werden, wie wir sind. Danach erreichte ich einen Punkt, an dem ich keine Fragen mehr hatte, weil ich irgendwie den gesamten Plan kannte. Es war wie ein Erinnern; meine Seele hatte die Weisheit vergessen.[11]

Zitat 7.12

> Ich hatte so ein Gefühl von Allwissenheit ... Ich fühlte, dass alles richtig war – so wie es sein sollte. Da gab es für alles einen Sinn. Ich fühlte das Wissen und, flüchtig, so glaube ich, habe ich die Göttlichkeit erblickt. Dort war absolutes Verständnis, absolute Liebe, völliger Friede.[11]

Zitat 7.13

> Ich war mit Wissen so gespeist, alles, was man wissen, verstehen, denken

Eben Alexander weist in seinem Buch noch darauf hin, dass sich das Wissen, das er bei seiner außerkörperlichen ›Reise‹ empfangen habe, stark von dem Wissen unterscheide, das man im Erdenleben gewinnen kann:

»Ich werde den Rest meines Lebens und noch viel mehr brauchen, um verarbeiten zu können, was ich dort oben gelernt habe. Das Wissen, das ich erhielt, wurde mir nicht so vermittelt, wie es etwa im Geschichtsunterricht oder bei einem mathematischen Lehrsatz üblich ist.

Die Einsichten stellten sich unmittelbar ein und mussten nicht beschworen und eingeordnet werden. Das Wissen wurde ohne Auswendiglernen gespeichert, sofort und für immer. Dieses Wissen verblasste auch nicht, wie das bei gewöhnlichen Informationen der Fall ist. Es steht mir bis zum heutigen Tag zur Verfügung und ist viel klarer und deutlicher als alles Wissen, das ich während meiner Schulzeit erworben habe.«[12]

Dieses während ihrer temporären Exkarnation erworbene Wissen konnten viele der betreffenden Persönlichkeiten mit in ihr weiteres Erdenleben nehmen.

hinter der Schwelle des Todes

Selbstverständlich wird sich einem Menschen in seinem langen Leben zwischen Tod und neuer Geburt – insbesondere wenn er in der Geisteswelt weilt – ein unfassbar großes Wissen über göttlich-geistige Wahrheiten ausbreiten. Er lebt in dieser langen Zeitspanne in Gemeinschaft mit hohen und höchsten geistigen Wesen, deren Weisheit das übliche menschliche Vorstellungsvermögen deutlich übersteigt. Ein Sphärenmensch ist in der geistigen Welt von einer Weisheit umgeben, für die es in der irdischen Welt keine Begriffe gibt. Freilich wird ihm nur so viel von dieser kosmischen Weisheit zuteil, wie es seinem geistig-seelischen Entwicklungsstand entspricht. Alles, was darüber hinaus ginge, könnte er weder erfassen noch ertragen. Je höher die

Region bzw. Sphäre der Geisteswelt ist, in die sich ein Verstorbener mit hellem Bewusstsein erhebt, desto größer ist die Weisheit, der er teilhaftig wird.

Sigwart sprach in einigen Kundgebungen von dem, was er lernte:

Mitteilung vom 5. August 1915

> Täglich wird mein Wille zum Wissen größer, und täglich erfahre ich etwas mehr.[13]

Mitteilung vom 21. September 1915

> Ihr könnt einen kleinen Begriff von der Ewigkeit bekommen, wenn ihr euch vorstellt, dass ich mir – der ich wirklich schon viel weiß – gegenüber den höheren und wissenden Wesen wie ein kleines schüchternes Kind vorkomme, das nur etwas Großes und ihm Unerreichbares ahnt.[14]

Mitteilung vom 26. März 1916

> Alles, was ich bisher in der geistigen Welt durch andere gelernt oder auch selbst erfahren habe, habe ich verarbeitet und gesammelt, schön zusammengelegt und geordnet, und das ist die Quelle meiner Freuden. Die ganzen Mitteilungen, Gebete und Sprüche sind natürlich auch dabei. Ich helfe auch anderen mit den meisten Sprüchen. Sie sind mir gegeben worden zur Hilfe für mich, mit der Erlaubnis, sie weiterzugeben. Da wart ihr natürlich die Ersten, und nur euretwegen habe ich sie in Worte und manchmal auch in Reime gebracht. Wenn ich sie hier armen und hilfsbedürftigen Wesen geben will, brauche ich ja keine Worte.[15]

Nun könnte man ja vermuten, dass der Mensch, wenn er ins neue Erdenleben schreitet, sein Wissen und seine Weisheit, die er in seiner vorgeburtlichen Zeit im Devachan erworben hat, mit in seine neue Inkarnation bringt. Dass davon aber nicht mehr allzu viel übrig bleibt, dürfte die alltägliche Erfahrung deutlich zeigen. Allenfalls könnte in sehr besonderen Momenten eine ganz hauchzarte Ahnung von etwas, was man in der Zeit zwischen Tod und neuer Geburt im Devachan an Weisheitsvollem erfahren hat, auftauchen. Insbesondere im Zuge einer Nahtod-Erfahrung könnte sich diese leise Erinnerung einstellen. So heißt es in einem Bericht (☛ Zitat 7.11, S. 255): »Es war wie ein Erinnern; meine Seele hatte die Weisheit vergessen.«

Man könnte sich ja nun fragen, was mit all den gewaltigen göttlich-geistigen Wissensschätzen und all der kosmischen Weisheit, welcher der Sphärenmensch in der Geisteswelt teilhaftig wurde, geschehen ist, nachdem er wieder ins irdische Dasein gestiegen ist.

Um den Rahmen dieses Buches nicht zu sprengen, wollen wir die Antwort auf diese Frage nur mit ein paar Strichen skizzieren.

Die Weisheit geht *nicht* verloren; sie wird dem Menschen *nicht* genommen. Sie wird in solche Kräfte verwandelt, die er für sein Erdendasein braucht, insbesondere wird sie in Wachstums- und Lebenskräfte metamorphosiert. Man kann durchaus davon sprechen, dass das, was der Mensch in der Geistes- und Seelenwelt war, bei der Empfängnis, also beim Übergang in die physische Leiblichkeit *stirbt*. Bei jedem Sterben bleibt ein Leichnam übrig. Dieser Leichnam ist die Gedankenwelt, in welcher der Mensch in seiner gesamten folgenden Inkarnation lebt. Die trockenen, abstrakten Gedanken, zu denen der Erdenmensch befähigt ist, stellen eigentlich einen Leichnam dessen dar, was als Wirkliches, als geistiges Leben vorhanden war, bevor er in die Leiblichkeit hinuntersteigt. Daher haben die Gedanken, zu denen sich ein Erdenmensch erheben kann, auch dieses Schattenhafte an sich, weil sie wirklich nur einen abgestorbenen Teil dessen darstellen, was als geistiges Leben in der vorgeburtlichen Zeit des Menschen vorhanden war.

Die menschliche Wesenheit unterliegt ja – wie bereits angedeutet – einem gewaltigen Evolutionsprozess. In ferner Vergangenheit, bis vor etwa 8.000 Jahren in der Blütezeit der urindischen Kultur, war der Mensch noch ganz anders organisiert. Wenn er damals ins Erdenleben stieg, so hatte er eine ganz konkrete und lebhafte Erinnerung an seinen letzten Aufenthalt in der geistigen Welt. Er wusste, dass er da unter den Göttern gelebt hatte und dass er selbst ein geistiges Wesen ist. Ihm war voll bewusst, was die Götter mit ihm vorhatten und welche Aufgaben er sich für sein neues Erdenleben gestellt hat. Als ›gut‹ erkannte er alles an, was die Götter wollten. Das, was dem Willen und den Zielen der Götter widerstrebte, erkannte er als ›böse‹. Diese Fähigkeit, sich an das Leben in der geistigen Welt erinnern zu können, ging nach und nach verloren. Diese Fähigkeit musste der Mensch verlieren, um zur Selbständigkeit und später zur Freiheit kommen zu können und aus dieser Freiheit heraus selbst zwischen ›gut‹ und ›böse‹ unterscheiden zu lernen. Seit einigen Tausend Jahren kann sich ein Durchschnittsmensch nicht mehr daran erinnern, dass er in einer geistigen Welt war, bevor er auf die Erde kam. Das, was ihm von dem einstigen *Wissen* geblieben ist, ist sein Ge*wissen*. Das Gewissen ist ein Vermächtnis der geistigen Welt, das der Mensch mit ins Erdenleben bringt.

Das Gewissen könnte man vielleicht als ein *verhülltes* Wissen von dem, was der Mensch sowohl in früheren Inkarnationen als auch vor seiner Geburt in den höheren Welten erleben und erfahren konnte, bezeichnen. Man kann sich stets dessen *gewiss* sein, dass das, was das Gewissen einem sagen möchte, wahr ist.

Auswirkungen der Nahtod-Erlebnisse und Konsequenzen für das weitere Erdenleben

F ast alle Menschen, die, während sie für kurze Zeit exkarniert waren, Nahtod-Erlebnisse hatten, sagten anschließend, dass sich ihre außergewöhnlichen Erfahrungen – insbesondere die Wahrnehmung des Lichtwesens sowie die Konfrontation mit ihrer Biografie – in mancherlei Hinsicht sehr positiv auf ihr weiteres Leben sowie auf ihre gesamte Lebenseinstellung ausgewirkt hätten. Obwohl sie ihre Erlebnisse an der Todesschwelle als ein wertvolles Geschenk empfanden, fühlten sie sich nachher nicht etwa als bessere oder ›auserwählte‹ Menschen. Vielmehr fühlten sie, dass mit diesem Schicksalsgeschenk eine gewisse Verantwortung verbunden sei.

Wenn man ganz grundsätzlich schildern möchte, inwiefern sich das weitere Leben vieler Menschen durch ihre Schwellen-Erlebnisse verändert hat, kann man zusammenfassend sagen: Der Glaube an ein Leben nach dem tatsächlichen Tod sowie an eine höhere göttliche Welt und göttliche Wesen ist deutlich gewachsen. Selbst bei solchen, die zuvor Atheisten oder Materialisten waren, keimte dieser Glaube auf. Das Interesse an religiösen bzw. spirituellen Themen und Sinnfragen ist größer geworden oder erstmals erwacht. Die Wertschätzung für materiellen Besitz und Wohlstand sowie die Bedeutung des persönlichen Status nahmen deutlich ab. Das Mitgefühl, das Bewusstsein für soziale Gerechtigkeit, der Wunsch, anderen zu helfen, ist gewachsen. Das Gleiche gilt für die Liebe zur Natur und die Ehrfurcht vor dem Leben.

Viele haben von diesem Tage an ihr Leben völlig neu ergriffen und es nicht mehr nur den alltäglichen Belangen untergeordnet.

Wir wollen nun einen Blick auf *konkrete* und häufig genannte Folgen bzw. Auswirkungen, welche die Nahtod-Erfahrungen für die Betreffenden nach sich zogen, werfen und diese mit Zitaten belegen.

Zunächst einmal haben diese Menschen seit ihren Nahtod-Erlebnissen, selbst wenn diese schon Jahrzehnte zurückliegen, keine Angst mehr vor dem Sterben und vor dem (endgültigen) Tod. Schließlich sei ihr temporäres ›Totsein‹ das schönste Erlebnis gewesen, das sie je hatten. Dadurch konnten sie später, wenn ein Familienmitglied oder ein Freund starb, auch mit ihrer Trauer besser umgehen. Da sie nun von dem Weiterleben der Seele überzeugt waren, nahmen ›pathologische Trauerreaktionen‹ deutlich ab. Betrachten wir hierzu ein paar Zitate von Menschen, die nach ihren Nahtod-Erfahrungen von Dr. Sabom interviewt wurden:

»Ich fürchte mich nicht mehr vor dem Sterben ... Auch heute noch habe ich keine Angst mehr vor dem Sterben und ich glaube schon, dass das damit [mit dem Nahtod-Erlebnis] zu tun hat. [...]
Nun, ich weiß, dass ich bei ihnen [verstorbene Verwandte, die der Patient während seines Nahtod-Erlebnisses getroffen hatte] sein werde, wenn ich sterbe.«[16]

»Es [das Nahtod-Erlebnis] hat mein Leben mit einem Schlag verändert. [...] Ich weiß, dass ich nicht so lange leben werde, wie andere Leute leben können. Aber ich werde aus dem Leben, das mir bleibt, das Beste machen. Ich weiß, was mir bevorsteht und dass ich keine Angst vor dem Sterben haben muss [...]
Ich habe den Tod schon mitgemacht, das Sterben regt mich nicht mehr auf. Ich habe keine Angst davor. Es ist gar nicht so schlimm zu sterben ... Ich weiß, was auf mich zukommt, aber ich habe ja auch noch mein Leben. Ich genieße es jetzt viel mehr.«[17]

»Es gibt ein Leben nach dem Tod ... Ich fürchte mich nicht mehr vor dem Übergang von einer Lebensform zur anderen.«[18]

»Ich habe [seit meinem Nahtod-Erlebnis] keine Angst vor dem Sterben. Ich bin der festen Überzeugung, dass alles aus irgendeinem Grund passiert ... Ich lebe, vergnüge mich und arbeite sehr intensiv, weil ich weiß, dass ich ganz plötzlich tot sein und diesmal vielleicht nicht wieder in meinen Körper zurückkehren kann ...
Der Tod ist nicht das Ende. Es ist gut, das zu wissen.«[19]

Dr. Moody schreibt von einem Mann, der als Kind Nahtod-Erlebnisse hatte:

»Ich finde, dieses Erlebnis hat etwas in meinem Leben umgeformt. Ich war noch ein Kind, als es passierte, erst zehn Jahre alt, und doch bin ich bis heute fest davon überzeugt geblieben, dass es ein Leben nach dem Tod gibt, ohne den Schatten eines Zweifels, und ich fürchte mich vor dem Sterben nicht. Wirklich nicht. Von einigen Menschen weiß ich, dass sie furchtbare Angst davor haben. Ich muss immer heimlich lächeln, wenn ich höre, wie die Leute daran zweifeln, ob es ein

Weiterleben danach gibt, oder einfach behaupten: ›Mit dem Tod ist alles aus.‹ Ich denke dann für mich: ›Die haben ja keine Ahnung.‹«[20]

Etliche Menschen haben nach ihrer außerkörperlichen Erfahrung ihr Leben mit anderen Augen gesehen und ihm eine ganz andere Richtung gegeben. Einige schilderten, dass es ihnen seit dieser Zeit leichter falle, Wichtiges von Unwichtigem zu unterscheiden und dass sie ganz andere Schwerpunkte in ihrem Leben setzten. Auch ist oftmals davon die Rede, dass sie durch ihre Nahtod-Erlebnisse zum Glauben gefunden haben. Spirituelle Ideen und Werte bekamen eine viel größere Bedeutung.

Betrachten wir ein paar Berichte:

»Ich weiß, dass sich seit meiner Rückkehr aus jener anderen Daseinsform meine Einstellung zu unserer Welt in vielen Punkten fast von selbst geändert hat und weiterhin ändert. Auch befällt mich von Zeit zu Zeit immer noch so etwas wie Heimweh nach der anderen Wirklichkeit, diesem Zustand unbeschreiblicher Ruhe, in dem das Ich Teil eines harmonischen Ganzen ist. Der Gedanke daran dämpft das ewige Verlangen nach Besitz, Anerkennung und Erfolg. … Ich bin glücklich, hier und jetzt leben zu dürfen. Aber ich weiß auch, dass diese wundervolle Welt mit allem, was dazugehört – Sonne und Wind, Blumen, Kindern und Liebespaaren –, diese schreckliche Welt mit ihrer Bösartigkeit, Hässlichkeit und Qual nur eine von vielen Wirklichkeiten ist, die ich auf dem Wege zu fernen, unbekannten Zielen durchlaufen muss.«[21]

»Obwohl dieses Ereignis nun schon sehr lange Zeit zurückliegt, hat es eine deutliche Zäsur in meinem Leben bedeutet. Ich habe ein neues Kapitel begonnen – ein Kapitel, das bis zum Ende meines Lebens dauern wird. Jener Moment und die darauf folgenden Minuten und Stunden haben mein Leben völlig verändert. Ich habe mich von einem Mann, der innerlich ohne festen Standpunkt war und nur einen Wunsch hatte: materiellen Wohlstand, in einen Menschen verwandelt, der eine tiefe Motivation besitzt, einen Sinn im Leben erkennt, eine definitive Richtung und die Überzeugung gewonnen hat, dass einen am Ende des Lebens eine Belohnung erwartet […]
Die Veränderungen in meinem Leben waren außerordentlich positiv. Mein Interesse an materiellen Gütern, meine Gier nach Besitz wurde abgelöst durch einen Hunger nach Erkenntnis und von der leidenschaftlichen Sehnsucht nach einer besseren Welt.«[22]

»Seit damals geht es mir dauernd durch den Kopf, was ich mit meinem Leben angefangen habe und was ich aus meinem Leben machen soll. Mit meinem Leben früher bin ich zufrieden. Ich meine nicht, dass mir die Welt etwas schuldig ist, weil ich ja alles, wozu ich Lust hatte, auch tun konnte und auch nach Wunsch getan habe und noch am Leben bin und mir noch einiges gönnen kann.

Aber seit ich gestorben war, ganz plötzlich nach dieser Erfahrung, die ich da hatte, fing ich an, mich zu fragen, ob ich das, was ich getan habe, eigentlich getan habe, weil es an und für sich gut war, oder nur weil es für mich gut war. Früher, da habe ich nur meinen Impulsen nachgegeben, heute muss ich erst mal alles schön langsam durchdenken. Alles muss vorher von meinem Geist erfasst und verdaut werden heute.

Ich bemühe mich neuerdings, Dinge zu tun, die mehr Sinn haben. Und das bekommt meinem Geist und meiner Seele viel besser. Ich fühle mich wohler. Ich versuche, keine Vorurteile mehr zu haben und die Menschen nicht mehr durch die Schwarzweißbrille zu sehen. Ich will jetzt etwas tun, weil es etwas Gutes ist, und nicht mehr, weil es etwas für mich Gutes ist. Und es scheint so, als ob ich die Dinge heute doch viel klarer sehe. Ich denke, das kommt von dem, was mir passiert ist da, wo ich gewesen bin und was ich während dieser Erfahrung gesehen habe.«[23]

»Ich kann es Ihnen nicht sagen, aber ich glaube, damals [während der Nahtod-Erlebnisse] trat Jesus in mein Leben. … Er veränderte mein ganzes Leben. Vorher trank ich Bier und Whisky und machte eine Menge Sachen, die ich heute nicht mehr machen würde …

Ich konnte es gar nicht abwarten, aus dem Krankenhaus zu kommen, weil ich in die Kirche wollte. Der Pfarrer sagte mir, er habe noch nie jemanden getroffen, der von sich aus so bereit gewesen sei, sich zu Jesus zu bekennen. [...]

Ich versprach dem lieben Gott, den Rest meines Lebens für ihn zu arbeiten, und das habe ich seitdem auch getan. Ich arbeite für den Veterans Volunteer Service, ich besuche Patienten, unterhalte mich mit ihnen und bringe ihnen auch immer etwas mit. Ich habe zurzeit auch zwei Tonbandgeräte im Krankenhaus.

[Auf die Frage, was denn auf den Bändern sei:]

Gottesdienste. Ich nehme sonntags am Vormittag und am Abend immer einen in der Kirche auf. Die Bänder stellt mir die Kirche zur Verfügung.«[24]

»Es [das Nahtod-Erlebnis] hat mich näher zu Gott und zur Bibel gebracht, und ich versuche, in ihrem Sinn zu leben …

Ich ging viel aus, amüsierte und betrank mich. Das mache ich jetzt alles nicht mehr ... Ich schadete damit nicht nur mir selbst, sondern auch meiner Frau und meinen Kindern, das lernte ich daraus. Ich kümmere mich jetzt mehr um meine Familie, wir sind jetzt eine viel engere Gemeinschaft.

[Auf die Frage, ob das alles auf die Krankheit oder das Nahtod-Erlebnis zurückzuführen sei:]

Ich glaube, auf das Erlebnis, denn meine Krankheit regte mich gar nicht so sehr auf. Vorher war ich der Ansicht, dass man eben irgendwann einmal sterben muss, und bis dahin lebt.

Jetzt glaube ich, dass man im Leben viel mehr tun kann, als nur auf das Ende zu warten.«[25]

»Es [das Nahtod-Erlebnis] hat mir die Augen geöffnet. Ich habe zwar noch immer Schwierigkeiten, nach meinem Glauben zu leben, aber ich weiß, dass ich in der Gnade Gottes stehe.

Früher sorgte ich mich um unbedeutende Dinge. Durch dieses Erlebnis hat mir Gott aber die Fähigkeit gegeben, Wichtiges von Unwichtigem zu unterscheiden. Das ist ein wahrer Segen ... Ich glaube, Sie können sich vorstellen, was für ein Segen es für mein Leben ist, dass ich mich voll und ganz Gott ergeben kann ... Für die meisten Menschen bedeuten stolze Errungenschaften alles, für mich dagegen bedeutet so etwas überhaupt nichts mehr oder nur noch sehr wenig, weil ich weiß, dass es vor Gott nicht zählt.

Ich wurde in eine ganz arme Farmerfamilie hineingeboren, und ich wollte immer einmal richtig reich werden. Ich glaube, jeder möchte gern reich sein, aber für meinen Glauben bedeutet Reichtum so gut wie nichts. Einige dieser Dinge sind geradezu lachhaft unwichtig. Ich brauche jetzt nur noch genug, um leben zu können. Im Mittelpunkt meines Lebens steht jetzt Gott, und mein Leben ist ganz in seiner Hand.«[26]

Einige sprachen davon, dass sich durch ihre außerkörperlichen Erfahrungen das Bewusstsein und die Wertschätzung für den Geist völlig verändert habe, dass sie nun erkannt hätten, dass dieser viel wichtiger als der materielle Körper sei.

So berichtete eine Frau, die dem Tod ganz nahe war:

»In dem Augenblick war das Bewusstsein von meinem Geist größer als das von meinem Körper. Der Geist war das Wichtigste und nicht das Aussehen des Körpers. Vorher war es in meinem ganzen Leben immer genau umgekehrt gewesen.

Ich hatte mich fast nur für den Körper interessiert, was mit meinem Geist passierte – nun ja, das passierte eben nun mal.

Aber nach diesem Erlebnis wurde der Geist für mich das Interessantere, der Körper kam erst an zweiter Stelle – er war nur ein Ding, das meinen Geist umschlossen hielt. Mir lag nichts daran, ob ich nun einen Körper hatte oder keinen. Das war nicht wichtig, denn das Wichtigste von allem, woran mir etwas lag, war nun mein Geist.«[27]

Einige Persönlichkeiten gewannen die Überzeugung, dass mit ihren Nahtod-Erfahrungen ein Auftrag verbunden sei.

»Ich glaube, wir haben alle diese Erfahrung aus einem bestimmten Grund gemacht. Denn es gibt etwas, das wir tun müssen. Wir haben einen ganz bestimmten Auftrag erhalten. Ich glaube wirklich, dass es ein Auftrag ist … Ich denke doch, Gott weiß, was er tut, und wir wissen es nicht – also nehmen wir das Geschenk an, ohne groß zu fragen. Aber es hat einen Sinn … Gott hat uns aufgefordert, etwas zu tun, weil man als Mensch wachsen muss … Und ich weiß, dass Gott seit dieser Erfahrung der Mittelpunkt meines Lebens ist.«[22]

»Seither habe ich in mir das Gefühl, dass ich eine Aufgabe im Leben habe. Vorher hatte ich nach dem Motto gelebt: Ich mache, was ich will, und alles bestimme ich. Aber diese Lebenshaltung ist mir in dem Licht kräftig abhanden gekommen. Seitdem hat das Leben für mich einen Aufgabencharakter, und ich weiß, dass es irgendetwas gibt, was größer und stärker ist als ich.«[28]

»Einige Zeit danach [nach dem Nahtod-Erlebnis] begann ich in einem Krankenhaus unentgeltlich als Schwesternhelferin zu arbeiten. Dort war auch eine Psychologin und eine Sozialarbeiterin, die immer dann gerufen wurden, wenn ein Arzt einem Patienten sagen musste, dass er bald sterben werde.

Die Leute wollen danach ja nicht allein sein. Da diese Frauen wussten, wie gelassen ich dem Tod gegenüberstand, schickten sie oftmals mich, wenn jemand Hilfe brauchte. Mir machte das nichts aus. Ich unterhielt mich mit den Leuten, und ich glaube, sie fühlten sich hinterher besser.«[29]

»Mein Leben hat sich völlig geändert. Nach meinem Erlebnis habe ich entdeckt, dass ich zeichnen kann. … und seither bin ich ein Künstler, der in Handarbeit Kunstdecken herstellt. Ich kann fast alles zeichnen. Meine Blumen sind so groß wie in meinem Erlebnis, na ja, fast. Ich bin ein Laiengeistlicher geworden. Ich belüge, bestehle, betrüge und verletze niemanden mehr, ich habe mein Leben und meine Karriere völlig geändert. Ich habe mich von meinem lästernden Mann scheiden lassen und meine Kinder aus einem schrecklichen Leben geholt und in eines gebracht, das wunderbar war.«[30]

Von einem besonders dramatischen Fall, der hier mit unseren Worten und etwas verkürzt wiedergegeben werden soll, schildert Elisabeth Kübler-Ross.

Ein Mann sollte von seiner Familie an seiner Arbeitsstelle abgeholt werden, um gemeinsam Verwandte außerhalb der Stadt zu besuchen. Als sich der Familienbus, in dem seine Schwiegereltern, seine Frau und seine acht Kinder saßen, schon auf dem Weg zu ihm befanden, stieß dieser mit einem Tanklastwagen zusammen. Das auslaufende Benzin ergoss sich über den Kleinbus, und alle Insassen verbrannten.

Nachdem der Mann von diesem Unglück erfahren hatte, verharrte er über Wochen in einem Zustand totalen Schocks. Er ging nicht mehr zur Arbeit. Um seinen Schmerz zu betäuben, betrank er sich täglich und konsumierte die unterschiedlichsten Drogen. So wurde aus ihm im Laufe der folgenden Monate ein völlig verwahrloster Mensch.

Eines Tages erschien dieser Mann, der mittlerweile wieder einen gut sortierten und sehr gepflegten Eindruck machte, bei einem Vortrag von Dr. Kübler-Ross und bat zu ihrer Freude, von einem eigenen Nahtod-Erlebnis zu schildern.

Nun erzählte er zunächst, wie ihn der schreckliche Tod seiner kompletten Familie schockiert habe, dass er nicht damit fertig werden konnte, jetzt ein verlassener Mann zu sein, und wie er diesen gewaltigen Schicksalsschlag ganz einfach nicht überwinden konnte. Schließlich hatte er nur noch den einzigen Wunsch, wieder mit seinen Lieben vereint zu sein.

Als er eines Tages auf einer Straße einen herannahenden Lastwagen sah, hatte er nicht mehr die Kraft, sich aus der Gefahrenzone zu begeben, so dass er im wahrsten Sinne des Wortes von dem Laster überrollt wurde.

Im gleichen Augenblick begannen seine Nahtod-Erlebnisse. Besonders beeindruckte ihn, dass alle seine Familienmitglieder vor ihm auftraten, umgeben von einer Lichtfülle und einer unglaublichen Liebe. Sie teilten durch Gedankenübertragung mit ihm das Glück, wieder vereint zu sein.

Er war von diesem wunderbaren Erlebnis so überwältigt, dass er sich schwor, nicht mit ihnen gehen zu wollen, sondern in seinen Erdenleib zurückzukehren, um das soeben Erlebte der Welt mitzuteilen und damit wiedergutzumachen, dass er zwei Jahre lang versucht hatte, sein Erdenleben zu beenden.[31]

Wenngleich bis zum heutigen Tage unzählige Berichte von Nahtod-Erfahrungen veröffentlich worden sind, so kommt dem Buch von Eben Alexander in gewisser Weise eine überragende Bedeutung zu. Dr. Alexander war vor seinen Schwellen-Erlebnissen zwar kein ausgesprochen ungläubiger Mensch, aber an ein Leben nach dem Tod verschwendete er keinen Gedanken. Zu sehr war er als erfahrener Neurochirurg davon überzeugt, dass es kein Bewusstsein gebe, das ohne das physische Gehirn auskommen könne. Somit stand für ihn fest: Wenn das Gehirn tot ist, ist der ganze Mensch tot! Durch seine eigenen Nahtod-Erlebnisse änderte er seine Meinung radikal. Er wurde gewissermaßen vom »Saulus zum Paulus«. Aus medizinischer Sicht grenzt es an ein Wunder, dass es bei der Schwere seiner Erkrankung überhaupt dazu kommen konnte, dass er wieder völlig gesundete und anschließend genauso leistungsfähig war wie zuvor.

Man darf vermuten, dass die göttlich-geistige Welt *gerade ihm* die Gnade zuteil werden ließ, zu erleben, dass es etwas im Menschen gibt, was den Tod überdauert, weil die Menschen den Schilderungen eines solchen Wissenschaftlers gewiss eher Glauben schenken als denen vieler anderer. Wie Dr. Alexander selbst schreibt, empfindet er das ähnlich und sieht es als seine Berufung an, der Welt – insbesondere auch der wissenschaftlichen Fachwelt – von seinem Meinungsumschwung und seinen außerkörperlichen Erfahrungen Kunde zu geben.

Hin und wieder findet man Schilderungen von Menschen, die nach ihren Todesnähe-Erlebnissen plötzlich erkannten, dass sie über höchst außergewöhnliche Fähigkeiten oder Wahrnehmungen verfügten. So gaben ein paar Menschen an, dass sie anschließend wie ganz unvermittelt über gewisse paranormale Fähigkeiten, bei denen es sich um Hellfühlen handeln könnte und die schon ans Hellsehen bzw. Hellhören grenzen, verfügten. Auch wenn diese Berichte nur sehr schwer bis gar nicht zu verifizieren sind, so sind sie doch höchst erstaunlich.

Von zwei solcher Fälle schreibt Dr. Moody:

»Ich glaube, eine Sache ist mir mit meinem Todeserlebnis zuteilgeworden: Ich kann erspüren, woran es im Leben anderer Menschen fehlt. Wenn ich zum Beispiel mit irgendwelchen anderen den Fahrstuhl benutze in dem Bürohochhaus, wo ich arbeite, dann ist mir, als könne ich in ihren Gesichtern lesen und begreifen, dass sie Hilfe brauchen und was für welche. Häufig spreche ich dann die Menschen an, die solche Probleme haben, und bitte sie zu einer Aussprache in mein Zimmer.«[32]

»Seit meinem Unfall habe ich das Gefühl, dass ich die Gedanken und Ausstrahlungen der anderen aufnehme, und ich kann die Ablehnung fühlen, mit der mir manche begegnen. Ich konnte oftmals erfassen, was die anderen sagen wollten, noch ehe sie es gesagt hatten.

Glauben wird mir das ja kaum jemand, aber ich habe seit damals einige wirklich sehr, sehr seltsame Erlebnisse gehabt. Einmal war ich auf einer Party und beschäftigte mich mit Gedankenlesen. Da sind einige Gäste, die mich aber nicht gekannt haben, aufgestanden und weggegangen. Sie hatten wohl Angst, ich sei eine Hexe oder so.

Ich weiß nicht, ob ich diese Fähigkeit erworben habe, während ich tot war, oder ob sie schon vorher in mir schlummerte und ich nie davon Gebrauch gemacht habe, bis nach meinem Unfall.«[32]

In manchen Quellen – insbesondere im Internet – wird von noch erstaunlicheren Fähigkeiten gesprochen, die einige Menschen nach ihren Nahtod-Erlebnissen aufwiesen. So behaupten manche, anschließend hellsichtig geworden zu sein. Wenngleich wir das für durchaus denkbar halten, soll diesen Schilderungen hier kein Raum gegeben werden, da sie – solange man diese Menschen nicht persönlich kennenlernt – nicht überprüfbar sind.

Alles, was die meisten Persönlichkeiten, die Nahtod-Erfahrungen hatten, war so großartig, unvergleichlich und beeindruckend, dass es fast zwangsläufig nicht folgenlos bleiben konnte.

So kann man sich unschwer vorstellen, dass diese Menschen durch ihre erhabenen Erlebnisse an der Todesschwelle ihr weiteres Leben in mancherlei Hinsicht geändert und ihm eine ganz andere Richtung gegeben haben. Alle, die über ihre außergewöhnlichen Erfahrungen schreiben oder erzählen, leisten damit einen wichtigen Beitrag, den ein oder anderen Mitmenschen, der sich noch im Tiefschlaf der materialistischen Weltanschauung befindet, aufzuwecken.

Wie könnte man aber eine Erklärung dafür finden, dass einige Menschen seit ihrem Todeserlebnis plötzlich hellfühlig oder gar hellsichtig bzw. hellhörig waren? Dass die üblichen physischen Sinnesorgane nicht geeignet sind, Geistiges zu ›sehen‹ bzw. imaginativ wahrzunehmen oder zu ›hören‹ bzw. inspirativ wahrzunehmen, liegt auf der Hand. Auch unstrittig ist, dass es – wie bereits im

Vorwort erwähnt – seit etwa zwei Jahrtausenden bis in unsere heutige Zeit nur wenige Mitmenschen gibt, die hellsichtig sind.

Man kann ja einmal die Frage stellen, warum sich die übersinnlichen Welten einem Durchschnittsmenschen nicht erschließen, warum ein solcher nicht in ihnen wahrnehmen kann. Warum können wir Geistiges weder ›sehen‹ noch ›hören‹?

Nun, die Antwort ist einfach – und vielleicht zunächst doch schwer verständlich: Wir Durchschnittsmenschen nehmen die übersinnlichen Welten nicht wahr, weil wir in ihnen *schlafen*. Diese vielleicht etwas sonderbar klingende Antwort ist im wortwörtlichen Sinne zu verstehen, wie man sich leicht klarmachen kann. Wenn wir nachts im Bette schlafen, so wird uns die Sinneswelt doch auch nicht bewusst. Sie scheint für uns in dieser Zeit nicht zu existieren. Wir nehmen nichts Physisches wahr; wir sehen, hören, fühlen, riechen und schmecken nichts. So wie wir nachts in der physischen Welt schlafen, so schlafen wir *permanent* in den höheren Welten. Wie für uns nachts die Sinneswelt nicht zu existieren scheint, so scheinen für uns die übersinnlichen Welten *grundsätzlich* nicht zu existieren, obwohl wir uns immer in ihnen befinden. Die physische Welt nehmen wir erst wieder wahr, nachdem wir morgens aufgewacht sind. Dann wird sie uns wieder bewusst. Sie kann uns deshalb bewusst werden, weil wir über die dazu nötigen *physischen Sinnesorgane* verfügen. Diese Organe waren aber im Urbeginn noch undifferenziert und nicht so entwickelt, dass der Mensch durch sie Wahrnehmungen haben konnte. Erst durch die Einwirkungen des Lichtes und des Schalls konnten sich im Laufe der Zeit die Augen und Ohren zu solchen Organen entwickeln, die den Menschen befähigen, Sinnliches zu sehen bzw. zu hören.

Um hellsichtig in übersinnliche Welten ›schauen‹ oder dort ›Hörerlebnisse‹ haben zu können, bedarf es offensichtlich anderer Organe, ›geistiger Organe‹. Über diese Organe, die in der indisch-theosophischen Tradition *»Chakren«* oder *»Lotosblumen«* genannt werden und zum Astralleib gehören, verfügt *jeder* Mensch. Bei jedem sind sie *keimartig* veranlagt. Sie sind bei der großen Mehrheit der Menschen allerdings noch nicht ›geöffnet‹, so dass man mit ihnen noch keine Perzeptionen haben kann. Man könnte auch sagen, dass sie stillstehen und noch nicht in Bewegung gesetzt werden können. Sie befinden sich quasi noch im Embryonalzustand – ähnlich wie das im Urbeginn mit unseren heutigen Sinnesorganen auch der Fall war. Bei einem Hellseher drehen sie sich im Uhrzeigersinn und eröffnen ihm dadurch den Blick in die übersinnlichen Welten. Erst nach unserem Tod, wenn wir mit unserem physischen Leib die Sinnesorgane ablegen, erwachen diese Organe, so dass uns diese Wahrnehmungsmöglichkeit erschlossen wird.

Dass sich die ›geistigen Augen‹ und ›geistigen Ohren‹ eines Menschen ›öffnen‹, dass er also ein Geistesseher werden kann, dem durch diese Organe die imaginative und inspirative Wahrnehmung möglich wird, hängt ganz stark von seinem Karma bzw. seiner bisherigen geistig-seelischen Entwicklung ab. Viele Menschen bringen diese Fähigkeit schon ins Erdenleben mit. Andere erreichen sie eines Tages, nachdem sie zur Vorbereitung einen langen Schulungsweg beschritten haben. Bei wiederum anderen blitzt sie eines Tages erstmals wie aus heiterem Himmel durch ein »Erweckungs-« oder »Einweihungserlebnis« auf.

Nun kann man vermuten, dass eine temporäre Exkarnation mit den dadurch verbundenen übersinnlichen Erfahrungen für *einige* betroffene Menschen ein Erweckungserlebnis dargestellt hat. Freilich bedeutet das noch lange nicht, dass sich ihnen jetzt sämtliche übersinnliche Welten mit ihren geistigen Wesen und Tatsachen offenbaren. Wie bei anderen Fähigkeiten, über die ein Mensch verfügen kann, verhält es sich auch hier so, dass diese Begabung bei unterschiedlichen Hellsehern unterschiedlich stark ausgeprägt sein kann. Aber selbst wenn ein Mensch ›nur‹ in der Lage ist, die Gefühle eines anderen oder gar dessen Gedanken, die ja auch etwas Geistiges sind, wahrzunehmen, kann man schon von Hellsichtig- oder zumindest Hellfühligkeit sprechen.

Kapitel 8

Vor der Schwelle des Todes
—
Übersinnliche Wahrnehmungen und Erlebnisse während des Sterbeprozesses

> Plötzlich sah sie aufgeregt in eine Ecke des Zimmers, während ein strahlendes Lächeln ihren Gesichtsausdruck erhellte. »Oh, wie schön, wie schön«, sagte sie. »Was ist schön«, fragte ich [ihr Begleiter] sie. »Das, was ich sehe«, erwiderte sie in verhaltenem, leidenschaftlichen Ton. »Was sehen Sie?« – »Eine wunderschöne Helligkeit – allerliebste Geschöpfe.« Es ist schwer, den Eindruck der Wirklichkeit zu beschreiben, die bei ihr durch die starke Versenkung in die Vision hervorgerufen wurde. Dann, während sie ihre Aufmerksamkeit noch intensiver einem bestimmten Punkt zuwandte, stieß sie eine Art fast glücklichen Schrei aus und rief: »Wirklich, es ist mein Vater! Oh, er ist froh, dass ich komme; er ist so froh.«

Wir haben in den vorausgegangenen Kapiteln erläutert, was sehr viele Menschen, die temporär exkarniert waren, die also bereits **an** der Schwelle des Todes standen, wahrgenommen und erlebt haben. Das haben wir jeweils mit den Erfahrungen und Erlebnissen, die ein Mensch, der tatsächlich und unwiderruflich gestorben ist, **hinter** der Todesschwelle hat, in Beziehung gesetzt.

In diesem Kapitel werden wir zeigen, dass sich unzähligen Menschen, die im Sterben liegen und somit dem Übergang in eine andere Daseinsform schon sehr nahe sind, die also gewissermaßen **vor** der Schwelle des Todes stehen, ebenfalls einige der Wahrnehmungen erschließen können, über die wir im Zusammenhang mit den Nahtod-Erfahrungen gesprochen haben. Man spricht bei diesem verwandten Phänomen von »*Sterbeerlebnissen*« oder »*Sterbebett-Visionen*«. *Insbesondere* wird man hier auf die Motive, über die wir in Kapitel 3 geschrieben haben, stoßen. Im Gegensatz zu den Nahtod-Erfahrungen, bei denen das Gehirn der betreffenden Menschen im Prinzip ›ausgeschaltet‹ ist und eine tiefe

›Bewusstlosigkeit‹ vorliegt, vollziehen sich die Sterbeerlebnisse in Phasen, die immer wieder von mehr oder weniger klarem Wachbewusstsein abgelöst werden.

Man kann sich die Frage stellen, wie es zu solchen Erlebnissen bereits bei Menschen kommen kann, die ja nicht klinisch tot sind und im Grunde noch ganz ›normal‹ leben.

Nun, der Ätherleib löst sich im Augenblick des Todes normalerweise nicht in einem Ruck. Schon Tage vor dem Tod beginnt dieser, sich ein wenig aus der menschlichen Organisation herauszulösen. Das gesamte leiblich-seelisch-geistige Wesensgefüge des Sterbenden lockert sich umso mehr, je mehr er sich dem Schwellenübergang nähert. Dadurch lebt der Sterbende teilweise schon in einer anderen Erfahrungswelt. Das kann man zumeist an gewissen Symptomen ablesen. Zum einen erscheint er jetzt – zumindest zeitweise – von einer gewissen Ruhe und Gelassenheit durchdrungen zu sein. Häufig wirkt er nun wie ›entrückt‹ und scheint durch alles Physische hindurchzuschauen.

Sigwart gab post mortem folgende Mitteilung über den Sterbeprozess:

Mitteilung vom 25. März 1916

> Wenn die Zeit gekommen ist, da der Mensch seinen Erdenweg vollendet, treten gewisse Veränderungen bei ihm ein; natürlich nicht fühlbar für die Menschen, außer vielleicht für den Hellseher. Wir aber, die wir den physischen Körper schon überwunden haben, wir fühlen sofort, wenn der Übergang stattfinden soll; etwa 8 Tage vorher fängt das an. Man kann es mit gewissen Verschiebungen vergleichen, so dass die einzelnen Körper [Wesensglieder] dieses Menschen nicht mehr ordentlich ineinander ruhen.[1]

Zahlreiche Menschen, die schon einmal einen Sterbenden betreut und begleitet haben, werden dessen Wahrnehmungen, die wir im Folgenden erörtern wollen, vermutlich für Halluzinationen oder Phantastereien gehalten oder sie auf eine große Verwirrtheit zurückgeführt haben. Ähnlich wie viele Eltern es als bloße und reine Phantasie ihres Kleinkindes abtun, wenn dieses wie ganz selbstverständlich mit seinem ›unsichtbaren Spielkameraden‹, bei dem es sich häufig um seinen Engel handelt, spricht, glaubt man auch nach dem Motto »Was nicht sein kann, das darf nicht sein!«, die übersinnlichen Wahrnehmungen eines Sterbenden nicht ernst nehmen zu müssen.

Es kann unabhängig von diesen Phänomenen eine ganz wunderbare Aufgabe für jeden Menschen sein, einen Mitmenschen in seinen letzten Tagen und Stunden vor dem Tod begleiten zu dürfen. Dr. Elisabeth Kübler-Ross, die viele tausend Stunden an den Betten unzähliger Sterbender saß, mit ihnen sprach, sie betreute und tröstete und den Sterbeprozess studierte, sagte am Ende eines ihrer Vorträge dazu:

»Zum Schluss möchte ich Ihnen noch versichern, dass es ein Geschenk ist, am Bett von Sterbenden zu sitzen, dass das Sterben keine traurige und furchtbare Angelegenheit sein muss, dass Sie dabei ganz, ganz herrliche, liebe Dinge erleben können.«[2]

Bei einem Menschen, der etwa aufgrund einer längeren Krankheit oder wegen Altersschwäche über Wochen oder gar Monate auf den Tod zulebt, ist das Sterben kein abrupter Vorgang, sondern vielmehr ein dynamischer Prozess. Die Wahrnehmungen bzw. Erlebnisse, von denen wir in diesem Kapitel schildern wollen, treten meistens erst in der finalen Phase auf. In dieser ist bei vielen eine große *geistige* Klarheit zu beobachten, für die es keine neurophysiologische Erklärung gibt.

Während ein Mensch, der Nahtod-Erlebnisse hatte, *später* darüber anderen ausführlich berichten kann, muss man als Begleiter eines Sterbenden sehr wach und aufmerksam sein, um dessen Wahrnehmungen, die freilich noch nicht so konkret und klar sind, wie sie an oder hinter der Schwelle des Todes sein werden, mitzubekommen und einordnen zu können. Häufig sind die im Sterben liegenden Menschen noch – zumindest phasenweise – durchaus fähig, in voller Bewusstheit auf ihre reale physische Umgebung zu reagieren und Fragen ihrer Begleiter ganz ›normal‹ zu beantworten.

Wahrnehmung des Lichtes oder ›Lichtwesens‹

Ähnlich wie fast alle Menschen, die Nahtod-Erlebnisse hatten, von einem hellen strahlenden Licht oder Lichtwesen, das viele als Christus oder einen Engel erkannt zu haben glauben, berichteten, haben auch viele Sterbende kurz vor ihrem Übergang diese Wahrnehmung.

Genau wie einige temporär exkarnierte Menschen dieses Licht nicht mit einem Wesen in Verbindung brachten, nahmen auch einige Sterbende dieses Licht wahr, ohne es als etwas Wesenhaftes zu beschreiben.

»Meine Nichte starb mit zehn Jahren an Krebs. Zum Schluss war sie so krank, dass sie den Kopf nicht mehr vom Kissen heben konnte. Doch wenige Stunden bevor sie starb, setzte sie sich plötzlich im Bette auf und sagte zu ihrer Mutter: ›Du kannst nicht mit mir mitgehen! Das Licht kommt jetzt und holt mich, aber du kannst nicht mit! Wenn du es nur sehen könntest! Es ist so wunderschön!‹

Kurz darauf ist sie gestorben.«[3]

Die weitaus meisten sahen in diesem Wesen einen Engel. Iris Paxino schreibt von einer Patientin, die dem Sterben nahe war.

»Eines Tages betrat ich ihr Zimmer, und das Erste, was sie sagte, war: ›Ich werde erwartet, wissen Sie? Ich werde erwartet‹, und ein Lächeln erhellte ihr grau gewordenes Gesicht. Ihr Körper war stark von der Krankheit gezeichnet, sie atmete schwer, die Schmerzen wurden von Tag zu Tag unerträglicher. ›Ja, ich werde erwartet‹, wiederholte sie. Ihre Augen leuchteten dabei, und von ihrem Wesen ging ein freudevoller Glanz aus. ›Möchten Sie mir davon erzählen?‹, fragte ich sie.

›Es ist mein Engel. Ich weiß, dass er es ist. So liebend ist er, er wartet geduldig. Meistens am Kopfende steht er, sehen Sie? Hier…‹, sagte sie und deutete auf die Wand hinter ihrem Bett. ›So liebend ist er … Und manchmal sehe ich ihn in der rechten Ecke des Zimmers, dort am Fenster, neben dem Vorhang, sehen Sie? Aber das ist seltener. Meistens spüre ich ihn hier hinten, bei mir.‹«[4]

Oftmals sind die Sterbenden ganz überrascht, dass ihre Besucher diese Wesen nicht sehen können. In einem Bericht, aus dem hervorgeht, dass die Patientin sich schon ganz in einer anderen Welt wähnte, heißt es:

»Eines Nachts rief sie [die Patientin] mich, damit ich sehen sollte, wie lieblich und schön der Himmel sei. Dann schaute sie mich an und schien überrascht: ›Oh, aber Sie können es nicht sehen, Sie sind nicht hier [im Himmel], Sie sind dort drüben‹ [...] Ich [ihr Begleiter] glaube nicht, dass es Halluzinationen sind; es sind Visionen – sehr real.«[5]

Dr. Paxino, die in einem sehr hohen Grade hellsichtig ist, kann, wenn sie ihren imaginativen Blick auf geistige Wesen richtet, diese höchst klar und deutlich wahrnehmen.

Einer Patientin, die noch sehr mit ihrer Erkrankung haderte, fiel es schwer zu akzeptieren, dass ihr Leben schon so früh zu Ende gehen sollte. Iris Paxino schreibt über deren Engelwahrnehmung:

»Eines Tages flüsterte sie mir unerwartet zu: ›Ich sehe ständig eine Gestalt am Fenster. Ich habe nie an so etwas geglaubt, aber sie ist immer wieder da. Ich bin zwar krank, aber nicht verrückt. Können Sie sie auch sehen?‹

Ich sehe hin und schaue ihren Engel. ›Ja, da ist jemand. Können Sie selbst erkennen, wer das ist?‹

›Sie kommt mir so vertraut vor, die Gestalt, als ob ich sie schon immer kennen würde. Aber ich habe sie bisher noch nie gesehen.‹ Sie dachte und spürte nach, und nach einem langen Schweigen erhellte sich das Gesicht der Patientin. Ganz leise sagte sie: ›Es ist meine Engelin. Man spricht sonst immer von Engeln, aber für mich erscheint sie wie eine Engelin.‹«[6]

Bei unseren Recherchen stießen wir im Übrigen auf keinen Bericht einer Sterbebett-Vision, in dem der Sterbende felsenfest davon überzeugt war, den Christus wahrgenommen zu haben. Das mag etwas überraschend sein, da Christus den Übergang in die höheren Welten eines *jeden* Menschen begleitet. Möglicherweise liegt das daran, dass diese Menschen sich nie Gedanken über den Christus gemacht und nie versucht haben, sich mit ihm zu verbinden.

Begegnungen mit bereits Verstorbenen

Dass manche Menschen, die dem Sterbeaugenblick schon sehr nahe sind, geistige Wesen wie etwa ihren Engel wahrnehmen können, haben wir bereits gesehen. Ungleich häufiger kommt es vor, dass ein Sterbender andere, nicht-göttliche Wesen im Raum ›sieht‹ – meistens an einem Fenster, in einer Zimmerecke, oder am Kopfende des Bettes –, die ihn ansprechen, ihm zuwinken und ihn abholen wollen. In den meisten Fällen handelt es sich hierbei um nahe Verwandte oder gute Freunde, die bereits vor einiger Zeit die Pforte des Todes durchschritten haben. Auch in solchen Fällen muss es sich keineswegs um Halluzinationen handeln, die etwa durch ungeeignete oder falsch dosierte Schmerzmittel ausgelöst worden sein könnten. Vielmehr handelt es sich in der Regel um reale Wahrnehmungen, die der Sterbende in seiner neuen Erfahrungswelt macht, die ihm mehr und mehr zugänglich wird. Diese neue Welt kann auf ihn bereits einen viel realeren Eindruck machen als die Sinneswelt, die er sich zu verlassen anschickt.

Auch wenn er nicht von diesen Wahrnehmungen berichtet, kann man es als ein recht sicheres Indiz dafür, dass er einem bereits verstorbenen Verwandten, Freund oder Bekannten ›begegnet‹ ist, werten, wenn er in solchen Momenten, in denen er zumindest halbwegs wieder im ›Hier und Jetzt‹ ist, viel von diesen spricht, insbesondere dann, wenn er in den Jahren zuvor kaum von ihnen geredet hat. Es wird auch immer wieder berichtet, dass ein Patient in dieser Phase viel von verwandten oder bekannten Menschen spricht, die gerade oder vor ganz kurzer Zeit gestorben sind und von deren Übergang er nach den üblichen menschlichen Maßstäben gar nicht wissen konnte.

Wenige Stunden oder Tage vor dem Tod kann man oftmals beobachten, dass der Sterbende Formulierungen wählt, die einen tiefen Symbolcharakter aufweisen. So sind immer wieder Sätze zu hören wie: »Ich werde jetzt bald abgeholt«, »Die große Fähre wartet auf mich«, »Ich muss jetzt über die Brücke gehen«, »Ich muss zum Bahnhof«, »Ich muss jetzt nach Hause gehen« o.ä. In diesen Fällen wird geradezu greifbar, dass er in seinen Seelengründen *weiß*, dass der Übergang in eine andere Daseinsebene kurz bevorsteht. In sein Tagesbewusstsein tritt dieses Wissen in einer verschleierten Form ein. Dieses hüllt den Übergang in das Bild einer Reise, wie er sie aus seinem Erdenleben kennt.

Von einem solchen selbst erlebten Fall schreibt Iris Paxino:

»Eine andere Patientin, eine recht ruppige und wenig freundliche ältere Frau, die schon längere Zeit bettlägerig war, empfing mich eines Tages zwar wie immer in ihrem Bett, aber wie zum Ausgehen fertig angezogen. Sie hatte ihren Schmuck angelegt, ihr schönes gestricktes Wolljäckchen angezogen, die Schuhe standen fein nebeneinander direkt am Bett.
›Was ist denn los?‹, fragte ich sie, ›wo möchten Sie denn hin?‹
›Wissen Sie, ich werde abgeholt. Meine Mutter ist gekommen.‹ Mein Verstand fing kurz an nachzurechnen: Die Patientin ist Anfang achtzig, die Mutter müsste mindestens hundert Jahre alt sein, das kann sie also nicht gemeint haben. Mir wurde klar, um was es ging, ich wollte aber nicht vorgreifen und fragte:
›Wie meinen Sie das? Lebt Ihre Mutter noch?‹ ›Nein, natürlich nicht‹, antwortete sie barsch, ›aber sie ist trotzdem gekommen! Heute Morgen, da …‹ und zeigte auf das Eck des Zimmers, ›da stand sie. Ich habe sie ganz deutlich gesehen.‹
›Ach ja? Und was hat denn Ihre Mutter gesagt?‹ ›Sie hat gesagt: Ich komme dich holen. Wir warten schon auf dich […]«[7]

Über eine 60-jährige Frau, die an Krebs im Endstadium litt, wird berichtet:

»Plötzlich öffnete sie ihre Augen. Sie rief ihren [verstorbenen] Mann bei seinem Namen und sagte, dass sie im Begriff sei, zu ihm zu kommen. Sie hatte das friedlichste und schönste Lächeln auf dem Gesicht, gerade so, als würde sie in die Arme eines Menschen eilen, an den sie ständig dachte.
Sie sagte: ›Guy, ich komme.‹ Sie schien nicht zu bemerken, dass ich [ihr Begleiter] anwesend war. Es war fast, als wäre sie in einer anderen Welt. Es war, als

wenn sich ihr etwas Wunderschönes offenbart hätte; sie erlebte in diesem Augenblick etwas Wundervolles und Herrliches.«[3]

Von einer Frau, die kurz nach der Geburt ihres Kindes starb, ist das folgende Sterbeerlebnis dokumentiert:

»Plötzlich sah sie aufgeregt in eine Ecke des Zimmers, während ein strahlendes Lächeln ihren Gesichtsausdruck erhellte. ›Oh, wie schön, wie schön‹, sagte sie.
›Was ist schön‹, fragte ich [ihr Begleiter] sie. ›Das, was ich sehe‹, erwiderte sie in verhaltenem, leidenschaftlichen Ton. ›Was sehen Sie?‹ – ›Eine wunderschöne Helligkeit – allerliebste Geschöpfe.‹ Es ist schwer, den Eindruck der Wirklichkeit zu beschreiben, die bei ihr durch die starke Versenkung in die Vision hervorgerufen wurde. Dann, während sie ihre Aufmerksamkeit noch intensiver einem bestimmten Punkt zuwandte, stieß sie eine Art fast glücklichen Schrei aus und rief: ›Wirklich, es ist mein Vater! Oh, er ist froh, dass ich komme; er ist so froh‹‹[8]

Wenn ein Skeptiker so etwas hört, wird er höchstwahrscheinlich sagen, dass diese Menschen halluziniert hätten, weil man ihnen vielleicht zu viel Morphium oder dergleichen verabreicht hätte.

Es gibt allerdings viele verbürgte Fälle, die deutlich machen, dass es sich gewiss *nicht* um Halluzinationen oder Phantastereien gehandelt haben kann. Von einem solchen Fall schildert Elisabeth Kübler-Ross:

»Das Besondere dabei war jedoch – abgesehen von der großen Pracht und der einfach phantastischen Lichtfülle und Liebe, die uns auch von den meisten anderen beschrieben worden sind –, dass ihr Bruder bei ihr gewesen war und sie mit Liebe und Zärtlichkeit in seine Arme geschlossen hatte. Nachdem sie all dies ihrem Vater berichtet hatte, fügte sie hinzu: ›Das Einzige, was mich stutzig macht, ist die Tatsache, dass ich gar keinen Bruder habe.‹
Daraufhin brach der Vater in Tränen aus, und er gab zu, dass sie tatsächlich einen Bruder gehabt habe, der allerdings schon drei Monate vor ihrer Geburt verstorben sei. Darüber hatte man ihr gegenüber jedoch nie etwas verlauten lassen.«[9]

Dr. Kübler-Ross erzählt, dass keines der von ihr begleiteten Kinder kurz vor dem Tod jemals vorgegeben habe, irgendeinen Menschen mit den Seelenaugen wahrgenommen zu haben, der *nicht* schon jenseits der Schwelle war.[10]
Sie berichtet auch von einer ganzen Reihe von Fällen, in denen ein Sterbender die übersinnliche Anwesenheit eines Angehörigen oder Freundes wahrnahm, der, wie sich später herausstellte, kurz zuvor – oftmals an einem weit

entfernt liegenden Ort – gestorben war. Um einen Sterbenden nicht zu belasten, wird er oftmals von seinen Familienmitgliedern darüber in Unkenntnis gelassen, wenn ein lieber Mensch aus seinem Umkreis durch die Pforte des Todes geschritten ist. Elisabeth Kübler-Ross schildert von einigen solcher Fälle. Das Besondere daran war, dass die Sterbenden sich gerade von *diesen* Verstorbenen empfangen fühlten.[11]

Eben Alexander schreibt in seinem Buch, dass er etwa zwei Jahre nach seiner Rückkehr aus dem Koma einen guten Freund und Kollegen, der eine weltweit führende Forschungsabteilung für Neurowissenschaften leitet, besucht habe. Er erzählte ihm einen Teil seiner Erlebnisse, die er in seinem tiefen Koma hatte. John, so nennt er den Kollegen, war sehr erstaunt, nicht etwa, weil er Eben für verrückt hielt, sondern, weil seine Schilderungen endlich etwas erklärten, was ihm lange Zeit ein Rätsel war. Dann schreibt Dr. Alexander weiter:

»Es stellte sich heraus, dass Johns Vater vor etwa einem Jahr nach fünfjähriger Krankheit seinem Ende entgegengesehen hatte. [...]

›Bitte‹, hatte sein Vater John auf dem Totenbett angefleht. ›Gib mir ein paar Pillen oder irgendetwas. Ich kann so nicht weitermachen.‹

Dann plötzlich wurde sein Vater klarer, als er es in den letzten beiden Jahren gewesen war, und teilte John einige tiefe Beobachtungen über sein Leben und ihre Familie mit.

Dann änderte er seine Blickrichtung und begann mit der Luft am Fußende seines Bettes zu reden. Während er zuhörte, merkte John, dass sein Vater mit seiner Mutter sprach, die 65 Jahre zuvor gestorben war, als Johns Vater noch ein Teenager war. Sein Vater hatte sie John gegenüber kaum erwähnt, aber nun führte er ein fröhliches und lebhaftes Gespräch mit ihr.

John konnte sie nicht sehen, aber er war fest davon überzeugt, dass ihr Geist anwesend war und den Geist seines Vaters zu Hause willkommen hieß.

Nach ein paar Minuten wandte sich Johns Vater wieder ihm zu und hatte jetzt einen völlig anderen Ausdruck im Gesicht. Er hatte ein Lächeln auf den Lippen und war deutlich sichtbar voller Frieden, mehr, als John es je zuvor an ihm erlebt hatte.

›Schlaf jetzt, Papa‹, hörte John sich sagen. ›Lass einfach los. Es ist alles in Ordnung.‹

Sein Vater tat genau das. Er schloss die Augen und dämmerte mit einem vollkommen friedlichen Ausdruck auf dem Gesicht ein. Kurz darauf segnete er das Zeitliche.«[12]

Eben Alexander erzählt weiter, dass sein Freund die Begegnung seines Vaters mit seiner Großmutter als äußerst real empfunden hatte. Nur hatte er keine Ahnung, was er damit anfangen sollte, da er als Arzt zu wissen glaubte, dass solche Dinge unmöglich sind...

Die Lebensrückschau

Kommen wir jetzt auf das Motiv der Lebensrückschau, von der viele Menschen, die Nahtod-Erlebnisse hatten, berichten, und die sich allen nach dem tatsächlichen Tod darbietet, zu sprechen. Da der Ätherleib sich schon kurz vor dem Tod mehr und mehr lockert und damit beginnt, sich aus dem physischen Leibe zu lösen, ist es auch einem Sterbenden möglich, Szenen aus seinem dem Ende entgegengehenden Leben zu sehen. Dennoch ist bei den Sterbebett-Visionen nur selten davon die Rede. Einen solchen Bericht verdankt der Verfasser einer guten Freundin, die sich in einem Hospizverein der Begleitung Sterbender widmete:

»Nach einer Weile wurde Herr Husarek [der Patient] plötzlich unruhig, beruhigte sich aber schnell wieder.

Dann fing er an, einige sehr detaillierte Erlebnisse aus seiner frühen und frühesten Kindheit zu erzählen, wobei ihm das Sprechen schon sichtlich schwer fiel. Es ging zum Teil um Begebenheiten, die in seinem zweiten, dritten Lebensjahr stattfanden. An solche frühen Erlebnisse kann sich ein Mensch, der nicht kurz vor der Schwelle des Todes steht, üblicherweise gar nicht erinnern!

Anschließend schwieg er einige Minuten. Plötzlich wurde er wieder unruhig. Seine Unruhe steigerte sich binnen Sekunden gewaltig. Er riss die Augen weit auf, starrte zur Decke und stammelte mit größtem Entsetzen in der Stimme: ›Da – an der Decke – die ganzen Bilder! – Ich tanze mit meiner Frau. – Ich sitze auf der Schulbank. – Ich werde gerade getauft.‹ Er beruhigte sich sehr schnell und sagte nach mehrmaligem, kräftigen Durchschnaufen: ›Der Teufel schickt mir Zerrbilder!‹

Da er schon nicht mehr so ganz im Hier und Jetzt war, machte es keinen Sinn, ihm seine Erlebnisse zu kommentieren oder gar zu erklären. So versuchte ich ihn nur zu beruhigen: ›Sie müssen keine Angst haben, Herr Husarek! Das war nicht der Teufel!‹«[13]

Dass es sich in diesem Fall schon um den Beginn des Lebensrückblicks handelte, ist naheliegend. Der Patient, der im Übrigen ein tiefgläubiger Katholik war, konnte diese Szenen, die sich ihm nun darboten, nicht einordnen. Sie verwirrten und verängstigten ihn. Er hielt sie sogar für ›Zerrbilder‹, die ihm der Teufel schickte.

Es gibt allerdings einige Anhaltspunkte dafür, dass ein Sterbender Szenen aus seinem Leben ›sieht‹, obwohl er nicht von »Bildern« spricht. Ein besonders typisches Indiz kann sein, dass er – sofern er noch etwas erzählen kann und möchte – nun oft über Erlebnisse aus seinem Leben schildert, über die er früher kaum gesprochen hat, etwa solche, die aus frühester Kindheit stammen. Viele dieser Erlebnisse hätte er in seinem normalen Tagesbewusstsein, wenn sein Ätherleib fest mit dem physischen Leib verbunden ist, niemals erinnern können.

Oftmals kommt jetzt höchst Erstaunliches ans Tageslicht. So wird von einem Fall berichtet, in dem eine 81-jährige Frau wenige Tage vor ihrem Dahinscheiden plötzlich immer wieder etwas in französischer Sprache vor sich hinmurmelte. Diese Sprache hatte sie nachweislich nie gelernt oder gesprochen. Ihre Kinder und Enkel standen vor einem Rätsel. Spätere Recherchen im Familienumfeld ergaben, dass die Frau in ihren ersten drei, vier Lebensjahren von einem französischen Kindermädchen betreut wurde. Dieses hatte ihr immer wieder Kindergebete in ihrer Muttersprache vorgesprochen. Die Erinnerung an diese längst vergessenen Texte kam jetzt durch den sich langsam ablösenden Ätherleib wieder hoch.[14]

Geistesklarheit kurz vor dem Tod

In diesem Abschnitt, mit dem wir dieses Kapitel beschließen, wollen wir noch einmal auf etwas zurückkommen, das wir schon kurz angedeutet haben. Es geht darum, dass bei vielen Menschen in den Stunden und Tagen vor dem Tod eine große Geistesklarheit zu beobachten ist, die neurophysiologisch absolut nicht erklärbar ist. Hier kann man oftmals die erstaunlichsten Wahrnehmungen machen.

Von einem besonders beeindruckenden Fall schreibt Michael Ladwein. Er fand diese Schilderung in dem Buch *»Wenn die Dunkelheit ein Ende findet. Terminale Geistesklarheit und andere ungewöhnliche Phänomene in Todesnähe«* von *Michael Nahm.* Es geht um die im Jahre 1922 mit 26 Jahren verstorbene Käthe, die in einem Behindertenheim lebte. Ihr behandelnder Arzt hat ihre Geschichte ausführlich beschrieben:

»Zu den tiefstehendsten Pfleglingen, die wir je hatten, gehörte Käthe. Sie war von Geburt an völlig verblödet und hat nie ein Wort zu sprechen gelernt. Stumpf vegetierte Käthe dahin. Stundenlang starrte sie auf einen Punkt, dann zappelte sie wieder stundenlang ohne Unterbrechung. Sie schlang Nahrung hinunter, schied das Aufgenommene wieder aus, stieß einmal einen tierischen Laut aus und schlief. Andere Lebensregungen haben wir in den langen Jahren an ihr nie wahrgenommen. Nie haben wir gemerkt, dass sie auch nur eine Sekunde an dem Leben ihrer Umgebung teilnahm. Auch körperlich wurde das Mädchen immer elender; ein Bein musste amputiert werden, und das Siechtum wurde immer stärker.

Ich habe es durch gar manche geradezu erschütternde Erlebnisse ... erfahren, dass auch der armseligste Idiot ein verborgenes inneres Leben führt, das so viel wert ist wie mein eigenes inneres Leben. Die zerstörte Oberfläche hindert ihn nur, nach außen hin viel davon zu zeigen. Oft in den letzten Stunden vor dem Tode fielen alle krankhaften Hemmungen weg, und es offenbarte sich ein inneres Leben von solcher Schönheit, dass wir nur ganz erschüttert davorstehen konnten.

Des Öfteren habe ich es erlebt, dass bei tiefstehenden Kranken in der Sterbestunde, wenn die Seele sich aus der Erdgebundenheit löste, Gefühlsregungen und Äußerungen auftraten, die ich vorher nie an ihnen beobachtet und die ich nie für möglich gehalten hatte und die ich mir medizinisch schlechterdings nicht erklären kann.

Unter anderem habe ich Folgendes erlebt: Als ich am Morgen des 1.3.1922 auf die Isolierstation kam, sagte mir die Schwester, es werde wohl bald mit Käthe vorbei sein, sie singe aber schon eine Zeit lang vor sich hin. Ungläubig trat ich in das Zimmer; aber zu meiner größten Verwunderung hörte ich, wie das Mädchen deutlich sang: ›Wo findet die Seele die Heimat, die Ruh.‹

Ich benachrichtigte schnell noch den pädagogischen Leiter der Anstalt, Herrn Pfarrer Happich, der dann tief ergriffen mit mir Zeuge dieses jedem medizinischem Verstehen unverständlichen Vorgangs war. ›Ruh, Ruh, himmlische Ruh‹, hauchte der Mund, ein verklärtes Lächeln flog über das sonst so verblödete Gesicht, und die Seele schwand aus den Banden des Körpers.«[15]

Der erwähnte Pfarrer ergänzte noch:

»Als wir gemeinsam das Sterbezimmer betraten, trauten wir unseren Augen und Ohren nicht: Die von Geburt an völlig verblödete Käthe, die nie ein Wort gesprochen hatte, sang sich selbst die Sterbelieder. Vor allem sang sie immer wieder: ›Wo findet die Seele die Heimat, die Ruh? Ruh, Ruh, himmlische Ruh!‹

Eine halbe Stunde lang sang Käthe. Das bis dahin so verblödete Gesicht war durchgeistigt und verklärt. Dann schlief sie still ein. – Immer wieder sagte der Arzt, dem ebenso wie der pflegenden Schwester und mir die Tränen in den Augen standen: ›Medizinisch stehe ich völlig vor einem Rätsel. Durch eine Sektion kann ich, wenn es verlangt wird, nachweisen, dass Käthes Hirnrinde restlos zerstört und anatomisch Denkfähigkeit nicht mehr möglich war.‹

Käthe hatte also nur scheinbar an alledem, was in der Umgebung vor sich ging, nicht teilgenommen. In Wirklichkeit hatte sie aber sichtlich gar manches in sich aufgenommen. Denn woher hatte sie Text und Melodie des Liedes, wenn nicht aus der Umgebung? Und sie hatte den Inhalt des Liedes richtig verstanden und wandte ihn in der entscheidenden Stunde ihres Lebens an. Das war schon wie ein Wunder. Noch größer aber erschien uns das Wunder, dass die bis dahin völlig stumme Käthe plötzlich klar und deutlich Worte des Liedes wiedergeben konnte, obwohl durch zahlreiche Hirnhautentzündungen solche anatomische Veränderungen in der Hirnrinde vor sich gegangen sind, dass es dem Verstand nicht begreiflich ist, dass das sterbende Mädchen plötzlich klar und deutlich und mit Verständnis singen kann.«[16]

Genau wie die autoskopischen Beobachtungen, von denen in vielen Nahtod-Berichten geschildert wird, ist auch der Fall der ›verblödeten‹ Käthe ein Beweis dafür, dass das menschliche Bewusstsein *nicht* durch das physische Gehirn hervorgebracht wird, wie es die materialistische Wissenschaft immer noch lehrt. Wer behauptet, dass, wenn das Gehirn tot ist, auch das Bewusstsein tot ist, gleicht jemandem, der von einem Klaviervirtuosen, den man an ein Klavier setzt, dem keine Töne mehr zu entlocken sind, sagt, er habe das Spielen verlernt. Das Gehirn ist vielmehr nur ein Werkzeug, das der geistig-seelische Wesenskern, das Ich, benutzt, um sich in der äußeren Sinneswelt zu betätigen. In dem Moment, in dem Käthe dem Tod schon sehr nahe war, zog sich auch ihr Ätherleib langsam aus dem physischen Leib heraus, so dass die Erinnerung an das Lied, das sie vermutlich in ihrer Kindheit gehört hatte, auflebte.

Schlusswort

Bücher wie das vorliegende sind ja nicht geschrieben, um den Leser mit spannenden Themen zu unterhalten. Im Idealfall sollen sie ihm vielmehr eine Anregung oder einen Impuls geben, der sich für sein weiteres Leben als förderlich erweisen kann.

So wäre es etwa zunächst einmal wünschenswert, dass der Leser durch die Lektüre seine Angst vor dem Tod, die er möglicherweise vorher hatte, verlieren könnte. Dann hoffen wir, dass dasjenige, was in diesem Buch über Nahtod-Erfahrungen, die wir mit den Erkenntnissen der anthroposophisch orientierten Geisteswissenschaft Rudolf Steiners zu beleuchten bemüht waren, hinreichend ist, damit er zu der Überzeugung von einem Leben nach dem Tod finden kann. Wenn diese zwei Punkte erfüllt werden, hat der Leser *fast* genauso viel gewonnen wie jemand, der schon an der Schwelle des Todes stand. »Selig sind alle, die nicht mit Augen sehen und doch glauben.«[1]

Kann ein Leser darüber hinaus noch weiteres tun?

Nun, wir haben ausführlich geschildert, dass die meisten Menschen, die schon fast die Pforte des Todes passiert hätten, vor einem großen Problem standen: Alles, was sie wahrnahmen, fühlten und erlebten, war so gänzlich anders als alles, was sie aus der Sinneswelt kannten. Das führte – unabhängig von der Schwierigkeit, das eigentlich Unbeschreibliche in Worte einer Menschensprache zu gießen – dazu, dass sie etliche Wahrnehmungen nicht richtig zu deuten vermochten.

Was ist der Grund für dieses Dilemma?

Sie haben sich vorher offensichtlich nie mit ihrer nachtodlichen Existenz befasst, sie haben sich nie mit dem beschäftigt, was sie im Leben zwischen Tod und neuer Geburt in den übersinnlichen Welten erleben, erfahren und durchmachen werden.

Es gibt heute immer noch unzählige Menschen, die zwar einerseits von einem Leben nach dem Tod überzeugt sind, die aber andererseits die Meinung vertreten, es sei nicht notwendig, sich schon zu Lebzeiten damit zu befassen, was da so alles auf sie zukommen werde. Die einen sagen, da könne man ohnehin nichts Genaues wissen; andere vertreten die Ansicht, dass sie schon noch früh genug erfahren würden, wie es dann ›da‹ so sei. Wiederum andere lassen sich durch schöngefärbte Darstellungen, die ihr Gemüt befriedigen, in eine schwärmerische und unkritische Vorfreude versetzen.

»Wie jetzt die Menschheit geworden ist in dieser fünften nachatlantischen Zeit, da ist ganz unberechtigt der Satz, den viele in ihrer Bequemlichkeit sprechen: Nun ja, während wir hier zwischen Geburt und Tod leben, da kommt es darauf an, sich dem Leben zu übergeben; ob dann, wenn wir durch den Tod gegangen sind, wir in eine geistige Welt eintreten, das wird sich schon zeigen, das können wir ja abwarten. Hier genießen wir unser Leben, wie wenn es nur eine materielle Welt gäbe; wenn man durch den Tod in die geistige Welt eintritt, nun ja, dann wird sich schon zeigen, ob eine geistige Welt da ist! – Es ist das ungefähr ebenso gescheit wie der Schwur, den einer ablegt, der da sagt: So wahr ein Gott im Himmel ist, bin ich ein Atheist! – Es ist ungefähr ebenso gescheit wie dieses; aber es ist die Gesinnung sehr vieler, die da sagen: Es wird sich zeigen nach dem Tode, wie es da ist, bis dahin braucht man sich gar nicht mit irgendwelcher spirituellen Wissenschaft zu befassen. Es war zu allen Zeiten eine solche Gesinnung höchst anfechtbar, aber verhängnisvoll wird sie insbesondere in dieser fünften nachatlantischen Zeit, in der wir leben, weil sie durch die Herrschaft des Bösen gerade besonders nahegelegt wird dem Menschen. Indem der Mensch unter den gegenwärtigen Entwickelungsbedingungen durch die Pforte des Todes tritt, nimmt er die Bewusstseinsbedingungen mit, welche er sich selbst hergestellt hat zwischen der Geburt und dem Tode.

Derjenige Mensch, welcher unter den gegenwärtigen Verhältnissen ganz und gar sich nur beschäftigt hat mit Vorstellungen und Begriffen und Empfindungen über die materielle, über die Sinneswelt, der verurteilt sich unter den gegenwärtigen Verhältnissen dazu, dass er nach dem Tode nur in einer Umgebung lebt, auf welche die während des leiblichen Lebens ausgeprägten Begriffe Bezug haben. Während der, welcher spirituelle Vorstellungen aufnimmt, rechtmäßig in die geistige Welt einzieht, muss derjenige, der es ablehnt, geistige Vorstellungen aufzunehmen, in gewissem Sinne in irdischen Verhältnissen verbleiben, bis er – und das dauert eine lange Zeit – gelernt hat, drüben so viel geistige Begriffe aufzunehmen, dass er durch sie in die geistige Welt getragen werden kann. Also, ob wir hier geistige Begriffe aufnehmen oder nicht, das bestimmt unsere Umgebung drüben.«[2]

Man kann in die übersinnlichen Welten nichts hereintragen, was nicht bereits im Erdenleben angeknüpft wurde. Rudolf Steiner wurde nie müde, auf die Notwendigkeit hinzuweisen, dass die Menschen sich schon in ihrem Erdendasein gewisse Erkenntnisse sowie richtige Vorstellungen und Begriffe für die übersinnlichen Welten erwerben müssen.

»Die Sinne, die wir für das Geistige ausgebildet haben, hängen von dem Leben auf dieser Erde ab. Hier reifen wir aus für das Jenseits, hier bereiten wir uns die geistigen Augen und Ohren für das Jenseits.«[3]

Sigwart wies in mehreren Mitteilungen darauf hin, dass es von unermesslicher Bedeutung sei, dass ein Mensch sich schon im Erdenleben mit spirituellen Themen befasst.

Mitteilung vom 4. August 1915

Ich war auf Erden manchmal traurig darüber, dass es einige von euch so kühl ließ, wenn wir über geistige Dinge sprachen, weil ich so felsenfest an all das glaubte. – Nun, da ich von euch ging, habt ihr erst den wirklichen innerlichen Wunsch zu wissen, was nach dem Tode geschieht, was mit mir vorgeht. Das ist so begreiflich, aber nur zu schade, dass wir nicht noch auf Erden vielmehr miteinander über all die geistigen Dinge gesprochen haben!

Es wäre manchen von euch jetzt nicht so fremd und ferne liegend. Ich fühle, dass wir uns so nahe sind, und das wird stärker, je mehr ihr euch in diese Richtung versenkt. Euer Leben ist noch lang, ihr habt mehr Zeit, euch zu entwickeln, als ich es gehabt habe.

Ich habe mich erst die letzten zwei Jahre vor meinem Tode ganz versenkt in die geistige Welt, und nun kommt mir das alles zugute. Ich bin so dankbar, dass ich damals schon diese Interessen hatte. Was nützt alles Gelehrtentum, wenn der Mensch nicht weiß, was mit ihm nach dem Tode geschieht! – Jetzt würde ich – wenn ich noch auf Erden wäre – lieber auf alles irdische Wissen verzichten, wenn mir das Eine genommen würde: der Glaube an die Zukunft nach dem Tode! – Das ist der Grundgedanke und das einzig Wahre, alles andere ist im Vergleich dazu ein Nichts!

Ich verfolge jetzt genau eure verschiedenen Entwicklungen, damit ich dann später weiß, wie ich euch leiten soll, wenn einst die Reihe an euch kommt.[4]

Mitteilung vom 29. November 1915

Wie leicht wird für euch das Sterben sein, wenn ihr weiter wie in den letzten Monaten geistig strebsam seid. Dann ist alles so einfach. Mich schaudert, wenn ich an Menschen denke, die ohne Glauben von der Erde abgerufen werden. Das ist das Schlimmste.[5]

Mitteilung vom 12. April 1916

Wüsste die Menschheit, wie unendlich viel der Mensch in seiner Erdenzeit durch Gedanken, die von Gott und der geistigen Welt handeln, sich vervollkommnen, sich vorbereiten und sich vor allem ein gutes Karma schaffen kann, wie würde sie anders sein![6]

Mitteilung vom 29. März 1917

Dass ist oft der große Irrtum, dass die Menschen glauben, es könne ihnen in ihrer geistigen Entwicklung geholfen werden, ohne dass sie etwas dazu tun. Oh nein, *alles* muss von *ihnen* aus geschehen! Wir können nur bitten, vielleicht auch anspornen, aber nicht direkt helfen. Daher kann ich euch immer nur sagen und euch bitten: seid fleißig!

Je mehr ein Mensch sich mit den Problemen der geistigen Welt beschäftigt, desto mehr dürfen wir ihm zur Erkenntnis derselben verhelfen. Ihr z.B. wisst doch jetzt schon viel mehr über diese Dinge als ich, als ich in die Welt des Geistes einging, darum wiederhole ich euch heute wieder: So licht ist es um euch geworden, denn ihr geht den rechten Weg![7]

Über den gemeinsamen Freund Deinhard, der kurze Zeit zuvor die Pforte des Todes durchschritten hatte, sagte er:

Mitteilung vom 12. April 1917

Nun erst kommt aber bei ihm [Deinhard] das wahre Erkennen der Dinge. Wir wollen ihm helfen, denn jeder, auch eine Seele wie er, braucht Hilfe, bis er überwindet. – Er gab mir zu verstehen, dass er sich so *schnell wie möglich* durchringen will. Seinen geistigen Forschungstrieb hat er doch auch mit hinüber in die andere Welt genommen, und das wird ihm sehr zugute kommen.

Hängt ihm nicht mit Gedanken der Trauer nach![8]

Zwei Tage später setzte Sigwart fort:

Mitteilung vom 14. April 1917

Es ist etwas Großes, eine so weit entwickelte Wesenheit hier empfangen zu können, der nur noch das intensive, ständig wache Bewusstsein fehlt. Aber sonst ist D. von einer Regsamkeit, die geradezu unglaublich ist bei einem Menschen, der erst vor so kurzer Zeit herüberkam. Ja, das ist der Segen des Wissens![9]

Wenn wir es verschmähen, geistige Vorstellungen und Begriffe aufzunehmen, wird uns vieles von dem, was wir nach unserem Tod in den höheren Welten wahrnehmen und erleben, unverständlich bleiben müssen. Auch zu den Wesen der Engelreiche könnten wir uns dann nicht in das rechte Verhältnis setzen, das erforderlich ist, um von ihnen die notwendigen Kräfte und Impulse für unsere nächste Inkarnation empfangen zu können.[10] Unseren persönlichen Engel, der uns an der Todespforte in Empfang nimmt und das gesamte nachtodliche Leben an unserer Seite bleibt, oder gar den Christus, dem wir schon an der Todesschwelle begegnen, würden wir nicht als solche erkennen und womöglich lediglich für eine wesenlose Lichtfülle halten. Die geistigen Welten würden uns weitgehend verhüllt bleiben. Nun sollte man aber nicht etwa sagen: »Was ich (nach dem Tod) nicht weiß, macht mich nicht heiß.« Zum einen *kann* ein schwaches Bewusstsein nach dem Tod zu grausamen Angstzuständen führen, und zum anderen können wir dann nicht in der rechtmäßigen Weise unser nächstes Erdenleben vorbereiten.

Auch die leidvollen Phasen während des Kamalokalebens, die gewiss die meisten von uns erleben werden, können wir ungleich besser akzeptieren und ertragen, wenn uns klar ist, dass dieser Reinigungsprozess für uns absolut notwendig und förderlich ist.

Das Leben jeder menschlichen Individualität umschließt nicht nur alle Erdenleben, sondern auch die jeweiligen Aufenthalte in den höheren Welten, die zwischen zwei irdischen Leben verlaufen. Somit ist auch jedes Erdenleben nicht nur eine Vorbereitung für das nächste irdische Leben, sondern in erster Linie auch eine Vorbereitung für das folgende Leben in den übersinnlichen Welten. In jedem Leben kann man nur an das anknüpfen, was man im Leben zuvor veranlagt hat.

Nun zeigt sich das bereits angedeutete Problem: Ein hinreichendes Verständnis für die Wesenheiten und Geschehnisse der geistigen Welten kann man im Leben nach dem Tod eigentlich nur dann gewinnen, wenn man sich zu seinen Lebzeiten schon darum bemüht hat. Einem Menschen, der in seinem Erdenleben ein krasser Materialist war, der also geistige Welten und Wesen sowie ein Leben nach dem Tod für einen Unsinn gehalten hat, werden die höheren Welten weitgehend finster und stumm bleiben. Es wird dann nicht etwa so sein, dass er sich seiner Existenz nicht bewusst wäre, aber er kann vieles, was dort geschieht, nicht wahrnehmen und das wenige, was er wahrnimmt, nicht verstehen und einordnen. Diese gewaltige Verunsicherung kann quälende Ängste nach sich ziehen. Er kann zu einer erdgebundenen Seele werden. Auch ein Mensch, der zwar von einem Leben nach dem Tod überzeugt ist, diesem aber im vorhinein keinen gedanklichen Raum gegeben hat, wird vielleicht die Geschehnisse wahrnehmen, aber überhaupt nicht verstehen können. Wenn sich etwa ein Mensch niemals bemüht hat, über die Wesenheiten der höheren Hierarchien, namentlich über seinen persönlichen Engel, zu gewissen Vorstellungen zu kommen, wird er diese göttlichen Wesen nach dem Tod zwar wahrnehmen, aber er wird nicht wissen, um welche Wesenheiten es sich handelt, und die große Bedeutung, die sie für ihn haben, nicht erkennen können.

Bereits *Platon* war diese Notwendigkeit bekannt:

»Wer sich der Lust hingibt, der wird auch nur sterbliche Gedanken haben. Wer aber aus Liebe zur Wahrheit bestrebt ist, Unsterbliches und Göttliches zu denken, der wird zur Unsterblichkeit gelangen, und er wird die höchste Glückseligkeit erreichen, weil er das Göttliche in sich gepflegt und in seiner Seele getragen hat.«

Die weitaus meisten Menschen werden nach dem Tod sowohl wunderschöne und erhabene Erlebnisse als auch leidvolle haben. Wir sollten unsere mögliche Furcht vor dem Tod nicht dadurch besiegen, dass wir das nachtodliche Leben zu beschönigen versuchen. Die Furcht können wir nur dadurch überwinden, dass wir uns so gut wie eben möglich klarzumachen versuchen, was uns nach dem Tod in Abhängigkeit davon, wie wir unser Leben gestaltet haben, ganz folgerichtig und gesetzmäßig erwarten wird. Jemand, der sich zu Lebzeiten nicht um die Erkenntnis spiritueller Wahrheiten bemüht hat, darf natürlich nicht damit rechnen, einen ›Unwissenheits-Bonus‹ zu erhalten. Wenn dieser mit der Begründung, er habe sich nie mit den Kräften der Schwerkraft befasst, von einem Hochhaus springt, darf er wohl auch kaum damit rechnen, den Sturz unbeschadet zu überstehen, weil er die Folgen nicht geahnt hätte. Die geistigen Gesetzmäßigkeiten sind genauso unbestechlich wie die der Physik. Lassen wir wieder den großen Eingeweihten und Geisteslehrer Rudolf Steiner zu Wort kommen:

»Es gehört geradezu zu den notwendigen Vorbedingungen eines rechten Lebens nach dem Tode, dass die Menschen immer mehr und mehr hier vor dem Tode gewisse Vorstellungen sich erwerben über das Leben nach dem Tode, denn nur, wenn sie sich erinnern an diese Vorstellungen, die sie sich hier erworben haben, können sie sich orientieren in der Zeit zwischen dem Tod und einer neuen Geburt. Es ist sachlich unrichtig, wenn behauptet wird, man könne warten bis zum Tode mit solchen Vorstellungen, denn dieses leibfreie Leben würde für sie ein finsteres werden, ein unorientiertes werden.«[11]

»Wäre der Christus nicht in der physischen Welt erschienen, so würde der Mensch versinken in der physischen Welt, könnte nicht in die geistige Welt eintreten. So aber wird er hinaufgehoben durch den Christus in die geistige Welt, dass er darinnen bewusst wird, darinnen sehen kann. Das hängt davon ab, dass er sich auch zu verbinden weiß mit dem, den der Christus gesandt hat, mit dem Geist; sonst ist er unbewusst. Der Mensch muss sich seine Unsterblichkeit erwerben, denn eine Unsterblichkeit, die unbewusst ist, ist noch keine Unsterblichkeit.«[12]

Ein Mensch, der sich zu seinen Lebzeiten bemüht hat und ernsthaft bestrebt war, die richtigen Begriffe und die richtigen Vorstellungen von dem, was er nach dem Tod erleben kann, zu erwerben, wird sich, wenn er durch die Pforte des Todes gegangen ist, dessen erinnern und kann dann seine Erlebnisse – zumindest weitgehend – richtig einordnen. Es kommt gar nicht einmal so sehr darauf an, dass die Vorstellungen, die man sich im Vorhinein bildet, *völlig* mit den tatsächlichen Verhältnissen übereinstimmen. Die Vorstellungen, die nicht ganz den Tatsachen entsprechen, werden sich nach dem Tod gewissermaßen von selbst korrigieren.

Als vergleichendes Beispiel kann man hier vielleicht an eine Reisevorbereitung denken. Wenn ein Mensch plant, ein fernes, exotisches, ihm unbekanntes Land zu bereisen, so wird er sich auf diese Reise über Monate gezielt vorbereiten. Er wird Reiseführer lesen, im Internet recherchieren und vielleicht auch noch mit Menschen sprechen, die dieses Land bereits kennen. Auf diese Art und Weise ist es ihm durchaus möglich, schon vor Reiseantritt recht genaue Vorstellungen über das ferne Land zu gewinnen. Wenn er dann dort angekommen ist, so wird seine sorgfältige Vorbereitung ihm helfen, sich orientieren und einleben zu können. Alles, was er dann wahrnehmen und erleben wird, kann er mit seinen Vorstellungen vergleichen, die er sich vorher gebildet hat. In den meisten Fällen wird er seine Wahrnehmungen und Erlebnisse nun richtig einordnen können, weil sie sich mit diesen Vorstellungen decken. In einigen Fällen wird sich erweisen, dass die eine oder andere Vorstellung nicht ganz mit dem übereinstimmt, was er nun real erfährt. Diese Vorstellungen korrigieren sich nun durch die konkrete Erfahrung aber von selbst.

Das Wissen darüber, dass wir nach dem Tod auch Schlimmes erleben können, sollte uns nicht erschrecken oder gar dazu führen, es zu verdrängen. Es sollte uns vielmehr anspornen, unser jetziges Erdenleben in der richtigen Weise einzurichten und uns um die notwendigen Erkenntnisse strebend zu bemühen.

Wenn wir das, was wir hier insbesondere dank der Erkenntnisse der Anthroposophie über das Leben nach dem Tod schildern konnten, ernst nehmen, können wir uns als gut vorbereitet für den Weg, den wir eines Tages alle einmal antreten werden, betrachten. Auch können wir dann unserem Leben schon heute eine andere Zielsetzung geben – ähnlich wie es die vielen Menschen, die konkrete Nahtod-Erfahrungen haben durften, machten.

Des Weiteren sollten wir uns aufgrund dessen, was wir in Kapitel 6 beschrieben haben, stets bewusst sein, dass unsere lieben Verstorbenen uns nur vorausgegangen sind, dass sie jetzt viel realer *leben* als wir selbst, dass sie immer noch in unserer Nähe sind und unsere Gedanken und Gefühle wahrnehmen können. Je mehr wir unsere Gedanken auf Geistiges richten, desto intensiver können sie diese empfangen und daraus großen Nutzen ziehen. Auch kann es für die Sphärenmenschen zu einer großen Labsal werden, wenn wir ihrer des Öfteren in Liebe und Dankbarkeit gedenken und ihnen gute Gedanken und Gebete senden. Auf diese Weise kann es zu einer ganz realen Gemeinschaft zwischen Lebenden und Verstorbenen kommen.

Anhang

Die drei zukünftigen Wesensglieder des Menschen	Geistesmensch (umgewandelter physischer Leib)				
	Lebensgeist (umgewandelter Ätherleib)				
	Geistselbst (umgewandelter Astralleib)				
Die vier Wesensglieder des heutigen Menschen	Ich				▓
	Astralleib			▓	▓
	Ätherleib		▓	▓	▓
	physischer Leib	▓	▓	▓	▓
		Mineral	Pflanze	Tier	Mensch

Tabelle 1: **Die Wesensglieder des Menschen**

Welt		Region	Sphäre
Geisteswelt (Devachan, Himmel)	obere Geisteswelt	7. Region	Tierkreisregion, Fixsternhimmel
		6. Region	
		5. Region	
	untere Geisteswelt	4. Region	
		Luftregion	Saturnsphäre
		Meeresregion	Jupitersphäre
		Kontinentalregion	Marssphäre
Seelenwelt (Astralwelt)	obere Seelenwelt	Region des Seelenlebens	Sonnensphäre
		Region der tätigen Seelenkraft	Venussphäre *
		Region des Seelenlichtes	Merkursphäre *
	untere Seelenwelt (Kamaloka)	Region von Lust und Unlust	Mondensphäre
		Region der Wünsche	
		Region der fließenden Reizbarkeit	
		Region der Begierdenglut	

Tabelle 2: **Die Regionen in der Seelen- und Geisteswelt sowie die Planetensphären**

* Die Namen »Merkur« und »Venus« sind nach Aussage Rudolf Steiners von den Astronomen vertauscht worden. Der *»okkulte Merkur«* ist die *»astronomische Venus«* und umgekehrt.[1]

Hierar-chie	Reich (Stufe)	christliche Bezeichnung	*alternative* Bezeichnung (*vorwiegend* nach Rudolf Steiner)	Herrschaftsgebiet
1.	1	**Seraphim**	Geister der Liebe	Tierkreis
	2	**Cherubim**	Geister der Harmonien	Tierkreis
	3	**Thronoi** (Throne)	Geister des Willens	Saturnsphäre
2.	4	**Kyriotetes** (Herrschaften)	Geister der Weisheit, Weltenlenker	Jupitersphäre
	5	**Dynamis** (Mächte, Tugenden)	Geister der Bewegung, Weltenkräfte	Marssphäre
	6	**Exusiai** (Gewalten, Obrigkeiten)	Geister der Form, Offenbarer, Elohim (gemäß Genesis)	Sonnensphäre
3.	7	**Archai** (Urbeginne, Fürstentümer)	Geister der Persönlichkeit, Urengel, Urkräfte, Jamim (gemäß Genesis), **Zeitgeister**	Venussphäre
	8	**Archangeloi** (Erzengel)	Engel des Anfangs, Feuergeister, **Volksgeister**	Merkursphäre
	9	**Angeloi** (Engel)	Söhne des Lebens, Genius, Götterboten, **Schutzengel**	Mondensphäre

Tabelle 3: **Die geistigen Wesen der höheren Hierarchien (Engelreiche)**

1. **alter** **Saturn**	Kosmos des Seins	tiefes Trance- oder Allbewusstsein	physischer Leib
2. **alte** **Sonne**	Kosmos der göttlichen Allmacht	Tiefschlaf- oder traumloses Schlafbewusstsein	Ätherleib
3. **alter** **Mond**	Kosmos der Weisheit	Traum- oder Bilderbewusstsein	Astralleib
4. *heutige* **Erde**	Kosmos der Liebe	helles Tages-, Wach- oder Gegenstandsbewusstsein	Ich
5. **neuer** **Jupiter**	Kosmos des göttlichen Feuers	selbstbewusstes Bilder- oder psychisches Bewusstsein	Geistselbst
6. **neue** **Venus**	●	inspiriertes oder überpsychisches Bewusstsein	Lebensgeist
7. **Vulkan**	●	intuitives oder spirituelles Bewusstsein oder selbstbewusstes Allbewusstsein	Geistesmensch

derzeitige Planetenkette

Tabelle 4:   **Inkarnationsstufen der Erde** (höchstes menschliches Bewusstsein und erste Veranlagung der Wesensglieder)

● Nach unseren Recherchen hat Rudolf Steiner hier keine besonderen Namen gewählt.

Quellennachweis

Diese Publikation enthält Links auf Webseiten Dritter, für deren Inhalte keine Haftung übernommen wird. Auf Veränderungen, die nach den angegebenen Zeitpunkten der Überprüfung liegen, hat der Autor keinerlei Einfluss.

Vorwort

1 von Engelhardt, S. 27
2 von Engelhardt, S. 91
3 von Engelhardt, S. 144f.

Kapitel 1: Nahtod-Erfahrungen – Einführung

1 vgl. Alexander, S. 20
2 Kübler-Ross, S. 6f.
3 Ritchie, S. 82f.
4 Moody, S. 96
5 Moody, S. 97
6 Kübler-Ross, S. 92f.
7 Sabom, S. 178f.
8 Alexander, S. 21f.
9 vgl. auch Moody, S. 46
10 Alexander, S. 120
11 https://www.kersti.de/VB037.HTM#1.3.1 (02.01.2023)
12 https://www.kersti.de/O000733.HTM (02.01.2023)
13 Sabom, S. 33
14 Sabom, S. 36
15 Moody, S. 42f.
16 Alexander, S. 105
17 von Engelhardt, S. 179
18 von Engelhardt, S. 196
19 Alexander, S. 19f.
20 Alexander, S. 55ff.
21 Moody, S. 54
22 Moody, S. 51f.
23 Moody, S. 52
24 Sabom, S. 48
25 Sabom, S. 49
26 Sabom, S. 49f.
27 Ladwein, S. 45
28 vgl. Kübler-Ross, S. 81f.
29 vgl. van Lommel, S. 48f.

30 https://www.der-familienstammbaum.de/mementomori/nahtoderfahrung-pam-reynolds/ (02.01.2023)
31 Ritchie, S. 10
32 Alexander, S. 20f.
33 Ritchie, S. 45
34 Sabom, S. 55
35 Moody, S. 42
36 Moody, S. 65
37 Ritchie, S. 48
38 Moody, S. 63
39 Alexander, S. 49
40 Alexander, S. 61
41 Alexander, S. 102
42 Alexander, S. 103
43 Sabom, S. 33
44 Sabom, S. 37
45 Sabom, S. 35
46 Moody, S. 45
47 Högl, S. 57
48 Sabom, S. 37
49 Kübler-Ross, S. 31
50 von Engelhardt, S. 108
51 Steiner, GA 157, S. 188
52 Sabom, S. 37
53 Sabom, S. 37
54 Ritchie, S. 81
55 Sabom, S. 38
56 Sabom, S. 33f.
57 Sabom, S. 170
58 Sabom, S. 34
59 von Engelhardt, S. 109

Kapitel 2: Anthroposophische Grundlagen (Exkurs)

1 Über die Wesensglieder des Menschen hat Rudolf Steiner sehr häufig geschrieben und gesprochen; siehe etwa GA 9, S. 24ff. und GA 13, S. 41f.
2 Alexander, S. 122
3 Steiner, GA 143, S. 49f.
4 vgl. Steiner, GA 13, S. 67
5 Steiner, GA 13, S. 66f.
6 Bock, S. 160
7 Lukas 17, 21
8 Alexander, S. 74
9 von Engelhardt, S. 256f.
10 von Engelhardt, S. 205
11 vgl. Paxino, S. 143

12 Steiner, GA 93a, S. 145
13 2. Korinther 12, 2
14 Steiner, GA 88, S. 107
15 von Engelhardt, S. 236
16 von Engelhardt, S. 50
17 Steiner, GA 104, S. 55
18 Paxino, S. 208
19 Paxino, S. 208f.
20 Steiner, GA 12, S. 22
21 Markus 1, 10f.
22 Matthäus 1, 20f.
23 Markus 1, 11
24 Apostelgeschichte 8, 26

**Kapitel 3: An und hinter der Schwelle des Todes –
      Erste Wahrnehmungen, Erlebnisse und Begegnungen**

 1 Moody, S. 63f.
 2 Moody, S. 64
 3 Högl, S. 51
 4 Högl, S. 52
 5 Moody, S. 67
 6 Moody, S. 58
 7 Moody, S. 59
 8 Moody, S. 68
 9 vgl. Paxino, S. 36
10 vgl. etwa Kübler-Ross, S. 81
11 vgl. Roszell, S. 49
12 vgl. Roszell, S. 74
13 vgl. Ladwein, S. 48
14 Steiner, GA 107, S. 67f.
15 Moody, S. 66
16 Alexander, S. 112
17 Sabom, S. 65f.
18 Sabom, S. 66
19 Ladwein, S. 60
20 Högl, S. 57
21 Rawlings, S. 53
22 Högl, S. 58
23 Högl, S. 61
24 Ladwein, S. 61
25 von Jankovich, S. 58
26 Sabom, S. 61
27 Högl, S. 58f.
28 Moody, S. 75
29 Ritchie, S. 45

30 Ritchie, S. 45f.
31 Paxino, S. 37
32 von Engelhardt, S. 100
33 Ritchie, S. 65
34 Sabom, S. 71
35 Sabom, S. 70
36 Ladwein, S. 71
37 Ladwein, S. 72
38 Moody, S. 69
39 Moody, S. 69f.
40 https://www.der-familienstammbaum.de/mementomori/nahtoderfahrung-pam-reynolds/ (02.01.2023)
41 Högl, S. 47
42 Högl, S. 46f.
43 https://www.kersti.de/VB037.HTM (02.01.2023)
44 Moody, S. 71
45 Högl, S. 68
46 Paxino, S. 36f.
47 Kübler-Ross, S. 48
48 von Engelhardt, S. 230
49 von Engelhardt, S. 213
50 von Engelhardt, S. 143
51 vgl. Steiner, GA 174a, S. 91
52 Steiner, GA 168, S. 86
53 Steiner, GA 231, S. 81
54 Steiner, GA 140, S. 131f.
55 von Engelhardt, S. 21
56 von Engelhardt, S. 75
57 von Engelhardt, S. 127
58 von Engelhardt, S. 138
59 von Engelhardt, S. 143

**Kapitel 4: An und hinter der Schwelle des Todes –
           Die dreifache Konfrontation mit der eigenen Biografie**

 1 vgl. auch Moody, S. 77
 2 Högl, S. 64
 3 Moody, S. 82f.
 4 Sabom, S. 61
 5 von Jankovich, S. 57
 6 https://www.kersti.de/O000708.HTM (02.01.2023)
 7 Moody, S. 81f.
 8 Paxino, S. 52ff.
 9 Paxino, S. 55
10 Paxino, S. 53

11 Ritchie, S. 46ff.
12 Steiner, GA 99, S. 38
13 Steiner, GA 99, S. 39
14 Steiner, GA 112, S. 114
15 Sabom, S. 73
16 Knoblauch, S. 54
17 Steiner, GA 13, S. 97f.
18 von Jankovich, S. 57ff.
19 vgl. Steiner, GA 130, S. 165
20 Högl, S. 67
21 vgl. Steiner, GA 131, S. 215
22 Paxino, S. 138f.
23 vgl. Ritchie, S. 49ff.
24 Johannes 8, 3ff.
25 Johannes 8, 8
26 Johannes 1, 17
27 Steiner, GA 103, S. 133
28 vgl. Paxino, S. 139
29 Paxino, S. 139f.
30 https://www.kersti.de/O000708.HTM (02.01.2023)
31 Högl, S. 65f.
32 Ladwein, S. 287
33 Högl, S. 67
34 Ladwein, S. 288
35 Ladwein, S. 67
36 Ladwein, S. 68
37 Kübler-Ross, S. 104
38 Steiner, GA 243, S. 64
39 Paxino, S. 146
40 Steiner, GA 94, S. 151
41 Steiner, GA 243, S. 64f.
42 vgl. Steiner, GA 94, S. 151
43 Steiner, GA 99, S. 74f.
44 Offenbarung 14, 13

**Kapitel 5: An und hinter der Schwelle des Todes –
Wahrnehmungen, Erleben, Begegnungen und Wirken in den
verschiedenen Welten und Sphären**

1 Sabom, S. 54
2 Sabom, S. 55
3 Sabom, S. 54f.
4 Ritchie, S. 34f.
5 Ladwein, S. 49f.
6 Ladwein, S. 49

7 Rawlings, S. 92
8 https://www.grenzwissenschaftler.com/2016/12/01/nahtoderfahrung-berichte/#Berichte_von_Nahtoderfahrungen_aus_der_Hoelle (05.01.2023)
9 *»Katechismus der katholischen Kirche«*, Nr. 1035, S. 295
10 Matthäus 12, 31f.
11 von Halle, S. 1995
12 von Halle, S. 1997f.
13 von Halle, S. 1999
14 Paxino, S. 190
15 Paxino, S. 189f.
16 von Halle, S. 1994
17 von Halle, S. 2001
18 Paxino, S. 192f.
19 Högl, S. 60
20 Ladwein, S. 140
21 Högl, S. 54
22 Rawlings, S. 88
23 Ritchie, S. 62f.
24 Steiner, GA 178, S. 176f.
25 vgl. Paxino, S. 37
26 von Engelhardt, S. 116f.
27 von Engelhardt, S. 173
28 Ladwein, S. 75
29 Ritchie, S. 56
30 Ritchie, S. 57
31 Steiner, GA 94, S. 143
32 Paxino, S. 161f.
33 Ritchie, S. 56
34 Ritchie, S. 54f.
35 Ritchie, S. 57f.
36 Ritchie, S. 59f.
37 von Engelhardt, S. 171
38 Steiner, GA 141, S. 173f.
39 Steiner, GA 106, S. 124
40 Römer 13, 14
41 von Engelhardt, S. 72
42 von Engelhardt, S. 87
43 Paxino, S. 156
44 Steiner, GA 108, S. 57
45 von Engelhardt, S. 145f.
46 Högl, S. 52
47 Sabom, S. 68
48 Sabom, S. 67
49 Högl, S. 59f.
50 Steiner, GA 9, S. 117

51 Kübler-Ross, S. 23
52 Ladwein, S. 77f.
53 Högl, S. 44
54 Ladwein, S. 78
55 Ritchie, S. 67ff.
56 vgl. Roszell, S. 90f.
57 Alexander, S. 144
58 von Engelhardt, S. 241
59 von Engelhardt, S. 149f.
60 von Engelhardt, S. 163
61 von Engelhardt, S. 175
62 von Engelhardt, S. 177
63 von Engelhardt, S. 184f.
64 Steiner, GA 140, S. 28
65 Steiner, GA 9, S. 123
66 Steiner, GA 238, S. 72
67 von Engelhardt, S. 19
68 von Engelhardt, S. 22
69 von Engelhardt, S. 25f.
70 von Engelhardt, S. 75f.
71 von Engelhardt, S. 101
72 von Engelhardt, S. 198
73 Ladwein, S. 79
74 Ladwein, S. 79f.
75 Steiner, GA 261, S. 38f.
76 von Engelhardt, S. 232
77 von Engelhardt, S. 166
78 von Engelhardt, S. 183
79 von Engelhardt, S. 186
80 von Engelhardt, S. 16
81 Ritchie, S. 121f.
82 Steiner, GA 9, S. 121
83 Steiner, GA 9, S. 122
84 Steiner, GA 9, S. 139
85 von Engelhardt, S. 313f.
86 von Engelhardt, S. 294f.
87 von Halle, S. 1996f.
88 Steiner, GA 95, S. 50
89 Steiner, GA 100, S. 66
90 Paxino, S. 176f.
91 Steiner, GA 9, S. 126
92 Steiner, GA 100, S. 59
93 von Engelhardt, S. 183
94 von Engelhardt, S. 125f.

**Kapitel 6: An und hinter der Schwelle des Todes –
        Weitere Wahrnehmungen, Erlebnisse und Begegnungen**

 1 Sabom, S. 70f.
 2 Högl, S. 49
 3 https://www.kersti.de/O000761.HTM (02.01.2023)
 4 Alexander, S. 121f.
 5 Johannes 20, 12
 6 von Engelhardt, S. 212f.
 7 von Engelhardt, S. 114f.
 8 von Engelhardt, S. 179
 9 von Engelhardt, S. 180
10 Paxino, S. 55f.
11 Ladwein, S. 155f.
12 von Engelhardt, S. 141f.
13 von Engelhardt, S. 89
14 von Engelhardt, S. 191
15 Steiner, GA 168, S. 125
16 von Engelhardt, S. 250
17 von Engelhardt, S. 53
18 von Engelhardt, S. 199
19 von Engelhardt, S. 143f.
20 von Engelhardt, S. 195
21 von Engelhardt, S. 247
22 Paxino, S. 58f.
23 Steiner: *Der Tod – die andere Seite des Lebens* (Sonderausgabe, 1994), S. 20
24 von Engelhardt, S. 297
25 von Engelhardt, S. 299
26 von Engelhardt, S. 21
27 von Engelhardt, S. 58
28 Steiner: *Der Tod – die andere Seite des Lebens* (Sonderausgabe, 1994), S. 16
29 Steiner, GA 95, S. 151
30 von Engelhardt, S. 107
31 Paxino, S. 64
32 von Engelhardt, S. 286f.
33 vgl. Steiner: *Der Tod – die andere Seite des Lebens* (Sonderausgabe, 1994), S. 15
34 von Engelhardt, S. 244
35 Ladwein, S. 162
36 von Engelhardt, S. 187
37 von Engelhardt, S. 166
38 Ritchie, S. 71f.
39 https://www.grenzwissenschaftler.com/2016/12/01/nahtoderfahrung-berichte/
     (02.01.2023)
40 Offenbarung 21, 1ff.
41 vgl. 1. Korinther 15, 45ff.
42 Philipper 3, 20f.

43   Offenbarung 22, 14
44   von Engelhardt, S. 179
45   Steiner, GA 112, S. 28
46   Steiner, GA 112, S. 29
47   Steiner, GA 107, S. 94
48   Steiner, GA 153, S. 99f.
49   vgl. Steiner, GA 98, S. 194

**Kapitel 7: An und hinter der Schwelle des Todes –
   Rückkehr in den Körper, erworbenes Wissen und Konsequenzen für
   das weitere Erdenleben**

 1   Sabom, S. 56
 2   Moody, S. 90
 3   Sabom, S. 181
 4   Moody, S. 90f.
 5   https://www.der-familienstammbaum.de/mementomori/nahtoderfahrung-pam-reynolds/
     (07.01.2023)
 6   Högl, S. 49
 7   https://www.kersti.de/VB037.HTM#1.1.9 (07.01.2023)
 8   Moody, S. 93
 9   Moody, S. 94
10   Ladwein, S. 287f.
11   Högl, S. 69
12   Alexander, S. 74
13   von Engelhardt, S. 21
14   von Engelhardt, S. 53
15   von Engelhardt, S. 143
16   Sabom, S. 164
17   Sabom, S. 166
18   Högl, S. 73
19   Sabom, S. 169f.
20   Moody, S. 104
21   Ladwein, S. 279
22   Högl, S. 22
23   Moody, S. 100
24   Sabom, S. 171
25   Sabom, S. 171f.
26   Sabom, S. 172
27   Moody, S. 101
28   Högl, S. 72
29   Sabom, S. 173
30   Högl, S. 75
31   vgl. Kübler-Ross, S. 93ff.
32   Moody, S. 102

**Kapitel 8: Vor der Schwelle des Todes –
Übersinnliche Wahrnehmungen und Erlebnisse während des
Sterbeprozesses**

1   von Engelhardt, S. 140
2   Kübler-Ross, S. 29f.
3   Ladwein, S. 29
4   Paxino, S. 26f.
5   Ladwein, S. 31
6   Paxino, S. 27
7   Paxino, S. 28
8   Ladwein, S. 30
9   Kübler-Ross, S. 49
10   vgl. Kübler-Ross, S. 50f.
11   vgl. Kübler-Ross, S. 90ff.
12   Alexander, S. 196f.
13   Justen, S. 215f.
14   Diese Erzählung hat der Verfasser vor Jahren gelesen; die Quelle konnte er nicht mehr
     auffinden.
15   Ladwein, S. 151f.
16   Ladwein, S. 152f.

Schlusswort

1   Johannes 20, 29
2   Steiner, GA 178, S. 175f.
3   Steiner, GA 97, S. 31
4   von Engelhardt, S. 20
5   von Engelhardt, S. 90
6   von Engelhardt, S. 157
7   von Engelhardt, S. 228
8   von Engelhardt, S. 230f.
9   von Engelhardt, S. 231
10   vgl. Steiner, GA 141, S. 154f.
11   Steiner, GA 183, S. 160f.
12   Steiner, GA 107, S. 257f.

Anhang

1   vgl. Steiner, GA 231, S. 105

Literaturverzeichnis

Werke von Rudolf Steiner

Alle Werke von Rudolf Steiner wurden von der *»Rudolf Steiner-Nachlassverwaltung«* herausgegeben und sind im *»Rudolf Steiner Verlag«* in Dornach (Schweiz) erschienen. Dort kann auch der *»Katalog des Gesamtwerks«* angefordert werden. Die im Rahmen der Gesamtausgabe bisher erschienenen Bücher sind von der *»Freie Verwaltung des Nachlasses von Rudolf Steiner«* im Internet unter

http://www.fvn-rs.net

bereitgestellt und frei verfügbar (Stand 01.11.2022).

Im Folgenden sind nur diejenigen Werke aufgeführt, die der Verfasser für dieses Buch herangezogen hat.

GA 9 *Theosophie – Einführung in übersinnliche Welterkenntnis und Menschenbestimmung*
    (Schrift) 2000

GA 12 *Die Stufen der höheren Erkenntnis*
    (Schrift) 1993

GA 13 *Die Geheimwissenschaft im Umriß*
    (Schrift) 1989

GA 88 *Über die astrale Welt und das Devachan*
    (19 Vorträge zwischen 28. Oktober 1903 und 25. Februar 1904 in Berlin sowie
    4 private Lehrstunden in Berlin) 1999

GA 93a *Grundelemente der Esoterik*
    (31 Vorträge zwischen 26. September und 5. November 1905 in Berlin) 1987

GA 94 *Kosmogonie –Populärer Okkultismus – Das Johannes-Evangelium –*
    Die Theosophie anhand des Johannes-Evangeliums
    (Zusammenfassung von 18 Vorträgen zwischen 25. Mai und 14. Juni 1906 in Paris
    und Notizen aus 25 Vorträgen zwischen 19. Februar und 6. November 1906 in Berlin,
    Leipzig und München) 2001

GA 95 *Vor dem Tore der Theosophie*
    (14 Vorträge vom 22. August bis 4. September 1906 in Stuttgart) 1990

GA 97 *Das christliche Mysterium – Die Wahrheitssprache der Evangelien – Luzifer und*
    Christus – Alte Esoterik und Rosenkreuzertum – Erkenntnisse und Lebensfrüchte der
    Geisteswissenschaft
    (Notizen von 31 Vorträgen mit 6 Fragenbeantwortungen zwischen 9. Februar 1906
    und 17. März 1907 in Düsseldorf, Köln, Heidelberg, Leipzig, Stuttgart, Karlsruhe,
    München, Basel, Wien, Landin und Kassel) 1998

GA 98 *Natur- und Geistwesen – ihr Wirken in unserer sichtbaren Welt*
    (18 Vorträge zwischen 5. November 1907 und 14. Juni 1908 in Wien, Düsseldorf,
    Köln, Nürnberg, München, Stuttgart, Frankfurt, Heidelberg und Hannover) 1996

GA   99   *Die Theosophie des Rosenkreuzers*
           (14 Vorträge vom 22. Mai bis 6. Juni 1907 in München) 1985
GA   100   *Mythen und Sagen – Okkulte Zeichen und Symbole*
           (16 Vorträge zwischen 13. September und 29. Dezember 1907 in Berlin, Stuttgart und
           Köln) 1992
GA   103   *Das Johannes-Evangelium*
           (12 Vorträge vom 18. bis 31. Mai 1908 in Hamburg) 1995
GA   104   *Die Apokalypse des Johannes*
           (12 Vorträge vom 17. bis 30. Juni 1908 in Nürnberg) 1985
GA   106   *Ägyptische Mythen und Mysterien im Verhältnis zu den wirkenden Geisteskräften der
           Gegenwart*
           (12 Vorträge vom 2. bis 14. September 1908 in Leipzig) 1992
GA   107   *Geisteswissenschaftliche Menschenkunde*
           (19 Vorträge zwischen 19. Oktober 1908 und 17. Juni 1909 in Berlin) 1988
GA   108   *Die Beantwortung von Welt- und Lebensfragen durch Anthroposophie*
           (21 Vorträge zwischen 14. März 1908 und 21. November 1909 in Wien, Breslau,
           Stuttgart, Pforzheim, St. Gallen, Berlin, München, Karlsruhe, Düsseldorf und
           Nürnberg) 1986
GA   112   *Das Johannes-Evangelium – im Verhältnis zu den drei anderen Evangelien, besonders
           zu dem Lukas-Evangelium*
           (14 Vorträge vom 24. Juni bis 7. Juli 1909 in Kassel) 1984
GA   130   *Das esoterische Christentum und die geistige Führung der Menschheit*
           (23 Vorträge zwischen 17. September 1911 und 18. Dezember 1912 in Lugano,
           Neuchâtel, Basel, Leipzig, München, Nürnberg, Kassel, Wien, Düsseldorf, Hamburg,
           Köln, Stuttgart, St. Gallen) 1995
GA   131   *Von Jesus zu Christus*
           (11 Vorträge vom 4. bis 14. Oktober 1911 in Karlsruhe) 1988
GA   140   *Okkulte Untersuchungen über das Leben zwischen Tod und neuer Geburt –
           Die lebendige Wechselwirkung zwischen Lebenden und Toten*
           (20 Vorträge zwischen 26. Oktober 1912 und 11. Oktober 1913 in Mailand, Hannover,
           Wien, München, Bern, Linz, Tübingen, Stuttgart, Frankfurt, Breslau, Düsseldorf,
           Straßburg, Bergen) 2003
GA   141   *Das Leben zwischen dem Tode und der neuen Geburt im Verhältnis zu den kosmischen
           Tatsachen*
           (10 Vorträge zwischen 5. November 1912 und 1. April 1913 in Berlin) 1997
GA   143   *Erfahrungen des Übersinnlichen –Die drei Wege der Seele zu Christus*
           (14 Vorträge zwischen 11. Januar und 29. Dezember 1912 in München, Zürich,
           Winterthur, Breslau, Stockholm und Köln) 1994
GA   153   *Inneres Wesen des Menschen und Leben zwischen Tod und neuer Geburt*
           (8 Vorträge und eine Ansprache vom 6. bis 14. April 1914 in Wien) 1997
GA   157   *Menschenschicksale und Völkerschicksale*
           (14 Vorträge zwischen 1. September 1914 und 6. Juli 1915 in Berlin) 1981
GA   168   *Die Verbindung zwischen Lebenden und Toten*
           (8 Vorträge zwischen 16. Februar und 3. Dezember 1916 in Hamburg, Kassel, Leipzig,
           Zürich, St. Gallen und Bern) 1995

GA 174a *Mitteleuropa zwischen Ost und West – Kosmische und menschliche Geschichte –*
          Sechster Band
          (12 Vorträge zwischen 13. September 1914 und 4. Mai 1918 in München) 1982
GA 178 *Individuelle Geistwesen und ihr Wirken in der Seele des Menschen*
         (9 Vorträge zwischen 6. und 25. November 1917 in St. Gallen, Zürich und Dornach)
         1992
GA 183 *Die Wissenschaft vom Werden des Menschen*
         (9 Vorträge zwischen 17. August und 2. September 1918 in Dornach) 1990
GA 231 *Der übersinnliche Mensch anthroposophisch erfaßt*
         (7 Vorträge vom 13. bis 18. November 1923 in Den Haag) 1999
GA 238 *Esoterische Betrachtungen karmischer Zusammenhänge – Vierter Band – Das geistige*
         Leben der Gegenwart in Zusammenhang mit der anthroposophischen Bewegung
         (10 Vorträge und eine Ansprache zwischen 5. bis 28. September 1924 in Dornach)
         1991
GA 243 *Das Initiaten-Bewußtsein – Die wahren und die falschen Wege der geistigen*
         Forschung
         (11 Vorträge vom 11. bis 22. August 1924 in Torquay) 1993
GA 261 *Das Hereinragen der geistigen Welt in die physische*
         (2 Vorträge am 9. und 10. Mai 1914 in Kassel) 1984

Werke anderer Autoren

Alexander, Eben:
     Blick in die Ewigkeit – Die faszinierende Nahtoderfahrung eines Neurochirurgen.
     München: Heyne (2016)
Bock, Emil:
     Der Kreis der Jahresfeste. Frankfurt: Fischer Verlag (1982)
Boogert, Arie:
     Der Weg der Seele nach dem Tod – Unser Leben nach dem Leben.
     Stuttgart: Freies Geistesleben & Urachhaus (2005)
Boogert, Arie:
     Wir und unsere Toten. Stuttgart: Urachhaus (2000)
von Engelhardt, Wilfried und Evamaria und Gutland, Peter (Herausgeber):
     Brücke über den Strom – Sigwarts Mitteilungen aus dem Leben nach dem Tod.
     Oratio Verlag (2018)
von Halle, Judith:
     Das Wort in den sieben Reichen der Menschwerdung – Band IV.
     Dornach: Verlag für Anthroposophie (2022)
Högl, Stefan:
     Leben nach dem Tod – Menschen berichten von ihren Nahtod-Erfahrungen.
     Rastatt: Moewig (1998)
von Jankovich, Stefan:
     Ich war klinisch tot – Der Tod, mein schönstes Erlebnis.
     Hammelburg: Drei Eichen (2009)

Justen, Josef F.:
    Spirituelle Begleitung an der Schwelle des Todes – Eine Hospizhelferin erzählt von ihren Sterbebegleitungen. Norderstedt: BoD – Books on Demand (2020)
Knoblauch, Hubert:
    Berichte aus dem Jenseits –Mythos und Realität der Nahtod-Erfahrung. Freiburg: Verlag Herder (2002)
Kübler-Ross, Elisabeth:
    Über den Tod und das Leben danach. Güllesheim: Die Silberschnur (2021)
Ladwein, Michael:
    Unsterblich – Über das Leben nach dem Tod. Stuttgart: Urachhaus (2022)
van Lommel, Pim:
    Endloses Bewusstsein: Neue medizinische Fakten zur Nahtoderfahrung. München: Droemer Knaur (2013)
Moody, Raymond A.:
    Leben nach dem Tod – Die Erforschung einer unerklärlichen Erfahrung. Reinbek: Rowohlt Verlag (2021)
Paxino, Iris:
    Brücken zwischen Leben und Tod – Begegnungen mit Verstorbenen. Stuttgart: Verlag Freies Geistesleben (2018)
Rawlings, Maurice S.:
    Zur Hölle und zurück. Hamburg: Verlag C.M. Fliß (1998)
Ritchie, George G. / Sherrill Elizabeth:
    Rückkehr von morgen. Marburg: Francke (2021)
Roszell, Calvert:
    Erlebnisse an der Todesschwelle. Stuttgart: Verlag Freies Geistesleben (1993)
Sabom, Michael B.: *Erinnerungen an den Tod – Eine medizinische Untersuchung.*
    München: Wilhelm Goldmann;
    Lizenzausgabe für Bertelsmann Club Gütersloh (1982)

Buchempfehlungen

Um den Rahmen, den wir uns mit dem vorliegenden Buch gesetzt haben, nicht zu übersteigen, konnten *einige* Themen nur in recht kurzer und mehr aphoristischer Form behandelt werden.

Einem Leser, der dazu umfassendere Informationen wünscht, können die beiden folgenden Bücher empfohlen werden:

Die spirituelle Seite des Todes

**Christus-Impuls, Reinkarnation,
Leben nach dem Tod und
Sinn des Lebens**

© Justen, Josef F. (2019)
BoD-Books on Demand, Norderstedt
ISBN: 978-3-7332-8495-5
Hardcover; 444 Seiten (14,8 × 21 cm); 21,99 €

In diesem Buch wird *insbesondere* das Leben des Menschen nach dem Tod sehr ausführlich beschrieben.

Inhaltsübersicht

1   Einleitung

2   Geistige Erkenntnisse

3   Reinkarnation und Karma

4   Der Mensch aus anthroposophischer Sicht

5   Das Leben nach dem Tod – Chronologie

6   Das Leben nach dem Tod – besondere Aspekte

7   Spirituelle Begleitung Sterbender und Verstorbener

8   Schlussbetrachtung

Das Götterprojekt »Mensch«

Entstehung, Wesen und Ziel des Menschen

Einführung in die grundlegenden Erkenntnisse der Anthroposophie Rudolf Steiners

© Justen, Josef F. (2021)
BoD-Books on Demand, Norderstedt
ISBN: 978-3-7534-6343-8
Hardcover; 632 Seiten (17 × 22 cm); 28,99 €

Dieses Werk kann jedem empfohlen werden, der sich tiefer mit den wichtigsten Erkenntnissen der Anthroposophie vertraut machen möchte.

Inhaltsübersicht

1   Einleitung – Die Ideologie des Materialismus

2   Das Wesen des Menschen

3   Übersinnliche Welten und ihre Wahrnehmung

4   Übersinnliche Wesen

5   Reinkarnation und Karma

6   Der göttliche Weltenplan

7   Von Jesus zu Christus

8   Das Leben des Menschen zwischen Tod und neuer Geburt

Selbstverständlich werden in diesem Buch noch *viele weitere* Themen ausführlich dargestellt.

**Umfassende Informationen zu diesen beiden und
vielen weiteren Büchern von Josef F. Justen
(Sachbücher, Erzählungen, Biografien und Kurzgeschichten)
mit ausführlichen Leseproben
finden Sie auf der offiziellen Autoren-Website:**

www.Justen-Buecher.com